Principle of Service

서비스학개론

세림출판

머 리 말

지금 우리는 크나큰 변화의 시대에 살아가고 있다. 거대한 공룡이 멸종한 그 시대에도 인간이 있었다면 엄청난 시련의 소용돌이가 있지 않았을까? 20세기와 21세기, 1,000년과 2,000년의 차이…… 아날로그시대와 디지털시대 그렇다! 분명히 우리는 디지털시대에 이미 들어와 있다.

디지털시대는 아날로그시대와 엄청난 차이가 있으며, 변화에 따른 두려움 속에서 몸을 사려보지만 이미 그 징후들이 뚜렷해지고 있다. 연륜과 경험을 중시하던 그때와 정보와 지식을 중시하는 지금, 복사(copy)방식에서 창조적(creative)방식으로, 능력평가에서 성과평가로, 형평성(equality)위주 보상에서 공정성(equity)위주 보상으로…… 이루 헤아릴 수 없을 만큼 엄청난 부분에서의 변화를 가져왔다.

이러한 디지털시대 사고의 핵심법칙은 다음과 같다.

후발주자의 생존가능성은 희박하고, 사업규모의 확장에 따라 수익이 더욱더 증대되는 수확체증의 법칙이 그 처음이요("First is beautiful"), 질적개념을 포함한 부가가치적 효과를 강조하는 속도경쟁의 법칙이 그 둘이요("생각은 짧게 행동은 빨리"), 그리고 주어진 현상 속에서 창조된 가치를 적용하여 정보와 진실을 추구하는 능력을 강조하는 지식지배의 법칙이 그 셋이다.

이러한 시대의 서비스문화는 어떻게 발전되어 나갈 것인가? 디지털서비스는 과연 어떻게 진화될 것인가?

고객의 정보와 지식을 감안한 품위있는 지식서비스와 르네상스 시대를 방불케 하는 웅장하고 화려한 서비스환경, 상상을 초월하는 신속한 고객응대와 불평불만처리, 부가가치향상 서비스 등을 들 수 있겠다. 그러나 이러한 최첨단 서비스기법도 우리의 업장을 찾는 고객 한사람 한사람을 만족시키지 못한다면 단순한 공염불에 지나지 않을 것이다. 서비스에 대한 고객의 경험과 가치판단의 기준은 고객마다 다를 것이므로, 고객 한사람 한사람이 감동하는 서비스야말로 최첨단 서비스인 것이다!

오늘날 대한민국의 서비스 방식은 일본이나 미국의 서비스를 그대로 수입한 것으로, 우리나라 고객들에게는 어딘가 좀 어색한 부분이 없지 않다. 외국생활로 습관이 된 고객들은 불편하지 않겠지만…… 그렇다면 우리 고객에게는 대한민국형 대고객 서비스를 해야 하지 않을까? 우리의 전통과 인간미까지 어우러진 서비스라면 이 또한 무형적 관광상품이 될 수 있을 것이다. 이러한 서비스를 받는 우리나라 고객들도 더욱 만족할 것이니 과히 일석이조라 하여도 과함이 없으리라 생각된다.

그동안 저자의 졸저 『서비스학 개론』을 참고하고 활용해 주신 선·후배 및 동료교수들의 큰 격려와 자극에 지면을 빌려 머리숙여 감사를 드린다. 처음 책을 출간할 때 그렇게도 면밀히 검토를 했건만 많은 오자와 놓쳐버린 참고문헌에 부끄러워 가슴을 태웠다. 그러나 다행이 개정판을 허락받아 수정하고 보완하였다. 참고문헌의 보완은 졸저의 초판시점에 국한됨을 용서 구하며, 아울러 디지털시대를 맞아 우리나라를 찾게 될 외국관광객들에게 한국적 서비스문화의 정착을 기대해본다.

마지막으로 본서는 아직도 미흡한 만큼 향후 배전의 노력으로 본서의 모자람을 채울 것을 약속드리면서, 여러모로 도와주신 세림출판 김형주 이사님과 임직원 여러분들께 감사드린다.

2007년 2월

東谷　조 영대 씀

머리말

차 례

제1장 고 객

제2장 서 비 스

제 3 장 서비스전략과 기법

제 4 장 서비스 차별화

제 5 장 서비스품질

제 6 장 대고객관계 향상을 위한 커뮤니케이션

제 7 장 효과적인 커뮤니케이션과 연습

제 8 장 고객만족

제 9 장 고객만족사례

제10장 서비스실패와 회복

제11장 고객감동

제12장 고객창출기법과 소비자 주권

제13장 불만고객 응대기법과 고객불만 사례

1 고객

고객이란 우리가 하는 사업과 업무의 궁극적 목적으로 고객이 없다면 우리는 결코 존재할 수 없다. 고객이 우리에게 의존하는 것이 아니라 우리가 고객에게 의존하는 것이다. 따라서 고객은 우리에게 기회를 주는 사람으로 논쟁하거나 다투어서 이길 대상이 아니다.

제1절　고객이란 누구인가?

1. 고객의 정의

(1) 고객이란?

빈(L. L. Bean)은 "고객이란 우리가 하는 사업과 업무의 궁극적 목적으로 고객이 없다면 우리는 결코 존재할 수 없다. 고객이 우리에게 의존하는 것이 아니라 우리가 고객에게 의존하는 것이다. 따라서 고객은 우리에게 기회를 주는 사람으로 논쟁하거나 다투어서 이길 대상이 아니다" 라고 말했다.

(2) 고객의 정의

고객이란 상품과 서비스를 제공받는 사람들이다. 대가를 지불하는가 어떤가는 문제가 되지 않는다. 이것은 흔히 돈을 지불하여 물건을 사주는 손님을 연상하지만 기업에서는 상품을 구입하는 사람과 실제로 그 상품을 사용하는 사람이 다른 경우가 보통이다. 이 경우 상품을 사용하는 사람이 고객이다.

소비자도 당연히 고객이다. 차이점은 소비자는 그 물건을 가공하거나 부가가치를 붙여서 판매하지 못하고 스스로 사용한다는 점이다. 물론 고객의 개념 가운데 이미 그 상품 및 서비스를 구입하거나 사용하는 사람 이외에 앞으로 상품 및 서비스를 구입·사용할 가능성이 있는 잠재고객 및 기대고객도 포함된다.

그림 1-1
고객의 정의

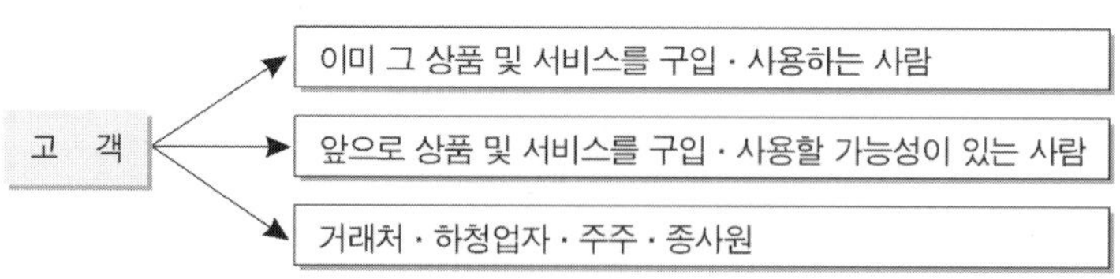

또한 거래처, 하청업자, 주주 그리고 종사원 또한 고객이 된다. 기업 내에서는 관리자의 입장에서 보면 내부고객이 많이 있다. 기업에 종사하는 모든 사람이 내부고객인 것이다. 그들이 우리 회사에 대해서 호감을 갖고 밖에서도 우리 회사에 대하여 칭찬을 하면 할수록 최종 고객인 외부고객이 우리 회사의 상품에 관심을 갖거나 구매를 할 것이다.

2. 고객의 범주

(1) 고객의 4가지 범주

현대 마케팅의 관점에서 보면 고객은 4가지 범주로 나눌 수 있다. 소비자는 물건이나 서비스를 최종적으로 사용하는 사람이고 구매자는 물건을 사는 사람이다. 구매승인자는 구매를 허락하고 승인하는 사람이며, 구매영향자는 구매 의사결정에 직·간접으로 영향을 미치는 사람을 뜻한다.

예를 들어 수진이가 컴퓨터를 어머니께 바꾸어 달라고 졸랐는데, 어머니는 아버지께 물어보고 결정하겠다고 하였다. 이 때 수진이는 소비자, 어머니는 구매자, 아버지는 구매승인자가 된다. 그런데 어떤 컴퓨터가 좋은지 몰라 어머니가 수진이에게 물어보았고 수진이는 다시 친구들에게 어떤 컴퓨터가 좋은지 물었다면, 친구들은 구매영향자가 된다. 이런 이유로 소비자 뿐만 아니라 구매영향자와 요소들에 대하여 적극적으로 대처하고 체계적으로 관리해야 한다.

하나의 서비스나 제품이 소비자에게 선택될 때까지는 주변의 여러 가지 요소와 사람들이 관여하고 있다. 각각의 영향 요소들을 고객의 범

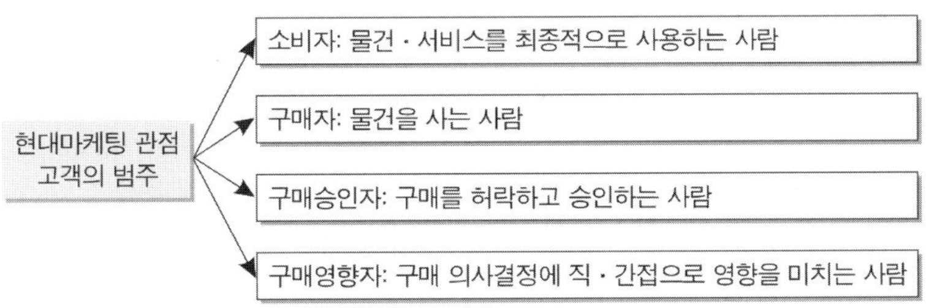

그림 1-2
고객의 범주

주로 분류하고 효과적인 대응책을 마련해 나가야 하는 것이 기업이나 서비스 제공자들에게 부여되고 있는 중요한 과제이다.

(2) 고객의 구매 의사결정

흔히 고객이 구매하는 것을 상품이나 시설이용이라고 생각한다. 하지만 고객은 제품을 사는 것이 아니라 기대를 사는 것이며, 립스틱이 공장을 떠날 때는 립스틱일 뿐이지만 백화점의 카운터를 넘어서면 희망이 되는(찰스 레브론, 레브론 화장품 회사 사장) 것처럼, 고객은 물리적 제품 그 자체만을 원하는 것이 아니라 그것을 소유하거나 경험하면서 얻으리라고 기대하는 주관적 가치를 원한다. 더 큰 차를 구매하는 것은 그만한 차를 구매할 수 있다는 능력 과시를, 비싼 화장품과 의류를 구매하는 것은 더 예뻐질 것이라는 기대를 구매하는 것이다.

그런 이유로 고객의 구매 의사결정은 이미지, 가치판단, 만족여부라는 3가지 요소를 평가하여 이루어진다. 구매 후 고객이 만족하면 타인 추천과 재구매로 이어질 것이고, 불만족할 경우 향후 거래가 중단되면서 잠재고객 또한 상실된다.

특히 고객들은 서비스를 직접 볼 수 없기 때문에 서비스와 관련되어 있는 유형적 증거, 즉 서비스 시설, 장비, 종사원, 안내서, 다른 고객, 가격표 등을 보고 그 서비스에 대한 지각을 형성하며 구매 의사결정을 하고 있다. 고객들은 서비스를 실제로 보지 않고 그것을 이해해야 하며, 구매 의사결정 이전에 자신이 구매하는 것을 알아야 하기 때문에, 서비스의 유형적 증거에 특별한 주의를 기울이는 경향이 있다. 가격은 제품에 대한 고객의 신뢰를 강화시키거나 약화시킬 수 있으며, 제품에 대한 고객의 기대수준을 높이거나 낮출 수도 있다. 특히 서비스의 경우에는 무형성이라는 특성 때문에 올바른 가격을 책정하는 일이 제품보다도 훨씬 중요하다고 할 수 있는데, 서비스 가격은 그 서비스의 품질과 수준을 나타내는 증거로 이용되기 때문이다(Zeithaml, 1988).

한마디 합시다!!

고객은 물리적 제품 그 자체뿐만 아니라 그것을 소유하거나 경험하면서 얻을 것으로 기대하는 주관적 가치도 원한다.

✔ 서비스 전문가가 가져야 할 세 개의 귀

1. 고객이 말하는 것을 듣는 귀
2. 고객이 말하지 않는 것을 듣는 귀
3. 고객이 말하려 해도 말할 수 없는 것을 듣는 귀

제 2 절 고객의 특성과 이해

1. 고객의 특성

고객은 자기가 안고 있는 문제 해결에만 관심이 있다. 자기가 물어보고 싶은 것은 즉시 물어 보아야지 담당자가 식사 하러 갔다고 "그래, 그 사람도 사람이니 밥은 먹어야지, 올 때까지 기다리지 뭐!" 하고 기다리는 성인군자 같은 사람은 없을 것이다.

자동차가 고장나서 수리하러 갔더니 부품이 없다고 한다. 고객의 입에서 당장 무슨 말이 튀어 나오겠는가? 부품회사가 파업 중이라 부품조달이 안되는지, 그 차종이 오래 된 것이라 부품 자체를 생산하지 않는지, 그 부품이 수입품인지 국산품인지, 담당자가 부품을 구입해서 열심히 오고 있는데 차가 막혀 도착을 못했는지 등 회사의 사정은 고객이 알려고도 하지 않고 알려주려고 해도 듣지도 않고 관심도 없다. 고객은 빨리 자동차를 고쳐서 자기 마음대로 몰고 다니는 것에만 관심이 있을 뿐이다.

회사 위주로 일하는데 익숙한 종사원들은 고객이 자기중심적이라는 사실을 잊어버리는 경우가 매우 많다. 고객은 매일매일 일어나는 조직 내 여러 가지 문제에 조금도 관심 없다. 또 종사원 개개인의 사정에는 더더욱 관심 없다. 종사원의 접객 태도에 기분 나쁜 고객은 그 종사원이 신입사원이라 연수를 잘못 받아서 그런지, 본점 검사에서 이것저것 지적을 당해서 현재 저기압 상태인지, 영업실적이 나빠서 꾸중을 들어 그런지는 관심이 전혀 없으며, 오로지 자신의 기분 나쁜 사실만 머리에 기록한다는 사실을 명심해야 한다.

이러저러한 개인적인 자기사정이나 회사사정을 이야기하면서 고객을 설득하려다 보면 고객과 논쟁이나 싸움을 할 수도 있다. 고객은 논쟁을 하거나 함께 겨룰 수 있는 상대가 아니다. 어느 누구도 고객과의 논쟁에서 이길 수 없다. 설사 그 자리에서는 이겼다한들 그 고객이 "당신 참 훌륭하오" 하고 종사원을 높이 평가하고 계속 거래를 하겠는가?

고객이 떠나면 논쟁에선 이겼지만 결국은 진 것이다. 우리가 실수하거나 고객을 번거롭게 한 경우, 그것을 바로잡거나 정중한 사과의 말로 잘못을 보상하는 것 말고는 자기중심적인 고객을 만족시킬 수 없다.

한마디 합시다!!

고객은 논쟁을 하거나 함께 겨룰 수 있는 상대가 아니다. 어느 누구도 고객과의 논쟁에서 이길 수 없다.

이러한 접객 태도는 상당한 수준, 즉 서비스 전문가의 경지에 도달해야 능수능란하게 할 수 있다. 주변에 이런 서비스 전문가가 있으면 그들이 조직 성장의 원동력임을 인정하고, 배우고 본받아야 할 것이다.

(1) 고객의 특성과 관련된 말들

고객의 특성과 관련된 말들을 정리하면 다음과 같다.

① 고객의 말을 전적으로 믿지 마라. 고객은 철새일 수도 있다.

② 고객이 당신에게 불만을 말하지 않을 때가 더 무섭다.

③ 고객은 지불한 금액에 해당하는 서비스를 제공받았는지 저울질한다.

④ 고객은 신속하고 정확한 서비스를 좋아한다.

⑤ 고객이 앞에서는 당신을 칭찬하지만 돌아가서는 당신을 비판할 수도 있다.

⑥ 고객은 자신만을 은근히 알아주기를 바란다.

⑦ 고객은 매사에 즉흥적이다.

⑧ 고객은 항상 요구하고 부탁한다.
⑨ 고객은 첫인상에 매우 민감하다.
⑩ 한번 등 돌린 고객은 3년 걸린다.
⑪ 미워도 안 오고 싫어도 안 온다.
⑫ 기만당했다는 느낌을 받을 때 고객은 영원히 등을 돌린다.
⑬ 고객은 언제나 정당하다.
⑭ 고객은 왕이다.
⑮ 고객은 언제든지 구입처를 바꿀 수 있다.
⑯ 고객은 집단이 아니라 개인이다.
⑰ 종사원 1,000명 중 1명의 실수일지라도, 고객의 입장에서는 100%의 실수를 받는 것이다.
⑱ 고객은 요구사항이 많고 권리주장이 강하다.
⑲ 고객은 천태만상, 각양각색이다.
⑳ 장사의 기반이 잡혔다는 것은 고정고객이 많다는 말이다.
㉑ 관리된 고객만이 구매를 한다.
㉒ 만족한 고객은 더 사주고, 또 사주고, 좋은 고객을 소개한다(만족한 고객은 가장 좋은 PR맨이다).
㉓ 판매사원은 매출을 원하고, 고객은 친절을 원한다.
㉔ 고객은 불평을 들어주면 단골이 된다.

(2) 고객 10계명

① 고객은 기업경영의 초석이다.
② 고객은 가장 중요한 인물이다.
③ 고객은 생존과 흥망성쇠를 좌우하는 신이다.
④ 우리는 고객에게 달려있다.
⑤ 고객은 경영의 목적이지, 귀찮게 하는 존재가 아니다.
⑥ 고객이 우리에게 도움을 주는 것이지, 우리가 고객에게 도움을 주는 것이 아니다.

⑦ 고객은 생각과 행동이 있는 인간이지, 통계자료는 아니다.
⑧ 고객은 논란의 대상이 아니라, 존중의 대상이다.
⑨ 고객은 최대한의 서비스를 받을 권리가 있다.
⑩ 고객이 많으면 흥하고, 고객이 적으면 망한다.

2. 고객에 대한 이해

(1) 판매 측면

① **구매자**: 대금을 지불하고 구매하는 사람
- 자기가 사용(이용)하거나 먹을 것을 구매하는 사람
- 가족이 사용(이용)하거나 먹을 것을 구매하는 가정주부
- 선물용품을 구매하는 사람
- 회사에서 사용(이용)할 것을 구매하는 담당자

② **소비자**: 사용하거나 소비하는 사람
- 자기가 구매한 상품을 사용(이용)하거나 먹는 사람
- 다른 사람이 구매해 준 상품을 사용(이용)하거나 먹는 사람
- 회사의 용품이나 지급품을 사용(이용)하는 사람

③ **소개자**: 상품의 존재 자체만을 소개해 주는 사람
④ **추천자**: 좋은 상품이라고 권장하여 추천하는 사람
⑤ **판매자**(dealer): 유통경로의 대리점, 소매점 등에서 판매하는 사람
⑥ **결정자**: 회사 및 업소 구매시 의사결정 과정에 있는 사람
- 구매담당자, 중간관리자, 최종결정자
- 정보제공자
- 검수자

(2) 우호도 측면

① **우호형**: 이미 오래전부터 사용했던 경험의 결과로 협력적이고 우호적인 고객

② **반대형**: 메이커, 판매점(업소), 서비스 종사원(판매사원)에 대하여 비판적이고, 무관심하거나 부정적인 고객

③ **중립형**: 특별한 의견을 갖고 있지 않고, 상황이나 필요에 따라서 의견을 달리하는 고객

(3) 구매 빈도의 측면

① **단골**(고정)**고객**: 항상 동일 상품이나 동일 업소를 찾는 고객

② **이용고객**: 현재 이용하고 있는 고객

③ **가망고객**: 사용해 보지는 않았지만, 지금 다른 상품 구매를 검토하고 있기 때문에 잘 권장하면 구매할 가능성이 있는 고객

④ **잠재고객**: 지금은 구매력이 없지만, 앞으로는 구매 가능성이 많은 고객

(4) 경영 측면

① **경영목적의 대상자**: 고전적 개념의 경영목적이 이윤추구라면 현대적 개념에서의 경영목적은 고객만족에 있다. 만족한 고객이 구매를 하고, 구매시 만족을 통해 재구매와 좋은 고객의 확대, 재생산이 된다.

② **기업유지자**: 기업을 유지, 발전시키는 것은 자본주의 투자가 아니라 고객의 구매이다.

③ **연구대상자**: 기업의 변화 역사는 곧 연구대상의 변화 역사이다(생산연구 → 관리연구 → 영업연구 → 고객연구).

④ **월급제공자**: 종사원 월급의 원천은 매출에서 나온다. 월급을 주는 사람은 사장이 아니라 구매고객이다.

⑤ **명령권자**: 지난날의 회사(업소)내 명령권자는 사장이었지만, 이제부터 명령권자는 고객이다. 고객의 의견은 명령으로 알고 실천해야 한다.

⑥ VIP: 고객은 기업(업소)에 있어서 가장 중요한 사람이며 우선권이

있다.

⑦ 왕: 고객은 투정을 부리는 어린 왕일 때도 있고, 제압하고 압박하는 군주일 때도 있다.

3. 고객 성격유형에 대한 이해(MBTI)

우리는 고객의 성격유형을 이해함으로써 효율적인 고객 응대서비스를 할 수 있을 것이다. 성격유형 검사의 대표적인 것으로 MBTI가 있다.

MBTI는 Myers-Briggs Type Indicator의 머리글자만 딴 것으로 1900~1975년에 걸쳐 융(C.G. Jung)의 『심리유형론(Psychological Type)』 이론을 근거로 캐서린 C. 브리그스(Katharine Cook Briggs)와 그의 딸 이저벨 B. 메이어스(Isabel Briggs Myers) 그리고 손자인 피터 메이어스(Peter Myers)에 이르기까지 무려 3대에 걸쳐 70여년 동안 계속적으로 연구 개발한, 인간이해를 위한 성격유형 검사이다(www.mbti.co.kr).

MBTI의 바탕이 되는 융의 심리유형론 요점은 각 개인이 외부로부터 정보를 수집하고(인식기능), 자신이 수집한 정보에 근거해서 행동을 위한 결정을 내리는데(판단기능) 있어서 각 개인이 선호하는 방법이 근본적으로 다르다는 것이다.

그림 1-3
MBTI의 지표

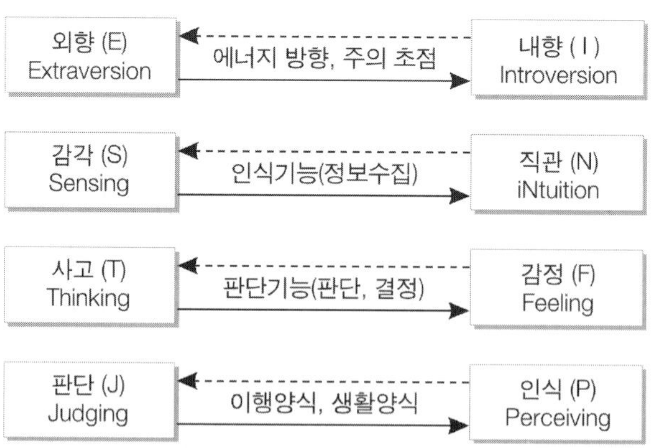

융의 심리유형론을 경험적으로 검증하여, 실생활에 적용하기 위해 만들어진 MBTI에서는 인식과정을 감각(sensing: S)과 직관(intuition: N)으로 구분하여 사물, 사람, 사건, 생각들을 인식하게 될 때 나타나는 차이점을 이해할 수 있도록 해주며, 판단과정은 사고(thinking: T)와 감정(feeling: F)으로 구분하여 우리가 인식한 바에 의거해서 결론을 이끌어내는 방법들 간의 차이점을 알 수 있도록 해준다.

그리고 이러한 기능을 사용할 때 어떤 태도를 취하는가에 따라 외향(extraversion: E)과 내향(introversion: I) 및 판단(judging: J)과 인식(perceiving: P)으로 구분하여 심리적으로 흐르는 에너지의 방향 및 생활양식들을 이해할 수 있도록 해준다.

각 지표는 인식, 판단기능과 연관된 네 가지 근본적 선호 중 하나를 대표한다. 이 선호성은 주어진 상황에서 사람들이 '무엇에 주의를 기울이는가' 와, 그들이 인식한 것에 대하여 '어떻게 결론을 내리는가' 에 영향을 미친다.

칼 G. 융

캐서린 C. 브리그스

이저벨 B. 메이어스

여기서 말하는 심리적 선호경향(preference)이란 '내가 더 지속적이고 일관성 있게 활동하는 것', '더 자주, 많이 쓰는 것', '선택적으로 더 좋아하는 것', '상대적으로 편하고 쉬운 것', '상대적으로 더 쉽게 끌리는 것'을 의미한다.

그림 1-4
MBTI 선호지표의 특징

선호지표	외향형(Extraversion)	내향형(Introversion)
설 명	폭넓은 대인관계를 유지하며 사교적, 정열적이고 활동적이다.	깊이 있는 대인관계를 유지하며 조용하고 신중하며 이해한 다음에 경험한다.
특 징	•자기 외부에 주의집중 •외부활동과 적극성 •정열적, 활동적 •말로 표현 •경험한 다음에 이해 •쉽게 알려짐	•자기 내부에 주의집중 •내부활동과 집중력 •조용하고 신중 •글로 표현 •이해한 다음에 경험 •서서히 알려짐

선호지표	감각형(Sensing)	직관형(iNtuition)
설 명	오감에 의존하여 실제의 경험을 중시하고, 지금, 현재에 초점을 맞추고 정확, 철저히 일을 처리한다.	육감 내지 영감에 의존하며 미래지향적이고 가능성과 의미를 추구하며, 신속, 비약적으로 일을 처리한다.
특 징	•지금, 현재에 초점 •실제의 경험 •정확, 철저한 일처리 •사실적 사건 묘사 •나무를 보려는 경향 •가꾸고 수확함	•미래, 가능성에 초점 •아이디어 •신속, 비약적인 일처리 •비유적, 암시적 묘사 •숲을 보려는 경향 •씨 뿌림

선호지표	사고형(Thinking)	감정형(Feeling)
설 명	진실과 사실에 주관심을 갖고 논리적이고 분석적이며, 객관적으로 판단한다.	사람과 관계에 주관심을 갖고 상황적이며 정상을 참작한 설명을 한다.
특 징	•진실, 사실에 주관심 •원리와 원칙 •논거, 분석적 •맞다, 틀리다 •규범, 기준 중시 •지적 논평	•사람, 관계에 주관심 •의미와 영향 •상황적, 포괄적 •좋다, 나쁘다 •나에게 주는 의미 중시 •우호적 협조

선호지표	판단형(Judging)	인식형(Perceiving)
설 명	분명한 목적과 방향이 있으며, 기한을 엄수하고 철저히 사전계획하고 체계적이다.	목적과 방향은 변화가능하고 상황에 따라 일정이 달라지며, 자율적이고 융통성이 있다.
특 징	•정리정돈과 계획 •의지적 추진 •신속한 결론 •통제와 조정 •분명한 목적의식과 방향감각 •뚜렷한 기준과 자기 의사	•상황에 맞추는 개방성 •이해로 수용 •유유자적한 과정 •융통과 적응 •목적·방향 변화가능의 개방성 •재량에 따라 처리의 포용성

MBTI A, B, C, D, E형(from)을 거쳐 1962년 F형이 미국 ETS(Educational Testing Service)에 의해 출판되었고, 그리고 1975년 G형을 개발하여 미국 CPP로부터 출판, 현재에 이르러 K형과 M형이 개발되고 있다.

MBTI 검사지는 모두 95문항으로 구성되어 4가지 척도의 관점에서 인간을 이해하려고 한다. 그리고 그 결과는 E(외향)－I(내향), S(감각)－N(직관), T(사고)－F(감정), J(판단)－P(인식) 중 각 개인이 선호하는 네 가지 선호지표를 알파벳으로 표시하여(예, ISTJ) 결과 프로파일에 제시된다. 그러므로 MBTI의 성격유형은 다음과 같이 16가지 유형으로 나타날 수 있다.

MBTI는 자신과 타인의 성격을 이해하는데 아주 유용하게 쓰이는 도구이다. MBTI는 조직 내의 원활한 의사소통 체계 및 갈등관리 그리고 관리자들의 리더십 개발에 효과적인 방법을 제시함으로써 조직개발에 도움을 줄 수 있다. 뿐만 아니라 자신과 동료의 행동을 이해하고 인정함으로써 개인차를 건설적으로 이용할 수 있게 해주고, 상사와 동료, 직원들 간의 보다 효율적인 의사소통이 가능하며 문제를 다양한 방식으로 접근하게 한다. 이를 통해 본인의 성격유형 이해를 바탕으로 내부/외부 고객의 성격유형을 파악하여 올바른 고객응대에 활용할 수 있다.

ISTJ 세상 소금형	ISFJ 임금 뒤편의 권력형	INFJ 예언자형	INTJ 과학자형
ISTP 백과사전형	ISFP 성인군자형	INFP 잔다르크형	INTP 아이디어 뱅크형
ESTP 수완좋은 활동가형	ESFP 사교적 유형	ENFP 스파크형	ENTP 발명가형
ESTJ 사업가형	ESFJ 친선도모형	ENFJ 언변능숙형	ENTJ 지도자형

그림 1-5
MBTI의 성격유형

제 3 절 어떻게 고객을 대해야 하는가?

가끔 무례한 고객에게 어떠한 반응과 조치를 취해야 하는지에 대한 질문을 받는다. 늘 기억하라! 고객은 왕이다. 고객이 없다면 우리가 어떻게 살아갈 수가 있겠는가?

고객 중에는 오만하고 무례하며 요구사항이 많고, 경솔하고 사려깊지 못한 고객도 있다. 훌륭한 서비스를 제공하기 위해서는 모든 고객을 친절하게 대함으로써 그들의 불만을 잠재우는 것이 필요하다. 따뜻한 미소와 이름을 불러주는 친절은 고객을 당신 편으로 만드는 강력하고 효과적인 서비스 기법이다.

만약 당신이 고객의 이름을 모른다면 "안녕하세요. 저는 조수진이라고 합니다. 실례지만 존함을 여쭤도 될까요?" 라거나 "안녕하세요. 저는 미스 리입니다. 예전에 이곳에서 고객을 뵌 것 같은데 성함이 잘 생각나지 않네요" 라고 표현하는 것이다.

대부분의 사람들은 따뜻함과 친절함에 우호적이다. 이렇게 고객을 따뜻하게 대하면 당신은 거만하고 무례한 고객도 웃게 만들 수 있다. 당신의 태도는 고객들에게 커다란 영향을 준다. 따뜻하고 밝은 미소와 목소리로 고객을 대해야 한다.

1. 고객은 이렇게 대하라

(1) 고객을 대우하는 10가지 방법

① **황금률을 지켜라**: 내가 다른 사람에게 대우받고 싶은 것처럼 고객을 대우하라.

② **칭찬하라**: 아첨 아닌 긍정적인 칭찬은 고객도 긍정적으로 반응한다.

③ **솔직하라**: 고객의 신뢰는 당신의 솔직함에 달려있다.

④ **친구가 되라**: 한 명을 알려면 또 한 명이 필요하다.

⑤ **미소를 지어라**: 웃음은 만국 공통어이다.

⑥ **들어라**: 고객이 말하는 것을 듣는 것이 가장 좋은 응대법이다.

⑦ **베풀어라**: 고객은 받은 것의 가치를 보고 감사하게 될 것이다.

⑧ **나보다 고객을 생각하라**: 늘 고객의 귀중함을 생각하고 항상 유머감각을 유지하라.

⑨ **고객을 관리하라**: 늘 관심을 갖고 고객을 챙겨라.

⑩ **고객의 이름을 불러라**: 누구나 자기를 알아보는 것을 좋아한다.

(2) 고객의 입장이 되어 고객처럼 생각한다

"요리를 알아야 제품을 팔 수 있다."

주방전자제품 메이커인 동양매직의 윤홍구 대표 등 전 임직원이 요리를 배우는데 팔을 걷고 나섰다. 이는 임직원들이 '요리를 할 줄 알아야 고객입장에서 제품의 장단점을 이해할 수 있다'는 현장 판매사원들의 요구에 따른 것이다. 이에 따라 회사는 최근 사내조리사 양성과정을 개설, 요리실습 프로그램을 진행하고 있다.

이 과정은 주력제품인 가스오븐레인지를 이용해 만들 수 있는 케이크, 피자, 표고버섯밥, 잡채 등 12개 음식의 요리방법을 가르치고 있다. 회사는 전국 8개소에 이 과정을 개설하였으며 요리교실의 전문강사를 초빙하였다. 동양매직은 이 과정을 이수한 임직원들에겐 사내자격증을 주고 하반기엔 공인자격증도 딸 수 있도록 한 단계 높은 과정도 개설할 계획이다.

최근 이 과정을 이수하고 자격증을 딴 윤 대표는 "요리를 몰라서는 고객들로부터 오는 제품문의에 만족할 수준으로 대응할 수 없다"고 말했다.

토론의 장

동양매직의 주력제품인 가스오븐레인지 판매를 위해 동양매직 임직원들의 대고객 전략은 무엇입니까?

(3) 고객에게 찬사를 아끼지 말라

1) 고객에게 최대한 찬사를 선물하라

고객은 자신을 알아주는 사람을 매우 신뢰한다. 때로는 고객을 기분좋게 해 주기 위해서 고객에게 찬사를 퍼붓는 것도 좋은 방법이 될 수 있다. 수많은 고객들로 붐비는 호텔 프론트 데스크는 다양한 고객이 등록을 하게 되는데, 이 때 고객과의 첫마디는 매우 중요한 역할을 한다. 고객 중에는 얼굴이 잘생긴 고객도 있지만 그렇지 않은 경우도 있다. 이럴 때 상대방이 기분 나쁘지 않은 범위에서 찬사를 아끼지 마라.

2) 고객을 위한 찬사의 방법과 그예

① 유명인과 조금만 닮았다고 하더라도 과감하게 표현하라. 사람은 보는 각도에 따라 비슷하게 보일 수도 있다.

예 상대방의 얼굴을 보면서 "선생님은 영화배우 ○○○씨를 닮은 것 같습니다."

② 사람은 자신이 입고 있는 옷에 대하여 칭찬을 들었을 때 몹시 기뻐한다.

예 고객이 입은 의상이 마음에 드는 경우에는 슬쩍 "옷 색깔이 선생님께 잘 어울립니다" 라든가 "색상 감각이 뛰어나신 것 같습니다."

③ 상대방에게 먼저 호칭을 사용한다. 물론 상대방이 호칭에 준하는 직함을 가지고 있지 않더라도 일단은 상대방의 분위기에 맞는 호칭을 불러준다.

예 "사장님", "부장님", "박사님", "선생님" 하면서 상대방을 높여준다.

④ 고객과 맞장구 쳐주면서 은근히 고객이 결정한 사항을 인정해 준다.

예 "어떻게 그런 아이디어가 생각나셨습니까?", "대단하십니다." 또는 "말씀하신 것과 똑같습니다."

⑤ 일행이 있는 경우 그 중에서 가장 리더로 보이는 사람을 먼저 칭찬하라.

예 "역시 사장님께서 최고십니다."

⑥ 가족이 동반된 고객인 경우에는 자녀들에 대해서 칭찬을 아끼지 않는다.

예 "따님이 정말로 예쁘군요", "아드님이 아주 똑똑하게 생긴 것 같습니다."

⑦ 직접적으로 찬사를 하지 말고 제3자로부터 들었다는 뜻을 은근히 전한다.

예 "요새 매스컴에 자주 나오시더군요", "저희 업소에도 소문이 자자하십니다."

2. 고객에 대한 접근방법

고객들은 기업의 가장 중요한 자산이며, 그러한 인식 속에서 잘 가꾸어지고 개발되어야 한다. 진정으로 고객위주로 전환하기 위해서 기업은 고객들에 대한 인간적 배려(human touch)를 전체 조직으로 확산시켜야 한다. 전 세계적으로 경쟁이 가속화되고 고객기대가 급변하면서 고객선택 또한 다양화되는 환경에서는 좀더 다른 새로운 접근방법을 필요하다.

새로운 접근방법은 고객통합(customer integration)이라고 하는데, 고객을 기업의사결정과 부가가치과정들에게 통합시킬 것을 전제로 한다. 고객통합을 달성하기 위해서는 훌륭한 고객만족 프로그램이 산출한 객관적인(hard) 자료를 사용하는 것만으로는 불충분하며, 조직의 모든 수준과 여러 부서에 걸쳐서 직접적인 고객접촉점들(point of direct customer contact)을 형성하는 것이 바로 인간적인 배려다.

고객접촉에는 기본적으로 두 가지 형태가 있는데, 첫째는 고객이 접촉을 시작하는 반응적(reactive) 접근방법이고 둘째는 조직이 접촉을 시작하는 주도적(proactive) 접근방법이다. 역설적이게도 대부분의 기업들

그림 1-6
고객접촉의 형태

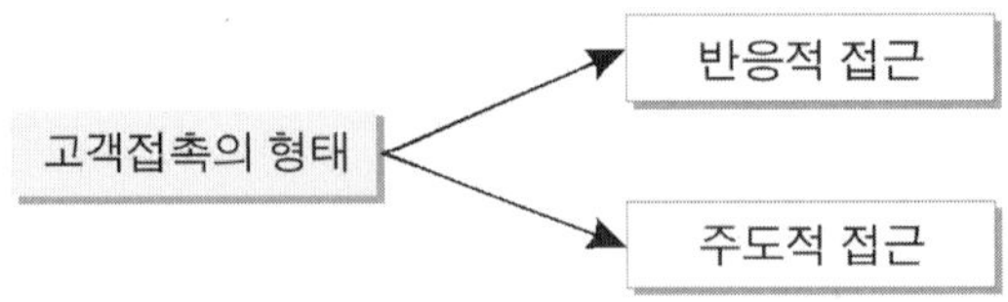

이 반응적 접근방법의 중요성은 인식하면서도 주도적 접근방법의 중요성을 제대로 인식하지 못하는 것이 문제이다.

(1) 반응적 고객접촉

고객들로부터 반응적 피드백을 받는 일은 몇 가지 이유에서 매우 편의된 정보를 산출한다. 첫째, 고객의 90% 내지 95%는 귀찮다는 이유에서 기업과의 접촉을 시도하지 않으므로, 접촉을 시도하는 고객들은 전체 고객기반의 대표가 아니다. 둘째, 그들은 평균적인 고객보다 강력한 감정적 반응을 갖고 있기 때문에 편의된 정보를 제공한다. 고객이 제기하는 반응의 대부분은 부정적인 경험에서 기인하므로 — 비록 고객불평을 분석할 수 있는 장점은 있지만 — 불평자료를 근거로 삼는 조직상의 중요한 변경이나 반응은 좋지 않은 전략이다. 즉 그것은 소 잃고 외양간 고치는 격이다.

고객통합으로 가는 처음 단계 중 하나는 고객서비스 부서를 만드는 일이다. 사실 그러한 부서의 명칭은 잘못된 것으로 '고객불평처리 부서'가 되어야 한다. 그 부서는 진정으로 서비스를 제공하지 않으며 단지 고객들의 불평이 조직 내의 다른 사람들에게 파급되지 않도록 하는 방파제의 역할을 할 뿐이다. 물론 그렇지 않은 기업도 있지만 대부분의 기업이 이와 유사하다.

많은 기업들이 문제가 있는 고객들에게 서비스를 제공하기 위하여 고객서비스 전화를 개설하고 있으며, 최근 수년간 통화료를 수신자가 부담하는 '080 클로버 서비스'가 급격하게 성장하고 있다.

무료전화가 고객들의 비용부담을 제거해 주지만 또한 적절하게 관리되어야 한다. 예를 들어 고객이 무료예약전화를 이용하여 할인항공사에 예약하려고 했을 때 통화가 불가능하였다면, 그것은 항공사가 진정으로 고객에 대하여 관심이 없다는 메시지와 동일하다. 또 무료전화가 "전화해 주셔서 감사합니다. 접수된 순서에 따라 연결해 드리겠습니다"라는 메시지를 반복하면서 20분 이상을 기다리게 했다면 이 역시 고객을 중요시하는 태도가 아니다. 더욱이 어떤 무료전화는 고객을 한참동안 기다리게 하고는 진짜 사람이 아닌 보이스 메일 시스템에 연결시켜 주는데, 간혹 고객이 원하는 반응을 전혀 얻지 못할 때도 있다.

따라서 무료전화를 개설할 때는 고객의 관점에서 설계되어야 하는데, 불행하게도 많은 기업들이 비용 절감 또는 기업의 욕구를 충족시키기 위한 관점에서 고객서비스 시스템을 설계한다. 잘못 설계된 무료전화는 오히려 고객불만이라는 상처에 소금을 끼얹는 것과 같음을 주지해야 한다.

고객들은 종사원에게 불평하거나 개선 아이디어를 제공할 수 있는데, 이러한 아이디어의 대부분은 몇 가지 이유에서 종사원에 의해 여과되거나 무시되고 있다.

첫째, 대부분의 보상시스템은 종사원으로 하여금 매출액을 증대시키도록 요구한다. 따라서 다른 활동들은 판매노력을 약화시키며 종사원들은 고객불평의 경로가 되는 것이 자신의 일이 아니라고 생각한다.

둘째, 종사원들은 자신이 나쁜 소식의 전달자가 되기를 기피한다. 만일 관리자가 특정한 종사원으로부터 불평을 많이 듣는다면 그러한 불평들이 종사원의 좋지 않은 성과에 기인한다고 판단할 수 있다.

대부분 기업에서 종사원은 근본적인 고객접촉점(point of customer contact)이며 반드시 필요하다. 그러나 오늘날과 같이 매우 경쟁적인 기업환경에서는 이것만으로는 충분하지 않기 때문에 훨씬 더 주도적 접근 방법이 필요하다.

(2) 주도적 고객접촉

주도적 접근 방법은 조직이 고객만족조사에서 나타나지 않을지도 모르는 충고와 투입요소를 얻기 위해, 고객과의 접촉을 시도하는 것을 의미한다. 이러한 접근방법은 기업이 불평을 말하지 않거나 기업과의 접촉을 시도하지 않는 90% 내지 96%의 고객들을 접촉한다는 사실과, 고객접촉의 인간적 배려를 기업의 의사결정과정들을 통하여 통합한다는 사실을 의미한다. 여기서 '고객' 이라는 단어는 최종사용자뿐만 아니라 도매상과 소매상, 각종 조성기관 등 경로 중간기관들을 포함한다.

고객통합의 모든 측면을 강조하는 철학은 모든 유형의 고객들이 부가가치 사슬의 중요한 부분임을 인식하는 것이다. 주도적 고객접촉 유형은 조직의 창의성에 따라 얼마든지 다양한 형태를 취할 수 있다.

연간 50억 달러의 매출을 올리는 펩시콜라 노스 아메리카(North America)의 사장은 매일 최소한 4명 이상의 고객과 주도적으로 대화를 나눈다. 또 한 달에 일주일 정도 중역은 물론 사무직원까지 코카콜라 운반차량을 타고 직접 물건을 나른다. 루트 라이딩(route riding)이라는 경험이다.

이를 통해 딜러 및 소비자와 접촉하면서 경기상황, 경쟁제품의 공략, 소비자들의 불만 등을 직접 통찰하고 기업 경영에 반영하는 것이다.

P & G의 임원들도 식품점에서 고객들을 만나 자사제품에 관한 의견을 청취하며 심지어 고객 서비스전화에 정기적으로 응답하기도 한다. 휴렛 팩커트사의 임원들도 주요고객들을 할당받아 정규적이고 개방적인 접촉을 유지하고 있다. 이 때의 메시지는 고객들이 매우 중요하다는 사실이다. 만일 최고경영자가 고객접촉에 충분한 관심을 갖고 있다면 관리자들과 종사원들도 그러한 활동에 관심을 갖게 될 것이다.

리버티 상호보험(Liberty Mutual Insurance)은 종사원들이 모든 고객들을 양자처럼 돌보는 프로그램을 갖고 있는데, 모든 고객은 종사원에 의해 접촉되며 개인적 관계를 형성한다. 고객들이 스스로 중요하다는 느낌을 가질 뿐 아니라 모든 종사원도 각 고객의 중요성을 인식한다.

모토롤라와 3M에서는 최고경영자로부터 그 아래 사람까지 관리자들의 팀을 구성하여 고객들의 시설을 방문하면서 고객기업의 간부가 아닌 자사 제품의 실제 사용자들을 만난다. 그런 다음 보고서를 작성하여 기업 전체에 돌린다. 이러한 방문의 근본 이유는 고객만족조사에 포함되지 않거나 직접적인 접촉을 시도하지 않을 고객들로부터 제품에 관한 피드백을 직접 받고, 개선 아이디어를 얻기 위한 것이다. 일부 기업에서는 부서합동팀이 고객을 방문함으로써 효과를 거두기도 한다.

보잉사(The Boeing Company)가 보다 연료 효율적인 항공기를 개발하려고 했을 때, 주요고객인 8개 항공사 대표들을 초기의 개념발달단계에 포함시켰다. 그렇게 함으로써 공동관심과 독특한 차별화의 분야들을 설계과정의 초기에 확인할 수 있었다. 또한 이 단계에 주요 공급자들을 참여시켜 최종고객의 욕구변화를 알게 하고 아이디어와 제안을 제공해 주었다.

휴렛 팩커트(HP)사는 새로운 레이저프린터를 개발할 때 초기의 고객통합이 사이클 타임 감축과 확산속도 제고에 중요한 부분이라고 인식하여 처음부터 주요고객들을 참여시켰다. 제품 설계단계의 초기에 고객피드백을 획득함으로써 기업은 시험마케팅(test marketing)의 필요성을 줄일 수 있었다. 설계변경은 생산이 시작된 후가 아니라 개발단계의 초기에 이루어진다. 현재 고객들은 얼마 전 생산을 시작한 레이저젯 4를 대체할 차세대 레이저프린터와 그것을 다시 대체할 제품을 설계하는 데에도 도움을 주고 있다. 고객들이 두 세대를 앞선 제품을 위한 조언을 해 주고 있는 것이다.

한편 신제품을 개발하는데 있어서 고객과 공급자의 구분이 없어지는 추세도 나타난다. 제너럴 모터(GM)사와 제너럴 일렉트릭(GE)사는 상대방의 연구실에서 지속적인 개선을 위해 합동으로 노력하고 있는데, 이러한 유형의 공급자-고객 관계는 앞으로 규범이 될 것이다.

일부 기업들은 시제품을 주요고객들에게 제공하여, 사용소감을 피드백 해줄 것을 요구한다. 이러한 베타 사이트들(beta sites)은 조기 고객투입요소를 촉진해주는 사용자 시험실의 한 가지 유형이다. 제록스사(Xerox) 등의 첨단기업들은 이러한 기법을 사용하여 신제품을 시험하고 대량생산에 앞서 필요한 변경사항을 확인해낸다.

그러나 베타 사이트(beta site)가 고도로 기술적일 필요는 없다. 일부 컴퓨터 기업들은 고객들로 하여금 단순히 박스를 풀고 컴퓨터를 설치해 보도록 함으로써, 고객이 수행해야할 작업이 무엇인지, 설치안내서가 실제로 읽혀지고 있는지의 여부를 알아내기도 한다. 예상대로 많은 고객들은 귀찮아서 안내서를 읽지 않는다. 역설적으로 고객위주라고 자처하는 기업들 중에서도 일부는 고객들이 실제로 그들의 제품을 어떻게 사용하는지 점검한 일이 없다.

아메리카은행(Bank of America)은 본부에서 정기적으로 만나 개선방법을 개진하는 고객패널을 운영하고 있다. 고객들이 무대에 자리하고 관리자들이 관객석에 앉아 고객들에게 질문하는데, 고객들의 선호를 근거로 하여 그들은 실행계획을 개발한다.

고객만족조사 자료들은 이러한 토론을 위해 훌륭한 출발점을 제공할 수 있는데, 그러한 실증적 자료는 대체로 보다 상세한 분석과 토의를 위한 문제점들을 발견해 준다. 휴먼 코퍼레이션(Human Corporation)과 메리어트 호텔-리조트(Marriot Hotels-Resorts)는 고객과 보다 상세한 근본원인 분석·토론을 위한 출발점으로서 조사자료를 사용하고 있다.

IBM은 전 세계에서 고객들을 초대하여 최고수준의 전략계획회의에 참여시킨다. 고객들은 IBM이 무엇을 올바르게 하고 있으며, 무엇을 잘못하고 있으며, 무엇을 전혀 하고 있지 않은가에 관하여 질문을 받는데, 이는 고객의 소리(voice of customer)를 기업의 최고수준에서 청취하는 것이다.

고객들은 임원수준의 접촉에만 제한되지 않는다. 고객들은 조직의 여러 수준에 걸쳐서 다양한 부서합동팀들에 포함될 수 있다.

고객통합을 달성하기 위하여 반응적 또는 주도적 기법의 사용은 기업의 문화적 가치를 반영하는 것이다. 고도로 생산지향적인 기업은 반응적이며, 진정으로 고객위주인 기업은 매우 주도적일 가능성이 높다(www.xtel.com).

한마디 합시다!!

고품위서비스의 첫걸음은 서비스 종사원 스스로가 먼저 고객 입장에서 불만이 무엇인지를 파악하는 것이다. Think likes customer! 유능한 낚시꾼이 되려면 물고기처럼 생각해야 한다.

3. 고객의 관점이 중요하다

(1) 진정한 경쟁우위 확보

기업입장에서 보자면 제품의 다양화 추세는 돌이킬 수 없는 불가피한 선택이다. 고객으로부터 외면당하지 않으려면 지역별, 연령별, 성별, 기호별 상품 세분화로 시장수요에 대응해야 함은 물론, 고객의 잠재욕구까지도 충족시킬 수 있는 지속적인 상품개발과 신속한 대응이 기업성장의 절대적인 요건이기 때문이다.

(2) 협력업체와의 업무프로세스

모기업과 협력업체 간의 업무프로세스 개선 역시 더없이 중요한 과제이다. 원부자재 공급자 또는 자사제품이나 서비스를 공급하는 디스트리뷰터, 딜러, 판매대행사 등이 모두 이에 해당된다. 오늘날의 기업환경에서는 많은 기업들이 제품과 서비스의 생산, 공급, 유통, 사후서비스 등을 대체로 아웃소싱에 의존한다.

어떤 경우에도 한 회사가 독자적으로 전담하는 경우는 찾아보기 힘들다. 모기업은 자사와 밀접한 관계를 맺고 있는 이들 콤비나트업체와 상호 협력하는 가운데 부가가치를 창출하여 시장에 제공할 뿐이다. 최종고객에게 제공되는 것은 결국 총체적인 복합품질인 것이다.

따라서 모기업이 상호협력관계에 있는 이들 기업과의 유기적인 관계개선 없이 자체적인 프로세스 개선만으로 시장에 나설 수는 없는 일이다. 그럴 경우 고객입장에서는 제품의 질과 부대서비스와 관련하여 불만족을 경험할 것은 너무나 자명하다.

모기업이 협력업체의 품질을 관리함에 있어서 초점을 맞추어야 할 사항은 대체로 이렇다. 첫째로 공급업체가 납품하는 자재의 품질, 정시납품율, 납품원가, 커뮤니케이션 대응(리드타임 및 견적서 산출)수준 등에 대한 구체적인 요건과 목표를 당해 업체와의 협의 아래 설정하고서 그 결과를 측정하여 알려주어야 한다. 그 다음으로 자사가 구매한 물품을 사용하는 내부고객을 대상으로 설문과 면담 등을 통해 납품시기, 불량률, 가격적정성 등 구매프로세스에 관한 효율성 등을 평가하는 것이 바람직하다. 마지막으로 협력회사의 품질을 개선하기 위한 품질관련교육, 품질시스템도입 등 일련의 프로그램을 만들어 시행해야 한다. 실제로 선진기업에서는 최초 제품개발에 협력회사를 참여시키거나 자사 엔지니어링팀에 협력업체 멤버를 동참시키기도 한다.

이를 달리 말하자면

① 품질기준을 명확히 전달하고

② 자사의 요구사항이 제대로 수용되고 있는지 정기적으로 달성수준을 파악하며

③ 개선이 요구되는 사항을 제기하는 한편

④ 협력업체에서 제시하는 요망사항을 수용할 수 있는 체제를 갖추는 것으로 요약할 수 있다.

업종에 따라서는 협력업체의 능력향상이 자사의 기본업무와 지원업무 이상으로 큰 비중을 차지하는 경우도 적지 않다. 고가의 내구재를 공급하는 제조업의 경우 엄격한 품질기준을 마련하여 그 기준을 자체적으로 관리할 수 있도록 협력업체 지도에 나서야 할 필요성은 더욱 높아질 수밖에 없다.

고품질의 고객서비스 수요가 높아지면서 서비스제공업체까지도 제조관련 협력업체 이상으로 고도의 품질기준이 요구되고 있어, 모기업으로서는 이들 업체와 일체화된 수평적인 활동을 구현할 수 있는 프로세스 구축이 요구되고 있는 상황이다.

기업은 무릇 강한 성장욕구를 갖고 있다는 점에서 예외가 없다. 그 비결은 고객을 대상으로 하는 지속적인 고품질의 제품과 서비스의 제공이다. 그러자면 품질평가시스템 구축을 통해 경영품질과 영업품질은 물론, 제품과 서비스의 설계, 생산, 공급, 지원프로세스의 운영 및 관리품

질을 높일 수 있어야 한다.

품질평가시스템을 구축 필요성에 대해 좀 더 상세히 살펴보자.

설계 생산과정에서 품질의 유지 또는 개선을 위한 예방비용(prevention cost)이 '10' 이라면, 품질상의 하자를 바로잡기 위한 재작업비용(internal failure cost)은 '100' 이 소요되며, 고객에게 판매된 후 클레임으로 되돌아와 사후보상을 위해 소요되는 재처리비용(external failure cost)은 '1,000' 으로 급증한다는 원칙이 있다. 재작업이나 재처리로 인한 비용 증대를 사전예방하기 위해서도 품질평가시스템 운영이 오히려 최선의 예산절감책이 될 것임을 미루어 알 수 있다.

이 시스템을 구축하자면 '제품과 서비스' , '프로세스와 실무절차' , '시스템 '을 평가대상으로 삼아 평가항목, 평가빈도, 평가방법 등을 매트릭스화 하여 시행하는 것이 바람직하다. 주목해야 할 것은 이에 더해 평가시스템의 개선방법까지도 평가해야 한다는 점과 고객이나 전문가 등 외부 평가자를 동원하여 객관적인 평가를 받아야한다는 점이다. 주관적인 내부평가로 끝낼 일이 아닌 것이다.

(3) 전사적인 프로세스 개선도 고객의 관점이 중요

프로세스의 품질과 성과유지 및 개선을 위해 활용해야 할 관리포인트 5가지를 살펴보자.

첫째, 프로세스, 관리프로세스가 구축되어 있는가 하는 점이다. 일반적으로 측정 → 분석 → 개선으로 이어지는 3단계의 관리프로세스가 널리 활용되고 있다. 측정단계는 '관리 또는 개선대상 프로세스 선정' , '프로세스 매핑(process maping)' , '프로세스 측정' 으로, 분석단계는 '개선 우선순위 결정' , '벤치마킹 실시' , '해결책 입안' 으로 그리고 마지막 개선단계에서는 '개선계획 수립' , '개선계획 실행' , '개선계획 전개' 등으로 구성된다.

둘째, '주요프로세스를 결정하는 요건' , '품질측정' , '성과측정' 방법을 갖추는 일이다. 국내 기업들의 경우 전반적인 프로세스의 성패를 결정하는 핵심프로세스가 무엇인지를 사전 결정하거나 확인하는 일 없이 막연히 영업을 진행시키는 경우가 적지 않다. 근년에 들어 경영기법으로서의 리엔지니어링(Business Process Reengineering: BPR)이 도입되어 프로세스 재구축에 적용되기 이전까지는 더욱 그러했다.

선진기업들은 프로세스 개념을 정확하게 인식하고, 현재의 프로세스 역량을 객관적으로 파악하여 개선방법을 찾아내기 위한 수단으로 '프로세스 모델링'을 하고 있다. 그것은 현재 수행중인 프로세스를 '핵심프로세스와 지원프로세스'로, 또는 '기본프로세스와 하부보조프로세스'로 구분한 후 각 단계별로 '작업흐름 명기', '과업 및 책임자 지정', '필요요건 확정', '성과지표 작성'과 같은 일련의 작업을 거쳐 중요프로세스를 결정하고, 프로세스별 품질과 성과를 측정하는 것을 뜻한다.

이 때 프로세스역량 매트릭스 기법을 사용한다면 각 단계별 성과측정이 가능하다. 자사 비즈니스에서 가장 근본적인 프로세스가 무엇인지, 필요이상의 리드타임과 비용 및 재작업율로 인해 작업과정에서 과부하 현상을 일으킬 개연성이 큰 핵심프로세스가 어느 것인지를 파악할 수 있게 될 것이다.

셋째로는 프로세스 관리를 위한 주요변수를 결정하는 일이다. 소프트파워 가치의 극대화는 글로벌마켓에서 경쟁우위 확보를 위한 필연적인 향방이며, 리엔지니어링이 유일한 해법이다. 변화를 거부하는 조직 내부의 장벽을 뚫고 '문턱이 없는 조직', '이음새가 없는 조직'으로 재편하자면 프로세스 개선과 혁신 외에 달리 접근 가능한 효과적인 방법이 없음을 의미한다.

하지만 변화를 기피하거나 외면하는 조직의 장벽은 의외로 두텁다. 사람들은 누구나 기득권을 양보하려 않고, 익숙한 업무에 안주하고자 하며, 새로운 업무에 적응해야 하는 어려움을 정신적 부담으로 여기며, 자신이 리엔지니어링으로 인한 희생자가 되지 않을까 하는 두려움에서 변화를 거부하는 성향을 보인다. 리엔지니어링은 개개인에게는 생존권과 직결되는 문제이기도 하다는 점에서 변화를 일으키고 조직하기란 결코 쉬운 일이 아니다.

리엔지니어링은 수주, 제조, 납품의 프로세스 가운데 어느 한 부문만을 개선하여 생산성을 향상시키거나 싸이클 타임을 단축하는 것만으로는 부족하고, 기업내부의 비효율적인 요인을 찾아내어 고객과 시장의 관점에서 전사적, 수평적으로 이루어져야 그 효과를 기대할 수 있는 과제랄 수 있다.

달리 말해 특정부서의 이해에 얽매이지 않고 전체 프로세스 중에서 고객과 시장의 관점에서 불필요한 부분을 과감하게 없애야 당초 목적을 달성할 수 있게 된다. 특정부서의 신설이나 보강이 아닌, 불요불급한 부서의 폐지와 인원감축과 관련하여 불협화음을 최소화하기 위한 방안으로 초일류기업들은 통상적으로 관련부서의 담당자들로 구성되는 크로스 펑셔널 팀(cross functional team)을 조직하여 전사적인 프로세스 개선을 시도한다. 이 때 팀 멤버들은 자기 부서의 이해를 초월하여 전사차원에서 '어떻게 접근하는 것이 고객에게 유익한 가' 에 대해 충분한 토의를 거쳐 결론에 접근하도록 요구받는다. 경영층의 주관적인 판단에 앞서 '판단자료의 객관성 투명성을 높일 수 있는 의도' 인 것이다.

(4) 프로세스의 고효율화가 고객지향의 지름길

우리 주변에는 수평적인 프로세스 개선을 지속적으로 추진하여 높은 수익을 올리고 있는 기업도 상당수에 이르지만, '고객만족' 을 표방하면서도 여전히 과거 생산자 우위의 밀어내기식 사고방식으로 일관하는 기업들이 적지 않다. 독과점체제에서 경쟁 없이도 큰 이익을 누리는 등 달콤한 결실을 향유해 온 공기업일수록 더욱 그렇다.

프로세스 개선은 이제 많은 기업들에게 프로세스의 고효율화가 고객지향의 지름길이며, 기업이 경쟁우위를 확보하기 위한 유일한 해법으로 널리 인식되고 있다. 그런 뜻에서도 리엔지니어링의 결실은 '고객과 시장이 무엇을 기대하고 있는지' 또 '이같은 기대에 부응하자면 어떤 조직과 프로세스, 사람, 설비, 기술 등이 필요할 것인지' 를 총체적으로 살피고 실천하는 과정을 통해 나타나는 것이 정석이다. 어떤 경우에도 기존

사내조직의 존속을 전제로 해서는 개선이 이루어질 리 없다.

인적자원의 존속이나 감축 그 자체를 목표로 하는 것이어서는 안 된다는 뜻이다. 하지만 현실적으로는 인원감축이 불가피해 조직의 반발을 일으켜 무위로 끝나는 사례가 적지 않다. 경영합리화 관점과 개개인의 이해가 상충됨으로 인해 노사가 첨예하게 대립하는 요인으로 작용하고 있다. 그러나 분명한 것은 '고객지향성이 강한 기업' 만이 진정한 경쟁우위를 확보하게 된다는 점이다.

4. 고객충성도와 고객관계관리

최근 몇 년간 고객만족경영에서는 고객충성도(customer loyalty)와 고객관계관리(customer relationship management: CRM)가 가장 중요한 관심 영역이었다. 80년대 가시화되었던 고객만족경영에 있어 기업들의 초기 관심은 불평·불만고객을 최소화하고 만족고객의 수를 증가시키는 것이었다.

그 이유는 고객만족과 고객의 구매행동 간에 높은 상관관계가 있다는 가정 하에 고객만족도가 높아지면 그 회사의 제품과 서비스에 대한 고객의 구매비중과 타인에게 추천하는 비율이 더욱 높아지며 더 높은 가격을 지불할 의향이 높을 것이라고 믿고 있었던 것이다.

그러나 고객만족수준이 높아진다고 해서 반드시 판매량과 이윤 증가로 이어지지 않는다는 주장이 몇몇 연구 결과에서 제기되면서 고객만족경영에 대해 일부 회의론이 대두되었다. 이러한 주장과 함께 본격적으로 고객만족과 판매증가(이윤 포함)에 대한 상관관계 연구활동이 활발하게 이루어졌다. 연구과정에서 고객충성도가 기업의 재무적인 성장을 예측하는데 보다 신뢰성을 가질 수 있다는 측면을 발견하게 되었다.

그리하여 자사의 고객충성도 비율이 얼마나 되는냐가 회사의 중요한 경영지표가 되면서 고객만족 추진에 있어 고객충성도 비율을 어떻게 증가시킬 것인가에 대한 관심이 증대되기 시작했다.

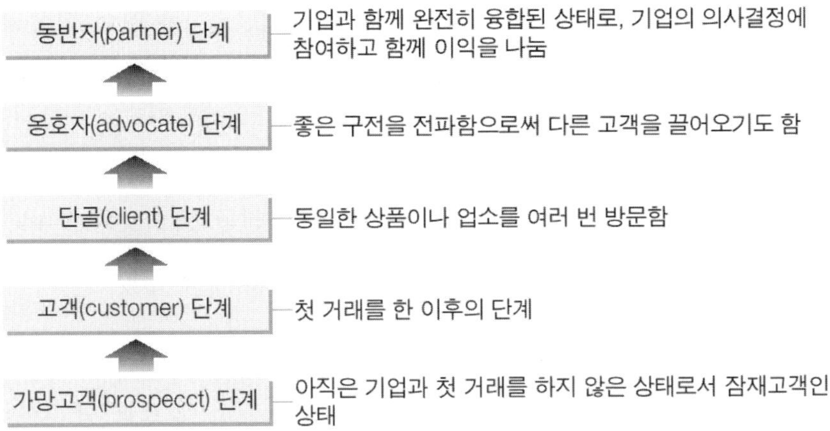

그림 1-7
고객발전단계

고객충성도에 대한 정의는 주장하는 바에 따라 일부 차이는 있지만 기본적으로 다음과 같은 조건이 있다.

첫째, 정기적으로 반복구매를 하는 고객

둘째, 그 기업에서 제공하는 다양한 품목의 제품과 서비스를 포괄적으로 구매하는 고객

셋째, 다른 사람들에게 그 업체를 추천하는 고객

넷째, 경쟁업체의 유인전략에 동요하지 않는 고객

특히 고객충성도를 강조할 때 많이 인용되는 것이 고객의 거래기간 동안의 수익관계, 고객이탈시 손실비용 등이다. 고객보유기간이라는 것은 고객과 기업간의 관계가 지속되는 기간을 의미하며, 고객이탈은 바로 이러한 관계를 멈춘다는 것을 의미한다. 그러므로 고객충성도 비율을 증가시키기 위해서는 바로 자사의 제품과 서비스에 대해 지속적으로 반복구매를 하고 이탈하지 않게 관계를 맺는 일련의 프로그램을 개발해야 하는 것이다. 이러한 고객충성도를 증가시키는 구체적인 방법으로 CRM이 강조되기 시작했다.

(1) 고객관계관리(customer relationship management: CRM)란?

CRM의 중요성을 이야기할 때 기본적으로 정의가 되어야 하는 것이

바로 '고객이 기대하는 가치'를 이해하는 것이다. 가치란 바로 기업에서 상품과 서비스를 제공받고 고객이 지불한 비용을 의미하는 것이다. 이러한 고객의 가치는 시간이 흐르면서 변하며 점점 증대된다고 볼 수 있다. 고객의 가치가 증가되면 될수록 고객이 기대하는 가치에서 상대적으로 제품의 본원적인 가치증가보다는 고객관계에 관련된 가치증가가 더 많아지는 것이다. 그러므로 고객중심의 경영에 있어 고객관계관리는 기업에서 매우 중요한 요소로 볼 수 있는 것이다.

CRM의 정의는 각 상황과 관점에 따라 그 의미를 다르게 해석할 수 있다. 하지만 CRM의 핵심주장은 바로 고객의 기대와 요구를 잘 이해하고 개개인에게 적합한 차별적인 제품과 서비스를 제공하여 고객과의 관계를 지속적으로 강화하는 기업의 전반적인 경영활동(마케팅/영업/서비스 등)이라고 볼 수 있다. 즉 고객을 명확히 이해하고 차별적인 서비스로 고객관계를 유지해 나가는 경영활동이 CRM이다. 고객을 명확히 이해한다는 것의 기본적인 전제는 고객의 세분화와 함께 목표고객을 명확히 사전적으로 구분해야 한다는 것이다. 이렇게 구분된 고객별로 그들이 진정으로 원하는 것이 무엇인지를 알아내는 것이 그 다음에 해야 할 일이다.

고객관계관리란 고객과 처음 관계를 맺고 그 관계를 유지한 다음, 더욱 그 관계를 강화시키는 일련의 활동을 관리하는 것이다. 아래의 그림

그림 1-8
고객의 기대가치 변화

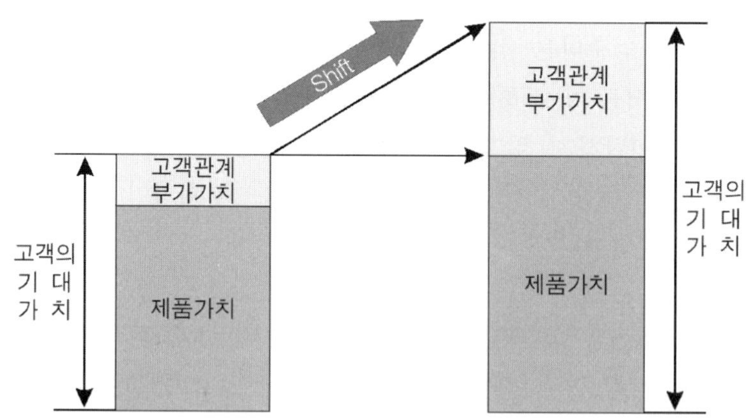

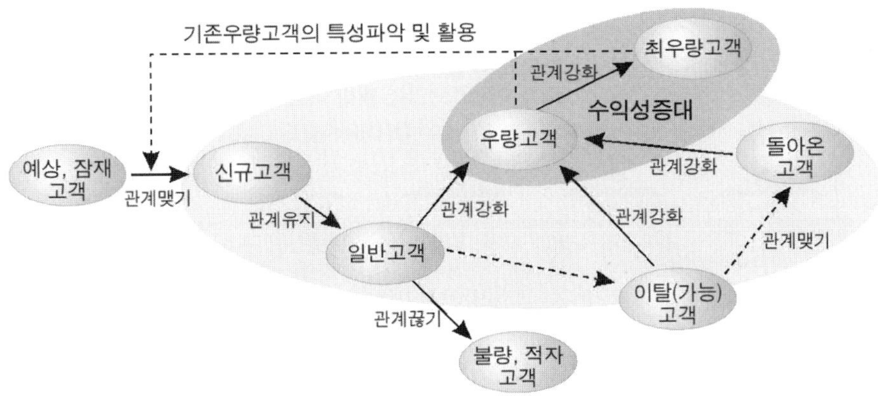

그림 1-9
고객 세분화와 목표고객 구분(최정환 · 이유재)

은 고객의 구분에 따른 고객관리 프로세스를 잘 설명하고 있다. 잠재고객으로부터 고객화하여 궁극적으로 우량고객화 시키는 과정을 도식화한 것이다.

(2) CRM의 바람직한 추진방법

CRM을 추진하는 방법에 있어서는 '명확한 고객구분을 먼저 할 것인가' 아니면 '데이터 통합작업을 먼저 할 것인가' 에 대한 논란이 매우 많다. 국내 여건상 데이터베이스가 취약한 상황에서 아무리 훌륭한 전략과 분석방법을 가지고 있어도 실질적으로 활용할 수 없는 측면이 있어 데이터베이스 통합작업을 먼저 해야 한다고 강조한다.

한편으로 전략이나 분석 CRM을 강조하는 측면에서는 의미없는 데이터베이스를 구축하기 위해 투입되는 막대한 투자비용에 대한 위험부담을 지적하곤 한다. 두 가지 방법 모두 각 기업의 현실에 맞게 적용할 수 있다면 올바른 방법일 것이다. 하지만 CRM 정보시스템도 다른 정보시스템과 마찬가지로 무엇을 위해 구축하는 것이며, 어떠한 기대효과를 가지고 있느냐에 대한 정의가 명확하지 않으면 활용 측면에서 많은 어려움을 갖게 될 것이다.

그러므로 CRM을 추진하는데 있어 CRM 정보시스템 중심이 아닌 자

그림 1-10 CRM 추진단계

사의 명확한 전략방향, 고객구분, 이러한 고객구분에 따른 기업과 고객이 만나는 접점프로세스, 각 단계별 제공되는 고객관계 프로그램 마련 등이 중심이 되어야 한다. 물론 이러한 내용을 보다 효율적이고 효과적으로 수행할 수 있게 도와주는 것이 바로 CRM 정보시스템인 것이다. 최근 몇 년 사이에 CRM 열풍으로 많은 기업들이 CRM 정보시스템에 투자하였다. 아직은 초기단계이므로 성과에 대한 논의를 하기는 이르지만, CRM은 단지 정보시스템만을 가지고 성공할 수는 없다.

그러한 시스템을 구축하기 전에 사전 계획된 전략과 그러한 시스템을 활용할 수 있는 내부 전문가가 마련되어야 하는 것이다. 아마 기업 내 새로운 스타를 만드는 과정이 필요할 수도 있다.

진정한 CRM의 성공은 기업 내 고객충성도 비율을 증가시킬 수 있는 경영 전반에서 고객지향적인 프로세스와 고객관계 프로그램을 갖추고 여기에 적합한 정보시스템이 함께 구축될 때 이룩할 수 있는 것이다.

5. 고객이 없으면 사업도 없다 — 노드스트롬 백화점 사례[1]

"어떤 사람이 노드스트롬 백화점에 타이어를 들고 와서 반품을 요구했다. 이 백화점은 패션의류 전문점이므로 타이어는 취급하지 않는다. 그러나 반품을 요구받은 종사원은 고객에게 타이어의 가격을 묻고 나서

1) 품질경영, 1999.

흔쾌히 환불해 주었다.”

이 이야기는 고객서비스에 대한 교육이나 강연에서 예외없이 소개되는 노드스트롬의 일화 중 하나이다. 노드스트롬의 이야기가 널리 퍼짐에 따라 동종의 유통업은 물론 로스앤젤레스 경찰이나 시카고의 한 초등학교에 이르기까지 노드스트롬을 보고 배우려는 조직이 늘어나고 있다. 노드스트롬 서비스 신화의 뿌리는 무엇일까?

(1) 노드스트롬에서 발견한 복음

1997년 12월 17일 미국 캘리포니아 경영대학원에서는 저명인사 초청강좌에 베시 샌더스 여사를 연사로 모셨다. 그녀는 남편의 학비를 마련하기 위해 1971년에 노드스트롬의 판매보조원으로 입사하여, 고객서비스에 대한 헌신과 탁월한 능력을 인정받아 7년만에 부사장으로 승진한 노드스트롬 신화의 주인공 중 하나이다.

그날 샌더스 여사는 ‘노드스트롬의 복음(The Gospel of Nordstrom)’이란 주제를 가지고 다음과 같은 요지의 강연을 하였다.

약 10년 전 로스앤젤레스에 있는 그녀의 동료 중 한 사람이 벨에어 장로교회에서 ‘노드스트롬의 복음’이라는 제목의 설교가 있을 모양인데, 이를 알고 있느냐고 전화로 물어왔다. 교회 바깥 게시판에 이와 같은 다음 주일 설교제목이 붙어 있다고 하였다. 노드스트롬이 탐욕과 물신숭배의 제물이나 속죄양으로 거론되지 않을까 하는 생각이 들었다.

이런 생각에 잠겨있을 때 『뉴욕타임즈』지 기자로부터 또 다른 전화가 걸려왔다. 노드스트롬이 뉴욕 지역으로 진출할 준비를 하고 있을 때였으므로, 이 기자는 노드스트롬에 대한 특집기사를 써보라는 상부의 지시를 받았다. 그는 노드스트롬에 대해 도무지 믿기 어려운 미담들을 지금껏 많이 들어왔다고 말하면서, 자기는 신화가 아닌 있는 그대로의 실상을 쓰고 싶다고 말했다.

그녀는 다음 주일에 그 기자와 함께 벨에어 교회의 주일예배에 참석하기로 하였다. 물론 그녀 자신도 어떤 내용의 설교가 있을지 예상하지 못했다. 뉴욕에서 비행기로 날아 온 기자와 함께 벨에어 교회의 주일예배에 참석하였다. 캐롤린 크로포드 목사의 설교가 시작되었다.

지난 번 휴가기간 동안 저는 놀라운 경험을 하였습니다. 휴가란 가진 자들에게는 축복이지만 그렇지 못한 이들에게는 오히려 고통입니다. 저는 기분전환을 위해 노드스트롬 백화점을 둘러보기로 하였습니다. 백화점에 들어서자 향기로운 냄새, 턱시도를 차려입은 연주자의 감미로운 피아노 선율, 아름다운 장식과 사람들의 행복한 표정들이 저의 기분을 상쾌하게 만들어 주었습니다. 그런데 그 때 누더기를 걸친 한 여인이 백화점 안으로 들어왔습니다.

그 여인은 비바람을 피할 수 없는 바깥에서 지내온 노숙자가 분명하였으며, 노드스트롬의 고객이라고는 생각할 수 없었습니다. 저는 거리의 빈민 선교를 담당하고 있는 목회자로서 저 여인이 무안하게 쫓겨나지 않을까 걱정스레 지켜보았습니다. 경비원이 여인에게 나가 달라고 요구할 경우 그녀의 기분을 조금이라도 달래 주려고 뒤따라 갔습니다.

그러나 그녀에게 눈총을 주는 노드스트롬의 종사원은 찾아볼 수 없었습니다. 1층을 둘러 본 여인이 에스컬레이터를 타고 2층으로 올라가더니, 매우 값비싸고 호화로운 특별매장으로 가는 것이었습니다. 혹시나 그녀가 도둑으로 몰리는 것은 아닐까 염려하였으나, 판매원은 오히려 그 여인에게 "무엇을 도와드릴까요?" 라고 상냥하게 물었습니다. 순간 저는 혼자 생각했습니다. '판매원이 도대체 왜 저러나? 그녀는 거지란 말이야!' 여인은 판매원에게 축제에 입고 갈 드레스를 사고 싶다고 말했습니다. 스타일과 색상 및 치수에 대해 서로 의논하더니, 판매원은 우아한 드레스를 찾아 주었습니다.

그러자 으쓱해진 그녀는 어깨를 펴고 서서 옷을 잠시 따로 보관해 줄 수 있겠느냐고 물었습니다. "물론이죠, 손님 그런데 얼마 후에 오시겠습니까?" 라고 판매원이 묻자 "아마도 두 세시간이면 될 거예요" 라고 대답하고서 그 여인은 의기양양하게 백화점을 떠났습니다.

저는 그 판매원에게 가서 물었습니다. "실례합니다만, 저는 방금 일어난 일을 이해할 수가 없군요. 내 눈에는 아까 그 여인이 도무지 노드스트롬의 고객이라고는 보이지 않았어요. 당신은 정말로 그녀가 옷값을 지불하러 다시 올 것이라고 생각합니까?"

판매원의 대답은 저를 부끄럽게 만들었습니다. "저의 직무는 누가 노드스트롬의 고객인지 판단하는 일이 아닙니다. 찾아주신 손님들을 친절과 봉사로써 모시는 것이 임무입니다."

> **노드스트롬의 복음**
>
> 저의 직무는 누가 노드스트롬의 고객인지 판단하는 일이 아닙니다. 찾아주신 손님들을 친절과 봉사로써 모시는 것이 임무입니다.

그것이 크로포드 목사가 전하는 노드스트롬의 복음이었다. 목사님은 노드스트롬의 매장에서 신자의 본분인 '봉사와 섬김'의 참모습을 발견하였던 것이다. 심금을 울리는 목사님의 설교는 노드스트롬에 대해 냉소적인 생각을 갖고 있던 기자를 감동시켰다. 그 후 이 이야기는 뉴욕타임즈의 일요판 비즈니스 섹션의 특집기사로 소개되었고, 이를 접한 독자들의 엄청난 반응 때문에 크로포드 목사의 설교를 담은 녹음 테이프가 전국 각처에 보급되었다.

또 하나의 일화가 있다. 시애틀 중심가에 있는 노드스트롬 백화점에 세일이 막 끝난 다음 한 여인이 주름잡힌 도나 캐런 바지를 사러 왔다. 그녀에게 맞는 치수가 다 팔린 뒤여서 판매사원은 시애틀 지역에 있는 다섯 군데의 다른 노드스트롬 체인점에 알아보았지만 그 치수는 없었다. 그런데 길 건너편에 있는 프레더릭 앤 넬슨 백화점에 바로 그 바지가 있다는 것을 안 판매사원은 매장 지배인에게 현금을 받아서 경쟁사 백화점으로 갔다. 정가대로 지불하고 바지를 구입한 노드스트롬의 판매사원은 고객에게 세일가격으로 되팔았다. 이런 것들은 노드스트롬의 수많은 일화 중 하나일 뿐이다.

(2) 노드스트롬 신화의 시작

존 노드스트롬

미국 내 대다수 백화점의 창립자들처럼 노드스트롬의 창립자인 존 노드스트롬(John W. Nordstrom)도 이민자였다. 1871년 2월 15일 그는 스웨덴의 북부지역에서 다섯 남매 중 셋째로 태어났다. 여덟 살 되던 해 대장장이였던 아버지가 사망하자, 그는 학교도 그만두고 농장에서 고된 생활을 했다. 16세가 되던 1887년 겨울 존은 고향 마을을 떠나 희망과 기회의 땅 미국을 향한 장정에 나섰다.

이틀동안 배를 타고 스톡홀름에 도착하여, 배를 갈아타고 3일 후 영국의 동부 해안도시 헐에 도착하였다. 거기서 난생 처음으로 기차를 타고 영국의 대항구 리버풀로 갔다. 리버풀에서 미국으로 가는 선박의 3등실에 몸을 실은 그는 열흘 후 뉴욕의 엘리스 섬에 도착하였다.

영어도 한 마디 못하던 그가 도착시 가지고 있던 돈은 5달러가 전부였다. 그는 철광석을 화물차까지 손수레로 날라 싣는 일자리를 얻었다. 하루 10시간 동안 중노동한 대가는 고작 1달러 60센트였다. 쏟아 내리는 철광석 더미에 목숨을 잃을 뻔한 위험을 겪으면서도, 강한 인내로 5년동안 노력한 결과 서부로 이주할 수 있었다. 그동안 미시간에서 벌목공으로, 아이오와에서는 광부로, 캘리포니아에서는 철도공사 노동자로서 온갖 힘든 일을 마다하지 않았다. 그리고 황금을 찾아 알래스카의 클론다이크로 갔다.

2년간 존 노드스트롬은 닥치는 대로 허드렛일을 하면서 버텼다. 마침내 그는 수익성이 상당히 클 것으로 생각되는 금맥을 발견하였다. 그러나 기뻐할 틈도 없이 다른 광부가 권리를 주장하고 나섰다.

당시 이러한 권리분쟁은 흔히 있는 일이었는데, 공교롭게도 분쟁의 해결을 맡은 금광 감독자가 노드스트롬에게 도전한 자의 형이었다. 그곳의 타락상을 익히 알고 있던 노드스트롬은 중재 재판에서 이길 가능성이 희박하다는 것을 알고 자신의 권리를 13,000달러에 팔았다. 노드스트롬으로서는 결코 적지 않은 금액이었다. 이 돈을 손에 쥐고 그는 시애틀로 돌아왔다.

1900년 5월 존 노드스트롬은 알래스카로 가기 전에 청혼했던 스웨덴 아가씨 힐다 칼슨과 결혼했다. 둘은 새로운 사업을 모색했다. 존은 클론다이크에서 사귄 친구인 월린을 찾아갔다. 구두수선 가게를 운영하고 있던 월린은 구두판매점을 열자고 제의했다. 노드스트롬이 5,000달러, 월린이 1,000달러를 투자하여 월린 앤드 노드스트롬(Wallin & Nordstrom)이라는 가게를 열었다. 1901년 시애틀 중심가에 개점한 이 가게에서부터 노드스트롬의 역사가 시작된다.

(3) 반면교사가 된 대기업 경험

존 노드스트롬과 아내 힐다는 에버렛, 엘머, 로이드, 메이벨, 에스더의 다섯 자녀를 두었는데, 1915년부터 열두 살의 에버렛과 열한 살의 엘머가 파이크 2번가의 상점일을 돕기 시작했다.

1923년 월린 앤드 노드스트롬은 시애틀 북동부 워싱턴대학 근처에 두 번째 상점을 열었다. 대학을 막 졸업한 스무 살의 에버렛이 그 상점의 책임자가 되었다. 몇년 후 에버렛은 마셜필드 상회에서 신발 머천다이징과 판매업무를 배운 동생 엘머에게 지배인 자리를 물려주었다. 8개의 독립된 신발매장을 소유하고 있던 마셜필드 상회는 월린 앤드 노드스트롬과는 비교가 안될 정도로 규모가 컸다.

엘머는 마셜필드 상회의 직원들이 신발을 다루는 방법에 질렸다고 회상했다. 그들이 창고에서 신발을 꺼내어 매장바닥에 던지는 것을 자주 보았다. 모든 신발을 보석처럼 여기던 조그마한 상점 출신의 엘머로서는 그들의 행동을 납득할 수 없었다. 그가 시애틀로 돌아오자 아버지 존 노드스트롬은 엘머에게 큰 회사에서 무엇을 배웠느냐고 물었다. "솔직히 무엇을 해야 할지는 잘 모르겠습니다. 그러나 무엇을 하지 말아야 하는지 몇 가지는 확실히 배운 것 같습니다" 라고 대답하자, 아버지 존은 "그렇다면 꽤 많은 것을 배웠구나!" 라고 격려하였다.

경영권을 넘겨받은 에버렛과 엘머는 1930년 파이크 2번가의 매장과 진열장을 수리하여 3배로 확장하고, 상점 중앙의 천장에 다음과 같은 글귀가 적힌 안내판을 눈에 잘 띄게 매달아 놓았다. "저희가 귀하께 잘 해드렸다면 다른 분들께 말해 주십시오. 만약 그렇지 않았다면 저희에게 말해 주십시오." 에버렛은 상품의 질에 대해 깐깐하기로 유명했다. 제품이 완전하지 않으면 판매하지 않는다는 전제하에 구매담당자들에게 물건 하나하나를 까다롭게 검사하도록 지시하였다. 한 익명의 제조업자는 『풋웨어 매거진』에 "노드스트롬은 고객들에게는 최고이겠지만 제조업자들에게는 살인자와 같다"고 기고하기도 했다.

(4) 고객 앞에서 무릎을 꿇고 하는 서비스

노드스트롬의 형제들은 기업가였다. 자금에 여유가 없었던 그들이 성공하기 위해서 실천한 일들은 단순하고도 명백한 것이었다. 그것은 열심히 일하는 것이었다. 그들은 회사의 소유주로서 다른 누구보다도 열심히 일하지 않으면 안 된다고 생각했다. 그렇지 않으면 자신들의 안일한 태도가 바로 아랫사람들에게 퍼지고, 또 그 아래로 퍼져 결국은 모두가 무기력해질 것이라고 생각했다.

수위를 둘 여력이 없었기 때문에 에버렛과 엘머 두 형제는 매일 아침 일찍 상점에 나와 카페트를 청소하고 유리창을 닦았다. 세월이 흘러 그들의 자녀와 손자들이 입사해도 매장에서 판매하는 일을 허락받을 때까지는 온갖 궂은 일을 도맡아서 해야 했다.

1963년 의류시장으로 사업을 확장하기로 결정하고, 시애틀에 기반을 둔 베스트 어패럴 사를 인수한 뒤 회사 이름을 노드스트롬 베스트(Nordstrom Best)로 바꾸었다. 베스트 사를 인수하고 난 후, 두 달이 지나 노드스트롬의 설립자인 존 노드스트롬은 92세의 나이로 세상을 떠났다.

경영권을 물려받은 존 노드스트롬의 손자 3명은 아버지들처럼 어렸을 때부터 상점에서 일하기 시작하여 고등학교와 대학시절 내내 신발을 판매했었다. 신발매장에서 훈련을 거친 이들 3세대는 문자 그대로 '고객들 앞에서 무릎을 꿇고' 자라왔다. 이 말에는 적어도 두 가지 의미가 들어 있다. 하나는 생계를 꾸려갈 수 있게 해 준 고객들에 대한 감사의 표현이다. 고객이 없었다면 사업도 없었을 것이기 때문이다. 다른 하나는 구두가 고객의 발에 맞는지 확인하기 위해서는 무릎을 꿇어야 한다. 고객을 만족시키기 위해 무릎을 꿇는 점원은 구두가게 말고서는 찾아보기 힘들다.

1971년 노드스트롬 베스트 사는 주식을 공개하였으며, 2년 후인 1973년에는 1억 달러의 매출을 기록하였다. 또한 그 해 노드스트롬 베스트 사는 회사명을 오늘날 사용하고 있는 노드스트롬(Nordstrom, Inc.)으로 바꾸었다.

(5) 역피라미드 조직구조

1970년대 초 노드스트롬이 주식을 공개하기로 결정하고 준비작업에 들어갔을 때 투자 은행가들은 이 회사에 조직도가 없다는 사실을 알고 놀랐다. 그들의 요청에 따라 노드스트롬은 조직도를 그리는 작업에 착수하였다. 다른 기업들이 종래에 해왔던 것처럼 사각형을 선으로 이어 계층과 직무를 나타내는 방식으로는 노드스트롬의 조직을 제대로 표현할 수 없었다. 그 때 누군가가 전통적인 조직도의 피라미드 모양을 거꾸로

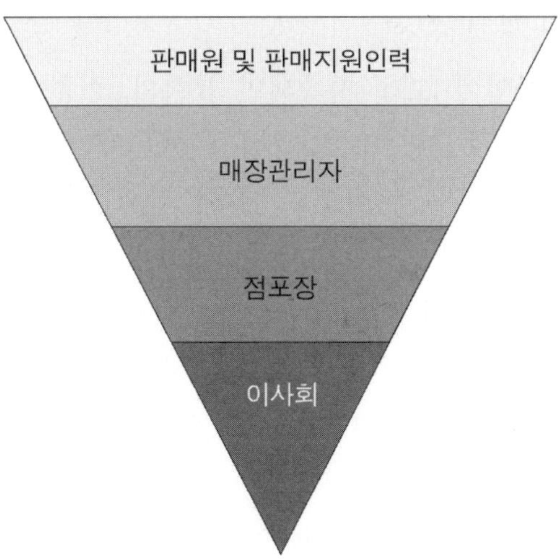

그림 1-11
노드스트롬의 역피라미드 조직도

뒤집어 보자고 제안했다.

노드스트롬이 다른 회사와 다른 점은 매장 관리자로부터 공동 회장에 이르기까지 역삼각형의 각 단계를 차지하고 있는 모든 부분이 한결같이 판매사원을 지원하고 있으며, 결코 그 반대가 아니라는 점이 제안의 이유였다.

고객이 없으면 사업도 없다는 것을 항상 마음에 간직하면서 고객들 앞에서 무릎꿇고 서비스해 온 노디스(Nordies, 노드스트롬의 종사원들은 스스로를 Nordie라고 부른다)로서는 고객을 가장 위로 모시고, 또한 그러한 고객을 가장 가까이서 모시는 일선 판매원들을 그 다음에 두는 역피라미드 조직도가 노드스트롬의 기업문화를 단순하면서도 명쾌하게 설명한다고 판단하였다.

오늘날 역피라미드 조직도는 하나의 유행처럼 사용되고 있지만, 1971년 이 회사에서 처음 고안되었을 당시에는 조직이 어떻게 운영되어야 하는가에 대한 노드스트롬의 진정한 기대가 반영된 것이었다. 역피라미드 조직도는 노드스트롬의 매장 어디에서든지 볼 수 있다. 사무실과 식당에 걸려 있을뿐만 아니라 연차보고서나 기타 다른 많은 출판물에도 인쇄되어 있다. 그것은 노드스트롬의 기업문화를 나타내는 하나의 상징이 되었다.

(6) 서비스 요원의 자질

공동경영이나 동업이 오래 지속되면 불화와 소송이 뒤따르게 마련이지만 노드스트롬은 4세대에 이르기까지 100년 동안 어떠한 불화도 없이 화목한 가족경영의 전통을 이어오고 있다. 현재 7명의 공동사장 중 6명이 30대인데, 이들은 모두 창업자 존 노드스트롬의 증손자들이다. 우리나라 같으면 족벌경영이란 막연한 비난도 있을 수 있지만 이들의 화목경영(和睦經營)은 많은 사람들의 부러움을 사고 있다. 이것은 그들이 역지사지(易地思之)의 철학을 기본으로 하는 고객중심의 경영을 실천해 온 것과 무관치 않다.

1977년이 되자 노드스트롬의 매출액은 2억 5천만 달러로 성장하여 미국에서 세 번째로 큰 의류전문 소매업체가 되었다. 1978년 노드스트롬은 베스트 어패럴을 인수한 이래로 가장 중요한 결정을 내렸다. 자신들의 존재가 전혀 알려지지 않은 캘리포니아로 사업을 확장하는 일이었다. 베시 샌더스 여사가 이 프로젝트의 책임을 맡았다.

유능한 직원을 충원하기 위하여 베시 샌더스 여사는 심사숙고했다. 교육을 시키고 권한을 위임하고 동기를 부여해도 사람 자체는 바꿀 수 없다. 첫 채용시 필요한 적성을 가진 사람을 선발하는 것이 무엇보다 중요하다. 폴 딕슨이라는 사람은 이러한 생각을 다음과 같이 표현하였다.

> 돼지에게 노래를 가르치려는 생각은 아예 말아라. 그것은 시간낭비일 뿐 아니라 돼지에게도 괴로운 일이다.

그런데 적성이란 무엇인가? 많은 경우 그것은 학력이나 경력같은 외부적 조건을 이야기하는 것이 아니다. 그 직무에서 성공하기 위한 성격이나 특성을 말한다. 대인접촉이 많은 서비스업이라면 진정으로 사람을 좋아하는 사람, 남을 기쁘게 해주는 데에서 기쁨을 느끼는 사람이 필요하다. 이러한 생각에 따라 노드스트롬은 학력과 경력같은 피상적인 조건을 내세우지 않는 독특한 사원모집 광고를 냈다.

노드스트롬의 사원모집 광고

인재를 찾습니다.

당사에서는 새로운 매장에서 우리와 함께 일할 사람들을 찾고 있습니다.

판매사원, 그리고 그들을 돌볼 사람.
이끌어 갈 인재와 따라 갈 인재.
자신의 일에 자부심을 갖고 열심히 일하는 사람.
자신을 소중히 여기고 남을 기쁘게 해주는 사람.
정직하고 근면하며, 배려심이 있는 헌신적인 사람.
자신의 성공뿐 아니라 상대방의 성공도 바라는 사람.
비전을 갖고 그것을 성취하는 삶을 살아 갈 사람.

이 광고가 나가자 1,500명이 넘는 지원자가 몰려 왔고, 샌더스 여사와 다른 두 명의 면접관은 이에 부합하는 인물들을 선발하였다.

(7) 기업문화 차원의 내부승진 정책

노드스트롬은 자신들의 차별적 핵심능력이 기업문화라고 굳게 믿는다. 회사 내부에서 성장한 사람들만이 노드스트롬의 문화를 제대로 이해할 수 있다고 생각하여 관리자를 외부에서 영입하지 않는다는 원칙을 고수한다.

현재 노드스트롬의 회장을 맡고 있는 존 워태커(John J. Whitacre)도 1976년 신발 영업사원으로 입사하였다. 그는 현재 7명의 공동사장 중 노드스트롬가 출신이 아닌 유일한 인물로서 3세대 경영진과 4세대 경영진 사이를 잇는 가교 역할을 맡고 있다. 입사 7년 만에 부사장으로 승진하였던 베시 샌더스 여사도 시간당 2달러 46센트의 판매 보조원으로 직장생활을 시작하였다. 이제 노드스트롬의 내부승진은 하나의 정책이라기보다는 문화와 전통으로 정착되었다.

보통 백화점은 사원의 3분의 2 이상이 여성이지만 여성 관리자의 수는 소수에 불과하다. 노드스트롬은 이러한 소매업계의 전통을 바꾸어 놓았다. 몇년 전 조사에 의하면 노드스트롬의 매장 중 70% 이상의 지배인이 여성이었다고 한다.

노드스트롬의 내부승진 정책은 일선 종사원들에게 많은 기회를 제공하는 반면 성공을 향한 치열한 경쟁과 스트레스를 유발하는 단점도 있다. 판매사원의 급여 대부분이 커미션에 의존하는 체제이기 때문에 성취도가 떨어지는 사람들은 급여와 승진의 양면에서 견디기 힘든 압박감에 시달린다. 위로 올라갈수록 이직률이 줄어들지만 신입사원의 절반 정도가 입사 1년 이내에 퇴사한다.

판매실적이 높으면 수입이 따라 증가하지만 다른 추가적 보상도 제공된다. 각 부문별로 8~12% 정도가 우수 판매사원으로 선발되는데, 이들에게는 '페이스세터(pacesetter)' 라는 칭호가 새겨진 업무용 명함과 더

불어 자사 판매제품에 대해 연간 33%의 할인 혜택이 주어진다. 종사원 할인률이 20%이므로 페이스세터가 되면 13%의 추가적 할인 혜택을 누리는 것이다.

페이스세터가 된 첫 해에는 개인적으로 고객관리에 사용할 고급 가죽장정의 바인더와 라벨 핀을 받는다. 5년, 10년 또는 그 이상 페이스세터의 자리를 유지한 사람들에게는 더욱 큰 상과 혜택이 주어진다. 뛰어난 성과를 낸 종사원들에 대한 개인포상과 더불어 매장 전체에 대한 포상도 실시하고 있다. 이것은 자기 커미션만을 높이려 열중하는 직원들에게 팀워크의 중요성을 인식시키기 위한 것이다.

(8) 미국에서 가장 짧은 직원 복무규정

1997년 『포춘(Fortune)』지는 고객만족도 조사 결과 백화점 및 할인점 부문에서 노드스트롬이 최고라고 발표하였다. 무엇이 노드스트롬을 고객만족 최우수 기업으로 만들었을까? 아마도 노드스트롬이 오래 전부터 매장에 게시하고 있는 다음과 같은 표어가 그에 대한 해답이 될 수 있을 것이다.

> 우리와 다른 매장과의 유일한 차이는 고객을 대하는 방법이다.

일반적으로 고객서비스는 경영진의 시선이 닿지 않는 곳에서 순간순간 일어난다. 따라서 경영진이 이러한 서비스 접점현장을 통제한다는 것은 사실상 불가능하다. 이런 상황에서 뛰어난 서비스를 제공하기 위해서는 가능한 한 고객과 가장 가까운 곳에서 의사결정이 이루어져야 한다. 이것은 고객서비스를 일선종사원 및 창구종사원들에게 일임하고 업무에 필요한 모든 것들을 제공하라는 의미이다.

노드스트롬에 입사하신 것을 환영합니다.
당신과 함께 일하게 되어 기쁩니다.
우리의 최고 목표는 탁월한 고객서비스를 제공하는 것입니다.
개인적 목표와 전문직업인으로서의 목표는 모두 높이 설정하십시오.
우리는 당신이 그것을 성취할 능력이 있다고 확신합니다.

노드스트롬의 규정

제1조, 어떠한 상황에서도 당신의 현명한 판단에 따라 주십시오. 그 외에 다른 규정은 없습니다.
궁금한 사항이 있으면 언제라도 부서장, 점포장, 사업부 책임자에게 자유롭게 질문해 주십시오.

노드스트롬

최근 수년간 권한위임(empowerment)이란 말이 널리 쓰이고 있지만 불행하게도 고객을 기쁘게 해야 할 책임만 위임하는 경우가 적지 않다. 권한위임의 진정한 의미는, 성공하는데 필요한 권한과 자원까지도 함께 위임하는 것을 말한다. 일찍이 창업자 존 노드스트롬은 이러한 사실을 분명히 담은 직원 복무규정을 마련하였다. 노드스트롬의 복무규정은 단 한 가지이다.

어떠한 상황에서도 자신의 현명한 판단에 따라 주십시오.

이 간결한 규정에는 고객서비스에 대한 리더의 탁월한 식견과 종사원들의 능력에 대한 깊은 신뢰가 들어 있다. 이것이 4세대를 이어 온 노드스트롬 기업문화의 핵심이다. 노드스트롬이 공식적으로 표방한 바와 같이 다른 경쟁자들과 그들의 유일한 차이는 고객을 대하는 방법에 있다. 그것을 한마디로 요약하면 고객을 만족시키기 위해서라면 자신의 현명한 판단에 따라 무엇이든지 하라는 것이다. 노드스트롬에서는 '윗사람과 상의해봐야 한다' 는 말을 들을 수 없다. 이것이 노드스트롬 신화의 원동력이었다.

노드스트롬의 사원이 되면 신입사원 오리엔테이션 시, 제일 먼저 '5×8' 인치 크기에 인쇄된 종사원 복무규정을 받는다. 노드스트롬의 복무규정은 '리더십은 명사가 아니라 동사이다' 라는 리더십 경구의 진정한 의미를 잘 보여주고 있다.

(9) 조건없는 반품수용 정책

일단 구매한 상품을 반환한다는 것은 여간 성가신 일이 아니다. 반품하러 가면 상점에서 영수증을 보여달라고 하고, 왜 반품을 원하는지 설명하라고 요구한다. 한 번 사용한 상품, 구매 후 어느 정도 시간이 지난 상품, 그리고 할인판매한 상품은 아예 반품을 받아주지 않는다. 반품은 짜증나는 일이며 게다가 시간이 걸리는 일이다. 따라서 고객들은 반품에 문제가 있을 것 같은 상품의 구매를 꺼린다.

그러나 노드스트롬은 다르다. 고객이 구입한 상품의 반환을 요구하면 무조건 수용한다. 반품의 이유를 따지지 않고 웃는 얼굴로 반환해 주는 것이 회사의 방침이다. 어떤 사람이 1년 동안 신은 구두에서 이상한 소리가 난다고 수선을 요청하자 새 구두로 교환해 주었다. 어느 여성이 2년 전에 산 블라우스에 대한 불만을 말하자 환불해 주었다. 노드스트롬에 관한 이런 일화들은 수없이 많다. 브루스 노드스트롬은 판매사원들에게 다음과 같이 말했다. "고객이 5년 동안 신던 신발 한 켤레를 가지고 와서 신발이 다 닳았다고 불평하면서 환불을 요구할 경우 당신은 스스로의 판단에 따라 처리할 권한을 갖고 있습니다. 솔직히 말하자면 이 말은 환불해 주라는 사실상의 지시입니다."

이런 무조건적인 반품정책이 악용되지는 않을까? 물론 그런 경우가 적지 않다. 그러나 노드스트롬의 철학은 정직하지 않은 소수 때문에 다수에게 피해를 주지는 않겠다는 것이다. "98%의 정직한 사람들, 바로 우리가 만족을 선사하려는 사람들을 행복하게 해주어야 합니다. 노드스트롬은 고객들에게 반품을 보증합니다. 회사가 보증하는 것이 아니라 내가 보증할 권한을 갖고 있습니다" 라고 노드스트롬의 한 판매사원은 말하였다.

무조건 반품수용정책을 내세우면서 노드스트롬의 경영진은 납득할 수 없는 부당한 반품요구에 대해 내심 걱정을 하였으나, 이 정책을 도입한 첫 해의 결과는 그에 소요되는 경비가 충분히 감당할 수 있는 수준인 것으로 나타났다. 대다수의 기업들이 반품을 괴롭고 귀찮은 것으로만 여기고 있을 때 노드스트롬은 큰 고통없이 엄청난 홍보효과를 거두었다. 다음은 노드스트롬의 단골고객 중 한 사람의 이야기이다. "노드스트롬에서 쇼핑하는 가장 중요한 이유 중 하나가 반품이 쉽다는 점이다. 물건을 산 후 집에 와서 입어보고 마음에 들지 않으면 언제라도 반환할 수 있다. 여기에 아무런 불편이나 언쟁이 수반되지 않는다."

앞에서도 언급하였으나 노드스트롬의 일화 중 가장 널리 회자되고 있는 것은 타이어를 들고 와서 반품을 요구한 사람의 이야기이다. 노드스트롬은 패션전문점이므로 타이어를 판매한 적이 없다. 그러나 노드스트롬의 판매사원은 고객에게 타이어 가격을 묻고는 흔쾌히 환불해 주었다고 한다. 이 일화 때문에 노드스트롬 사원들은 종종 곤경에 처하곤 한다. 그게 사실이냐는 질문을 자주 받지만 지금에 와서 그것을 확인할 방법이 없다. 그러나 노드스트롬 직원들은 만약 그런 고객이 실제로 있었다면 결과는 그대로였을 것이라고 확신한다(1975년 노드스트롬은 타이어를 판매하던 노던 커머셜 사로부터 알래스카에 있는 3개의 상점을 인수했다. 따라서, 이전에 노던 커머셜 사에서 타이어를 구입했던 사람이 노드스트롬에 반품을 요구했을 개연성이 있다).

(10) 개인별 고객수첩의 활용

노드스트롬의 판매사원들은 개인별로 고객수첩을 활용하고 있다. 이 수첩은 접고 펼칠 수 있으며, 페이지도 끼우고 뺄 수 있도록 설계된 회사 규격품이다. 이 수첩에는 일별, 주별, 월별 행사표와 페이스세터들의 목표설정을 위한 일일 계획표, 일과표, 전국 노드스트롬 매장의 전화번호 등이 수록되어 있다. 전화번호는 고객이 찾는 특정한 상품이나 치수가 빠졌을 때 다른 매장에서 구할 수 있는지 알아보기 위한 것이다(노드스트롬 사원들은 자신의 임무가 단지 매장 내에서 고객을 응대하는데 그치는 것이 아니라, 고객이 원하는 것을 어떻게든 구해주는 것이라고 생각한다).

최고의 판매사원들은 이 고객수첩을 잘 활용한다. 고객의 이름과 주소 및 전화번호, 사이즈와 체형, 메이커 선호도, 좋아하는 색상과 스타일, 이전에 구입한 상품, 고객과 가족의 기념일 등을 적어둔다. 이러한 정보를 이용하여 판매사원은 고객이 좋아할만한 상품이 들어오면 미리 알려준다. 또한 상품판매 후 몇 일이 지나면 감사의 편지를 보내고, 그것이 마음에 들었는지 또한 사전에 기대했던 대로 잘 사용되고 있는지 점검한다.

1992년 이후 판매왕에 올라선 로스앤젤레스 웨스턴사이드 점의 레슬리 코프먼도 고객수첩을 잘 활용하면 단골고객의 신뢰를 확보하는데 큰 도움이 된다고 말한다. "1980년대까지는 그냥 드나드는 고객만 응대해도 급료를 받을 수 있었다. 그러나 이제 그런 방식으로는 안 된다. 영업을 지속할 수 있는 일차적 기반은 단골고객이다. 따라서 그들과의 관계를 유지하고 그들을 상점으로 끌어들일 수 있는 방안을 끊임없이 강구해야 한다. 크리스마스나 생일이 다가오면 고객의 부인에게 '잭에게 줄 선물은 마련하셨나요?' 라고 편지를 보낸다." 이와 같이 우수한 판매사원들은 고객수첩을 매우 유용한 판매도구로 활용하고 있다.

(11) 노드스트롬의 신화는 막을 내리나?

1998년 4월 『비지니스 위크(Business Week)』 지는 "훌륭한 서비스로도 충분치 않았다" 는 제목으로 노드스트롬에 관한 특집기사를 실었다. 이 기사에 의하면 노드스트롬은 최근 몇 년간 저조한 성장률, 실망스러운 수익, 일진일퇴를 거듭하는 주식시세와 씨름하고 있다. 1996년도에는 순이익이 11% 줄어들었고, 한 주당 53달러를 유지하던 주가가 1997년에 34달러로 폭락한 이후 현재 간신히 40달러를 회복했다. 전설적 서비스로

만인의 칭송을 받던 노드스트롬이 어쩌다 이런 곤경에 처하게 되었는가?

문제의 시작은 체인점 확장에 착수한 10여년 전으로 거슬러 올라간다. 노드스트롬이 처한 위기의 원인은 다음과 같다.

① 기업은 빠르게 성장해 갔으나 노드스트롬의 경영진은 공통적 업무기능을 집중화하지 못했다. 메이시 백화점의 경우 100명의 구매팀이 구매업무를 총괄하고 있는데 비해 노드스트롬은 900명에 달하는 구매담당자들이 있다. 중복되거나 상충된 주문들로 인해 노드스트롬과 납품업자들 사이에 혼선이 빚어지고 있다.

② 기업의 규모가 커짐에 따라 라이프 스타일의 변화를 읽어내는 감각이 무뎌졌다. 직장여성들의 취향이 캐주얼한 복장을 선호하는 쪽으로 바뀌어 갔으나 노드스트롬은 여전히 버튼다운식 정장을 계속 내놓았다. 20년간 노드스트롬의 단골손님이었던 한 중년 여성은 "고객과의 접촉이 실종되었다" 라는 말로 노드스트롬에 대한 실망감을 표출하였다. 또한 노드스트롬에서는 최근까지 고객의 변화추세에 대한 집적된 자료가 거의 없었다. 단지 판매사원의 수첩에 개별고객들의 취향을 적어 둔 것이 전부였다. 다른 기업의 한 중역은 "노드스트롬은 중세 암흑기에 머무르고 있었다" 라고 표현하였다.

③ 사업을 여러 지역으로 확장시키면서도 전국적인 마케팅 노력을 기울이지 않았다. 지금까지 노드스트롬은 지역 내에서 사내 팀들이 광고를 전담하였다. 말하자면 동네 광고만 해 온 것이었다.

오늘날 노드스트롬은 추락한 명성을 되찾기 위해 혼신의 노력을 기울이고 있다. 이미 구매담당자의 수를 19% 줄였으며, 향후 2년간 계속 더 줄여나갈 계획이다. 구매습관과 라이프스타일 추세에 대한 자료의 수집과 분석, 그리고 재고관리를 위해 수백만 달러를 들여 덴버에 새로운 전산센터를 올해 설립하였다. 또한 인상깊은 광고캠페인을 벌이기 위해 미니애폴리스의 광고대행사인 팔론 맥엘리고트(Fallon McElligott)와 계약을 맺었다. 전통적인 노드스트롬의 고객인 기혼여성뿐 아니라 새로운 젊은 여성고객들을 끌어들이기 위한 인구통계학적인 마케팅 접근방법도 준비하고 있다.

노드스트롬의 당면과제는 충성스러웠던 예전의 고객들을 되찾는 일이다. 노드스트롬이 떠나버린 고객들의 발길을 되돌리기 위해 안간힘을 쓰고 있는 동안, 안 테일러(Ann Taylor)와 같이 활력을 되찾고 있는 전문체인점으로부터 새로운 인터넷 사이트에 이르기까지 사방에서 그들을 손짓하고 있다. 이제 노드스트롬이 올바른 길로 들어선 것으로 생각되기는 하지만, 문제는 옛 고객들을 다시 붙잡기에는 그들이 이미 너무 멀리 떠나버린 것이 아닌가 하는 점이다. 21세기에 노드스트롬이 제2의 서비스 신화를 창조하고 사람들의 가슴속에 신화의 고향이자 전설적 기업으로 계속 간직될 수 있을지 관심있게 지켜보자.

(12) 노드스트롬의 사례가 주는 교훈

고객만족에 관한 한 노드스트롬만큼 자주 거론되는 기업은 없다. 1901년 창업이래 노드스트롬은 살아있는 서비스 신화의 고향으로 많은 사람들에게 동경의 대상이 되어왔다. "우리와 다른 상점의 유일한 차이는 고객을 대하는 방법이다. 우리는 고객들 앞에서 무릎꿇고 자라왔다"는 철학으로 4세대를 이어 온 노드스트롬의 역사가 주는 두 가지 핵심적 교훈은 다음과 같다.

1) 리더십의 궁극적 표현은 권한위임(empowerment)이다

"노드스트롬에서 쇼핑하는 일은 마치 소규모 자영업자를 대하는 것과 비슷하다" 라고 웨스틴 호텔의 해리 멀리킨 회장은 말했다. 노드스트롬의 최고 판매사원이었던 매카시는 자신을 '6천명의 고객을 가진 독립적 사업가' 라고 생각한다며 '프랜차이즈 안의 프랜차이즈' 로 표현했다. 이처럼 노드스트롬에서는 사원들 스스로가 독립된 사업가라고 생각할 수 있는 독특한 기업문화가 형성되어 있다. 노드스트롬 문화의 핵심은 한마디로 권한위임이다. '윗사람과 상의해봐야 한다'는 말을 들을 수 없다는 것은 권한위임이 철저하게 이루어지고 있다는 것을 의미한다.

전통적 리더는 리더십의 핵심이 권한(power)이라고 생각하나 전설적 서비스 리더는 권한위임(empowerment)이 핵심이라고 생각한다.

권한은 명사이나 권한위임은 동사이다.

피라미드는 명사형 조직이나 역피라미드는 동사형 조직이다.

권한을 중시하는 리더는 자신을 먼저 생각하나 권한위임을 중시하는 리더는 고객을 먼저 생각한다.

권한위임을 많이 하는 경영자일수록 훌륭한 리더이다. 노드스트롬이 서비스 신화의 산실이 될 수 있었던 것도 "어떠한 상황에서도 자신의 현명한 판단에 따라 주십시오"라고 모든 것을 위임할 수 있었기 때문이다.

2) 정보기술로부터 고립되지 말라

고객들의 기호나 취향을 메모해 놓은 노드스트롬의 고객수첩은 오랫동안 훌륭한 판매도구로 이용되어 왔다. 그러나 이것은 특정지역 내에 머물러 있을 때의 이야기이다. 새로운 지역으로 진출할 경우 기존의 고객수첩은 무용지물이 된다. 최근까지 노드스트롬에는 고객의 취향을 체계적으로 파악할 수 있는 집적된 자료가 없었다. 이제 그들은 고객수첩에 갇혀있던 정보들을 온라인으로 옮기느라고 컴퓨터와 씨름하고 있다.

일반적으로 따뜻한 인적서비스와 차가운 정보기술이 어울리지 않는 한 쌍이라고 생각하기 쉽지만 사실을 그 반대이다. 정보기술이 도입되면 한 번에 한 장소에만 존재하던 정보가 동시에 여러 장소에 공유될 수 있다. 따라서 집중화와 분산화 중 하나를 택일하는 대신 양자의 장점을 공유할 수 있다. 리츠칼튼 호텔의 탁월한 고객서비스 기술인 '고객인지 프로그램(customer recognition program)'도 정보기술의 도움이 없었다면 나올 수 없었다(품질경영, 1999).

2 서 비 스

국가 경제측면에서 서비스 부문의 총생산이 차지하는 비중이나 고용에 기여하는 비율이 50% 이상일 때 서비스경제(service economy)라고 정의한다. 미국과 유럽 등 선진국들은 서비스 비중이 80%를 웃돌고 있으며 전통적으로 제조 산업부문이 막강한 일본조차도 서비스산업 비중이 60%를 넘어선지 오래다.

제1절 서비스산업의 배경과 특성

1. 서비스경제(service economy) 시대의 도래

국가 경제측면에서 서비스 부문의 총생산이 차지하는 비중이나 고용에 기여하는 비율이 50% 이상일 때 서비스경제(service economy)라고 정의한다.

미국과 유럽 등 선진국들은 서비스 비중이 80%를 웃돌고 있으며 전통적으로 제조 산업부문이 막강한 일본조차도 서비스산업 비중이 60%를 넘어선지 오래다.

우리나라는 1974년을 기점으로 이미 서비스경제 시대에 진입하였으며, 금융, 정보, 통신, 물류, 운송, 유통 등 서비스산업 분야가 국가 산업발전의 근간을 이루면서 경제발전에 큰 몫을 차지하고 있다.

대량생산체제로 공급과 수요의 균형이 기존의 수요초과에서 공급초과로 전환되면서, 생산자 위주의 시장형태에서 소비자 위주의 시장으로 변하였고, 따라서 전통적인 제조업 부문에서도 경쟁우위를 창출하는 수단으로서 서비스가 매우 중요해지고 있는 것이 세계적인 추세이다.

이렇듯 서비스경제 시대로 진전되는 이유는 서비스산업 분야의 이익이 제조 부분의 이익보다 훨씬 크기 때문이다.

서비스 경제화가 진전되는 이유는 다음과 같다.

(1) 정보통신 분야의 기술 발전

정보통신 분야의 기술발전은 컴퓨터와 이동전화기라는 구체적인 제품의 제조 이상으로 수많은 연관 서비스산업을 창출하였다. PC 판매망, 휴대폰 판매대리점, 네트웍 구축, 물류와 운송, 소프트웨어 개발, PC 조립과 수리, 콜센터의 등장과 애프터서비스망 확장, 광고·홍보사업 등 수많은 서비스산업들이 새롭게 창출되고 확대되고 있는 중이다.

(2) 제품의 복잡화

제품의 복잡화·다기능화도 서비스산업의 확대를 촉발하는 요인이다. 최근의 자동차나 전기제품들은 과거보다 기능이 훨씬 복잡하고 수많은 부가기능을 장착하여 출시되고 있다. 예를 들어 자동차에 카스테레오가 장착되면 음향기기산업의 발전은 물론 음반사업이라는 서비스산업이 발전되기 마련이고, 음반사업의 발전은 작곡가, 가수는 물론 음반 판매량과 물류, 운송, 광고 등의 서비스산업의 활성화를 가져오게 된다.

(3) 비핵심 부문의 외주 용역화

경제구조와 기술발전이 다양화됨에 따라 한 기업이 자체적으로 모든 것을 처리할 수 없게 되어, 비핵심적인 분야는 전문용역업체에 외주를 주는 것이 상례화되고 있다. 예를 들어 건물 관리나 경비, 청소, 디자인, 광고, 컨설팅 등의 용역이 그 예이다.

(4) 소비자의 소비패턴 변화

소비자의 구매여력이 증대되면서 삶의 가치를 추구하고, 주 5일제 근무 확산 여파로 건강과 여가생활에 대한 관심이 고조되고 있다. 이에 따라 레저, 오락, 관광, 헬스, 건강보조, 실버사업 등의 건강서비스 사업 등이 성업 중이며, 여성의 취업증가에 따른 세탁, 파출부, 탁아, 외식사업 등도 발달하고 있다. 더 나아가 조상묘 벌초대행 또는 제사음식 배달공급, 이삿짐 대행과 같은 신종 틈새 서비스사업까지 등장하고 있는 실정이다.

2. 서비스산업의 분류

(1) 서비스산업의 분류

서비스산업에 대한 분류는 다양하다. 예를 들면 노동집약 정도와 고

<표 2-1> 노동집약 정도와 고객 상호작용 및 부응 정도에 의한 서비스산업 분류

		고객 상호작용 및 부응 정도	
		저	고
노동집약 정도	저	•공장서비스형: 항공업 화물업 호텔업 휴양 및 여가업	•점포서비스형: 병원업 자동차 수리업 기타 수리업
	고	•대량서비스형: 소매업 도매업 육영업(학교) 은행업	•전문서비스형: 전문의 법률가(판사/검사/변호사) 회계사 설계사(건축/기획)

자료: Roger W. Schmenner(1986), Service Process Matrix.

객화 및 상호작용 정도의 관계를 고려한 분류방법, 서비스제공의 특성과 고객과 기업 간의 관계 유형을 고려한 분류방법, 서비스행위의 특성과 서비스 직접수혜자와의 관계를 고려한 분류방법, 개별고객의 욕구에 맞추려는 서비스제공자 판단의 범위와 맞춤화가 가능한 서비스특성 범위와의 관계를 고려하여 제시한 분류방법, 서비스행위 특성과 고객욕구 부합수준에 의한 분류방법, 수요와 공급특성에 의한 분류방법, 그리고 서비스제공 방법에 의한 분류 등을 들 수 있다.

1) 노동집약 정도와 고객 상호작용 및 부응 정도를 고려한 분류방법

노동력의 집약성 정도가 얼마나 되는가와 고객의 요구에 얼마만큼 부응하며, 고객과의 상호작용 정도가 얼마나 되는가를 고려하여 분류하는 방법을 요약하여 도표로 나타내면 〈표 2-1〉과 같다.

2) 고객과의 관계에 의한 분류방법

서비스 전달과정의 특성과 고객과 기업 간의 관계유형에 의하여 서비스산업을 분류할 수 있다. 서비스전달의 과정이 연속적 또는 단속적인

<표 2-2> 서비스 전달특성과 고객과 기업의 관계유형에 의한 서비스산업 분류

		고객과 기업의 관계유형	
		멤버십 관계	비공식적 관계
서비스 제공의 특성	연속 거래	보험업 전화업 교육업 은행업	방송업 공공철도업 공공고속도로 공공서비스
	단속 거래	시외전화업 회원제 극장업 교통카드 백화점/창고형 매장업 컴퓨터회사/소프트웨어회사	카 렌탈업 특송/우편업 공중전화/유료고속도로 식당업 공공운송업

자료: Christopher H. Lovelock(1983), Relationships with Customers.

경우와 고객과 기업의 관계유형이 멤버십 관계 또는 비공식적 관계인 경우를 나누어 보면 〈표 2-2〉와 같다.

3) 서비스활동의 특성에 의한 분류방법

서비스의 직접적 수혜자가 누구이며 무엇인가와 서비스의 무형적 특성을 관련시켜 분류할 수 있다. 이들 두 요소의 결합을 네 가지로 나누어 살펴보면 유형의 서비스행위 수혜자가 고객인 경우와 고객의 유형소유물인 경우, 그리고 무형의 서비스행위 수혜자가 고객인 경우와 고객의 무형소유물인 경우로 구분할 수 있을 것이다(〈표 2-3〉 참조).

4) 서비스제공자 판단의 범위와 맞춤화가 가능한 서비스특성에 의한 분류방법

서비스과정에 참여하는 소비자들의 욕구에 맞출 수 있는 것이 서비스의 특징 중 하나이다. 고객욕구수준에 서비스를 맞출 수 있는 서비스산업 자체 허용범위의 고저와 서비스제공자의 판단범위의 고저를 고려하여 구분하면 네 가지 산업분야로 분류가 가능하다(〈표 2-4〉 참조).

<표 2-3> 서비스행위 특성과 서비스수혜자에 의한 서비스산업 분류

		서비스행위의 직접 수혜자	
		사람	소유물(사물)
서비스 행위의 특성	유형	•고객의 신체: 병원/호텔/경호업 승객운송업 이·미용업 식당업 헬스센터(체육관)업	•고객의 유형소유물: 수리보수업 화물운송업 청소/빌딩관리업 세탁/조경 및 원예관리업 동물병원/수의업
	무형	•고객의 정신(마음): 교육사업 방송통신업 정보제공업 극장업 도서/박물관업	•고객의 무형소유물: 은행업 법률서비스업 회계/설계/감리업 증권업 보험업

자료: Christopher H. Lovelock(1983), Understanding the Nature of the Service Act.

<표 2-4> 서비스특성의 범위와 서비스제공자 판단의 범위에 의한 서비스산업 분류

		맞춤화 가능 서비스특성의 범위	
		고	저
서비스 제공자 판단의 범위	고	전문서비스업/외과 택시서비스 이·미용업/배관업 개인교습/고급식당	교육서비스(대규모) 헬스센터 급식식당
	저	전화서비스 호텔서비스 은행서비스(대출관련) 가족형 식당서비스	공공교통 가구수선서비스 프로스포츠/영화극장서비스 패스트푸드식당서비스

자료: Christopher H. Lovelock(1983), Customization and Judgment in Service Delivery.

5) 서비스행위의 특성과 맞춤화 수준에 의한 분류방법

위의 3)과 4)를 혼합한 형태라고 할 수 있는데, 서비스의 방향 즉 수혜자가 사람, 무형의 사물 그리고 유형의 사물의 경우와 서비스를 고객

<표 2-5> 서비스행위 특성과 고객욕구 부합수준에 의한 서비스산업 분류

		서비스행위의 직접 수혜자		
		사람	무형의 사물	유형의 사물
고객욕구의 부합수준 (맞춤수준)	고	병원서비스 헬스클럽	신용은행 증권브로커	수선서비스 화물운송서비스
	저	대중교통서비스 패스트푸드식당	은행여신서비스 기간투자서비스	세탁서비스 원예/조경서비스

자료: Scott W. Kelly, James H. Donnelly, Jr. and Steven J. Skinner(1990), A Service Classification Scheme: Customization and the Nature of Service Act.

의 욕구에 얼마만큼 부합시킬 수 있는지의 여부와 관련시켜 분류할 수 있다(〈표 2-5〉 참조).

6) 수요와 공급특성에 의한 분류방법

서비스는 중·장기적 미래의 예측판매를 위한 재고관리나 생산활동을 하는데 있어 많은 제약이 따르는데 이는 서비스가 갖고 있는 또 다른

<표 2-6> 수요와 공급특성에 의한 서비스산업 분류

		수요변동폭의 범위	
		넓 음	좁 음
공급통제 범위	최대 수요 부합	전기업 천연가스업 통신업 경찰/소방서/구급 산부인과	보험업 법률서비스 은행업 세탁업
	최대 수요 초과	회계/세무 승객운송업 호텔과 모텔업 식당업 극장업	영업을 위한 기본수준의 수용능력은 부족하지만 그 이상을 감당할 수 있는 서비스산업

자료: Christopher H. Lovelock(1983), What is the Nature of Demand for the Service Relative to Supply.

<표 2-7> 서비스 제공방법에 의한 서비스산업 분류

		서비스점포의 활용가능성	
		단일매장(고정)	다수매장(이동가능)
기업과 고객의 상호작용 특성	고객이 기업으로	극장업 이·미용업	버스서비스업 외식체인업
	기업이 고객에게	조경/원예업 빌딩관리업, 방역/ 소독관리업, 택시업	우편체신업 응급보수/수리업
	고객과 기업이 가까이서	신용카드업 지역 TV 민방업	방송통신망업 전화서비스업

자료: Christopher H. Lovelock(1983), Method of Service Deliver.

특성의 하나인 소멸성 때문으로, 서비스산업에 따라 수요와 공급의 불균형이 매우 다양하게 나타나고 있다. 공급의 통제범위와 수요변동폭의 범위와 관련하여 네 가지 산업분야로 분류할 수 있다(〈표 2-6〉 참조).

7) 서비스 제공방법에 의한 분류방법

서비스의 제공방법은 지역적 요소와 고객과의 상호작용 요소의 수준에 의하여 살펴볼 필요가 있다.

서비스 제공방법은 기업과 고객의 상호작용 특성에 따라 고객이 서비스기업으로 찾아가서 서비스를 구매하는 경우와 기업이 고객에게 직접 찾아 나서는 경우 또는 고객과 기업이 우편이나 전자통신과 같은 지척의 거리에서 거래하는 경우가 있을 수 있다. 그리고 서비스의 지역적 요소의 특성과 관련한 서비스점포의 활용 가능성에 따라 고정된 단일장소에 한정된 경우와 이동 가능하거나 다수의 장소에서 제공 가능한 경우가 있을 수 있는데 이들의 결합에 의해 서비스산업의 분류가 가능하다(〈표 2-7〉 참조).

(2) 기능에 따른 분류

1) 인적 서비스

판매원, 접객담당, 운전사, 조종사 등과 같이 사람이 주체가 되어 제공하는 기능적 서비스를 의미한다. 예를 들어 관광안내, 상품판매, 주차유도, 청소, 이·미용 서비스 및 인간이 축적한 지식과 정보를 제공하는 컨설팅 서비스 등이 있다.

2) 물적 서비스

직접적인 제품 자체에 부수되고 수반되는 물적 기능을 제공하는 형식의 서비스로, 설비, 시설, 차량 등의 이용 편익을 제공하는 차고 서비스, 리스 서비스, 숙박시설 서비스, 교통 및 수송 서비스, 제품용기·포장지·포장상자와 같은 첨가물이 속한다.

3) 기구적 기능 서비스

기계나 시스템을 활용하여 고객에게 편익을 제공하는 서비스로, 인쇄서비스, 데이터처리 서비스, 자동판매기 서비스, 식당에서 시스템화된 셀프서비스 등이 속한다.

4) 정보제공 서비스

정보 그 자체를 독립된 상품으로 판매하는 서비스로, 인터넷 유료 정보제공 서비스, 각종 시장조사 및 여론조사 서비스, 신문사와 방송국 그리고 출판업체에서 행하는 정보제공 서비스 등이 속한다.

5) 금융 서비스

신용과 할부 등 금전적 계산과 관련된 서비스로, 은행, 보험, 신용카드 서비스, 할부서비스, 심지어는 일반 업소의 외상서비스 등이 속한다.

제 2 절 서비스의 정의와 특징

1. 서비스의 어원

"서비스란 무엇인가?" 라고 묻는다면 친절, 봉사, 상대방의 부탁을 들어 주는 것이라고 대답한다. 서비스라는 말이 갖는 뉘앙스가 그다지 명예롭지 못하다는 인식이 있었던 것도 사실이었다.

흔히 서비스업이라면 다방, 술집, 미장원, 호텔 등 대인접촉에서 고객에게 봉사한다는 것이지만, 이 봉사가 대등한 관계에서의 배려(care)라기보다는 뭔가 몸종같이 봉사한다는 느낌을 갖기 때문이 아닌가 싶다. 우리는 우선 서비스에 대해 어떤 인식을 갖느냐가 중요하다.

왜냐하면 기업 내 사람들이 갖는 가치관과 전통, 신념, 전문지식이 서비스지향을 방해하는 일이 많으며 또한 사람들은 서비스를 사회적 지위가 낮고 할 만한 가치가 없는 행위라고 생각하기 때문이다.

서비스(service)란 어원이 원래 라틴어의 노예를 의미하는 '세르브스(servus)' 라는 단어에서 온 것이기 때문이라고 생각되는데, 이것은 상당한 설득력이 있다. 영어에는 sevant, servitude, servile이란 단어가 있는데 모두 '사람에게 시중든다' 는 의미이다. 그러나 오늘날에 와서는 서비스의 의미도 크게 달라져서 자기의 정성과 노력을 남을 위하여 사용한다는 의미로 변하였다. 과학자이자 박애주의자인 알버트 슈바이처도 "인간이 할 수 있는 최고의 것은 봉사하는 것이다" 고 말했다.

서비스를 친절이나 봉사하는 것이라고만 생각하거나, 파는 사람은 약자이고 사는 사람은 강자라는 도식으로 인식하는 한, 고품위서비스를 제공할 수 없다. 서비스의 가장 기본적인 이해와 정신은 바로 서로가 감사하는 마음을 가지는 것에서부터 출발해야 한다.

2. 서비스의 정의

대량생산기술의 발달과 꾸준한 품질개선 노력으로 이제는 대부분의 상품들의 품질이 거의 비슷해졌고 메이커와 종류 역시 다양해져, 상품의 가치 자체만으로는 무한경쟁시대에 승부를 할 수 없게 되었다. 상품 자체의 가치는 기본이고, 이제는 상품의 가치를 전달하는 사람들의 태도(판매자), 서비스의 물리적 환경(실내 장식), 포장, 신속도, 정확성, 품질보증, 후속지원, 이미지와 호감의 정도 등 무형적이며 서비스적인 요소들의 중요성이 날이 갈수록 부각되고 있다.

우리 사회에서는 서비스라는 용어가 다양하게 사용되고 있는 현실인데, 공짜의 의미로서의 서비스, 제품과 서비스가 혼합된 의미로서의 서비스, 그리고 순수한 상품 그 자체로서의 서비스 등이다.

먼저, 지금까지 소비자들이 보편적으로 인식하는 서비스의 의미인 '공짜' 를 내포한 예를 살펴보자. 누구나 점포에서 물건을 넉넉하게 샀다 싶으면 구매자는 어김없이 '뭐 서비스 좀 없냐' 고 판매자에게 조른다. 또 술집이나 음식점에서 술이나 음식을 고르고 나서는 서비스를 듬뿍 달라고 부탁한다. 이러한 경우의 서비스 의미는 구매자가 추가 제공되는 부분에 대해서는 직접적인 화폐를 지불하지는 않지만 이미 또는 앞으로 지불해야 할 본원적 제품에 부가된 간접적인 화폐지불의 성격을 갖는데 구매자에게는 그것이 공짜의 의미로 인식되고 있는 것이다.

두 번째는 제품과 서비스가 혼합된 의미로서 제조업의 제품에 부가된 서비스의 경우다. 동일 제품시장의 경쟁환경이 심화되면서 과거에는 염두에 두지 않았던 부가적 추가조치를 제공할 수밖에 없게 되었다. 이러한 부가적 추가조치 중 하나가 이를테면 서비스이며, 생산자는 이것까지 감안하여 제품가격을 매기고 소비자는 제품에 포함된 서비스의 양(예, 사후서비스 보증기간)을 보고 경쟁사의 동일 제품과 비교하여 구매행위를 결정한다.

세 번째는 서비스가 순수 상품으로서 가치를 갖는 경우이다. 우리가

<표 2-8> 국내외 주요 학자들의 서비스 정의

학 자	정 의
미국 마케팅협회 (AMA) 1960	서비스란 독자적으로 판매되거나 제품의 판매에 연계되어 제공되는 활동, 혜택 혹은 만족이다.
라쓰멜(Rathmell) 1966	시장에서 판매되는 무형의 제품
배솜(Bessom) 1973	자신이 수행할 수 없거나 하지 않는 활동, 만족, 그리고 혜택으로서 판매될 수 있는 것을 말한다.
베리(Berry) 1980	제품은 유형물, 고안물, 객관적 실체인 반면 서비스는 무형의 활동이나 노력이다.
퀸/바루치/파케트 (Quinn/Baruch/ Paquette) 1987	서비스는 산출물이 물적인 제품이나 구조물이 아니며, 일반적으로 생산되는 시점에서 소멸되고 구매자에게 무형적인 형태의 가치를 제공하는 모든 경제적인 활동을 포함한다.
코틀러(Kotler) 1988	서비스는 일방이 타인에게 제공할 수 있는 활동이나 혜택으로서 무형적이며, 소유될 수 없는 것이다. 서비스 생산은 유형적 제품과 연계될 수 있으나 그렇지 않을 수 도 있다.
김성혁 1991	서비스는 2자간(dyadic)의 상황에서 육체면·정신면의 통합으로서 발휘되는 인간적 활동이다.
채서묵 1995	관광활동 내에 고객인 관광객을 위해 제공되거나 부수되는 욕구충족의 주체적, 핵심적인 것으로 소득에 의해 소비자 효용이 일어나기보다는 행위나 성과에 의해 효용이 나타나는 소유권의 이전이 수반되지 않는 무형행위 또는 편익의 총체이다.
오정환 1996	경제사회에는 유·무형의 다양한 가치물이 유통되고 이중에 유형의 가치물을 재화라 한다. 무형의 가치물이라 함은 관광객 안내, 사람이나 재화를 수송, 정보를 수집·조사하기도 하고 통신하기도 하는 일이다. 그러나 그 자체로는 물재가 될 수 없고, 다만 이동, 정보의 창조, 정보의 전달이라고 하는 기능과 가치로서 형성되는 무형의 가치 또는 그 용역을 총칭하여 서비스라 말할 수 있다.
차길수 1997	사람·제품·정보를 주 변환대상으로 한 생산공정 그 자체를 상품화한 것이다.
자이타믈/비트너 (Zeithaml/Bitner) 1998	서비스는 행위(deeds), 과정(processes) 및 그 결과인 성과(performances)이다.
이유재 1999	무형적 성격을 띄는 일련의 활동으로서 고객과 서비스 종업원의 상호관계에서 발생하며, 고객의 문제를 해결해 주는 것이다.

지식을 얻기 위해 배우고, 앞으로 닥칠지 모르는 미래의 재난에 대비하기 위해 예금 또는 보험에 가입하고, 삶의 질을 보다 높이기 위해 관광·여가와 문화생활을 즐기고, 새로운 정보를 입수하기 위해 인쇄, 방송, 통신 혹은 운송수단을 이용하는 등의 활동을 한다. 여기서 우리는 지식 습득, 위험 대비, 문화와 여가, 이동 등에 따르는 비용을 지불하는데도, 구매에 따른 소유 및 휴대 가능한 제품과 같은 외형적인 실체없이 단지 기억 속에 남는 어떤 상을 간직하는데 그치고 있는 것이다.

그렇지만 이제는 서비스가 완전한 상품으로 인식되어야 한다. 예컨대 서비스가 공짜로 인식되거나 제품에 부가되는 요소로만 인식된다면 서비스는 발전할 수 없고 또한 객관적인 서비스품질평가가 이루어질 수 없어 경영상 의사결정에 의미를 부여할 수 없게 된다. 따라서 서비스가 무엇인지 정의부터 살펴 볼 필요가 있다(〈표 2-8〉 참조).

라쓰멜(J. H. Rathmell, 1966)은 '서비스란 시장에서 판매되는 무형의 제품', 코틀러(P. Kotler, 1988)는 '서비스란 상대방에게 제공될 수 있는 행위 또는 효익을 의미하여, 기본적으로 무형적이며, 소유권 이전이 불가능하며, 유형재와 결부되는 경우도 있다'고 정의하였다. 일본의 노무라(野村 淸, 1983)는 '서비스란 이동과 정보의 창조, 전달이라는 기능으로 형성되는 무형의 가치 또는 그 용역을 총칭하는 것', 미국 마케팅협회(American Marketing Association: AMA, 1960)는 '서비스란 판매목적으로 제공되거나 상품판매와 연결되어 제공되는 모든 활동과 편익, 그리고 만족 등을 포함하는 개념'이라고 정의한다.

나름대로 서비스의 정의를 내린다면, 서비스는 고객과 서비스 종사자 사이에 일어나는 무형의 활동 또는 혜택으로 쌍방간에 가치의 교류를 수반한다.

이와 같이 여러 학자들의 주장이 다양한 만큼이나 서비스 개념의 정의 역시 복잡하다. 현대사회에서 서비스는 너무 널리 사용되고 있는 언어이다 보니 서비스의 개념을 명확하게 정의하기란 극히 어려운 문제이다. 서비스 자체가 매우 다양하고 복합적인 특성을 지니고 있으며, 서비스란 용어가 우리 주변의 어디서나 적용되고 밀접한 관계를 갖고 우리 생활과 공존하고 있기 때문이다.

또한 서비스재와 물재가 적절히 혼용되어 있기 때문에 한계를 명확히 한다는 것은 거의 불가능하다고 볼 수 있다. 따라서 서비스는 포괄적 개념으로 이해하는 것이 중요하다.

3. 서비스에 대해 잘못 알고 있는 몇 가지

서비스의 정의를 제대로 아는 사람은 그리 많지 않다. 공짜, 할인, 덤으로 생각하는 것이 일반적이다.

(1) 공짜

누군가에게 선물하기 위해 물건을 사면서 산 가게에 "포장해 줍니까?" 라고 물었는데 "저희 가게에서 포장은 서비스로 해드립니다" 라고 대답했다면, 이는 잘못된 대답이다. 포장이 무료, 즉 공짜라고 얘기해야지 서비스라고 말하는 것은 맞지 않다.

(2) 할인

물건을 많이 산 손님이 "많이 샀으니까, 만원만 깎아 주세요" 라고 했을 때 "네, 만원은 서비스로 깎아 드리겠습니다" 라고 대답하는 것도 잘못이다. 이 때는 할인을 해 준 것이지 서비스를 해 준 것이 아니다.

(3) 덤

양복을 한 벌 사면 넥타이를, 핸드백을 하나 사면 작은 지갑을 하나 주면서 판매사원이 "이것은 서비스로 드리는 것입니다" 라고 흔히 말하는데, 이 또한 덤이라는 뜻, 즉 덧붙여준다는 의미이지 서비스라고는 할 수 없다.

그렇다면 진정한 의미의 서비스한 무엇인가?

'서비스' 란 손님이 i) 원하는 물건을 ii) 제때에 iii) 원하는 방법대로 제공해서 만족을 드리는 것이다. 아무리 정성을 다 쏟아서 손님에게 제공한 것이라 할지라도 손님이 만족하지 않으면 서비스라고 할 수 없다.

현대 사회는 과잉생산의 시대이다. 공짜라도 필요없는 물건은 오히려 귀찮게 생각하는 시대가 됐다. 중요한 것은 '과연 이 물건이 손님이 정말 원하는 물건인가' 하는 점이다. 가격이 싸거나 그냥 주는 공짜보다 손님의 욕구에 맞는 것인지 아닌지가 더 중요한 것이다.

4. 서비스의 3단계

(1) 사전 서비스(before service)

사전서비스는 판매 전에 제공되는 서비스로, 판매의 가능성을 타진하고 촉진하는 예약이라고 할 수 있다. 어떤 건물에 업무를 보러 간 고객이 주차장 찾기가 어려웠다거나 원하는 사무실을 알리는 게시물이 없어 곤란을 겪는다면 이는 사전서비스가 엉망인 예이다. 따라서 백화점이나 큰 마트의 주차 유도원이나 그 날의 특가상품을 고지한 게시물 등은 사전서비스에 해당된다.

(2) 현장 서비스(on service)

고객과 서비스 제공자 사이에 직접적으로 상호거래가 이루어지는 서비스의 본질 부분이다. 은행의 현장서비스는 고객이 객장에 들어선 순간부터, 음식점은 고객이 식당 문을 열고 들어서는 순간부터, 여행사는 출발지에 고객이 집합한 때부터 시작된다.

현장서비스는 대부분 한정된 인원으로 한정된 시간 내에 한정된 공간과 시스템의 조건하에서 이루어지기 때문에, 서비스 제공자의 태도나 시스템의 편리성, 서비스를 처리하는 절차와 과정의 신속성, 나아가 서비스 제공내용의 정확성 등이 현장서비스 품질을 좌우하는 중요한 요소가 된다.

(3) 사후 서비스(after sales service)

현장서비스가 종료된 시점 이후의 유지서비스로, 고정고객과 단골고객 확보를 위해서 중요하다. 고객이 제품에 문제가 생겨 사후서비스를 신청했을 때, 사후서비스의 처리속도 및 정확성, 서비스 요원의 태도 등은 고객의 유지 및 잠재고객의 확보 차원에서 매우 중요하다.

5. 서비스의 특징

(1) 무형성(intangibility)

서비스는 구체적인 제품처럼 눈으로 보거나 만질 수 없고, 단지 가시성만 갖는다. 즉 시각, 청각, 미각, 후각, 촉각 등을 이용하여 지각할 수는 있다. 예컨대 넥타이는 눈으로 보고 만질 수 있지만, 넥타이를 판매하는 판매원의 목소리, 말투, 제품설명 능력, 고객에 대한 세심한 배려 등은 무형적인 요소로 구성되어 있어 보거나 만질 수 없다는 뜻이다. 이러한 서비스는 저장하거나 진열할 수도 없고 가격설정 기준도 명확하지 않으며, 제품처럼 성능비교나 품질비교 등의 논리적 광고전략을 추구할 수도 없다. '특급 서비스는 2,000원, A급 서비스는 1,500원…' , '우리 회사 서비스는 2,000원' 하는 식의 경우를 보았는가?

그렇더라도 서비스의 무형적인 특성을 가능한 한 실체적인 것으로 표현하는 것이 중요한데, 예를 들어 미용실을 찾은 고객에게 말로써 설명하는 것보다는 유형별로 다양한 머리모양을 실은 카탈로그를 보여주고 고객으로 하여금 선호하는 머리형태를 선택하게 하는 것은 무형의 서비스 결과를 유형화시키는 좋은 예이다.

(2) 이질성(heterogeneity)

품질이 항상 일정하거나 고르지 않다. 직업의식이 투철한 서비스 요원이라면 자기의 감정을 통제하고 조절할 수 있어야 하겠지만, 서비스 제공자의 기분이 늘 같을 수는 없는 법이므로 서비스는 제공자와 이용자 사이의 환경과 조건에 따라서도 항상 변한다. 또 서비스는 종사원마다 또는 장소나 시간 등의 상황, 기계 사용능력 등에 따라서도 품질이 달라진다. 자동화기기 사용에서는 고객의 기기 사용 이해도에 따라 고객이 느끼는 서비스품질이 달라지는데, 은행 자동인출기에서 돈을 찾으려는 고객이 스크린으로 지시되는 각종 지시사항을 잘 이해하지 못한다면 그 서비스에 대해 불만을 갖게 된다.

이런 이유로 서비스를 일정 수준 이상의 균일한 품질로 만들려는 노력과 고객의 각각 다른 이질적 욕구를 충족시켜 주기 위해서 고객 개개인별로 개별화시키는 과제가 중요하다.

(3) 비분리성(inseparability)

생산과 소비가 분리되지 않고 동시에 일어난다. 넥타이는 생산과정을 거쳐서 백화점에 납품되고, 일정기간 진열된 상태에서 최종 소비자가 구매하여 착용(소비)할 때까지 상당한 기간이 소요된다. 하지만 넥타이를 판매하는 판매원의 서비스는 고객과 마주보고 표현하는 즉시 고객에게 영향을 미친다.

서비스는 생산과 동시에 소비되기 때문에 고객이 서비스 공급에 참여하는 경우가 많다. 택시를 탄 승객이 목적지를 지정한다든지, 미용실에서 고객이 머리카락의 염색색깔을 특정 색으로 요구한다든지, 성형외과에서 특정 탤런트의 코 모양으로 만들어달라고 주문하는 식으로 실제 서비스 행위에 소비자가 관여하는 경우가 허다하다.

이런 서비스의 비분리성과 고객관여 때문에 제품생산에서처럼 사전에 품질을 통제하기 어렵고 대량생산체제를 구축하기는 더욱 어렵다.

(4) 소멸성(perishability)

생산과 동시에 소멸된다. 제품은 한 번 구입한 후 몇 번이라도 반복하여 사용할 수 있지만, 서비스는 생산과 동시에 소멸되므로 1회 사용으로 서비스의 편익은 사라진다. 예를 들면, 서울에서 부산을 왕복하는 항공사의 경우 빈 좌석만큼을 보관하고 있다가 다음 비행기에 보관 중인 좌석을 추가로 배치하여 판매할 수 없는 것이다. 즉 판매하지 못하고 남긴 좌석은 보관하지 못하고 소멸되는 것이다.

이처럼 서비스는 제품처럼 저장해두거나 재고관리를 할 수 없어, 항상 과잉생산에 따른 비용손실과 과소생산에 따른 이익기회 상실이라는 문제점들이 발생한다. 그러므로 서비스의 수요가 증대될 때는 임시직원을 채용하여 공급을 확대하고, 수요가 감소할 때는 유휴시설이나 장비의 새로운 용도를 개척하여 활용하는 방안 등을 강구해야 한다.

또 예약이나 대기와 같은 형태로 수요를 일종의 재고처럼 보관하는 전략도 필요한데, 은행창구의 번호표 제도나 의사의 예약 진찰제도 등이 서비스의 소멸성에 대한 재고화 전략의 예이다.

(5) 노동집약성

서비스는 대체로 인적 의존도가 높고 또한 접촉 빈도가 높은 산업이다. 제품은 생산과정에 많은 노동력이 집중되지만 서비스는 생산과 판매 과정에서 고객과 함께 호흡을 하기 때문에 노동집약성이 제품에 비해 높고 접촉빈도도 높은 편이다. 예컨대 환자가 병원에 치료를 목적으로 방문하여 안내를 받고 접수를 하고 의사와 상담을 하고 약을 받아 나오기까지 소비과정에 참여하면서 과정생산자(완전한 상품으로서 서비스를 구매하는 과정의)들과 빈번한 접촉을 하는 것이다.

(6) 시간과 공간의 제약성(시공특정성)

서비스는 시간과 공간의 특정성을 갖는다. 물리적 재화인 제품은 물리적인 변화가 없는 한 본래의 상태로 존재하기 때문에 언제든지 필요시점에 판매 또는 사용/재사용이 가능하며 공간이동이 자유로운 특징이 있다. 그러나 서비스는 특정 시간대의 특정 장소에서만 수요가 집중되는 경우가 많다. 예컨대 학생들이 수학여행을 가거나 소풍을 갈 때 운송수단의 집중적 공급이 요구되지만 운송수단을 무한정 늘릴 수 없는 제한성 때문에 수급조절이 여의치 않으며, 이용 고객이 특정 장소에 집중될 때 고정된 이용장소를 마음대로 옮기거나 줄이거나 늘릴 수 없는 등 시간과 장소의 이동이나 분산이 어려운 시공제약성을 갖는다.

(7) 측정곤란성

서비스는 기본적으로 측정의 곤란성이 내재한다. 제품은 원료의 종류나 생산공정 등의 계량화가 가능하고 생산된 제품에 대한 물리적 측정이 가능하지만 서비스는 형태가 없기 때문에 객관적 평가의 한계를 가지고 있으며, 따라서 고객의 주관적 평가 의존도가 높고, 또한 주관적 평가의 객관화에도 한계가 있다. 예컨대 특정 고객이 자신이 좋아하는 특정 품목을 자주 주문하여 먹고 나오는 경우에도 동일한 품목에 대한 맛과 서비스제공자들에 대한 평가는 매번 다르게 나타난다. 이것은 고객 자신이 처한 심리적 상태와 주변환경이 시시각각 다르고 또한 서비스 제공자가 처한 심리적 상태와 주변환경이 다르기 때문이다. 이러한 상황을 모든 이용고객에게 적용한다면 모든 고객들의 동일상품에 대한 평가는 매번 다르게 나타날 수 있는 주관적 평가라는 것이며, 때문에 평가가 단순하지 않으며 객관화에 한계가 있다는 것이다.

(8) 기계화/자동화 한계성

서비스는 기계화 또는 자동화의 한계점이 있다. 제품의 경우 기술개발에 의한 기계화와 자동화 의존도가 높지만 서비스는 서비스의 특성의 한계로 기계화와 자동화가 곤란하다. 또 기계화와 자동화의 비중이 높아질수록 서비스품질평가는 낮아질 가능성이 크다. 예컨대 자판기에서 한 잔의 커피를 마시려고 할 때 자신의 원하는 종류의 커피가 제한되어 있어 자신의 입맛을 기계에 맞추어야 한다든지, 서비스 제공자에게 커피를 주문하는 경우에는 커피 이외의 관심사에 대해 상호 의견교환이 가능하지만 기계의 경우에는 대화 자체가 성립될 수 없다든지, 주문한 커피가 아닌 불량이 생산되었거나 주문한 커피는 나오지 않고 돈만 먹어버리는 경우에도 적절한 보상요구가 제한되는 등이 그 예이다.

(9) 신속성(반응성)

서비스는 신속성을 요구한다. 제품은 필요할 때 즉시 구매가 가능하지만 서비스는 대체로 주문에 의해 생산이 이루어지기 때문에 생산에 필요한 시간이 요구된다. 때문에 서비스가 신속하게 제공되지 못하면 판매와 소비가 지체되어 품질평가에 나쁘게 작용할 수 있을 것이다. 예컨대 슈퍼마켓의 수납 카운터에서 또는 병원의 진료실 앞에서 무작정 자기의 차례를 기다리거나 추가 요구사항이 있어 서비스 제공자를 불러도 신속한 응대를 받지 못한다면 서비스품질에 대한 평가가 나쁠 수밖에 없을 것이다.

(10) 유연성(융통성)

서비스는 유연성을 갖는다. 제품은 주문생산이나 계획생산을 하기 때문에 이미 생산된 제품에 대한 수정이 불가능하지만 서비스는 생산과정에 구매자가 참여하기 때문에 생산단계별로 얼마든지 수정이 가능한 장점을 가지고 있다. 예컨대 세탁소에 바지를 드라이클리닝 맡긴 후 찾아올 때까지 언제든지 추가 요구사항에 대한 수선조치가 가능하며, 식당에서 음식을 시킨 후 취소, 추가, 수정 등 상대적으로 자유로운 경우가 예이다.

(11) 불가역성(원상회복 불가능성)

서비스는 불가역성을 갖는다. 판매된 제품에 대하여 환매, 전매, 물림 등 본래의 상태로 환원이 가능하지만 한번 제공된 서비스는 본래의 상태로 회복이 불가능한 특징을 갖는다. 예컨대 한번 생산되어 구매자가 소비해버린 서비스를 원래 상태로 되돌릴 수는 없다. 예로써 택시를 타는 순간부터 원상태로 돌릴 수는 없는 노릇이다. 이는 서비스가 1회 소멸되는 소멸성을 갖기 때문이다.

(12) 부수적인 특성

앞에서 제시한 서비스 자체가 가지는 기본적인 특성 외에도 많은 부수적인 특성을 내포하고 있다.

① 서비스 평가는 주로 고객에 의해 주관적으로 이루어진다. 제품은 생산자가 평가할 수 있고, 그 가격도 생산비 등에 의해 결정된다. 이에 반해 서비스는 무형적이며 일회적인 특성때문에 객관적으로 품질을 측정하기 어렵고, 구입자가 주관적으로 느끼는 만족과 효용에 의해 그 가격이 영향을 받는다. 특정 서비스를 받기 위해서는 기꺼이 이 정도는 지불한다는 생각이 서비스의 수요 및 가격을 결정하게 된다.

② 서비스의 인도과정에서 고객이 만나는 사람이 많을수록 서비스에 대한 만족은 적어지는 특성을 가지고 있다.

③ 서비스는 소유권이전을 수반하지 않는다. 이는 재화와 특별히 구별되는 특성이다.

④ 서비스는 제품과 달리 특허를 내기 어려우므로 경쟁자가 바로 모방할 수 있는 단점이 있다.

⑤ 서비스는 다양한 고객의 요구를 충족시켜야 하는 어려움이 있다.

⑥ 서비스의 주된 가치는 구매자와 판매자의 상호작용을 통하여 생산된다. 상품의 경우 주된 가치가 공장에서 결정되지만, 서비스는 직접 고객이 서비스 생산 및 인도과정에 참여하여 직원과 상호작용할 때 효용이 창출된다.

⑦ 서비스의 수요·공급에는 시간적·공간적 조절이 중요한 요소가 된다. 서비스의 소멸성이라는 기본특성에 의한 것으로 수요와 공급의 조화를 이루는 것이 필요하다. 운송 서비스의 경우 통근시간의 러시아워, 휴일의 행락지 혼잡 등이 좋은 예이다.

⑧ 서비스는 생산계획이 불확실하다. 서비스 생산과정에 고객이 직

접 참가하므로 항상 불확성이 존재하게 된다. 서비스를 구매하려는 고객의 행동은 사전예측과 통제가 불가능하므로 서비스기업의 입장에서는 생산계획이 불확실하게 된다.

⑨ 상품의 품질은 평가하는 데 시간이 소요되는데 반해, 서비스품질의 평가는 즉시 이루어지는 것이 보통이다.

⑩ 상품의 혁신은 소재 및 과정의 기술에 민감하고, 서비스 혁신은 정보 및 커뮤니케이션 기술에 민감하다.

6. 관광서비스의 개념

관광서비스의 정의를 몇 마디로 한정하기는 어려우나 연구의 편의상 3가지 측면에서 고찰해 볼 수 있다(채서묵, 1995).

첫째, 기능적 정의는 '관광기업의 수입증대에 기여하기 위한 종사원의 헌신·봉사하는 자세와 업무에 대해 최선을 다한다는 태도, 즉 세심한 봉사정신이다.'

둘째, 비즈니스적 정의는 '관광기업활동을 통하여 고객인 관광객이 호감과 만족감을 느끼게 함으로써 비로소 가치를 낳는 지식과 행위의 총체이다.'

셋째, 구조적 정의는 '관광기업이 기업활동을 함에 있어서 관광객의 요구에 맞추어 소유권의 이전없이 제공하는 상품적 의미를 지닌 무형의 행위 또는 편익의 일체를 말한다.'

이와 같은 관광 서비스는 관광지를 구성하는 여러 요소, 주변환경 분위기, 관광객 자신의 사전 이미지 등과 불가분의 관계하에서 인적·물적 서비스가 혼합되어 존재하는 개념이다.

관광업과 같은 환대업에 있어서의 서비스란 여러 가지 다양한 의미를 가지는 용어이지만 어떠한 관광업종이든지 간에 영업효과의 극대화를 위하여 고객에게 제공되는 고급 용역을 지칭한다고 할 수 있다.

결국 전문서비스의 하나인 관광서비스는 관광사업의 영업효과에 직접 관련되는 촉매요소로서 작용하는 정신적 배려행위인 것이다. 이처럼 관광사업에 있어서 관광서비스라고 하면 관광종사원의 업무상의 서비스를 칭하는 것이 일반적인 예이다.

이상을 토대로 관광서비스의 개념을 정리하면, 관광활동 내에 고객인 관광객을 위해 제공되거나 부수되는 욕구충족의 주체적이고 핵심적인 것으로 소득에 의해 소비자효용이 일어나기보다는 행위나 성과에 의해 효용이 나타나는 소유권의 이전이 수반되지 않은 무형행위 또는 편익의 총체이다.

✔ 내게 큰 교훈을 준 시험문제

간호대학에 입학해서 두 달이 지난 어느 날, 교수가 우리에게 예고도 없이 시험을 냈다. 나는 성실한 학생이었기 때문에 막힘없이 문제를 풀어 나갔다. 그런데 마지막 문제가 이것이었다.

"이 강의실의 청소하는 아줌마의 이름은 무엇인가?"

분명히 이것은 일종의 유머라고 여겨지는 문제였다. 나는 대여섯 번 정도 그 청소하는 아줌마를 본 적이 있었다. 키가 크고, 검은 머리에 50대 후반의 여성이었다. 하지만 내가 어떻게 그녀의 이름을 안단 말인가? 나는 마지막 문제를 공백으로 남겨둔 채 답안지를 제출했다. 수업이 끝나기 전에 한 학생이 마지막 문제가 점수에 큰 영향을 미치는지를 물었다.

교수가 대답했다. "물론이다. 앞으로 여러분은 인생을 살아가면서 많은 사람을 만날 것이다. 그들 모두가 중요한 사람이다. 그들은 여러분의 관심과 보살핌을 받을 자격이 있다. 설령 여러분이 그들에게 해 줄 수 있는 것이 미소와 한마디의 인사뿐이라고 할지라도 말이다."

나는 그 교훈을 결코 잊은 적이 없다. 나는 또한 그녀의 이름이 '도로시'란 것을 나중에야 알았다.

3 서비스전략과 기법

고객은 매장에서 만족을 구입할 뿐, 제품 그 자체를 구매하는 일은 없다. 그렇다면 '만족' 이란 어디서 오는 것인가. 'CS없이는 CS도 없다' 라는 말이 있다. '고객서비스(customer service)없이는 고객만족(customer satisfaction)도 있을 수 없다' 는 뜻이다. 고객서비스가 고객만족의 핵심임을 알 수 있다.

제1절 서비스 전략

1. 공산품도 서비스의 집합

고객은 매장에서 만족을 구입할 뿐, 제품 그 자체를 구매하는 일은 없다. 그렇다면 '만족' 이란 어디서 오는 것인가. 'CS없이는 CS도 없다' 라는 말이 있다. '고객서비스(customer service)없이는 고객만족(customer satisfaction)도 있을 수 없다' 는 뜻이다. 고객서비스가 고객만족의 핵심임을 알 수 있다.

제조업체로서는 고품질의 제품을 만드는 것만으로는 부족하고, '심플(simple)화, 소프트(soft)화, 패키지(package)화' 노력을 통해 '고도의 제품+고도의 서비스' 를 하나의 복합상품으로 팔 수 있어야 하는 시대이다. '만들 수 있는 것' 을 만들어 팔고자 하기보다는, '팔릴 수 있는 것' 을 만들 수 있어야 하기 때문이다.

우리는 오늘의 이 시대를 후기산업사회, 정보화사회, 서비스혁명기 등으로 호칭하고 있다. 알고 보면 산업혁명이 증기기관의 실용화를 계기로 불처럼 일어났듯이, 서비스혁명은 정보화의 진전을 모태로 하여 태어난 필연적인 귀결인 것이다. 고객서비스가 서비스업종에 국한된 전유물의 위치에서 이제는 제조업종에까지 폭넓은 자리를 차지하기에 이르렀다.

농경시대를 상징하는 쌀이 오늘날에도 주식으로서의 중요성을 여전히 인정받고 있는 것과 마찬가지로, 제조업 역시 오히려 '서비스 지향적' 으로 거듭나야 할 필요성이 더욱더 강조되고 있다. 서비스혁명기라고 해서 제조업의 중요성이 희석되거나 손상될 일은 없는 것이다. 그 이유를 품질 정의의 변천과정에서 충분히 살펴 볼 수 있다.

품질경영(quality control: QC)의 대부격인 데밍(Edward Deming)은 품질을 '끊임없는 개선' 으로 기능 중심의 정의를 내린 바 있다. 그러나 IBM은 품질을 '고객의 기쁨' 으로, 리엔지니어링의 기수 크로스비(Philip

Crosby)은 '고객의 요구에 대한 부응'으로, 제록스(Xerox)는 '고객의 욕구를 충족시켜주는 혁신적인 상품과 서비스'로 정의하고 있는 사실에서 알 수 있듯이 모두 예외없이 '고객의 참여'를 강조하고 있다. 하지만 이제는 품질 정의가 또 한 차례 거듭나고 있다.

"상품이라는 것은 존재하지 않는다. 오로지 서비스가 있을 뿐이다. 공산품 역시 '서비스의 집합'에 지나지 않는다. 질(質)이라는 것은 제품 자체의 물성이 아니라, 제품이 고객에 의해 소비될 때 고객의 내면에서 일어나는 '그 무엇'이다"라고 이노우에(井上)는 품질을 서비스 관점에서 해석하고 수용하였다.

이노우에의 견해를 확대 해석하자면 전형적인 공산품인 세탁기도 과거 파출부의 수고를 대신해주는 서비스와 동일개념이다. 그것도 버튼만 눌러놓고 뜨개질 등으로 취미생활을 즐기거나 소요시간을 단축할 수 있으며, 한낮을 피해 밤 시간으로 옮겨 세탁할 수 있는 혜택을 누릴 수 있다는 점에서 보자면 파출부의 노고 이상 가는 엄청난 서비스 혜택을 누리는 것이 되기 때문이다.

가빈(Garvin) 역시 품질 정의에 대해 "제품 본연의 개념으로는 '내구성, 부가기능'을, 생산관점에서는 '규격적합성, 신뢰성'을 의미하지만, 소비자는 '미적 특성, 품질지각성, 서비스력'을 진정한 품질로 받아들이고 있다"라고 말한다. 소비자는 제조자 입장과는 달리 '독창적인 제품설계와 디자인', '느낌으로 알 수 있는 고급성', '만족할만한 사후서비스'가 수반되어야 비로소 '고품질'로 받아들인다는 뜻이다.

상품선택의 주도권이 기업의 마케터(marketer)에서 소비자에게로 옮겨 온 이 시대에 있어서는 소비자입장에서 보는 관점이 흔들릴 수 없는 유일한 정답인 것이다.

그렇다면 서비스는 공산품에 과연 어떤 형태로 관련되어 있는가.

2. 공산품 서비스활동의 기본형태

기업이 감당해야 할 종합적인 서비스활동은 공산품의 최초 개발에서부터 그 수명이 다할 때까지 지속되는 것을 전제로 하여 체계적으로 분류되는 것이 마땅하다. 내구소비재라면 더더욱 그럴 것이다.

(1) 제품 서비스

이 부문은 다시 기획서비스와 보증서비스, 두 가지로 구분된다.

기획서비스는 제품의 안전성, 견고성, 수리 용이성 등을 사전적으로 배려한 제품기획과 개발을 뜻한다. 달리 말해 '안전하고 고장을 잘 일으키지 않도록 배려한 설계와 제조공정', '부품의 호환성을 높이는 노력', '수리서비스가 용이한 상품의 개발' 등으로 요약된다. 그것은 상품기획이 '얼마나 고객 지향적인가' 에 대한 평가이기도 하다.

보증서비스는 '기능과 내구성 및 수송포장상태의 점검', '보수용 부품의 보유연한', '보증제도의 내용' 등을 주된 내용으로 하는 서비스 체제가 고객의 입장에서 볼 때 얼마나 유용하고 효율적으로 설계되고 추진되고 있는가에 관한 문제이다.

가령 자동차의 경우 단종된 차종에 대해서도 일정기간 A/S용 부품을 공급한다던가, 최초 제품설계시 타이밍벨트 등 소모품을 교체할 때 고객에게 불필요한 엔진의 탈착비용 등을 추가부담하지 않아도 되게끔 사전적으로 기획되어야 함을 뜻한다.

(2) 인 서비스(in service)

이 부문 역시 계몽서비스와 설치서비스로 구분된다.

계몽서비스는 '제품의 바른 취급방법', '사용상의 주의' 등을 고객에게 얼마나 적극적으로 주지시키고 있는가에 대한 질의이기도 하다. 그러자면 무엇보다도 제품사용설명서가 알기 쉽고 상세하며 접근하기 쉽게 꾸며져 있지 않으면 안 된다. 뿐만 아니라 유통점에 대한 신뢰감을 심는 일과 구입동기에 대한 보증도 이에 포함된다.

설치서비스는 에어콘, 냉장고 등의 경우 상품의 기능 성능이 제대로 발휘될 수 있도록 정확하고 안전한 사용을 돕는 설치까지를 패키지상품으로 하여 제공하는 일을 말한다. 이 두 가지는 자사의 신뢰성 획득과 직결되는 과제들이다.

(3) 사전 서비스

판매된 제품이 가장 좋은 조건에서 동작되고 있는지 아닌지를 확인시켜주는 일이다. 이 서비스는 사고의 사전방지와 고객과의 인간관계 확립에 기여하고, 기업으로서도 유익한 판매정보 수집과 같은 반대급부를 누릴 수 있으며, 사후서비스를 최대한 억제하는데 기여한다. 우리 주변에서 종종 목격할 수 있는 자동차회사들의 '순회서비스', '기동서비스' 가 이에 해당된다.

(4) 사후 서비스

가장 기본적이고도 핵심적인 서비스가 바로 이 사후서비스(after sales service)이다. 고객은 어떤 경우이든 '제품+사후서비스' 를 하나의 패키지 상품으로 구입할 뿐, 제품 그 자체만을 구입하는 일은 없다. 사후서비스 그 자체가 제품의 수명연장에 결정적으로 기여하는 또 하나의 상품이기 때문이다.

사후서비스는 현실적으로 고객불만에 대한 대응, 클레임 처리, 출장수리의 세 가지 형태로 나타난다. 하지만 이들 문제에 당면하여 기업은 고객과의 지속적인 관계유지를 반대급부로 되돌려 받을 수 있어야 한다. 적극적으로 만족스러운 해결을 모색해야 한다는 뜻이다.

고객은 i) 품질보증기간 이내에 발생한 소비자피해에 대한 의무적 A/S는 물론 ii) 비록 소비자 과실로 인해 일어난 고장일지라도 이를 적극 수용하는 고객관리 차원의 서비스와 iii) 제품 하자나 소비자 과실이 없는 상태에서도 고객을 보살피는 지원적 성격의 서비스까지도 기업이 적극 수용해 줄 것을 기대한다.

이를 달리 보면 서비스는 제품의 '구입가치, 사용가치, 보존가치' 세 가지로 구성되는 고객의 '총가치 보장' 요구에 대한 기업의 대응이랄 수도 있다. 공산품 전반에 걸쳐 '제품의 다기능화, 고기능화, 고급화추세'가 가속되고 있고, 신제품 러시와 함께 제품수명의 단(短)사이클화가 진행되고 있으며, 제조물 책임주의 등 안전지향적 흐름이 가속되고 있는 현실에 비추어 사후서비스의 강화는 그 어느 때보다도 절실하게 요청되고 있다.

(5) 기술조성 서비스

고객의 자사제품의 기술상 우위를 제대로 인식하고서 구매할 수 있도록 '강습회', '기술자료 배포', '순회지도' 등을 통해 유통점과 실수요자에게 '자사기술의 특징'을 적극적으로 보급하는 일을 말한다. 이를테면 구입동기를 부여하여 확신을 심어주는 일의 중요성을 뜻한다. 컴퓨터교실 운영 등이 좋은 예이다.

(6) 부품공급 서비스

'부품 재고관리', '부품 공급관리' 등에 있어서 '적정기준량의 보유 및 유지관리', '즉시 납품체제 향상을 통한 결품(缺品)방지', '용의주도한 계획구매', '부품공급의 전산화와 기계화' 등 고객에게 실질적인 도움을 줄 수 있는 여러 수단을 들 수 있다.

(7) 상담 서비스

기업이 '소비자 지향'을 표방할 경우 가장 먼저 서둘러야 할 부문이 바로 이 상담서비스이다. 소비자의 불만과 클레임처리 등을 통해 소비자 여론을 수집하고, 친절한 구입상담 등으로 소비자를 개발하며, 소비자문제에 대해 적시 대응할 수 있는 이점이 있다. 소비자상담실은 기업과 소비자사회와의 연결고리를 제공하는 실질적인 접촉창구인 것이다.

기업 내 소비자 상담창구야말로 위의 (1)~(6)까지 모든 서비스를 총괄하는 창구이다. 기업으로서는 고객과의 접점인 이 창구를 통해서도 만족스러운 해결을 보지 못한 고객의 목소리는 구전을 통해 악평으로 발전하여 기업의 잠재고객 개발노력을 잠재우고 말 것임을 알아야 한다.

바로 이 7가지 서비스 합계치의 품질이 상대적으로 높아야 글로벌시장에서의 경쟁에서 살아남을 수 있고, 승기를 포착할 수 있을 것이다. 이와 달리 제조영역에서의 핵심 서비스를 i) After sales service(사후서비스) ii) Before sales service(사전서비스) iii) Communication(납득성) iv) Delight(고객에게 기쁨, 안심, 위안감 등을 배려하는 요소)의 'A·B·C·D' 4가지로 분류하는 방법도 있다.

사회통념상의 친절, 신속, 정확 역시 서비스도구로 손색이 없다.

그것은 교육에서의 '지·덕·체'와 똑같은 뜻이며, 서구문화권에서는 이를 'Morality, Intellectuality, Physics'로 표현을 달리하고 있다. Morality(도덕성, 정직성, 보살핌, 정성)는 '고객지향적인 가치관'을, Intellectuality는 '고객을 위한 전문적 상품지식과 소양'을, Physics는 고객의 요구가 있을 경우 '3D를 마다하지 않고 즉각 반응할 수 있는 감투정신과 행동양식'을 뜻한다고 볼 수 있다.

이를 또 다른 시각에서 보자면 친절, 신속, 정확은 각각 'Heart·Hand·Head'의 역할이자 H/W(human-ware), H/W(hard-ware), S/W(software)의 문제라고 할 수 있다. 공산품 하나 하나를 만드는 데도 제조자의 혼이 담긴 정성과 남다른 노하우와 전문지식 그리고 궂은 일을 마다하지 않는 감투정신, 이 세 가지가 융합되고 응집될 때 비로소 진정한 서비스상품으로 거듭난다고 할 수 있을 것이다. 어느 방법을 채택하든 그것은 결국 선택의 문제에 지나지 않는다.

미국의 PIMS(Profit Impact of Marketing Strategy) D/B Service 회사가 실시했던 한 조사결과는 서비스가 기업이익의 원천임을 우리에게 일깨워주고 있다. 이 회사는 미국 국내의 100개 기업을 무작위로 추출하여, 그 기업의 서비스 정도를 고객의 평가에 따라 '평균이상 기업 50개'와 '평균이하 기업 50개'로 양분하여 기업의 성장과정과 경영성과를 조사했다.

그 결과 '서비스가 평균 이상인 그룹'은 제품가격을 9% 가량 높게 책정했는데도 업계 평균값에 비해 두 배 이상의 빠른 속도로 성장했고, 시장점유율도 연간 6%씩 증가했으며, 매출이익률에 있어서도 매년 평균 12%를 기록한데 반해 '서비스가 평균 이하인 그룹'은 1년에 2%씩 시장점유율을 빼앗겼으며, 매출이익률도 겨우 1%밖에 되지 않았음을 밝혀냈다.

이제 어느 누구도 서비스를 공짜 프리미엄, 덤, 무료 등의 그릇된 개념으로 받아들이지는 않는다. 고도의 서비스혜택을 누리자면 고액의 대가를 치루어야 한다. 공산품 역시 고급제품은 고가에도 불티나듯 팔려나가지만 저급품은 덤핑공세 속에서도 소비자의 외면과 냉대가 뒤따른다. 고급품으로서의 품격 그 자체가 바로 '고도의 서비스'로 평가받는 시대인 것이다.

3. 서비스 차별화 전략

서비스는 그것을 시행하는 것만으로는 부족하고, 서비스 차별화 전략을 구사하여 경쟁사에 비해 상대적으로 더 높은 수준을 유지할 수 있도록 하는 일이 중요하다. 서비스품질을 높일 수 있는 몇 가지 서비스 차별화 전략을 살펴보자.

(1) 서비스의 품질보증을 통해 고객의 요구수준을 뛰어넘는 서비스를 제공해야 한다

이를테면 서비스의 품질 결정요소인 신뢰성(reliability), 종사원의 자발성(responsiveness), 종사원의 서비스 수행능력(competence), 서비스를 쉽게 이용할 수 있도록 배려하는 접근용이성(access), 종사원의 예의 정도(courtesy), 실수요자에게 적시에 적정한 정보를 제공하는가를 뜻하는 의사소통 정도(communication), 지명도(credibility), 안전성(security), 고객에 대한 이해수준(understanding), 유형적 요소의 우수성(tangibles) 등이 뛰어나야 한다는 점이다.

서비스는 생산과 동시에 소모되는 것은 물론 재고로 저장할 수도 없으며, 사전에 구입 이후를 예측할 수 있는 가시물이 아니라는 점에서 '서비스의 품질보증'을 통해 고객에게 확신을 심어줄 수 있다면 매우 효과적일 것이다.

그러자면 관리자들의 시간을 단축하기 위한 노력, 현장종사원의 섬세한 사려와 청결, 합리적인 가격, 계산방법의 용이성 등 '항목별 품질표준(quality standard)'을 설정하고서 종사원을 대상으로 한 교육과 이들 종사원이 잘 하고 있는지를 지속적으로 감독해야 한다.

경쟁력 있는 서비스라 함은 모든 면에서 최고를 지향한다고 해서 달성될 수 있는 것이 아니라, 고객이 원하는 바의 중심적 요구(core requirement)를 충족시켜줄 수 있는 것이라는 점을 명심해야 한다.

(2) 서비스의 패키지화이다

그것은 서비스품질을 구성하는 여러 요소들을 패키지화함으로써 경쟁업체와 차별화를 기해 경쟁우위를 확보하는 것을 뜻한다. 서비스는 서비스의 창출과 이를 고객에게 제공하는 과정까지를 포함하는 포괄적 개념이라는 점에서 '중심(core) 서비스', '촉진(facilitating) 서비스', '지원(supporting) 서비스'의 세 가지로 구분된다.

중심서비스는 가장 본질적인 품질 자체를 뜻하고, 촉진서비스는 중심서비스 사용을 가능하도록 돕거나 촉진시키는 서비스를 지칭하며, 지원서비스는 중심서비스의 가치를 증가시키는 역할을 감당한다. 항공여행을 예로 들자면 '안락한 운항'은 중심서비스이고, 간편하고도 친절한 예약절차는 촉진서비스이며, 입맛이 당기는 기내식(機內食)은 지원서비스이다. 공산품 역시 다르지 않다. 냉장고의 경우 '고장 없는 냉장·냉동기능'은 중심서비스, '상세한 사용설명서와 미려한 디자인 및 다기능 구비'는 촉진서비스, '신속하고도 저렴한 비용의 사후서비스'는 지원서비스에 속할 것이다.

경영관리 측면에서 보자면 서비스의 차별화를 기할 수 있는 대상은 사후서비스 등 주로 지원 서비스영역이다. 촉진서비스는 서비스의 소비에 기여하는 전제조건은 될 수 있어도 차별화의 주 대상은 아니다. 지원서비스가 경쟁업체에 비해 뒤져있을 경우 고객이 느끼는 매력은 크게 감퇴하고 말아 경쟁력을 상실할 수밖에 없다.

(3) 원가우위전략을 통해 서비스의 생산성을 높일 수 있어야 한다

생산성 제고는 공산품의 제조영역에만 한정된 문제는 아니다. '고객참여의 촉진', '수요와 공급의 동시화', '서비스기술 개발', '생산성자료의 현실화', '직무 재정의' 등이 모두 서비스생산성 향상을 위한 결정요소들이다.

앨빈 토플러(Alvin Toffler)는 그의 저서 '제3의 물결'에서 "미래사회에서는 두 개 이상의 똑같은 제품이 존재하지 않게 될 것"이라고 말한 바 있다. 우리 주변을 돌아보면 실제로도 '서비스의 규격화'와 '공산품의 탈규격화'가 급속하게 진행되고 있음을 볼 수 있다. 은행의 저축상품이나 보험상품 등이 모두 프로그램화된 규격상품의 모습으로 다가서고 있는가 하면 공산품은 단(短)사이클화 추세 속에서 극도의 다양화로 가고 있다.

그런가 하면 제조업과 서비스업간의 업종경계도 갈수록 모호해지고 있다. 많은 사람들은 IBM을 컴퓨터 제조기업으로 알고 있지만 실상은 그렇지가 않다. 연간 전체 매출외형에서 컴퓨터 제조판매가 차지하는 비중은 고작 25%일 뿐, 나머지 75%의 경영실적은 '시스템 엔지니어링', '네트워킹', '전문교육', '사후서비스' 등 관련 서비스부문에서 올리고 있다. 세계 초일류기업들이 대체로 이와 같은 길을 걷고 있다. 즉 IBM만에 국한된 특수사례가 아니라는 말이다.

공산품이든 서비스상품이든 서비스력 강화를 통해 i) 신뢰성, ii) 안도감, iii) 감정이입, iv) 책임감, v) 무형자산의 보유 등 5가지 '품질평가 지표'에서 높은 점수를 받을 수 있어야 살아남을 수 있는 시대로 바뀌어가고 있다.

제조업이 '서비스 지향적으로 거듭난다' 함은 고객에게 약속한 것은 사소한 것일지라도 정확하게 지키고, 종사원을 바로 알고, 예의 바르며 신뢰감을 줄 수 있는 인간으로 육성해야 하며, 고객지향적 조직풍토와 기업문화를 활착시켜 고객사회에 기여하는 의욕과 배려 신속성을 담보로 제시할 수 있어야 한다.

4. 서비스 경쟁력 제고

(1) 서비스에도 방정식이 있다

요즈음 누구나 한 번쯤은 회사나 관공서에 전화를 걸었다가 기나긴 자동응답시스템(automatic response system: ARS) 때문에 짜증을 내 본 적이 있을 것이다. 본인의 의사와는 상관없이 일방적으로 필요없는 내용까지 지루하게 듣도록 만들고 그것도 모자라서 번호를 여러 차례 누르게 하고서야 가까스로 필요한 부서나 사람과 연결된다. 이런 경험을 한두 차례 하다보면 요령이 생겨 일단 ARS 음성이 나오면 내용은 듣지도 않고 무조건 '0' 번을 눌러 안내원이 나오길 기다려 보기도 한다. 운이 좋으면 상냥한 안내원에게 연결돼 빠르고 정확하게 원하는 서비스를 받을 수 있는 '기쁨' 을 맛볼 수 있는 경우도 있기 때문이다.

지루한 ARS 응답서비스에 대해서는 염증을 느끼는 반면 안내원 서비스에 대해서는 기쁨을 맛보게 되는 이유는 무엇일까. 이는 바로 서비스에 대해 느끼는 가치에 대한 인식 혹은 그 결과로 나타나는 만족감의 크기에 있다. 동일한 서비스 결과(원하는 사람 혹은 부서와 연결)를 얻기 위해 적은 노력을 들인 안내원 서비스에 대해 보다 많은 만족감을 느끼게 되는 것은 당연한 일이다.

많은 고객들이 동일한 제품을 값싸게 구매하기 위해 할인판매장을 찾아가는 것도 같은 이치다.

서비스라는 상품이 일반적인 상품과 가장 크게 다른 점은 대부분의 경우 상품의 창출과 소비가 동시에 이뤄지며 상품의 창출과정에 고객이 직접 참여하게 된다는 것이다. 이 때문에 상품이 궁극적으로 고객에게 제공하는 '결과' 뿐만 아니라 결과를 만들어내는 '프로세스' 도 상품에 대한 만족감을 결정하는 중요한 요소가 된다.

컴퓨터를 사서 쓰는 사용자는 컴퓨터를 잘 만들어내기 위해 컴퓨터 조립 프로세스가 어떻게 관리되고 운영되는지를 알 필요가 없다. 컴퓨터 자체가 고장없이 원했던 기능, 즉 결과를 잘 제공해 주면 만족하는 것이다.

그러나 컴퓨터를 판매하는 판매점의 경우는 다르다. 기업에서 아무리 잘 만들어진 컴퓨터를 제공한다 하더라도 컴퓨터 구매 프로세스에서 경험하게 되는 판매원의 대응자세와 태도가 신뢰할 수 없다거나 불친절하다고 느끼는 경우 고객은 당장 그 판매점에서 걸어 나오기 때문이다. 결국 고객이 서비스에 대해 만족할 수 있는지의 여부는 서비스 결과와 서비스 제공 프로세스의 품질에 의해 커다란 영향을 받게 된다. 이는 서비스가 제공하는 유·무형의 산물(output)에 해당한다.

또 아무리 좋은 컴퓨터를 친절하게 살 수 있는 판매점이 있다 하더라도 그 판매점을 찾아가기 위해 한나절을 소비해야 한다거나 제품 판매가격이 비싸다면 아마도 그 판매점을 찾으려 하지 않을 것이다. 오히려 경우에 따라서는 좀 친절하지 않더라도 혹은 컴퓨터 기능이 다소 미흡하더라도 가까이에 있거나 판매가격이 저렴한 판매점을 찾아가게 될 것이다. 즉 서비스를 제공받기 위해 지불하는 노력과 비용도 고객의 만족감을 결정하게 되는 중요한 요소가 된다는 것이다. 이는 바로 서비스를 획득하기 위해 고객이 사용해야 하는 비용(input)에 해당한다.

결과적으로 고객의 서비스에 대한 만족은 바로 서비스가 제공하는 아웃풋과 서비스 획득을 위해 지불하는 인풋에 의해 결정되며 인풋에 대한 아웃풋의 비율이 바로 고객만족감의 수준을 결정하는 서비스 가치의 크기가 된다.

따라서 고객만족감을 증가시키려면 두 가지 접근방법을 고려해 볼 수 있다.

첫째, 아웃풋 요소인 서비스 결과나 서비스 제공 프로세스의 품질을 높이는 방법이다.

둘째, 인풋 요소인 서비스 가격이나 서비스 획득 비용을 낮추는 것이다.

물론 두 가지 접근방식을 결합하여 사용할 수도 있다. 여기서 한 가지 주목해야 할 것은 아웃풋을 높이고 인풋을 줄인다고 해서 반드시 고객가치 인식이 높게 나타나지는 않는다는 점이다.

인풋을 다소 증가시키더라도 아웃풋을 그 이상으로 늘릴 수 있다면 결과적으로 고객이 인식하는 서비스 가치는 증가하게 된다. 이는 수익성 극대화에 중점을 둬야 할 서비스기업의 입장에서 보면 매우 매력적일 수 있는 전략적 수단이다.

예를 들어 제과점에서 밀가루 값이 올랐다고 빵의 크기를 줄여서 판매하는 것은 서비스 결과(빵)의 크기를 떨어뜨려 서비스 가치만 낮추게 되는 우를 범하게 된다. 하지만 가격을 올리는 대신 좀 더 맛있고 신선한 빵을 구워 파는 것(더 많이 증가된 '결과')은 오히려 서비스 가치를 높이는 효과적인 판매전략이 될 수 있는 것이다.

(2) 기다림과 서비스 창출

현대인들은 하루에도 몇 번씩 줄을 서는 것이 일상화돼 있다. 줄은 왜 서야 하며 어떻게 서는 것이 합리적일까?

기본적으로 줄을 서야 하는 이유는 무재고 상태에서 전달되는 서비스의 수요와 공급이 일치하지 않기 때문이다. 제조업에서는 수요와 공급이 일치하지 않는 경우 보유재고를 이용해 고객의 수요에 대응할 수 있다. 그러나 서비스는 무형의 어떤 것으로 보관해 둘 수 있는 성질의 것이 아니므로 수요와 공급이 일치하지 않는 경우 고객은 줄에서 기다릴 수밖에 없다. 자신의 호주머니를 털어 서비스의 대가를 지불한 고객이 기다리는 것까지 감수해야 한다는 것은 아이러니가 아닐 수 없다. 따라서 좋은 품질의 서비스가 고객에게 전달되기 위해서는 고객이 줄에서 기다리는 시간에 대한 적절한 배려가 이뤄져야 하며, 이러한 배려는 줄서기에 대한 올바른 이해에서 출발해야 할 것이다.

줄서기를 이해하는 방법은 크게 수리적 방법과 심리학적 방법이 이용돼 왔다. 수리적 방법은 객관적이기는 하지만 매우 엄밀한 가정이 필요하고 또 이런 방법이 설명하지 못하는 인간의 심리적인 요소도 상당부분 존재한다. 예를 들어 은행의 입·출금 창구와 같이 여러 명의 서비스 직원이 유사한 서비스를 제공하는 시스템이 있다고 가정하자. 이 때 줄을 서는 방법은 각 서비스 직원별로 줄을 서는 것과 한 줄로서는 것을 생각해 볼 수 있다. 대기행렬이론을 이용해 평균 대기시간을 계산해 보면 두 방안의 대기시간은 동일하다. 그러나 평균 대기시간이 같다고 해 고객이 두 방안을 동일시하지는 않을 것이다.

대부분의 고객은 한 줄 서기를 선호하게 된다. 이는 적어도 일찍 온 고객이 서비스를 먼저 받게 된다는 형평성의 원리를 만족시켜 주기 때문이다. 또 빠른 줄을 선택하기 위해 치열한 경쟁을 하지 않아도 되므로 고객은 심리적 안정감을 누릴 수 있다. 그 외에도 한 줄 서기의 심리적 효과를 들자면

첫째, 처음에 줄이 길어 보이기는 하지만 고객이 줄에서 앞으로 나아가는 속도가 상대적으로 빠르다. 앞줄에 서있는 고객은 자신의 뒤에 서 있는 다른 사람을 쳐다보면서 그동안 줄을 선 자신의 노력이 보상받는 느낌과 함께 상당한 뿌듯함을 느끼게 된다.

둘째, 기다리는 고객과 서비스를 전달받는 고객 사이에 일정한 거리를 유지할 수 있다. 즉 중요한 거래를 하는 고객의 사적권리가 보장될 여지가 있게 된다. 예컨대 현금출납기에서 거래할 때 뒤에서 기웃거리는 성급한 고객이 만들어 내는 불편함을 어느 정도 줄일 수 있다.

만약 한 줄 서기에 번호표시스템을 더한다면 고객의 불편은 좀 더 줄어들 수 있다. 고객은 번호표를 들고 줄에서 벗어나 자신을 위한 일을

할 수 있을 뿐만 아니라 줄을 설 때의 무료함에서도 벗어날 수 있다. 이는 '고객을 바쁘게 만들라' 는 원칙에 입각한 것으로 엘리베이터 옆에 거울을 설치하여 고객의 주의를 끄는 것 등은 같은 원리가 적용된 배려다. 또 번호표 시스템은 고객이 대기시간을 예측 가능하게 만들어 준다. 자신의 순번에 따라 어느 정도를 기다려야 하는 지를 짐작할 수 있으므로 고객은 편안해 질 수 있다. 놀이동산의 대기시간 표지판 역시 이와 같은 역할을 하게 된다.

그렇다고 해서 한 줄 서기가 반드시 여러 줄 서기보다 항상 좋다는 것은 아니다. 한 줄로 설 경우 더 많은 공간이 필요하므로 공간 효율성이 떨어질 수 있고 줄이 더 길어 보이기 때문에 고객이 시스템에 들어오지 않게 되는 경우도 발생한다. 이러한 단점이 일반적으로 맥도날드와 같은 패스트푸드점에서 한 줄 서기를 포기하게 만드는 주요 이유다. 그러나 이러한 문제점이 크게 부각되지 않는 상황이라면 한 줄 서기가 선호되는 것이 오히려 자연스러울 것이다. 서비스가 발달한 외국에서는 이미 한 줄 서기가 생활화된 듯하다. 누가 뭐라고 하지 않아도 심지어 화장실에서도 한 줄로서는 합리성이 보편화돼 있다.

그러면 우리의 모습은 어떠한가. 한 줄로 서느냐, 두 줄로 서느냐의 문제보다는 오히려 줄 중간에 아는 사람이 있다고 끼여드는 무례함을 경계해야 하는 상황이 아닌가 싶다. 하지만 이러한 작은 부분들이 서비스의 질을 결정짓는 중요한 요소임을 인식한다면 쉽게 넘어갈 부분은 아닐 것이다.

서비스는 마치 유리잔과 같아 한 번 깨져 버리면 결코 회복이 쉽지 않다. 이러한 사소한 문제로 불편을 겪은 고객은 전체 서비스를 좋지 않은 시각으로 평가해 버리고 이를 회복하기 위해서는 막대한 노력이 필요하게 된다.

그러면 줄서기와 관련한 질 좋은 서비스 창출은 누구의 책임인가. 물론 서비스를 이용하는 고객의 자각과 의식수준도 중요하다. 그러나 서비스 시스템을 설계하고 전달하는 공급자의 역할이 초기단계에서는 보다 더 강조될 필요가 있다. 최근 들어 우리 사회 일각에서 전개되고 있는 '한 줄 서기 운동' 은 이와 같은 줄서기에 대한 근본적 이해에서 출발해야 한다.

(3) 서비스 - 일한 대가만큼만 베푼다?

흔히 사람들은 '나는 받는 돈만큼만 일할 것이며, 그 돈은 내가 일한 시간과 비례해야 한다' 고 생각한다. 그들은 같은 직종의 다른 사람들이 자신과 똑같이 일한다고 믿기에 남들이 받는 보수에 대단히 민감하다. 같은 학교를 나왔으니 대우도 같아야 한다고 여기며, 같은 자격증을 갖고 있으니 보수를 똑같이 받아야 한다고 믿는다. 사람들 간의 질적인 차이를 인정하지 않는 것이다. 이것은 정말 산업화시대의 노동자들이 가졌던 생각 그 이상도 그 이하도 아니다.

아르바이트 학생들도 그렇다. 졸업 후 정식으로 채용하고 싶다고 사장이 말할만한 학생이 과연 몇 명이나 있을까? 대부분은 사용자의 입장에서 볼 때 언제라도 다른 사람으로 대체시킬 수 있는 그런 정도의 일만 한다. 받는 대가가 얼마이므로 그 이상을 하게 되면 손해라고 생각하기 때문일까? 바로 그런 생각이 가난으로 가는 고속도로임을 명심하라.

식당 아르바이트를 하던 여대생 스테이시 가델라는 접시 하나를 닦아도 물기가 없었다. 그 자세가 눈에 띄어 입사제안을 받았고 불과 5년만에 본사의 마케팅 이사가 되는데, 그 회사는 미국 외식업계 4위인 아웃백 스테이크 하우스(OUTBACK steakhouse)였다.

에버랜드에서 티켓을 파는 등등의 평범한 직원으로 입사한 이은예씨는 눈에 젖은 신발 때문에 발을 동동거리는 아이에게 자기 신발을 벗어줄 정도로 서비스에 투철한 결과 입사 4년만에 서비스 아카데미 강사로 전격 발탁됐다.

톰 피터스(Tom Peters)는 리츠칼튼 호텔의 한 여자 청소부가 어떤 자세로 청소에 임했는지를 소개한다. 그녀는 침대보 접는 방식도 개선시킬 정도였고 '말콤 볼드리지 생산성 대상' 까지 받았다. 자기 몸값은 그렇게 높이는 것이다. 당신이 일한 대가에 대한 법칙 두 가지가 있다.

첫째, 당신이 먼저 보여주지 않는 한 국물도 없다. 대가를 더 많이 받는다면 더 열심히 일하겠다고? 세상은 절대로 당신의 그 각오를 먼저 믿어주지 않는다. "적토마는 홍당무가 없어도 잘 달린다."

둘째, 보상의 수레바퀴는 언제나 처음에는 천천히 돈다. 가속도가 붙기까지는 시간이 소요된다. 사람들은 겨우 몇 개월 열심히 해보고는 실망해 곧 '일하는 본성' 을 드러낸다.

몇 시간을 일하고 얼마를 받는지는 잊어버려야 한다. 일의 질적인 경과에만 관심을 가지고, 몇 년 후에 받게 될 대우에 걸맞은 일솜씨를 지금 먼저 보여 주어야 한다. 부자가 아니라면 가진 것은 몸과 시간밖에 더 있겠는가. 그것들을 이용하여 일의 질을 높여야 한다. 물론 투여한 시간과 노력에 비해 대가가 충분치 않은 경우도 있을 것이다.

기다려라. 곧 많은 사람들이 당신을 찾을 것이며 당신의 몸값을 저절로 높아지게 되어 있다. 그 몸값이 부자가 될 수 있는 투자의 종자돈이 된다. 동료들의 야유와 시기가 부담스러워지기도 할 것이다. 콩쥐를 시기하는 팥쥐는 언제나 있는 법이므로 무시하지 않으면 안 된다. 적어도 5년 후에는 그들과는 다른 세상에서 살게 될 것이기 때문이다.

✔ '나 하나 쯤이야' 의 결과

탈무드에 나오는 이야기이다.

어느 날 왕이 잔치를 베푼다고 알린 후

"잔치에 참석하는 사람들은 각자 포도주를 조금씩 가지고 와서 큰 항아리에 쏟아 부어 우리가 하나된 공통체임을 나타내자" 고 말했다.

드디어 잔칫날 참석자들은 가지고 온 포도주를 큰 항아리에 쏟아 부었다. 흐뭇한 표정으로 포도주 맛을 보던 왕은 크게 당황하였다.

그 포도주는 색깔만 비슷할 뿐 거의 물이었다. '나 하나쯤이야' 하고 대부분의 사람들이 물 탄 포도주를 가지고 온 것이었다.

제 2 절 서비스의 기법

1. 서비스 청사진(service blueprint)

(1) 서비스 청사진의 개념과 특징

서비스 청사진이란 '서비스 사이클에서 고객의 경험을 여러 서비스 제공자가 제공한 개별적 조치들과 연관시켜 작성한 흐름도'이다. 이것은 고객과 관련된 부서들이 취하는 여러 가지 활동들을 시간의 흐름에 따라 보여주며, 그들 사이의 상호작용을 보여준다. 다음은 호텔 룸서비스 주문에 대한 전형적인 서비스 청사진을 나타낸 것이다. 이 청사진의 첫 번째 열(column)에 있는 상자들은 고객이 경험하는 일련의 고객접점(moment of truth: MOT)들로 완전한 서비스 사이클을 구성한다.

서비스 청사진은 품질성과를 달성하기 위해 여러 부서가 상호 유기적으로 움직여야 하는 경우 유용하게 사용된다. 특히 서비스 청사진은 조직 내의 여러 활동들이 어떻게 상호 작용하여 현재와 같은 서비스 사

그림 3-1
호텔 룸서비스 주문의 서비스 청사진

이클을 구성하는지를 가시적으로 보여주기 때문에, 모든 내부과정들이 고객지향적으로 움직여야 된다는 것을 일깨워준다.

생산관리 분야에서 제품의 생산 및 배달에 필요한 활동들을 파악하고 그들 사이의 연관성을 나타내기 위해 흐름도(flow diagram)나 공정표(process chart) 등이 오랫동안 사용되어 왔다. 마찬가지로 서비스의 생산 및 전달 프로세스의 설계에도 표준적인 프로세스 차트를 이용할 필요가 있다는 생각에서, 쇼스택(G.L. Shostack)은 1984년 『하버드 비즈니스 리뷰』 지에 서비스 청사진(service blueprint)이라는 서비스 흐름도를 처음으로 제안하였다.

서비스 청사진의 특징 중 하나는 흐름도에 포함될 일련의 서비스활동들을 '가시선(line of visibility)'의 개념을 도입하여 두 부분으로 나눈다는 것이다. 가시선 위의 활동들은 고객이 눈으로 볼 수 있는 부분이고, 가시선 아래의 활동들은 서비스 임무 달성을 위해 꼭 필요하지만 고객의 눈에는 보이지 않는 부분이다(눈에 보이는 부분을 전방업무, 그렇지 않은 업무를 후방업무라고도 함). 일반적으로 가시선은 전방업무와 후방업무를 물리적으로 구분하는 시설물이나 경계선이 되는 경우가 많다.

〈그림 3-2〉는 음식을 주문해서 받기까지의 프로세스를 서비스 청사진으로 나타낸 것이다. 고객이 식당에 들어와서 관찰할 수 있는 전방업

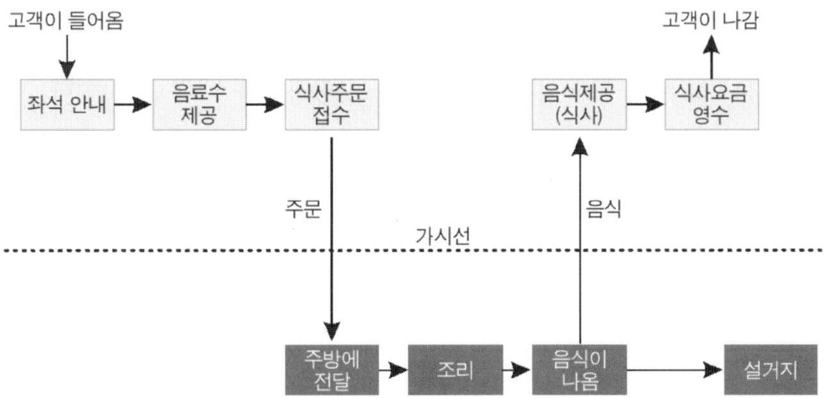

그림 3-2
음식 전달 프로세스의 서비스 청사진

그림 3-3

구두닦이 서비스의 청사진

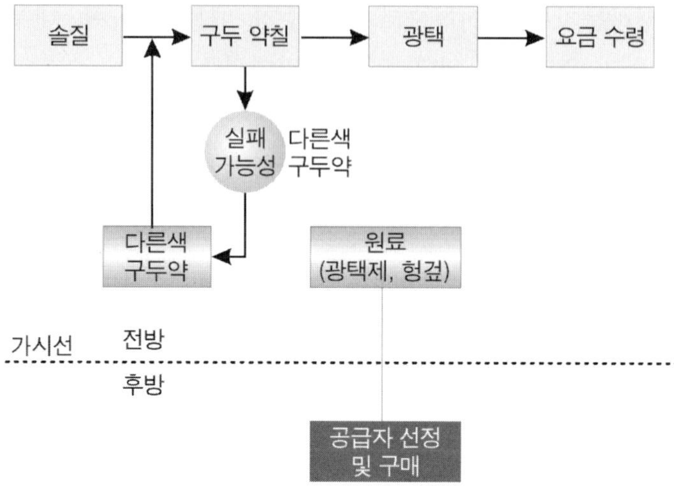

무는 종사원(외모, 태도, 말씨, 복장 등)이나 물리적 환경(실내장식, 탁자와 의자, 시설, 조명, 냄새 등) 등이다. 이러한 전방업무는 서비스에 대한 고객의 인식에 큰 영향을 주기 때문에 특별히 신경써야 하는 부분이다. 그러나 주방 내에서 이루어지는 후방업무도 고객의 눈에 보이지는 않지만, 음식제공 과정에 있어서 생략될 수 없는 매우 중요한 부분이다. 또한 후방업무에서 지연과 실수가 발생하면 전방업무에 차질을 초래하기 때문에 후방업무의 효율화에도 관심을 기울여야 한다.

서비스 청사진의 또 다른 특징 중 하나는 잠재적인 '실수가능점(fail point)'을 확인함으로써, 실수를 줄일 수 있는 방안과 페일세이프(fail-safe)[1] 설계를 강구할 수 있는 기회를 제공한다는 것이다.

〈그림 3-3〉은 구두닦이 업무의 서비스 청사진을 나타낸 것이다. 구두약칠을 하는데 있어서 색깔이 다른 구두약을 바르는 실수가 있을 수 있으므로 여기에 실수가능점이 존재한다. 따라서 서비스를 설계할 때 '잘

1) 페일세이프 설계란 실수를 원천적으로 방지할 수 없을 경우, 실수가 발생하더라도 그로 인한 피해는 막자는 개념이다. 누전이나 과전압으로 인한 화재를 방지하기 위해 사용하는 전기 휴즈의 경우가 대표적인 페일세이프 설계이다. 서비스 설계에 있어서도 이러한 페일세이프의 개념이 적용되어야 한다.

못된 구두약의 제거'와 같이 실수를 복구하는 과정이 포함되어야 한다. 경영진이나 서비스 설계자가 이러한 잠재적 문제점을 미리 생각하면 서비스의 질을 높일 수 있다.

이처럼 서비스 청사진을 잘 이용하면 서비스 과정에서 발생할 수 있는 각양각색의 문제점들을 체계적으로 검토해 볼 수 있다. 서비스 청사진은 다음과 같은 사항을 염두에 두고 작성해야 한다.

전방에 있는 고객에 대한 어떤 서비스활동의 이상적 시나리오는 무엇인가? 아마도 그 단계를 제거하는 것일지도 모른다.

① 어디에 실수가능점이 있으며, 전·후방 업무에서 무엇이 잘못될 수 있는가?
② 어떻게 하면 실수가 지체없이 발견되어 신속한 조처나 예방대책이 마련될 수 있는가?
③ 서비스 프로세스의 각 단계에서 어떤 직원, 시설 및 장비가 이용되고 있는가?
④ 어떤 특정한 서비스를 고객에게 제공하는데 필요한 후방활동들은 무엇인가?

(2) 서비스 청사진의 적용사례

다음의 〈그림 3-4〉는 비디오 대여점에서 일어나는 일들을 서비스 청사진으로 나타낸 것이다. 가시선과 교차하는 화살표는 고객과 종사원 사이에 상호작용(interactions)이 일어나는 부분이다.

고객이 종사원들과 접촉해야 하는 번거로움과 수고를 덜기 위해 가시선을 가로지르는 화살표를 줄일 수 있도록 서비스 시스템을 재설계하기로 했다고 가정해 보자. 보유하고 있는 비디오 테이프의 목록을 담은 카탈로그를 배포하는 것도 고려해 볼 수 있으나, 새로운 테이프가 입수될 때마다 매번 갱신해야 하므로 비용이 많이 들 것이다. 그러나 급속히 발전하고 있는 정보기술을 이용하면 이러한 문제가 해결된다. 보유 테이프 목록을 인터넷 홈페이지에 올리고, 변동이 있을 때마다 계속 수정해 주

그림 3-4 비디오 대여점에서의 서비스 청사진

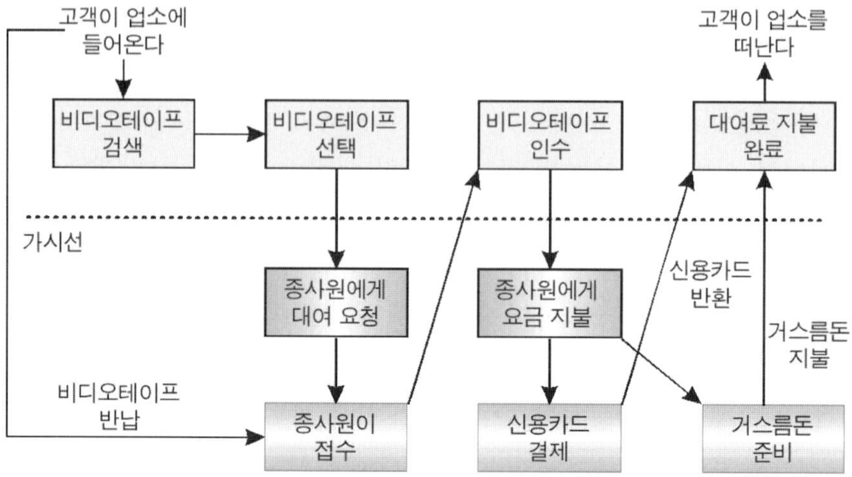

면된다. 고객이 홈페이지에 접속하여 인터넷상에서 대여신청을 하면 해당 비디오 테이프를 고객이 가지러 올 때까지 보관하고 있거나, 아니면 고객이 우송료를 부담하면 택배로 보내줄 수도 있다.

이 사례는 서비스 청사진이 어떻게 활용될 수 있는지 대체적인 윤곽을 보여준다. 이 기법을 이용하면 기존 시스템과 새로이 제안된 시스템을 비교해보고 잠재적인 개선기회를 발견하는데 도움이 된다(박영택).

2. MOT 사이클 차트(MOT cycle chart)

(1) 서비스 청사진과 유사한 개념의 MOT 사이클 차트

MOT 사이클 차트는 서비스 프로세스 상에 나타나는 일련의 MOT들을 보여주는 시계모양의 도표로서 '서비스 사이클 차트' 라고도 한다. 이 차트는 서비스 전달시스템을 고객의 입장에서 이해하기 위한 방법이다.

고객이 경험하는 MOT들을 원형 차트의 1시 방향에서 시작하여 순서대로 기입한다. 일반적으로 종사원들은 자신이 맡고 있는 업무에만 관심을 두고 일하는 경향이 있으나, 고객은 서비스 과정에서 경험하는 일련의 순간 전체를 가지고 품질을 평가한다. 예를 들어 자동차를 수리하기

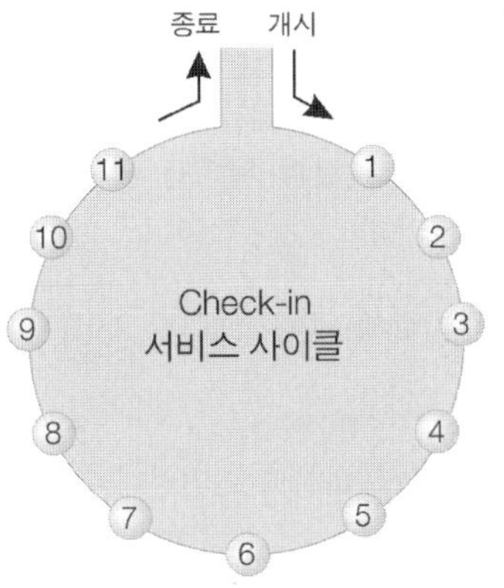

① 호텔에 예약전화를 한다.
② 교환이 프론트로 연결한다.
③ 예약을 한다.
④ 당일 차량으로 호텔로 향한다.
④ 도어맨이 마중나와 짐을 내린다.
⑤ 자동차열쇠를 도어맨에게 건네준다.
⑥ 프론트에서 체크인 한다.
⑦ 벨맨이 방으로 안내한다.
⑧ 승강기를 탄다.
⑨ 벨맨이 방문을 연다.
⑩ 벨맨이 방안으로 안내한다.

그림 3-5
호텔 체크인 (check-in)시의 MOT 사이클 차트

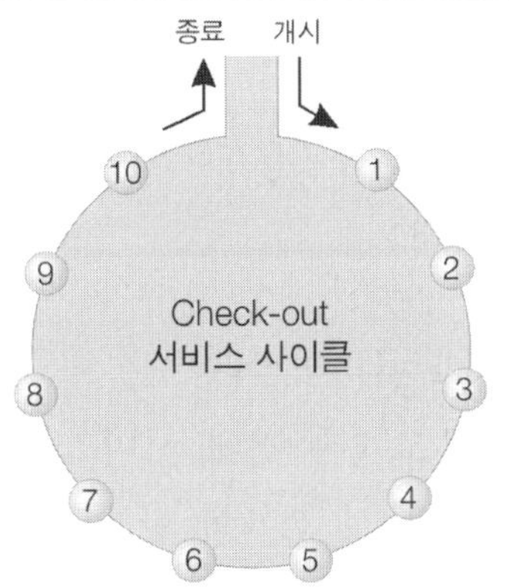

① 체크아웃 담당자를 부른다.
② 짐을 내려달라고 부탁한다.
③ 프론트에 열쇠를 반납하고 청구서를 받는다.
④ 청구서를 확인하고 돈을 지불한다.
⑤ 영수증을 받고 확인한다.
⑥ 현관에 나가서 차를 부른다.
⑦ 주차장에서 차를 가져온다.
⑧ 짐을 싣고 차에 탄다.
⑨ 환송을 받는다.
⑩ 출발한다.

그림 3-6
호텔 체크아웃 (check-out)시의 MOT 사이클 차트

위해 서비스센터를 방문했을 때, 종사원이 다음과 같이 말한다면 고객은 실망할 것이다.

"저는 잘 모릅니다. 서비스 매니저에게 물어 보십시오."

"담당직원이 퇴근했습니다. 내일 다시 방문해 주십시오."

다음은 호텔 체크인과 체크아웃의 서비스 사이클을 나타낸 것이다.

(2) MOT 사이클 차트의 적용사례

건강센터의 서비스 전달시스템 내에 근무하고 있는 주차관리요원, 접

그림 3-7

건강센터의 MOT 사이클 차트

① 예약을 한다.
② 예약시간에 건강센터까지 자동차로 간다.
③ 주차장을 찾아 차를 세운다.
④ 건물 내로 들어가 자신의 위치를 확인한다.
⑤ 안내판에서 목적지를 찾는다.
⑥ 길을 묻는다.
⑦ 목적지로 가기 위해 승강기를 타고 복도를 걸어간다.
⑧ 담당 부서에서 신청을 한다.
⑨ 보험증을 제시하고 서류에 기입한다.
⑩ 순서를 기다린다.
⑪ 검사기사와 함께 검사실로 간다.
⑫ 맥박, 혈압, 체온 등을 측정한다.
⑬ 몸의 상태에 관한 질문을 받는다.
⑭ 검진을 받는다.
⑮ 의사의 진단 의견을 듣는다.
⑯ 요금을 지불하고 수속을 마친다.
⑰ 건강센터를 나와 자동차로 돌아간다.
⑱ 주차장을 나온다.

수담당자, 검사기사, 의사, 수납담당자와 같은 서비스 제공자들은 각자 자기 위주의 부분적 업무만 생각하고 있으나 고객은 전체 서비스 프로세스를 경험하고 있다. 즉 고객은 새처럼 높은 데서 전체를 한눈에 내려다보고 있으나(조감, 鳥瞰), 서비스 담당자는 마치 코끼리의 한쪽 다리만 보고 '코끼리는 굵은 기둥 같다' 는 식으로 생각하기 쉽다. 이 사례에서와 같이 MOT 사이클 차트를 그려보면 서비스품질을 고객의 입장에서 이해하는데 도움이 된다(박영택).

3. 서비스 모니터링(service monitoring)

(1) 서비스 모니터링의 정의와 목적

서비스 모니터링이란 정해진 서비스 표준대로 고객과의 접점에서 서비스가 이루어지고 있느냐를 전문 모니터를 통하여 과학적으로 평가하

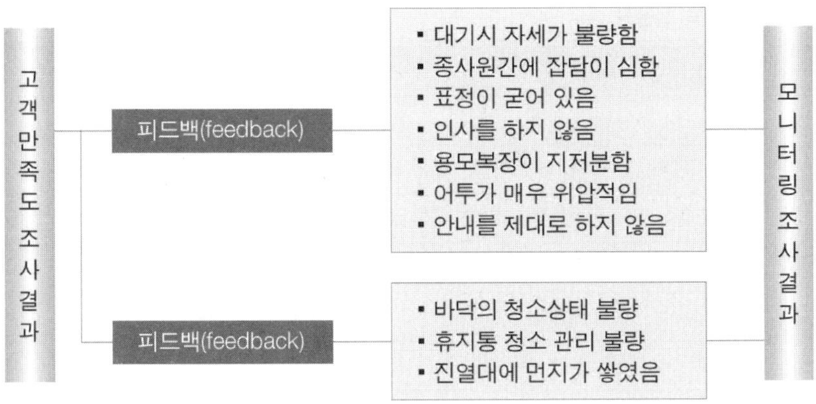

그림 3-8
서비스 모니터링 조사의 예

는 활동으로써, 이를 통해 고객접점의 서비스품질을 유지하고 향상시키는데 그 목적을 가지고 있다.

(2) 모니터링 평가내용 예시

그림 3-9
모니터링 평가내용

시설운영부문	환경관리부문	친절한서비스도우미 (보안/미화/기술/판매)
▪ 적당한 실내 온도 ▪ 적절한 환기 ▪ 조명상태 ▪ 시설의 온도관리 ▪ 집기시설의 상태 ▪ 이동수단의 상태 (카트/엘리베이터 등) ▪ 불만사항 처리 ▪ 신속한 고장처리	▪ 매장바닥 청소상태 ▪ 편의시설 청소상태 ▪ 청소도구 관리상태 ▪ 휴지통 청소/관리상태 ▪ 화장실 비품 공급상태 ▪ 빈 박스/포장봉투 처리 ▪ 주차장 청결상태 ▪ 건물주변 청결상태	▪ 고객에게 부드러운 표정 ▪ 고객에게 정중한 인사 ▪ 성의있는 안내행동 ▪ 성실한 대기자세 ▪ 상냥한 말투/어감 ▪ 적극적인 고객문제해결 노력 ▪ 단정한 용모복장 ▪ 로스(loss)방지를 위한 협조

(3) 모니터링 평가시트 예시

본 평가시트는 종사원의 친절도를 측정하기 위하여 개발된 것이다.

<표 3-1> 친절도 설문지

분류	조사 내용	점수
업무 태도	1. 매장 종사원들에게 공손하고 친절합니까?	1 2 3 4 5 6 7
	2. 고객의 문의에 상냥하고 성의있게 답변하였습니까?	1 2 3 4 5 6 7
	3. 문의 전후에 공손하게 인사하였습니까?	1 2 3 4 5 6 7
	4. 안내시 부드러운 표정(미소)를 지었습니까?	1 2 3 4 5 6 7
	5. 도움을 청한 내용을 적극적으로 해결해주고자 했습니까?	1 2 3 4 5 6 7
	6. 매장종사원 또는 동료와 잡담을 하고 있었습니까?	1 2 3 4 5 6 7
	7. 반출물 검사시 정중함을 유지했습니까?	1 2 3 4 5 6 7
	8. 불평하는 고객의 문제해결에 최선을 다했습니까?	1 2 3 4 5 6 7
이미지	1. 깨끗하고 잘 다려진 복장을 착용하고 있었습니까?	1 2 3 4 5 6 7
	2. 구두는 깨끗하게 잘 닦여져 있었습니까?	1 2 3 4 5 6 7
	3. 두발은 단정하게 다듬어져 있었습니까?	1 2 3 4 5 6 7
	4. 장신구를 요란하게 착용하지는 않았습니까?	1 2 3 4 5 6 7
	5. 대기시 바른 자세를 유지하고 있었습니까?	1 2 3 4 5 6 7

(4) 모니터링 주요절차

그림 3-10
모니터링 절차
(한국서비스교육센터)

- 조사 설계 — 조사대상, 표본크기, 자료수집방법 등의 구체화
- 평가시트 확정 — 부문별 평가내용, 평가기준, 평가방법 확정
- 자료수집 준비 — 실사 모니터링 요원 교육/표본추출/현장투입 배정표 작성
- 모니터링 실시 — 모니터링 요원의 현장방문/평가시트 기입/회수에 의한 자료 수집
- 검증 및 보완 — 수집된 자료의 검증/에디팅/코딩
- 전산처리 — 에디팅/코딩 완료된 자료의 전산입력 및 자료처리
- 보고서 작성 — 분석 스케임(scheme)의 구체화, 기초자료 분석 및 보고서 작성

4. 레스토랑 서비스 기법

미국의 버지니아(Virginia)주에 소재한 윌리엄스버그 인(Williamsburg Inn) 호텔의 레스토랑 리전시 룸(Regency Room)에서는 매일 저녁 특별 행사가 있을 때마다 접객요원들을 집합시켜 훌륭한 서비스 제공방식의 요점을 지적해주고 지시한다. 리전시 룸에서 일하는 대부분의 웨이터들은 이곳에서 5년 이상의 경력을 갖고 있지만, 경영진에서 생각하기로는 서비스의 중요한 요점들을 지적하고 재강조하는 것이 매너리즘에 빠지지 않고 기본적인 서비스를 충실히 제공하는데 중요하다고 믿고 있기 때문이다.

(1) 환상의 테이블 배치(painting the perfect table)

고객이 레스토랑에 발을 들여놓으면 첫 번째 취하는 동작이 테이블을 쳐다보는 일이다. 테이블 셋팅(table setting)의 방식 여하에 따라 고객에게 좋은 인상 또는 나쁜 인상을 줄 수 있을 것이다. 그러한 이유로 깨끗하고 재치있는 테이블 차림(table presentation)은 고객으로 하여금 기분 좋게 식사할 수 있는 좋은 분위기를 창출한다.

〈그림 3-11〉에서 보는 바와 같이 우선 멋이 있고 좋아 보이기 위해서는 대칭(symmetrical)을 이루어 균형잡힌(balanced) 테이블 배열이 되어야 시각적으로 즐겁다. 의자 수가 짝수(even number)이면 서로 대칭이 되도록 배열하고, 홀수(odd number)인 경우에는 원형테이블을 사이에 두고 일정한 간격으로 균형있게 배열한다.

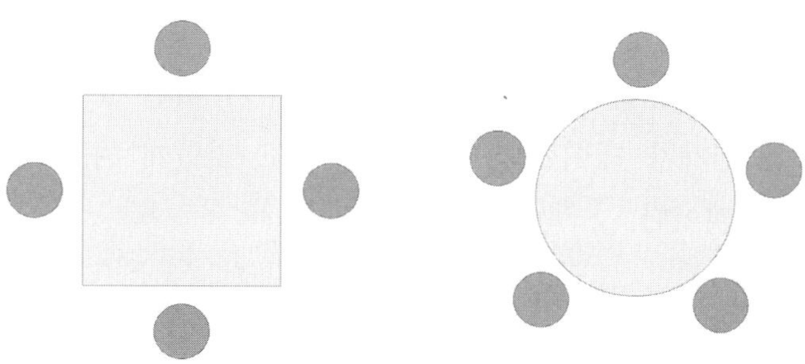

그림 3-11
균형잡힌 테이블 배열 예

물론 레스토랑 업체에 따라 각기 다른 방법으로 테이블 셋팅을 하지만, 중요한 요점은 항상 균형을 유지하는 일이다. 테이블 위에 글라스(glass)와 플레이트(plate)를 배열할 때도 상상에 의한 일정한 선(imaginary lines)을 이루도록 배치함으로써, 테이블 평면을 균등하게 분할하는 식으로 한다. 특히 사각형의 테이블에 4개의 좌석인 경우에는 서로 대각선(diagonal lines)을 이루도록 한다.

일단 의자, 플레이트 그리고 유리 식기류를 배치한 다음, 은기류(silverware)를 마지막으로 추가 배열하는데, 여기에서 주의할 점은 은기류 손잡이 끝을 테이블 가장자리로부터 일정간격으로 유지시키며, 플레이트로부터 그리고 은기류 상호 간에도 일정간격만큼 떨어지게 하여 놓는다. 고객이 식사하기 위해 일단 착석하게 되면, 테이블 위에 배열해 놓은 기물들에 손을 대기 시작하므로 불가피하게 달라질 수밖에 없지만, 그렇다 하더라도 예쁜 그림을 그린다는 자세로 테이블 셋팅을 한다는 당초의 생각을 포기해도 된다는 뜻은 아니다.

고객이 식사하는 동안에 기물들을 추가 또는 제거할 때에도 대칭과 균형의 문제를 항상 명심하여, 가능한 한 유지시키는 방향으로 노력해야 할 것이다. 그러나 고객이 자기 마음에 흡족하도록 이미 배열해 놓은 기물들을 웨이터 뜻대로 재배치할 필요는 없고 또 그렇게 해서도 안 된다. 다만 필요없는 기물들을 제거하고 다시 새로운 기물들을 올려놓을 때 웨이터가 당초에 의도했던 대로 하면 된다. 예를 들어 칵테일 냅킨을 테이블 위에 올려놓을 때, 당해 레스토랑의 이름 또는 로고가 고객을 향하도록 하여 눈에 쉽게 보이게 한다.

사기그릇, 글라스류에도 레스토랑의 이름 또는 상징적인 마크를 양각(emboss)하여 새긴다면 고객에게 즐거움을 주기 위한 노력의 흔적이 보일 것이며, 누군가가 테이블의 사진을 찍어도 멋있게 나올 것으로 자부심을 갖게 될 것이다.

(2) 숲과 나무를 보라(seeing the forest and the trees)

식음료 서비스요원들은 고객들을 접대하는 동안 끊임없이 눈을 돌려 살펴보아야 한다. 속담에 '나무를 보느라고 숲을 보지 못한다(You can't see the forest for the trees.)'라는 말이 있는데 이것은 테이블 접객요원들에게 공통적으로 해당되는 문제점이다.

레스토랑에 배치된 테이블 1개를 나무라고 가정하고 귀하가 근무하는 당번시간에 10개의 테이블, 즉 10개의 나무를 담당하고 있다고 하자. 그런데 그 중 9개의 테이블에서는 만족할만한 액수의 팁을 남겨놓고 가는데 1개의 테이블만은 팁 액수가 형편없을 경우, 우리가 평균적으로 생각하면 좋은 서비스를 제공했다고 볼 수 있다.

만일 특정 테이블에만 온갖 주의를 기울여 정성을 다하여 접대하였다면 다른 여타 9개의 테이블은 소홀히 했을 가능성도 배제할 수 없다. 그러므로 1개의 테이블에만 서비스 제공을 편중하지 말고, 즉 1개의 나무만 분석적으로 쳐다보지 말고, 담당 테이블 전체에 관심을 골고루 배분해야 할 것이다. 숲을 보고 전체적으로 종합적으로 판단하는 능력이 필요하다. 테이블 전체를 아울러 점검해 보고, 가장 긴급하게 당신의 서비스를 필요로 하는 곳을 찾아 적절하게 응대해야 한다. 그리하여 우선순위대로 일을 처리한다.

가장 우선적으로 처리해야 될 경우는 테이블에 앉아서 기다리고 있는 고객들에게 서빙하기 위해 현재 손에 뜨거운 음식을 들고 있는 상황이고, 다음 2순위로 급한 경우는 고객이 금방 도착하여 테이블에 착석했지만 아직 인사를 드리지 못했을 때, 그리고 고객이 식사를 마치고 떠날 준비가 되어 계산서를 요구하는 경우이다.

서비스 영역(serving area)을 떠나 주방으로 가기 전에는 반드시 테이블 전체를 살피면서 점검(make a visual check)하여 고객이 원하는 것이 없나 살펴본 후에 주방으로 간다.

그렇게 함으로써 불필요한 헛걸음을 줄일 수 있고 테이블 하나에만 눈을 고정시켜 매달리는 습관을 버릴 수 있다. 또 눈앞에 일어날 일을 예측해야 하는데, 이는 불필요한 동작을 없애 시간을 절약하기 위함이다. 예를 들어 디쉬룸(dish room)에서 4개, 팬트리(pantry)에서 5개 그리고 레인지(range)에서 2개의 물건을 가져와야겠다고 생각되면, 자기가 취할 행동들을 미리 머리 속으로 계산하여 순서대로 처리함으로써 동작과 시간을 절약한다.

주방에서 요리를 받아 나오기 전에도 트레이(tray)에서 빠진 품목이 없나 다시 한 번 점검하는 것이 남보다 한 발자국 앞장서 효율적으로 일을 처리하는 방법이다. 만일 이러한 식으로 습관을 길들이지 않으면 빠진 품목을 가져오기 위해 다시 주방으로 가야하므로 귀중한 시간낭비가 될 것이며 서비스를 받는 고객에게도 번거로운 일이 된다.

서비스 종사원은 조리사 또는 바텐더가 하는 일의 진행상황을 유심히 관찰하여 파악할 필요가 있다. 당신이 주문한 요리 또는 음료를 기다려도 준비되어 있지 않으면 정중하게 묻기도 하고, 준비되는 대로 즉시 받아내어 고객에게 서브한다. 조리사가 준비하는 요리의 내용을 유심히 관찰하는 것도 중요하지만 경청하는 것도 중요하다. 부탁하는 요리주문서를 주방장에게 전달한 후 음식준비가 완료되어 픽업(pick up)할 때에도, 조리사가 하는 말을 잘 듣고 주문했던 것과 동일한 음식인지 착오 없도록 해야 하며, 조금이라도 의심스러운 것은 다시 묻고 확인하는 것이 중요하다.

그룹으로 앉아 있는 고객들 테이블에만 신경을 쏟다보면, 혼자 있는 개인 테이블은 보살필 시간이 없을 때도 있다. 그러나 10초만 짬을 내어 빈잔에 물을 채워준다든지 더러운 재떨이를 바꾼다든지 하는 식으로 조금만 관심을 기울이면 담당테이블에 대한 맡은 바 소임을 다하는 최선·유일의 방법이 될 것이다.

(3) 관혁악단의 지휘(conduction the orchestra)

레스토랑을 관현악단에 비유한다면 수석 웨이터(head waiters)는 다이닝 룸(dining room)의 지휘자이고 주방장(chef)은 주방의 지휘자가 된다. 관현악단의 지휘자가 개별 악기들을 직접 연주할 수 없는 것과 마찬가지로 수석웨이터나 주방장 역시 주어진 업무를 훌륭히 완수하는데 하위종사원들의 역할분담과 도움에 의존할 수밖에 없다.

(4) 3가지 주요순간(three key moments)

고객이 테이블에 착석하는 순간부터 서비스 종사원들은 시간의 독촉을 받기 시작한다. 만일 서비스 속도가 늦고 지연되면 고객들은 불쾌하게 생각할 것이다. 그런가 하면 고객들의 식사속도를 너무 재촉해도 호흡이 맞지 않아 시간조절이 어렵고 모든 일들이 제대로 끝나지 않는다. 다음에 제시하는 3가지 주요 순간에 유의하면 고객들이 한층 더 즐거운 마음으로 식사를 마칠 수 있다.

① 고객이 처음 도착하여 착석할 때

② 주요리를 고객에게 서브할 때

③ 고객이 계산서를 지불할 준비가 되었을 때

가 3가지 주요순간이 되는데, 이러한 접점을 면밀하게 분석할 때는 '고객시간(guest time)'과 '접객종사원 시간(server time)'인 점을 항상 고려하는 것이 중요하다. 다시 말하면 고객은 테이블에 앉아 오직 기다리고만 있고 접객종사원은 일에 쫓겨 바쁘게 움직이고 있기 때문에, 고객 입장에서 느낄 때는 실제 소요시간보다 훨씬 길고 지루하며 접객종사원이 느낄 때는 실제 소요시간보다 훨씬 짧고 빠르다. 비록 고객이 식사와 담소를 즐기고 있다해도 어떤 시점에서는 접객종사원이 테이블에 빨리 와 주었으면 하고 기다릴 때가 있다는 뜻이다.

1) 고객의 착석(seated)

아무리 바빠도 고객이 테이블에 착석하자마자 가능한 한 빠른 시간

내에 인사드려야 한다. 고객은 자기가 앉아 기다리고 있음을 알아주고 서브할 접객종사원이 누구인가를 알고 있어야 마음이 놓인다.

고객으로부터 가능한 한 빨리 주문받아 신속하게 원하는 식사를 갖다 드리고 또한 일찍 테이블을 비우는 것이 접객종사원의 업무이다. 그러나 조심해야 될 것은 무리하게 서둘러 진행시키다 보면 저질서비스(poor service)라는 비난을 면치 못하므로 양질서비스를 손상시키지 않는 범위 내에서 독촉해야 한다.

만일 고객이 주문받을 준비가 되어 있지 않으면, 얼마나 기다렸다가 다시 주문요청을 할 것인가에 대해 주의깊게 판단한다. 주문을 재촉하기 위해서는 메뉴선택에 혹시 어려움이 있는지 묻고 충분한 정보를 제공하여 신속하게 결정하도록 도와드린다. 그렇지 않으면 주요리(entrees, 앙뜨레)가 제공되었을 때 기대했던 것과 달라 고객이 당황할 수 있다. 고객으로부터 주문을 받을 때는 요리에 대한 어떠한 질문에도 답변할 수 있는 충분한 지식을 가지고 설명하고 나중에 오해가 없도록 사전에 예방하여 귀중한 시간낭비가 없도록 한다.

2) 주요리(entrees)

두 번째 주요 순간은 주요리가 서브된 후 2분간이다. 제공된 요리에 대해 고객이 만족하고 있는지 체크하고 기타 필요하신 것이 없는지 문의한다. 그렇게 함으로써 고객이 약간 불만스러운 사항이 있더라도 무난하게 잘 넘길 수 있다.

3) 계산서(check)

계산서를 고객에게 제공할 때가 마지막 주요한 세 번째 순간이다. 통상적으로 고객들은 식사를 마치면 가능한 신속하게 떠나기를 원한다. 만일 계산서 지불과정에서 어떠한 이유로 지연되면, 고객은 테이블에 그대로 앉아 불안한 상태에서 기다리게 된다.

그들도 다음에 가야할 곳이 있는데 레스토랑 측에서 그들을 붙잡고 지체시키면 교통체증에 걸린 것처럼 기분이 유쾌하지 않을 것이다. 이

시점에서 실패하면 그동안 아무리 기분좋게 식사를 마쳤더라도 고객은 서비스가 좋았다고 생각하지 않는다.

(5) 관광가이드(the tour guide)

메뉴책자는 레스토랑에서 제공하는 식사경험을 안내하는 지도에 비유된다. 따라서 접객종사원(serving staff)은 고객이 식사코스를 선택하도록 도와주는 관광가이드이다.

메뉴판에 제시된 메뉴품목들은 위락공원에 설치된 각종 놀이기구와 같다. 식사고객도 제시된 메뉴품목 모두를 한꺼번에 경험할 수는 없는 노릇이므로, 접객종사원은 고객의 사정과 취향을 고려하여 최상의 선택이 되도록 도와드려야 한다.어린이에게 분량이 많은 갈비살(prime ribs)을 권하거나, 자극성 음식에 익숙하지 못한 고객에게 케이전 새우(cajun shrimp)를 선택하도록 권하는 것은 잘못된 것이다. 또 식욕이 왕성한 고객에게 가벼운 주요리를 권하는 것도 바람직하지 않다. 물론 고객 모두가 접객종사원의 권유에 관심을 기울이지는 않는다. 자기 나름대로 특별히 원하는 것을 시식해 보고자 하는 일부 고객들도 있기 때문이다.

고객들은 자기가 선택했든 접객종사원이 권유했든 요리에 어떤 재료가 들어가는지, 맛은 어떠한지, 어떤 식으로 요리를 만드는지 궁금한 사항을 질문할 것이다. 고객이 메뉴에 관해 세세한 질문을 하는데 어떻게 응답할지 몰라 우물쭈물하거나 너무 단순하게 대답해 버리는 것은 금물이다.

예를 들면 "이 음식을 고객들이 많이 찾습니다.", "먹어보지 않아서 잘 모르겠습니다.", "잘 모르지만 ○○와 비슷할 것 같습니다." 식으로 대답한다면, 고객에게 아무런 정보도 제공하지 못한 셈이다.

만일 접객종사원이 어떤 특정메뉴를 고객에게 권유했다면, 시식해볼

만한 이유를 자세하게 설명해야 한다.

"갈비살 요리는 아주 맛이 좋습니다. 10온스 무게에 해당하는 쇠고기 갈비살로써 고객 요구에 따라 준비한 것인데, 부가요리로서 구운 감자와 오늘의 특별야채, 양배추를 곁들여 제공합니다" 와 같이 설명한다든가 캐치프레이즈(catch phrase)를 사용하는 것도 매우 효과를 거두는 방법 중 하나이다.

"디저트는 손님에게 내놓기 전에 이미 주방에서 조리사에 의해 칼로리를 모두 빼버린 것입니다" 와 같이 신나는 기분으로 간단히 언급하면서 특별히 만든 요리임을 고객에게 인식시키고 만족할 수 있도록 유도한다.

접객종사원이 고객에게 메뉴에 관한 설명을 하거나 당일의 특별메뉴를 권할 때는 부드럽게 말하되 분명하고 똑똑하게, 그러나 너무 큰소리로 말하여 옆 테이블에 앉아있는 고객의 귀에 들리지 않도록 주의한다. 또 스페셜 메뉴를 고객에게 설명할 때 필요하고 충분한 정보를 주되 너무 지나치면 좋지 않다. 지나치게 많은 분량의 정보를 제공하면 기억하는데 혼동을 초래하므로 중요한 요점만 요령있게 설명하고 2~3개 품목만이라도 생생하게 기억에 남도록 권유한다.

고객은 제대로 이해할 수도 없는데 접객종사원 혼자서 암송하는 식으로 얘기한다면 결코 훌륭한 서비스가 아니다. 고객을 향해 설명하려 하지 말고 대화하는 식으로 이끌어 그들의 관심과 호기심을 불러일으키는 것이 바람직하다.

(6) 우아하고 부드러운 동작의 서비스(the pool of water)

다이닝 룸(dining room)에 물을 채우고 식탁을 물 위에 띄워 놓았다고 가정하라. 이런 여건이라면 접객종사원은 동작을 우아하고 약간 느리게 취할 수밖에 없을 것이다. 그러나 현실적으로는 물이 없는 관계로 접객요원이 지나치게 빠른 동작으로 식탁에 음식을 제공하거나 불필요한 기물들을 치운다면, 고객은 놀란 표정으로 몸을 비키며 불안할 것이다.

이것은 마치 고객에게 물을 튀게 만드는 것과 마찬가지이다. 레스토랑에 고객이 오는 목적은 휴식을 취하는 기분으로 식사를 즐기고 기분 좋은 시간을 갖기 위한 것임을 명심해야 한다. 그런데도 고객이 마음놓고 식사를 즐기지 못하고 불안하다면, 고객 입장에서는 매우 중요한 목적을 상실한 셈이 된다.

고객 옆에서 서비스할 때 접객종사원은 특히 몸 동작에 유의하여 고객이 몸을 비키거나 불안감을 주는 일이 절대로 있어서는 안 된다. 고객에게 주문을 받거나 의도적으로 고객의 주의와 시선을 끄는 경우가 아니라면, 접객종사원이 옆에 있어도 있는지 없는지 모를 정도로 안정된 분위기를 조성할 필요가 있다. 그렇다고 지나치게 느린 동작(slow motion)을 취하게 되면 서비스가 무성의한 것으로 오해할 수 있으므로 또한 조심해야 된다.

안정감이 있으면서도 민첩한 행동을 취하는 것은 오랫동안의 실무·실습을 통해서만 가능하다(Don Meyers).

4 서비스 차별화

틈새시장을, 그것도 특화한 서비스로 공략한다면? 첨단사업이란 전쟁을 벌이는 것과 같다. 얼마 전 GE를 떠난 ' 기업가의 영웅 ' 잭 웰치 전(前) 회장이 내건 사훈은 ' 작게 생각하라 '였다

제1절 서비스 차별화

1. 서비스 특화시대, 틈새시장을 노린다

틈새시장을, 그것도 특화한 서비스로 공략한다면? 첨단사업이란 전쟁을 벌이는 것과 같다. 얼마 전 GE를 떠난 '기업가의 영웅' 잭 웰치 전(前) 회장이 내건 사훈은 '작게 생각하라' 였다.

소기업의 정신과 민첩성을 잃지 말라는 주문은 초경쟁시대에 거대기업 GE의 생존전략이었다. 지금의 사업가에겐 역발상의 상식파괴 같은 아이디어와 경영기법이 필요하다.

(1) 1인치 틈새 찾기

국경까지 허문 기술의 진보는 제품과 서비스의 구분도 없앴다. 소비자가 제품과 서비스에 접근할 방법이 배가되면서 생산자가 쥐고 있던 힘이 이제는 소비자에게로 넘어갔다. 더욱이 정보유통이 워낙 빨라 약간의 초과이윤만 발생해도 많은 경쟁자들이 몰린다. 살아남는 것 자체가 경쟁력인 지금 성공의 관건은 우선 진입장벽을 어떻게 구축하느냐에 달려 있다.

미래가 던져주는 트렌드를 주시하면 그 속에서 기회는 열린다. 가령 생활편의 지원, 아웃소싱, 건강, 신기술의 접목도 그 중 하나이다. 남들이 생각지 못한 1인치의 틈새수요를 발견한다면 성공은 준비된 셈이다.

(2) 고객만족은 특화된 서비스 제공

한 소비행태 조사에 따르면 구입처를 바꾼 70%의 고객이 가격이나 품질 때문이 아니라 서비스의 부재를 이유로 들었다.

미국 기업들은 미래 과제로 '고객만족' 이란 생각이 70% 이상을 차지한다. 국내 기업들도 사장단, 임원을 평가할 때 고객만족도를 인사고가에 반영한다. 제품의 우수한 품질은 기본조건이고 이제는 서비스가 중요한 사업환경이 된 것이다. 소비자는 무조건 더 싼 물건을 선호하는 것만 아니다. 가격파괴도 강력한 사업 기회이지만 그들의 기호를 알아내어 특화한 서비스를 제공하는 것 또한 변화한 질서에서 승자의 조건이다.

(3) 세분화된 아이템의 프랜차이즈 사업

프랜차이즈 사업은 경륜에서 유선형 안전모를 쓰는 것과 같다. 달리는 속도를 높이고 다칠 위험도 낮추기 때문이다. 자기 돈으로 사업을 하지만 시장조사나 신제품 개발과 같은 번거로운 일을 할 필요가 없어 예비 사업가들에겐 안내자 역할을 한다.

과거에 없던 틈새상품과 틈새전략이 자리 잡아가는 분야에 속한다. IMF 직후에는 외식업이 주종이었지만 요즘은 그때와 비교가 안될 정도로 새로운 업종과 세분화된 아이템이 출현해 있다. 미용업종도 남성전용, 여성전용으로 나누어지고, 헤어컷도 단순이발에서 염색만을 전문으로 하는 곳이 속속 생기고 있다.

(4) 물류혁명

물류는 고객의 골칫거리를 사업화한 대행업의 일종으로 비즈니스의 키(key)를 편의성과 시간에서 얻고 있다. 지금은 새로운 필요(니즈)를 접목시키는 것이 성공의 열쇠다. 더욱이 경쟁심화에 따라 불가피한 요율인하 등을 이겨내기 위해선 불가피하다.

귀중품만 취급하는 것은 여기에 안전이란 새로운 수요를 찾아낸 것이다. 월마트의 창업자 샘 월튼은 물류에 정보산업을 접목시켜 부를 일궜다. 소기업들의 공략에 맞서 3대 육로운송업계인 대한통운, 현대택배, 한진은 서비스의 능력증대 및 고도화에 역량을 모으고 있다.

(5) 디지털 포토

디지털 포토는 디지털과 인터넷이 생활 깊숙이 파고들면서 새롭게 등장한 비즈니스이다. 세계 디지털카메라의 90%를 생산하는 일본에선 일반 카메라의 매출이 50%를 밑돌기 시작했다. 디지털의 저렴한 가격과 편의성에 인터넷 기술의 합성은 선진국에서 이미 새로운 연관산업까지 출현시키며 성장하고 있다.

본 궤도에 오르기 전인 국내에는 온라인으로 주문하면 파일을 오프라인상에서 인화, 배달해 주는 디지털앨범, 파일을 전송하면 업체에서 출력해 2~3분 뒤 배달해주는 디지털 사진관 등이 새롭게 인기를 끌고 있다.

(6) 틈새시장과 특화

틈새(niche)는 서양식 주택에서 꽃이나 조각을 넣어두는 벽면의 움푹 패인 작은 공간을 뜻한다. 건축용어인 니치가 급변하는 경영환경의 화두로 등장한 것은 벌써 10년을 넘는다. 이제 거의 모든 산업은 틈새시장의 집합체로 불리고, 틈새시장의 작은 거인들은 새로운 경제주역으로 부상하고 있다.

거대 공룡기업들의 몰락 속에서 작지만 강한 도전자들은 효율과 유연성으로 정상을 탈환한 니치세력이다. '경제규모가 확대될수록 최소 경제단위의 힘은 보다 강력해진다' 는 미래학자 존 네이비스트의 역설처럼, 규모의 경제에서 범위의 경제로 전환하고 있는 것이다.

무엇보다 소비자 욕구가 차별화, 개성화되기 때문인데, 틈새시장은 한번 확보되면 견고한 진입장벽을 구축하는 이점도 있다. 따라서 틈새시장은 기존시장의 한쪽을 점유하는 게 아니라 새로운 시장을 창출하는 것이다. 끊임없이 진화하는 소비자의 욕구를 정확하게 읽어내고 그것을 충족시킬 수 있는 제품과 서비스가 승패의 관건이다. 즉 고객의 입장에서 생각하는 창의적인 아이디어를 가진 도전자들에게는 기회의 땅인 셈이다.

2. 서비스 패러독스(service paradox)

오늘날은 바야흐로 서비스 경쟁시대라 해도 과언이 아닐 정도로 소위 '서비스 마케팅' 이 활발히 이루어지고 있다. 서비스의 정의는 봉사의 개념으로만 인식되었던 것에서 이제는 고객과 서비스 제공자 간의 상호 작용으로 그 행위가 이루어지고 있다. 그런데 참으로 아이러니컬하게도 현대 사회는 과거에 비해 풍요롭고 경제적인 부를 누리며 사람들은 더 많은 자유시간을 갖고 있는데도 서비스가 악화되고 있다. 매스컴을 통해 자주 접할 수 있는 서비스와 관련된 불평 불만이 이를 대변하는데 이와 같은 현상을 서비스 패러독스(service paradox)라고 한다.

그러면 이 서비스 패러독스를 탈피하는 방법은 무엇일까?

① S(Sincerity, Speed & Simple): 서비스에는 성의, 스피드, 스마일이 있어야 한다. 성의있고 신속하게 제공되는 것뿐만 아니라 싱글벙글 웃는 상냥한 미소가 좋은 서비스를 결정한다.

② E(Energy): 서비스에는 활기찬 힘이 넘쳐야 한다. 종사원의 걸음걸이나 표정이 밝을 때 고객과의 대화나 접촉이 활기를 띨 수 있다.

③ R(Revolutionary): 서비스는 신선하고 혁신적이어야 한다. 천편일률적인 서비스를 제공하는 것이 아니라 언제나 조금씩이라도 신선하고 혁신적인 요소가 부가되는 것이 중요하다.

④ V(Valuable)(service paradox): 서비스는 어느 한 쪽의 희생이 아니라 서로에게 이익이 되고 가치있는 것이어야 한다.

⑤ I(Impressive): 기쁨, 감동이 없으면 이제는 더 이상 서비스가 아니다.

⑥ C(Communication): 서비스는 일방적으로 전달하는 것이 아니라 상호 커뮤니케이션이다.

⑦ E(Entertainment): 서비스는 겉으로만 번지르한 인사치레가 아니라 진심어린 환대가 이루어져야 한다.

서비스는 자신감 있고 당당한 고객가치 인식에서 출발한다.

3. 서비스의 기본자세

서비스란 고객에게 인적, 물적 편의를 정성껏 제공하는 헌신적인 행위이다. 이것을 상황에 맞게 적절히 진행하는 것이 서비스업에 종사하는 사람들의 업무이며, 따라서 서비스업에 종사하는 사람들은 폭 넓은 지식과 교양을 갖추어야 하고 신속 정확하게 조직적으로 업무를 수행하여야 한다.

① 친절과 애정을 가지고 평등하게 대우한다.

② 진실한 마음에서 우러나오는 자발적인 서비스를 행한다(진실한 마음가짐).

③ 자신의 조그마한 행위가 기업에 미치는 영향이 생각하여 항상 조심한다.

④ 자신이 종사하는 일에 보람과 긍지를 가진다.

⑤ 단순히 고객에게 불편을 주지 않으면 된다는 소극적 태도에서 벗어나 적극적으로 고객의 편의를 도모한다.

⑥ 정중한 언어를 구사하며, 고객에 대해 예의를 표한다(정중한 태도, 공손한 말씨).

⑦ 늘 고객의 불편사항을 체크한다.

⑧ 자기가 서비스하는 상품을 완전히 파악하여 고객의 질문에 친절하고 성실하게 임한다.

⑨ 고객의 이름, 신분, 기호 등을 기억하도록 노력한다.

⑩ 신속 정확하게 조직적으로 행한다.

⑪ 강한 의지와 확고한 목표를 가지고 임한다.

4. 서비스의 실제 — 느낌, 동작 그리고 음성

(1) 서비스의 실제에서 가장 중요한 것은 느낌이다

첫 대면시 0.3초 내에 상대에 대한 느낌이 결정되며, 이 때 받은 인상은 오랫동안 기억에 남고 한번 생긴 편견은 쉽게 수정되지 않는다. 그러므로 만나는 순간 좋은 느낌을 갖도록 하고 신뢰를 주고받을 수 있기 위해서는, 자신감 있는 자기 표현을 할 수 있는 훈련이 필요하다.

첫 대면시 특히 신경써야 하는 것이 얼마만큼의 거리를 두고 대화할 것인가를 결정하는 일이다. 접근 거리로 친밀감을 가늠할 수 있으며, 공간과 거리를 연구하는 학문분야인 프락시믹스(공간학, proxemics)의 대가인 인류학자 에드워드 홀은 처음으로 사람들이 공간을 어떻게 이용하는지에 대하여 기술하였다.

그에 따르면 사람들이 상황에 따라 이용하는 공간의 거리를 네 종류로 나눌 수 있는데, 친밀한 거리(intimate distance)는 45㎝ 내외로 느낌과 표정으로 교감되므로 대화가 필요없는 애인 간, 엄마와 아기 간의 거리이다. 사적 거리(personal distance)는 45~120㎝로 조용한 대화, 사교할 수 있는 거리이며, 사회적 거리(social distance)는 120~360㎝로 실내에서의 학생과 선생, 사장과 직원간 거리이다. 마지막으로 공간 거리(public distance)는 360㎝ 이상으로 강의실에서의 선생과 학생, 연사와 청중 사이의 거리를 뜻한다.

이런 것에 바탕을 두고, 간호사의 경우는 환자를 30㎝ 정도에서 보살피는 것이 가장 적절하다고 알려져 있다. 하지만 이 거리는 일반적인 만남의 경우 상대가 부담을 느낄 수 있는 간격이므로 이때는 사적 거리가 적당하다 하겠다. 부언하자면 우리나라에 거주하는 외국인들이 가장 힘든 것이 바로 사적 거리에 대한 우리들의 인식 부족이라고 한다.

(2) 두 번째로 중요한 것은 동작이다

1) 눈빛

먼저 눈의 경우 반듯한 눈빛이 되도록 훈련해야 한다. 상담에 응하는 사람이나 고객들은 언어적인 요소보다 비언어적인 행동에 더 민감하게 반응할 수 있다. 얼굴 표정과 눈빛은 그 사람의 감정상태를 그대로 보여주는 거울과 같기 때문이다. 그러므로 자기 소개를 하거나 첫 악수를 나눌 때에는 안정감 있는 눈빛과 밝은 표정으로 신뢰감을 구축해야 한다.

쏘아보는 듯한 눈빛, 의심하는 듯한 눈빛, 초조해 보이는 표정, 두리번거리는 산만한 태도 등은 인상을 나쁘게 만들어 지금까지 쌓아놓은 신뢰감마저도 흔들리게 할 수 있다. 눈은 위로 치뜨거나 아래로 내리뜨지 말고 좌우로 두리번거려서도 안 된다. 아래로 내리뜨면 자신감이 없어 보이고 주눅 드는 기분이 들며 못마땅해서 화난 인상을 준다. 위로 치뜨면 딴전을 피우는 듯한 인상을 주며, 얼굴을 돌리지 않고 눈만 좌우로 돌리면 째려보거나 탐색하는 듯한 인상을 주게 된다. 상대의 눈을 계속 보게 되면 건방지게 보이고 도전적으로 보인다. 반듯한 눈빛, 부드러운 초점을 만들기 위해서는 우선 상대방을 바로 쳐다보아야 한다. 서양인들이 눈을 쳐다보고 얘기한다고 하는데, 이것은 잘못 알려진 것이다. 바람직한 것은 양 눈과 미간 위 삼각형 형태를 부드럽게 바라보아야 하고, 그것도 힐끗 보는 것이 아니라 5~10초 정도를 본 다음 약간 밑으로 시선을 옮긴다.

이렇게 적당한 간격으로 시선처리를 상하 옮기면서 적극적으로 대화하게 되면 음성에도 자신감이 실리면서 어렵지 않게 대화가 이루어진다.

대체로 환자들은 의사나 간호사가 눈을 빤히 쳐다보면 병이 악화된 것이 아닌가 불안해하며, 창구직원이 손님이나 민원인들에게 그런 눈 동작을 보이면 거만해 보이고 상대가 당황하게 된다.

2) 웃음

웃음도 좋은 습관이 필요하다. 우리는 웃음을 경박하게 여기는 전통이 있으나, 현대에서는 미소가 곧 돈 안드는 훌륭한 서비스이다. 우리나라 사람들은 대부분 웃고 얘기하다가도 돌아서면 곧 얼굴이 굳어버리는데, 상대가 완전히 돌아설 때까지 웃음을 잃지 말아야 좋은 인상을 준다. 입모양은 입꼬리가 살짝 올라가야 생기있게 보이며, 혀를 앞니 뒤쪽에 붙이고 입을 다물면 입꼬리가 쳐지지 않고 살아있는 입매를 만들 수 있다.

3) 몸 동작

얼굴 방향은 시선과 같이 움직여야 하고, 시선의 방향을 벗어날 때는 몸의 방향까지도 상대방을 향하도록 한다.

다음으로는 손의 처리이다. 우리나라에는 '손가락 문화' 가 없다. 전통적으로 할머니들이 친한 사람을 만나면 손바닥을 위 아래로 포개 환대하는 것에서 알 수 있듯이 우리는 '손바닥 문화' 이다. 무엇을 가리킬 때도 손가락이 아닌 손바닥으로 하고 반대편 손이 자연스레 따라가는 것이 예의바른 동작이다.

(3) 음성을 시원하게 내뱉듯 훈련하라 — 적당히 절제된 음성

사람들이 가장 호감을 느끼는 음성은 성의가 느껴지는 밝고 친절한 음성이다. 특히 처음 만나는 사람에게 자기를 소개할 때, 자신의 이름과 인사말을 밝게 그리고 자신있게 발음하는 것이 좋은 첫인상을 갖게 하는 방법이다.

들여 마시는 듯한 발성을 하는 사람은 소심하다는 느낌을 주고, 지나치게 호탕함을 느끼게 하는 음성은 신뢰할 수 없는 사람으로 보이게 한다. 적당히 절제된 음성은 말씨를 정돈하게 하는 힘이 있으며 태도까지 당당하게 만들어준다.

좋은 느낌을 주고 자신감을 얻기 위한 또 한 가지 방법은, 첫 인사나 마지막 인사는 평소 자신의 음성보다 한 두음 높여 고음으로 발성을 하고, 대화할 때는 자신의 음성을 차분하게 표현하는 것이다.

음정뿐만 아니라 말의 속도에도 유의해야 하는데, 너무 천천히 말하면 상대방이 집중하기 어렵고 너무 빨리 말하면 알아듣기 어렵다. 그러므로 상대방의 감정 흐름을 보아가면서 말하는 속도를 조절하는 훈련이 필요하다.

이 같은 느낌 동작과 더불어 마음에 담아야할 것은 '베푸는 것이 받는 것보다 행복하다' 는 진리를 깨달아 마음으로 실천하는 것이다.

5. 서비스 포인트

① 서비스가 최고의 상품이다.

•서비스가 곧 제품의 질을 결정한다.

•기능, 성능, 제품의 수명보다 서비스를 디자인하라.

② 고객은 판매대상이 아니라 만족시켜야 할 대상이다.

•고객은 단지 상품을 구매하고 소비하는 존재가 아니라 만족시키고 삶의 질을 향상시켜야 할 대상이다.

③ 소비자는 많지만 고객은 적다.

•걸어다니는 모든 소비자가 나의 고객은 아니다.

•나의 고객은 적지만 값진 진주와 같다.

④ 눈에 보이지 않는 서비스가 기업의 운명을 좌우한다.

•서비스는 무형의 상품이다.

•눈에 보이지 않지만 무서운 잠재력을 갖는다.

⑤ 고객은 제품에 돈을 지불하는 것이 아니라, 만족에 투자하는 것이다.

•만족하지 않는 고객은 구매하지 않는다.

•고객만족은 곧 고객의 투자요인이 된다.

⑥ 서비스의 비결은 당연하다고 생각되는 일을 제때에 실천하는 것이다.

•고차원적인 것을 만든다거나 전혀 새로운 방법을 고안할 필요가 없다. 정말로 중요한 것은 기본에 충실한 것이며, 고객이 원하는 때에 진심으로 응대를 하면 된다.

⑦ 미소는 서비스와 동일하다.

•따뜻한 서비스는 머리에서가 아니라 따뜻한 미소에서부터 싹튼다.

⑧ 미소는 최고의 완벽한 유니폼이다.

•화려한 인테리어, 넓은 매장, 맛있는 음식도 종사원의 냉정함

앞에서는 거추장스럽고 빛을 잃는다.

⑨ 자신의 만족없이 고객만족은 없다.

- 고객을 만족시키는 힘은 종사원 자신의 만족스러운 상태에서만 가능하다.
- 종사원의 마음가짐이 곧 서비스의 질이다.

> 널뛰기는 어느 한쪽 사람만 잘한다고 되는 것은 아니듯이 고객과의 관계도 이와 같다.
> 조화로운 널뛰기가 되도록 늘 고객을 섬겨라.

6. 고객응대 서비스 — 세 개의 눈

사람들은 봄이 왔다던가 입학식이라던가 하는 새로운 시작의 시점에서 심리적으로 헤어스타일에 변화를 주거나 새 옷을 사는 경향이 있다고 한다. 그런데 막상 머리를 하러 가거나 옷을 사러 가서 이런 새로운 기분을 망치는 때가 종종 있다.

며칠 전, 봄을 앞둔 백화점 세일기간 때의 일이다. 진열되어 있는 옷이 마음에 들었으나 선뜻 들어가지 못하고 주변을 서성이다가, 용기를 내어 들어갔더니 판매원이 반색을 하며 인사를 했다. 하지만 막상 입어본 옷이 마음에 들지 않아, 어렵게 미안한 마음으로 "저, 죄송합니다. …" 라고 말하고 되돌아 나오게 되었다.

그렇게 돌아서서 나올 때 느껴지는 뒤통수의 느낌을 다들 경험한 적이 있을 것이다. 그 느낌은 따가울 때도 혹은 불쾌할 때도, 반대로 물건을 사지는 않았지만 기분좋은 환송의 느낌일 때도 있다. 뒤돌아 나오면서도 그 느낌을 감지하는 것은 아마도 우리가 가지고 있는 세 번째의 눈 때문일 것이다.

사람에게는 세 개의 눈이 있다고 하는데,

첫 번째는 사물을 직접 볼 때 쓰는 얼굴에 있는 두 개의 눈이고
두 번째는 무엇을 판단할 때 쓰는 머리 속에 있는 지혜의 눈이고
세 번째는 사람의 감정을 읽고 보는 마음의 눈이라고 한다.

고객접점에서 서비스를 하는 사람들이 가장 먼저 하는 서비스는 직접 보이는 눈으로 하는 서비스지만, 고객들이 가장 먼저 느끼는 부분은 이 마음의 눈으로 하는 서비스라고 한다. 상대를 배려하는 마음, 고객을 이해하는 마음, 보이지 않는 뒤통수에서도 느낄 수 있는 따뜻함….

나날이 어려워지는 경쟁시대에 우리 모두가 가지고 있는 위치와 환경에서 사람의 감정을 배려하고 이해하는 마음의 눈들을 키워간다면 좋은 서비스 요원으로 기억될 것이다.

7. 사후서비스가 더 중요하다

어느 대기업 회장은 "내가 일흔을 넘게 살아오는 동안, 지금까지 자동차를 28대나 샀지만 한 사람에게 두 대를 사본 적이 없네. 모두 각기 다른 28명에게 샀다네"라고 말하면서, 28명의 판매사원 전부가 팔 때까지는 갖은 달콤한 말과 온갖 미사여구를 다 동원하면서 알랑방귀를 뀌더니, 일단 사고 나서는 태도가 돌변하여 찾아오기는 커녕 전화 한 번 제대로 하는 사람이 없었다고 한다.

그는 여기에 덧붙여, 자신은 사업관계상 여러 회사 오너들과 친분이 많기 때문에 그들이 지속적인 관계만 가졌더라면 여러 사람을 소개해 줄 수 있었을 거라고 말했다.

인간의 심리란 참으로 묘한 곳이 많다. 길을 가다보면 애를 업고 무거운 짐을 들고 가는 아내와 아무 것도 들지 않고 유유히 걸어가는 남편들을 심심찮게 볼 수 있을 것이다. 결혼한 사람이라면 대부분이 경험했겠지만, 연애할 때는 죽자 살자 따라 다니면서 그 여자를 위해서 뭐든지 해 줄 수 있을 것처럼, 여자 쪽에서 좋아하는 음식이나 취향에 전폭

적으로 따라준다. 하지만 일단 결혼하고 나면 내가 언제 그랬냐는 듯이 180도로 홱 돌아서는 것이다. "잡은 물고기에 밥 주는 것 보았느냐며…."

판매원도 이와 마찬가지라고 생각한다. 상품을 팔기까지 어떻게 하겠다고 약속하지만 일단 팔고 나면 돌변해 버리는 경우가 많다. 그에 관해 이런 얘기가 있다.

① 하루 동안 행복해지고 싶으면 미용실에 가라.
② 일주일 동안 행복해지고 싶으면 결혼을 해라.
③ 한 달간 행복해지고 싶으면 자동차를 사라.
④ 일년 동안 행복해지고 싶으면 집을 지으라.
⑤ 일평생 행복해지고 싶으면 정직하게 살아라.

판매도 이처럼 자신에게 올바르고 정직하게 해야 오래 간다.

제 2 절 서비스 차별화 사례

1. 리츠칼튼 호텔의 고객인지 프로그램

영국 왕실의 문장(紋章)인 왕관 위에 올라앉은 기품있는 사자는 '호텔의 제왕, 제왕의 호텔' 리츠칼튼의 로고이다. 1930년대 경제 대공항 시기에도 훗날의 성공과 영광에 대한 염원의 표현으로 텅 빈 객실의 불을 밝혀 두었던 리츠칼튼은 최고의 품격을 제공한다는 자존심을 한시도 포기한 적이 없다. 품질경영이란 "조직의 사명을 성취하기 위해 자산과 자원의 유효성을 극대화시키는 것" 이라고 믿고 있는 이 호텔의 진면목은 무엇일까(품질경영, 1998)?

(1) 고품격 호텔체인의 개척자

리츠칼튼 호텔은 100년의 역사를 갖고 있다. 20세기 초 유명한 호텔업자였던 시저 리츠(Ceasar Ritz)는 프랑스 파리에 '호텔 리츠'와 영국 런던에 '칼튼 호텔'을 운영하고 있었는데, 그는 당시 '호텔업자의 왕이자 왕들을 위한 호텔업자'로 지칭될 만큼 명성이 높았다. 1918년 시저 리츠가 사망하자 그의 부인이었던 마리(Marie)가 호텔경영을 맡아서 운영하였으나 성공하지 못했다.

그 후 보스턴의 부동산 개발업자였던 위너(E. N. Wyner)가 리츠칼튼이라는 상호 사용권을 얻어 1927년 5월 19일 리츠칼튼 보스턴 호텔을 개관하였다. 시저 리츠의 철학을 이어받은 위너는 부호들을 위한 최고급 호텔을 지향하였다.

리츠칼튼이 추구하는 '고품격' 철학과 격식을 중요시하던 당시 미국 동부의 분위기가 결합되면서 매우 엄격한 방식으로 이 호텔은 운영되었다. 정장을 하지 않은 손님은 받지도 않았으며, 여자 혼자서는 호텔 식당에 들어갈 수 없었다. 1970년까지만 해도 여자 혼자서는 호텔 바(bar)에 출입할 수 없었다. 1961년 위너가 사망하자 호텔 운영권이 다른 사람에게 넘어갔으며, 1983년 조지아주 아틀란타의 존슨 부동산회사(W. B. Johnson Properties, Inc.)가 이를 인수하면서 큰 변화를 하게 된다.

호텔 인수 후 존슨 부동산 회사는 부유한 개인여행자, 기업 중역들의 업무출장, 각종 모임 기획사들의 요구에 부응하는 미국 최초의 고품격 호텔그룹으로 성장한다는 전략적 목표를 세웠다. 그때까지만 해도 체인화된 고급호텔이 없었다. 소규모의 비즈니스호텔들이 제공하는 서비스는 기업이나 각종 단체의 모임에는 부적당하였으며, 일부 호텔그룹이 여러 지역에 체인을 두고 있었으나 최상급 고객들의 요구에 부응하는 수준은 아니었다.

또한 지리적, 역사적, 문화적 또는 예술적인 측면에서 상당한 명성을 얻고 있는 고급호텔들이 있었으나, 이들은 모두 상호 독립적으로 운영되고 있었다. 이러한 현실을 고객의 입장에서 봄으로써 리츠칼튼은 사업의 기회를 발견할 수 있었다.

호텔 서비스는 직접적인 대인접촉의 강도가 매우 높기 때문에 고급호텔이라 할지라도 서비스 수준의 차이가 크다. 따라서 새로운 호텔을 정하고자 할 경우 호텔이 제공하는 유·무형의 제품과 서비스에 대한 불확실성 때문에 고객들은 어려움을 느낀다. 높은 수준의 서비스를 일관성 있게 제공해 줄 수 있는 단일 공급자가 있다면 고객의 선택은 쉬워질 것이다.

이러한 점에 착안한 것이 '미국 최초의 고품격 호텔 체인이 된다' 는 리츠칼튼의 전략적 목표였다. 이러한 전략적 목표를 성취하기 위해서는 품질로 승부한다는 분명한 결단이 필요하였다. "리츠칼튼은 호텔업계에서 품질과 시장의 세계적 선도자로 인정받을 것이다" 라고 시작되는 사명기술서에는 품질에 대한 리츠칼튼의 결단이 구체적으로 기술되어 있다. 현재 이 호텔의 경영진은 자기 시간의 4분의 1을 품질에 관련된 업무를 수행하는데 사용하고 있다.

1983년 존슨 부동산 회사가 인수할 당시 보스턴에 소재한 1개의 호텔로 출발하였으나, 10년만에 30개의 호텔체인으로 급성장하였으며, 현재는 34개의 호텔(24개 시내 호텔 및 10개의 리조트 호텔)이 운영되고 있다. 미국, 한국, 일본, 싱가포르, 홍콩, 호주, 멕시코, 스페인, 캐나다에 있는 리츠칼튼 호텔 체인에는 현재 약 14,000명의 종사원이 근무하고 있다.

(2) 고객인지 프로그램(customer recognition program)

리츠칼튼 호텔은 모든 고객에게 규격화된 획일적 서비스를 제공하는 것이 아니라, 고도로 차별화된 개별적 서비스(personalized service)를 제공하는 것으로 유명하다. 외부 전문조사기관이 발표한 바에 따르면 이 호텔을 찾은 고객의 95%정도가 '추억에 남을만한 방문' 이었다는 강한 인상을 받고 호텔을 떠나게 된다고 한다.

리츠칼튼이 제공하는 고도의 개별적 서비스를 가능하게 해 주는 것은 '고객인지 프로그램(customer recognition program)'이라고 불리는 고객정보관리 시스템인데, 정보기술을 이용한 리츠칼튼의 서비스혁신은 하버드 경영대학원의 교육과정에도 포함되어 있다.

리츠칼튼의 모든 체인점에는 한 두명의 고객 코디네이터(guest recognition coordinator)가 근무하고 있는데, 이들의 주요업무는 자기 호텔에 머무르는 고객의 개인적 취향에 대해 조사하고, 고객별로 차별화된 서비스의 제공을 위해 이를 활용하는 일이다. 예약고객의 명단이 입수되면 고객 코디네이터는 고객과 리츠칼튼 체인 호텔 사이에서 일어났던 일을 저장해 놓은 고객이력 데이터베이스에 접속한다.

이 데이터베이스는 1992년부터 구축되었기 때문에 지금은 100만명에 가까운 고객의 이력과 개인적 취향에 관한 정보가 들어있다. 이 기간 동안 고객유지율이 25%나 증가하였는데, 이것이 리츠칼튼의 수익성에 상당한 공헌을 하였다는 것은 두말할 필요가 없다. 『하버드 비즈니스 리뷰』 지에 발표된 한 논문에 의하면 고객이탈률을 5% 줄이면, 기업의 순이익이 업종에 따라 25%에서 85%까지 증가한다고 한다.

고객 코디네이터가 일하는 방식을 살펴보자. 그들은 매일 아침 호텔 내의 간부회의에 참석하여 지배인, 객실 관리자, 식음료부 관리자 및 기타 관계자들에게 당일에 투숙할 고객에 대해 자기가 입수한 모든 정보를 제공한다. 예를 들어 투숙예정 고객이 과거에 체인 내의 어떤 호텔에 투숙하였을 때 아침 일찍 특정신문을 넣어달라고 부탁한 적이 있다면, 별도의 요청이 없더라도 이 손님이 머무르는 객실에는 그 신문이 새벽에 배달된다. 마찬가지로 캔디나 초콜릿을 좋아하는 고객이라면 작은 상자에 초콜릿을 담아 미리 객실에 갖다 놓는다.

직원들이 근무 중에 관찰한 사실도 고객정보를 보충하는데 이용된다. 모든 직원들은 항상 고객취향첩(guest preference pad)이라는 작은 수첩을 갖고 다니는데, 고객서비스 향상에 도움이 될 가능성이 있다고 생각되는 사실을 발견하는 즉시 여기에 기록한다.

예를 들어 청소부가 객실 정리를 하다가 테니스 라켓과 신발 및 테니스 잡지가 방안에 있는 것을 보았다면 '301호실에 투숙한 버틀러 씨가 테니스를 좋아하는 것 같다' 라고 기록한 뒤, 이를 고객 코디네이터에게 전해 준다. 이를 전달받은 코디네이터는 해당직원에게 테니스장 개방시간과 고객에게 도움이 되는 기타 서비스정보를 제공해 주라고 주의를 환기시킨 다음, 이 정보를 데이터베이스에 입력한다. 체인 호텔들이 이러한 고객정보 데이터베이스를 공유하고 있기 때문에, 이 고객이 세계 어느 곳에 있는 리츠칼튼 호텔에 투숙하더라도 동일한 서비스를 제공받을 수 있다.

호텔 내의 특정한 일이나 서비스에 대해 불만을 제기한 고객에 대해서는 특별히 신경쓰고 있다. 예를 들어 어떤 고객이 무엇인가에 대해 불평하거나 화를 낼 경우, 이 고객을 상대한 직원은 사건의 경위와 고객의 불만원인 및 이를 해결하기 위해 자신이 무엇을 어떻게 조처했는지 기록용지에다가 상세히 기입한다. 이 정보를 활용하면 같은 고객에게 동일한 실수가 재발되는 것을 방지할 수 있다.

예를 들어 애틀랜타에 있는 호텔에서 불만을 토로하였던 고객이 캔사스에 있는 체인호텔에 숙박예약을 했다면, 캔사스의 코디네이터는 고객이력 데이터베이스를 통해 이 사실을 알 수 있다. 또한 그는 상황을 보다 상세히 알기 위해 애틀랜타에 전화를 걸어 사실을 확인하고, 자기 호텔의 직원들에게 이 고객에 대해 보다 각별한 주의를 기울여 줄 것을 미리 당부한다.

(3) 개인별 특성을 고려한 종사원 선발

종사원 한사람 한사람의 말투와 행동이 서비스품질과 직결되기 때문에, 리츠칼튼 호텔은 일찍부터 종사원 선발을 매우 중요하게 생각하였다. 최초의 종사원 선발방법은 고객과 종사원이 만나는 가상적 상황에 대한 시연 시뮬레이션이었다. 입사 후보자들을 비공식적인 편안한 자리에 초청하여, 고객을 만났을 때 어떻게 대응하는지를 평가할 수 있는 가상적 상황을 만들어 주고, 호텔 내의 간부들이 후보자들의 접객능력을 평가하였다.

기본적인 평가기준으로는 오늘날도 많이 쓰이고 있는 6가지 항목 — 눈 맞추기, 미소, 인사, 어조, 어휘구사력, (낯선 사람에게까지) 마음 속에서 우러난 관심 — 이 사용되었다.

체인 호텔들이 순조롭게 개관하여 업무가 안정되고 나면 성과측정에 착수하였다. 외부 전문기관을 통해 호텔이 제공하는 유·무형의 제품과 서비스에 대한 품질과 내·외부 고객의 만족도를 조사하고, 그 결과를 최고의 경쟁자들과 벤치마킹한 결과 다음과 같은 3가지 결론을 얻을 수 있었다.

① 자사가 제공하는 제품과 서비스의 품질은 업계 최고로 나타났다.
② 고객만족도 역시 업계 최고수준이었다.
③ 종사원의 연간 이직률이 80%로서 업계에서는 가장 낮은 편이었다(일반적으로 호텔업에 있어서 종사원 이직률은 상당히 높은 것으로 알려져 있다).

그러나 이직률이 80%라면 이로 인해 조사대상이 된 5개의 호텔 체인에 초래되는 연간손실이 무려 4백만 달러나 되는 것으로 추정되었다. 이직률을 낮추는 것이 시급한 과제라는 것이 밝혀지자, 지체없이 이 문제의 해결을 위한 연구에 착수하였다. 이직의 주된 원인으로는 종사원 선발, 경력관리, 보상 및 인정시스템, 직무 이해도, 종사원 참여도, 직무환경 등이 생각될 수 있으나, 최초에 올바른 사람을 선발하는 것이 무엇보다 중요하다는 결론을 얻었다.

리츠칼튼 호텔이 새로이 생각해 낸 종사원 선발방법은 '개인별 특성을 고려한 충원(character trait recruiting)' 방식이었다. 한 직무를 오랫동안 계속 맡아온 직원들 중 최고의 성과를 내고 있는 직원들을 대상으로, 그들의 어떠한 행동특성이 탁월한 직무수행과 연관 있는지 조사하였다. 이러한 정보를 토대로 종사원들의 기질과 특성이 특정직무에 적합한가를 판단할 수 있는 조직적 인터뷰 방법을 개발하였다. 피면접자의 과거 행동특성을 파악할 수 있도록 설계된 질문을 통하여, 그 사람의 미래 행동을 보다 정확히 예측할 수 있게 되었다. 이러한 체계적 프로세스를 이용함으로써 성공가능성이 가장 높은 후보자를 선발하는 것이 가능하게 되었다. 그래서 플로리다에 있는 네이플즈(Naples) 호텔의 신입사원 선발에 이 프로세스를 시험적으로 적용하였다. 그 후 3년 동안 지켜본 결과, 이런 방식으로 채용된 사람들의 이직률이 현저하게 낮은 것으로 판명되었으며 네이플즈 호텔의 이직률이 3년만에 89%에서 39%로 줄어들었다.

새로운 종사원 선발방법을 호텔 체인에 확대 적용한 결과 80%에 달하던 이직률이 3년만에 45%로 떨어졌는데, 이 기간동안 16개의 체인 호텔을 새로이 개관한 것을 감안한다면 이것은 대단한 성공이었다. 새로 영업을 시작한 호텔의 이직률이 매우 높은 것이 종래의 보편적 현상이었으나, 리츠칼튼 호텔은 개인별 특성을 고려한 충원방식을 개발함으로써 높은 이직률 문제를 해결한 것이다. 그 성과를 돈으로 환산하면 약 1,250만 달러의 비용절감이 실현된 것으로 추정되었다.

이러한 큰 성과에 만족하지 않고 리츠칼튼 호텔은 향후 3년 동안 이직률을 또 다시 절반으로 줄여 20~25%로 낮춘다는 새로운 목표를 정했다. 최선의 종사원 선발방법에 대해 지속적으로 연구한 결과, 더욱 우수한 종사원 선발 프로세스를 고안할 수 있었다.

새로운 선발 프로세스는 동종업계 내에 축적된 20여년 간의 데이터를 기반으로 설계되었는데, 이를 통해 특정직무에 재능이 있는 종사원들을 선발하여 적재적소에 배치하는 것이 가능해졌다. 서비스업에 적성이 맞는 종사원들을 선발하기 위해 리츠칼튼 호텔은 미네소타 주에 있는 네브라스카 대학과 공동으로 종사원선발용 설문지를 개발하였다.

52개의 항목으로 구성된 이 설문지를 보고 싶어하는 다른 기업들이 많이 있으나 이는 현재 대외비로 되어 있다. 각자의 재능을 가장 잘 발휘할 수 있는 곳에 근무시킨다는 것 자체가 종사원의 입장에서는 가장 큰 내적 동기부여 요인이 되었다.

새로이 설계된 종사원 선발 프로세스의 핵심은 다음과 같은 11가지 영역에 대한 잠재능력을 평가하는 것이다.

① 직업윤리(work ethic)
② 협동정신(team spirit)
③ 정확성(exactness)
④ 적극적 태도(positive attitude)
⑤ 학습의욕(learner)
⑥ 공감성(empathy, 역지사지의 이해심)
⑦ 배려심(caring)
⑧ 서비스(service)
⑨ 자존심(self-esteem)
⑩ 설득력(persuasion)
⑪ 관계확대능력(relationship extension)

아무리 좋은 방법이라도 완벽할 수는 없기 때문에 종사원들이 중도 퇴직할 때에는 집중적인 인터뷰를 실시한다. 인터뷰 결과와 재직시의 각종 데이터를 참고로 하여 종사원 채용 프로세스에 더 개선할 점이 없는지 분기별로 검토한다. 이러한 방식으로 종사원의 선발방법을 지속적으로 개선하고 있기 때문에 높은 수준의 서비스품질을 유지하고 양질의 인력을 지속적으로 공급하는 것이 가능하다.

(4) 황금표준(The Gold Standards)

고객서비스 수준을 유례없는 획기적 수준으로 높인다는 원칙을 정한 리츠칼튼 호텔은 그들의 철학을 '황금표준'이라는 일군의 핵심가치로 집약하였다. 이 황금표준은 리츠칼튼인의 신조, 사훈, 서비스의 3단계, 리츠칼튼인의 20가지 기본수칙으로 구성되어 있다. 이 호텔의 14,000명 직원들은 모두 이 황금표준이 인쇄된 작은 카드를 항상 지니고 다니면서 이를 실천하고자 다짐하고 노력한다.

'We are Ladies and Gentlemen Serving Ladies and Gentlemen(우리는 신사 숙녀를 모시는 신사 숙녀이다)' 라는 사훈은 당당하면서도 오만하지 않은 리츠칼튼의 서비스에 대한 자존심 선언이다. 이것은 진정한 서비스는 자존심의 발로라는 것을 잘 함축하고 있다.

리츠칼튼의 20가지 기본수칙에는 사원들의 행동강령은 신속한 고객 불만 처리를 위한 리츠칼튼의 확고한 의지를 잘 드러내고 있는데, 다음과 같은 내용들이 포함되어 있다.

- 모든 직원은 권한을 부여받는다. 예를 들어, 고객이 문제가 있거나 특별한 일을 요구했을 때, 우리는 하던 일을 멈추고 그 문제를 해결해야 한다.
- 즉각적으로 고객의 불편사항을 해결하는 것이 직원의 임무이다. 고객의 불편사항을 접수한 직원이 직접 책임지고 고객이 만족할 때까지 해결한 후, 보고한다.
- 손님이 찾고자 하는 장소를 문의하면 방향만 가리키지 말고 직접 안내한다.
- 전화는 벨이 3번 울리기 전에 받아야 하며, 고객의 전화는 가능한 한 다른 사람이나 다른 부서로 넘기지 말고 처음 받은 사람이 고객의 용무가 끝날 때까지 직접 응대한다.

황금표준에 대한 교육은 신입사원 오리엔테이션 때부터 시작된다. 교육부서의 관리자와 고위 중역들이 황금표준을 직접 설명하고 보여주기 위해 오리엔테이션 팀에 참여한다. 다음 단계의 교육프로세스는 업무영역별 리더와 부문별 교육담당자가 신입사원이 맡게 될 각자의 업무영역에서 이를 실천할 수 있도록 가르치는 것이다. 이 교육이 끝나면 필기시험과 실기시험을 실시하여 이를 통과한 사람에게만 교육이수증을 수여한다.

현업에서는 매일 부서별로 전원이 참여하는 회의인 '품질 라인업

(line-up) 미팅' 이 개최되는데, 여기서도 황금표준의 핵심가치가 계속 강조된다. 리츠칼튼의 종사원 1인당 연간 교육시간은 120시간 정도로서 업계 최고수준이다. 황금표준은 리츠칼튼 호텔에서 실시하고 있는 모든 직무교육의 기초가 되고 있다.

리츠칼튼 호텔의 탁월한 서비스 철학은 슐츠(H. Schulze) 회장의 발언에 잘 나타나 있다.

"고객을 100% 만족시키지 못하고 있다면 개선해야지. 내가 고객만족이라고 할 때에는 그냥 만족한 정도를 의미하는 것이 아니야. 당신이 하고 있는 일에 대해 고객이 짜릿한 흥분을 느끼도록 해야만 해. …… 100% 고객만족을 달성했다면 이제 그들의 마음이 언제 바뀔지 세심히 계속 살펴봐야 해. 이렇게 하면 당신도 같이 따라서 변하게 될거야."

(5) 리츠칼튼 호텔의 사례가 주는 교훈

리츠칼튼 호텔은 1992년 호텔업계 최초로 또한 지금까지 이 업계에서는 유일하게 말콤 볼드리지 미국품질상을 수상했을 뿐 아니라, 1990년 이후 3번이나 미국 최고의 호텔체인으로 선정되었으며, 1994년에는 『컨슈머 리포트』 지에 의해 고급호텔 부문에서 총체적인 고객만족도가 가장 높은 호텔로 평가된 바 있다. 호텔의 제왕 리츠칼튼의 사례가 주는 많은 교훈 중 특히 다음과 같은 2가지 사항은 초일류 서비스 조직의 공통점이다.

1) 현장을 가장 잘 아는 사람은 일선직원이다. 그들에게 권한을 부여하라

오늘날 고객만족경영을 표방하지 않는 조직은 찾아보기 힘들다. 그러나 민간기업의 고객상담실이나 공공기관의 민원실과 같은 서비스 지원조직이 맡고 있는 주된 업무는 고객의 불평과 불만을 경영진에게 전달하는 일이다. 이것은 경영진이 고객의 목소리를 있는 그대로 듣고 필요한 조처를 취함과 아울러, 이러한 정보를 경영관리 개선에 반영하기 위한 것이다.

그러나 서비스 지원조직의 역할이 단지 경영진에게 고객의 목소리를 전달하는 것이라면 고객의 불만처리에는 상당한 시간이 소요된다. 고객만족경영에 있어서 불만처리의 신속성은 매우 중요한 기준이다. 불만족한 고객이라도 자신의 불만이 신속하게 해결되면 충성된 단골고객으로 변한다. 흔히들 이것을 '고객만족 제1법칙'이라고 한다.

신속한 불만처리를 위한 리츠칼튼의 확고한 의지는 다음과 같은 업무지침에 잘 나타나 있다. "고객의 불만이나 불편을 접수한 직원은 자신의 업무영역이 아니더라도 직접 책임지고 조처한다. 동료직원이 고객의 불만해소나 요구충족을 위해 도움을 요청하면 자신이 맡은 업무가 무엇이든지 간에 반드시 협조해야 한다."

또한 리츠칼튼 호텔에서는 고객의 불만해소를 위해서라면 상사의 사전승인 없이도 2,500달러까지 지출할 수 있도록 종사원들에게 권한이 위임되어 있다. 예를 들어 실수로 손님의 옷에 커피를 쏟았다면 직접 옷을 사주기도 하고, 객실배정에 착오가 있었다면 정중한 사과의 의미로 포도주나 과일바구니를 손님에게 선물할 수도 있다. 이처럼 세계적 수준의 조직에서는 '고객과 현장을 가장 잘 아는 사람이 일선직원이기 때문에 그들에게 마땅히 권한을 위임한다'라는 서비스철학을 갖고 있다. 리츠칼튼 호텔의 사례는 이러한 철학이 실제로 어떻게 구현되고 있는가를 잘 보여주고 있다.

2) 선행형 고객만족시스템을 구축하라

고객만족경영에는 두 가지 유형의 방법론이 있다. 하나는 고객이 불만을 쉽게 토로할 수 있는 통로를 제공하는 것이다. 예를 들어 고객용 직통전화를 열어둔다든지 고객상담실과 같이 고객의 불편이나 불만을 해결해 주기 위한 서비스 지원조직을 만드는 것이 여기에 속한다.

이러한 방법은 기본적으로 '고객이 먼저 불만을 제기하면 필요한 사후조처를 해 주겠다'는 것이므로 '대응형 시스템'이라고 한다. 고객만족

제1법칙은 대응형 시스템의 중요성을 말해주고 있지만 여기서 한 가지 중요한 사실이 간과되기 쉽다. 일반적으로 불만이 있는 고객 중 자신의 불만을 공식적인 경로를 통해 해당 기업에 전달하는 사람은 전체의 5%에 불과하다.

따라서 고객이 제기한 불만처리에만 관심을 둔다면 전체 고객불만의 95%가 그대로 방치되고 만다. 이러한 '빙산의 일각현상' 을 극복하기 위해서는 고객이 말해주지 않더라도 잠재되어 있는 그들의 불만을 알아낼 수 있는 '선행형 시스템' 이 필요하다.

리츠칼튼 호텔의 '고객인지 프로그램' 은 정보기술을 이용한 탁월한 선행형 시스템이다. 가령 알레르기가 있는 손님이 고객인지 프로그램에 등록되었다면, 세계 어느 곳에 있는 리츠칼튼 호텔에 투숙하게 되더라도 그가 머무르게 될 방의 욕실에는 무자극성 베이비 샴푸가 미리 놓여지게 된다. 이것은 '고객이 말해주지 않는 요구와 소망까지도 찾아내어 충족시킨다' 는 리츠칼튼 호텔의 신조가 구호에 그치는 것이 아니라는 것을 입증해 준다(품질경영, 1998).

토론의 장

"고객이 말해주지 않는 요구와 소망까지도 찾아내어 충족시킨다" 는 리츠칼튼 호텔의 신조에 대해 토론해 봅시다.

2. 싱가포르 항공의 SERVE 모델

싱가포르 항공사는 타 항공사가 흉내낼 수 없는 압도적 서비스로 명성을 얻고 있다. '싱가포르 걸' 이란 애칭으로 불리는 승무원의 친절성, 30년 가까운 무사고 기록, 기내의 고품격 서비스 등 그 서비스의 탁월함에 고객들은 싱가포르 항공에게 '날으는 천국' 이라는 별명을 붙여 주었다.

특히 승무원들의 미소가 굉장히 밝고 아름답다고 정평이 나 있는데,

<표 4-1> 싱가포르 항공의 SERVE 모델

S	Say you're sorry	잘못된 서비스에 대해서는 먼저 사과를 표시한다.
E	Expedite Solution	신속한 해결방안과 대안을 제시한다.
R	Respond	해결방안을 즉시 안내하고 선택할 수 있도록 배려한다.
V	Victory to the customer	고객이 승리감을 느끼도록 한다.
E	Extend the outcome	이 4가지가 잘되면 고객은 다시 찾아온다.

이는 서비스 성향을 타고난 인재를 채용하기 때문인 것으로 생각된다. 입사 후 승무원들은 고객의 표정에서 고객이 무엇을 원하는지를 찾도록 세심한 교육을 받는다. 그래서 다른 항공사와는 달리 승객이 음료수를 주문할 때도 소리치거나 손을 들어 부를 필요없이 고객의 눈길 한번으로 그들은 이미 고객의 옆에 무릎을 구부리고 주문을 기다리고 있다.

싱가포르 항공은 고객을 '나의 서비스를 필요로 하는 사람' 이라고 정의하고 있다. 그러므로 서비스 역시 '고객의 필요와 기대를 충족시켜 주는 것, 더 나아가 더 높은 수준을 제공하는 것' 이다.

싱가포르 항공의 SERVE 모델(model)은 〈표 4-1〉과 같으며, 무엇보다 중요한 점은 헛된 구호에 지나지 않는 다른 기업들의 철학과는 달리 직원 모두가 이 원칙을 철저히 실천하고 있다는 점이다. 싱가포르 항공이 승무원에게 투자하는 교육기간은 4개월로, 3개월간 걸음걸이, 말하기 표정과 인사를 배운 후, 1개월간 기내실습으로 이어진다. 그리고 매년 레벨업(level up) 교육을 받는데, 이 교육의 핵심은 회사의 서비스철학을 승무원 모두가 철저하게 습득하는데 있다. 싱가포르 에어라인은 서비스란 태도 이상으로 의식의 문제가 중요하다고 보고 승무원들에게 '고객만족 6대 원칙' 을 교육시킨다(〈표 4-2〉 참조).

싱가포르 항공은 지속적으로 서비스에 노력을 기울인다. 어느 항공사보다 친절한 승무원, 쾌적한 기내시설, 그리고 편리하고 신속한 탑승수

<표 4-2> 싱가포르 항공의 고객만족 6대 원칙

고객을 이해하라	내가 고객이라면 무엇을 원할까? 생각하라.
회사를 이해시켜라	고객에게 지속적인 정보를 제공하여 회사를 이해할 수 있도록 하라.
긍정적 인상	고객은 긍정적이고 적극적인 직원에게 호감을 갖는다는 것을 기억하라.
긍정적인 답변	고객의 불편에 대해 지속적으로 새로운 대안을 생각하라.
충성고객 확보	한번 고객은 영원한 고객으로 만들어라.
계속 향상시켜라	고객의 기대는 항상 변화한다. 지속적으로 서비스를 향상시켜라.

속을 빼놓을 수 없지만, 기내에서 자신만의 음악을 들을 수 있는 헤드폰 세트 서비스, 다양한 기내식 그리고 리얼타임뉴스 제공, 면세품 구입을 위한 쇼핑정보 영상서비스, 기내에서 전화를 걸거나 팩스를 보내는 서비스 등 이제는 모든 항공 서비스의 상식이 되어버린 이런 서비스들이 싱가포르 항공으로부터 시작되었던 것이다.

중요한 것은 싱가포르 항공이 언제나 새로운 서비스 제공을 고객의 요구보다 앞서 나가기 위해 노력했다는 점이다. 이런 노력들이 싱가포르 항공을 세계적인 서비스 기업으로 성장시킨 저력이 되었던 것이다.

토론의 장

"고객은 나의 서비스를 필요로 하는 사람" 이라는 싱가포르 항공의 고객정의에 대해 토론해 봅시다.

3. 사우스웨스트 항공의 서비스 수익체인(service profit chain)

미국의 사우스웨스트항공은 예약을 받지 않는 항공사다. 기내식도 별로 좋지 않고 외견상 승무원들의 서비스도 별다른 특징이 없다. 그러나 이 항공사는 1971년 설립 이후 단 한번도 적자를 낸 적이 없다.

미국 내 매출순위는 항상 7위 밖이지만 내실은 그 어느 회사보다도 탄탄하다. 이는 사우스웨스트가 충성도가 강한 고객집단을 타깃으로 특화된 마케팅 전략을 펼쳤기 때문이다. 사우스웨스트는 단거리를 자주 여행하는 비즈니스맨들이 주요고객이다. 시간관념이 철저한 이들은 고급취향의 기내 서비스보다는 '정시 출발-정시 도착' 과 저렴한 요금을 최고의 서비스로 여긴다. 번거로운 예약절차 없이 불시에 공항으로 달려가 항공기를 이용할 수 있으며 지정 예약좌석제가 아니다. 사우스웨스트는 핵심 비즈니스 도시들을 자주 운항하면서 이 같은 수요를 충족시킬 수 있었다.

사우스웨스트가 이처럼 독특한 영업전략을 구사할 수 있었던 이유는 공식적인 마케팅조사가 아니라 매일 매일 고객과의 관계를 유지하는 일선 종사원의 의견을 적극 반영했기 때문이다.

종사원들은 오랜 경험을 통해 비즈니스맨들의 취향을 꿰뚫어 분석했다. 비즈니스맨들에겐 신뢰성 있는 서비스가 가장 중요하며 거점을 통하지 않고 짧은 거리를 직접 운항하는 것이 먹혀든다는 사실을 깨달았다. 값싼 요금에 친절한 종사원들이 제공하는 서비스가 다른 항공사가 제공하는 지정 예약좌석제, 기내 식사, 수하물 연결보다 자사고객들에게 더욱 중요하다는 것이었다. 그 결과 사우스웨스트는 고객들로부터 높은 수준의 충성도를 얻을 수 있게 됐다.

이 항공사의 종사원 생산성 또한 놀랄만하다. 종사원들은 직무에 상관없이 동시에 여러 가지 업무를 처리한다. 예를 들어 비행기 출발이 늦을 경우 조종사도 수하물 처리를 거들어야 한다. 이같은 유연성으로 인해 사우스웨스트는 경쟁 항공사에 비해 종사원 1인당 승객처리수가 서너 배 높게 나타난다.

그리고 이직률은 항공산업 내에서 가장 낮은 것으로 나타나 있다. 종사원의 절반 이상은 퇴근 후 자선활동에 함께 참여하고 있으며, 그동안 1천여명이 사내 결혼을 할 정도로 가족적인 분위기를 자랑하고 있다.

의사결정과정 역시 자율적이다. 종사원들은 고객을 위해 자유롭게 의사결정을 내릴 수 있으며 자신이 없는 경우에만 상사에게 보고토록 돼 있다. 사우스웨스트의 사례는 서비스 기업들의 수익성은 시장점유율이 아니라 고객충성도에서 결정된다는 점을 보여주고 있다. 일반적으로 고객충성도가 5% 증가할 경우 업종에 따라 차이는 있으나 대략 25~85%의 수익증가를 가져온다.

오늘날 고객은 대단히 가치지향적이다. 고객은 서비스에 대해 지불한 가격과 그 서비스를 얻기 위하여 들인 획득비용보다 더 큰 서비스 결과의 가치와 서비스 전달과정에서의 품질을 원한다. 따라서 수익증가는 고객충성도로부터 파생되고 고객충성도는 서비스의 가치에 대한 고객만족도의 결과로 나타난다. 그리고 서비스의 가치는 직무에 만족하고 매진하는 생산성을 지닌 종사원에 의해 산출되며 종사원 만족도는 기업의 정보기술 및 교육훈련에 대한 투자와 종사원에 대한 권한위양 정책에 의해 창출된다.

이처럼 수익과 성장, 고객만족과 고객충성도, 고객들에게 제공된 서비스의 가치, 종사원 만족도와 종사원 충성도 및 종사원 생산성을 연결시키는 일련의 관계를 서비스수익체인(service profit chain: SPC)이라고 부른다.

4. 대한민국 항공사의 토털 서비스

항공티켓으로 비행기만 타십니까? 상승곡선을 타는 항공수요를 끌어안기 위해 항공사 간에 고객서비스 경쟁이 치열하다.

아시아나항공은 비즈니스클래스 이상의 국제선 고객을 대상으로 에쿠우스 유료 의전서비스를 실시한다고 하였다. 입국고객들을 대중교통 대신 고급세단으로 모심으로써 항공서비스의 영역을 확장하고 회사의 이미지를 제고하겠다

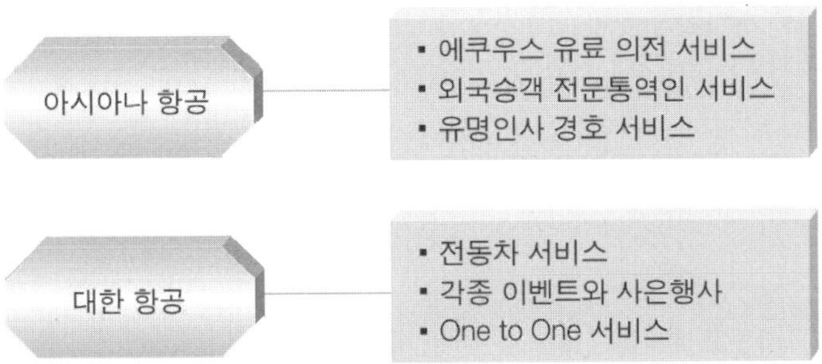

그림 4-1
대한민국 항공사의 토털 서비스

는 전략이다. 또한 한국말이 서툰 외국승객들에게는 전문통역인을 붙여주고 유명인사들에게는 경호원을 대동시키는 다양한 서비스 프로그램을 마련해 놓고 있다.

회사 관계자는 "항공 서비스하면 주로 '기내에서만' 이뤄지는 것을 통칭했지만 항공사간 경쟁이 치열해지면서 앞으로는 영역을 불문하고 고객이 가려워하는 곳을 긁어주는 이른바 '토털서비스'가 확산될 것"이라고 말했다.

대한항공도 2001년까지 국제선 고객을 대상으로 실시해왔던 전동차 서비스를 2002년 들어 국내선 고객에까지 확대하고 나섰다. 전동차 서비스란 노약자나 환자, 가족승객들의 편의를 위해 공항 티켓창구에서 탑승계단까지 전동차로 편안하게 이동시켜주는 서비스다. 인터넷 회원과 여성, 어린이 고객들에게 각종 이벤트와 사은행사를 제공하는 차별화 서비스도 정착단계에 이르렀다.

대한항공 권욱민 차장은 "고객들이 이제는 단순히 비행기를 타고 내리는데 만족하지 않는다"며 "각각의 고객들에게 개별 서비스를 제공해주는 One to One 서비스를 확대해 고객감동을 이끌어낸다는 게 회사 방침"이라고 말했다.

그림 4-2
세계 일류기업의 서비스 차별화

5. 세계 일류기업의 특화된 서비스품질

앞서 본 싱가포르 항공사는 탁월한 기내서비스로 유명할 뿐만 아니라 승무원들의 미소가 굉장히 밝고 아름답다고 정평이 나 있다. 이는 입사하여 비행하기 전까지 특별한 스마일 교육을 받는 것도 아니므로, 서비스 성향을 타고난 인재를 채용하기 때문으로 생각된다. 페덱스(FedEx)는 화물추적시스템을 도입한 신속한 택배(제 5 장 참조)로 그리고 노드스트롬 백화점(제 1 장 참조)은 세심한 판매원으로 유명하다. 도미노 피자는 30분이 경과하면 무료로 피자를 제공하는 '30분 이내 배달'로 유명하다. 바야흐로 서비스품질의 차이가 경쟁력으로 이어지는 시대인 것이다.

우리나라에서도 LG칼텍스 정유가 주유소 편의점의 일부를 개조하여 커피전문점 '까페인(Cafe-In)'을 개설하였으며 주유고객에게는 할인 서비스를 제공하고 있다.

6. 고객밀착관리의 크라운 베이커리

고객의 삶을 풍요롭고 건강하게 하고 고객의 생활가치를 향상시키고 창조하는 것, 이것이 바로 크라운 베이커리가 추구하는 마케팅 철학이다.

크라운 베이커리의 모든 마케팅 활동은 차별화 전략을 근간으로 한 서비스 고급화에 역점을 두어 전개하고 있다. 고객의 편의와 고급 식문화를 선도한다는 일관된 자세로 마케팅 정책수립 단계에서부터 실행, 피드백에 이르기까지 언제나 고객과 함께 하는 기업이미지 구축과 고품격 생활 베이커리 문화정착을 위한 크라운 베이커리의 의지를 실현하고 있다.

크라운 베이커리는 '업계 최초 케익배달 서비스'를 실시해 사이버 쇼핑몰을 통한 자체 택배서비스 및 한국통신 115 케익배달 서비스를 제휴했다. 또 한국 암웨이 네트워크와 연계한 택배서비스 등 사이버 숍 운용을 통한 전자상거래 접목으로 베이커리의 품격을 격상, 동종업계와 차별화 전략을 통한 고객만족을 극대화하고 있다.

업계 최초로 개발한 택배상품권도 주목을 끌고 있는 마케팅 전략 중 하나이다. 택배상품권을 받은 사람은 자신의 기호에 맞는 케익을 직접 선택할 수 있을 뿐 아니라, 택배서비스까지도 받을 수 있어 편리하다는 평을 받고 있다. 제휴서비스로 고객제일주의를 실현하고 있는 크라운 베이커리는 011 TTL카드, 017 i-Sense 카드, 다사랑 도서생활권과의 제휴서비스 및 꽃주문 대행 생화서비스와 다양한 매체와 연계한 문화마케팅 전개로 한 차원 높은 고객감동을 실현하고 있다.

특히 One to One 마케팅전략 구현을 통한 고객밀착관리는 크라운 베이커리의 마케팅에서 핵심을 이룬다. 택배 인프라를 통한 데이터베이스 구축으로 웹 체계를 근간으로 고객관리시스템 구현을 위해 고객관계관리(CRM)에 역량을 집중하고 있으며, 고정고객 확보를 위한 캐쉬포인트 적립도 관심을 끌고 있다. OK 캐시백 서비스와의 제휴를 비롯, 크라운베이커리 자사카드(오너카드)를 발행해 일정금액을 적립해 주고 있다.

BM(baking master) 전문화를 통한 'Area 마케팅' 전개 또한 여성인력으로 구성된 제과제빵 전문기술 보유자를 채용해, 제품품질관리 및 상권특성에 부합되는 차별화된 제품개발로 경쟁력을 확보함으로써 다양한 고객의 욕구충족과 식문화 고급화에 기여하고 있다는 평가를 받고 있다.

7. 고객위주의 제품차별화 하이트맥주

국내 맥주시장에서 돌풍을 일으킨 하이트맥주는 창의적인 마케팅의 대표적인 성공사례로 꼽히고 있다. 93년 5월에 첫선을 보인 하이트맥주는 당시 '지하 1백50m에서 끌어올린 천연암반수로 만들었다' 는 깨끗함을 앞세웠고, 이것이 대박을 터뜨린 계기가 됐다. 시판 4개월만에 1백만 상자가 팔리는 판매량을 기록, 시장에 일대 변혁을 일으켰다. 이후 출시 3년만인 96년에 마침내 맥주1위 자리에 등극했고 계속 선두를 유지, 올 2월말 현재 시장점유율 56%를 기록하고 있다.

하이트 돌풍은 제조공법 및 원료의 차별화에 있다는 것이 하이트측의 설명이다. 첫선을 보인 93년 당시엔 깨끗한 환경이 전 국민적인 화두였다. 하이트는 이 점을 제품에 연결시켜 국내 최초로 지하 1백50m에서 끌어올린 암반 천연수를 사용했다는 것에 마케팅의 초점을 맞췄다. 깨끗한 물을 마시고 싶어하는 소비자에게 깨끗한 술이 있다는 점을 집중 공략한 것이다. 이것이 그대로 적중했다.

제조공법에서도 기존의 방식과 차별화된 비열처리 방식을 도입했다. 맥주의 4대 원료는 맥주보리, 호프, 효모 그리고 물이다. 맥주맛을 최대한 살리기 위해 열처리를 하지 않은 것이다. 이것은 맥주성분의 90% 이상을 차지하는 물이 깨끗하지 않고는 채택하기 어려운 공법으로 비열처리는 깨끗한 물을 사용했다는 점을 부각시키기 위한 또 다른 마케팅전략이었던 셈이다.

차별화된 마케팅 전략도 주효했다. 국내 최초로 맥주병 목에 상표와 보조상표를 부착했다. 제품의 시각적 효과를 극대화하기 위한 것으로, 은박으로 맥주병 목을 감싸 고급맥주의 이미지를 창출했다.

여러 가지 아이디어를 첨가한 것도 소비자들의 눈길을 끈 요인 중

하나다. 국내 최초로 시각장애인을 위한 점자 캔 맥주를 개발, 호평을 받았으며, 온도계 마케팅은 아이디어의 절정으로 업계의 화제가 됐다. 최적의 음용온도 7℃에서 '푸른색 OK' 마크가 나타나도록 해 소비자들의 궁금증을 자아내게 했다. 이 온도계 마케팅은 95년 7월 암반수 온도표시 마크가 효시로, 이후 온도계 마케팅은 계속적으로 새롭게 각색됐다. 신호등 모양으로 바뀌 상온에서는 빨간색만 드러나고 마시기에 적합해진 때인 7℃가 되면 파란색으로 바뀌게 했다. 차별화된 서비스인 셈이다. 특히 '아이씨 캔(IC Can)' 맥주는 남아있는 맥주량을 알려주는 독특한 제품으로, 온도변화를 감지하는 특수잉크를 캔 바깥쪽에 칠해 잔여량을 표시한다.

최근에는 브랜드 키퍼(brand keeper)제도를 실시하고 있다. 2001년 6월부터 하이트맥주 제조년월일과 생산라인 공장, 제조시간, 생산담당자 실명을 제품에 부착, 투명성을 높이고 있다. 이는 하이트가 원료에서 소비단계에 이르기까지 인적·물적·제도적으로 최고의 관리를 하고 있다는 점을 부각시키기 위해서다.

이같은 브랜드가치의 지속적인 유지 노력을 통해 2001년 1월 산업자원부의 의뢰를 받아 산업정책연구원(ISP)이 발표한 '국내 브랜드 자산가치 평가'에서 식음료 부문 1위를 차지하였다.

토론의 장

하이트맥주는 환경오염의 시대상황과 고객의 심리를 잘 파악하여 제품 차별화로 성공한 대표적인 제품입니다. 이처럼 서비스도 고객심리와 주위상황에 적절한 서비스만이 차별화될 수 있을 것입니다. 하이트맥주의 브랜드 키퍼제도에 대해 토론해 봅시다.

8. SK증권의 미래지향적 고객중심 서비스

2002년 SK증권은 차별화된 지점영업의 강화와 조직문화의 혁신, 모바일로의 확고한 시장선점을 이룸으로써 도약을 위한 기반을 확고히 하는 한 해가 될 것으로 기대되고 있다.

SK증권의 경영이념은 '고객중심의 마케팅전문회사'이다. 이는 고객이 원하는 상품과 서비스를 지속적으로 제공할 수 있는 전문인력과 시스템을 완비한 회사를 말한다. 이를 위해 SK증권은 고객포커스전략의 정착과 고객행복센터의 역할 확대, 지점네트워크전략의 강화 등 세 가지 측면에서 지점 영업부문의 역량을 강화해 나갈 계획이다.

고객포커스전략은 고객관계관리(CRM)에 바탕을 둔 과학적인 영업방법으로 무차별적인 마케팅 활동이 아니라 고객군을 세분해 맞춤형 상품과 서비스를 제공함으로써 만족도를 높이고 기존고객의 유지 및 신규고객 확보를 위한 적극적인 마케팅 방법이다. 지난해부터 시행해 온 결과를 바탕으로 올해는 지점별로 고객들의 투자성향에 맞는 포트폴리오를 제공하는 한편 대상고객을 확대 운영해 나갈 방침이다.

이와 함께 장외전자증권거래시장(ECN) 및 미국 증시 시황정보를 실시간 제공하는 24시간 투자정보서비스를 실시하는 등 고객행복센터(구, 콜센터)를 고객서비스의 구심점으로 역할을 강화시키는 한편, 전략적인 마케팅 센터로서의 기능도 확대해 나갈 계획이다. 지점 네트워크전략은 중소규모 도시에 직원 3~4명의 초미니 지점인 패밀리지점을 개점하는 것으로 요약된다.

이번 회계연도는 무선증권거래서비스 '모바일로'의 성공적 도약의 해가 될 것으로 확신한다. 최근 획기적인 가입프로그램의 제공으로 가입자 수가 꾸준히 증가하고 있고 대당 월 평균 1억5,000만원 이상의 약정고를 올리고 있어 성공적인 시장진입이 이루어지고 있다. 시스템 면에서도 금융감독원 최우수 금융신상품으로 선정되어 대외적으로도 그 우수성을 인정받았으며, 본격화될 무선증권거래시장에서 선두를 구축할 것으로 기대된다. SK증권은 향후 모바일로의 기능 및 콘텐츠를 지속적으로 강화해 나가고 이동통신사, 단말기 제조회사 등과 유기적 관계를 지속함으로써 안정적인 무선증권거래서비스를 이용할 수 있도록 해나갈 계획이다.

이와 함께 SK증권은 경영활동의 초점을 고객가치 지향의 열린 조직에 맞추고 있다. 유연하고 빠른 조직으로 변화하기 위해 자발적인 변화를 추구하는 리더를 중심으로 고객 니즈(needs)와 환경변화, 창의적인 아이디어, 전문적인 인력 및 모든 계층에 열려 있는 조직으로 변화해 나갈 것이다.

9. 개인병원의 의료서비스 차별화

임신중인 장희빈씨는 얼마 전 다니던 산부인과 병원을 시내의 큰 종합병원에서 개인병원으로 옮겼다. 주변에서는 출산을 앞두고 더 큰 병원으로 옮기지는 못할 망정 웬일이냐고 펄쩍 뛰기도 했지만, 병원을 옮긴 첫날 더할 수 없이 만족스러웠다.

진료를 맡은 의사는 초음파 진찰을 하면서 아기의 머리둘레, 다리길이 등을 재고는 '아기 크기는 평균치' 라면서 이대로라면 출산 때 예상 몸무게가 몇 kg이 되리라는 것을 알려주었다. 또한 화면이 잘 보이도록 돌려놓고 얼굴을 비쳐주었다.

초음파 화면

종합병원에서 개인병원으로 옮긴 것을 의식한 듯 의사는 자기 경력을 간단히 말해주면서 수술해도 아무 문제가 없을테니 염려하지 말라고 안심시키기도 했다. 전에 다니던 병원에서는 초음파 화면을 보려고 하면 "볼 필요 없습니다" 라고 자르던 것과는 천지차이였다. 물론 평소 '우수한 진료가 최상의 서비스' 라고 믿었기 때문에 종합병원의 짧은 진찰시간은 감수할 준비가 되어 있었지만, 진료의 중심에 환자가 아닌 병원이 있다는 점은 참기 어려웠다.

직장생활에 지장을 줄 정도로 구토와 두통에 시달렸지만 거대한 병동과 현대의학은 별 도움이 되지 않았으며, 의사의 대답 역시 의례적이고 조언조차 없었다. 장희빈씨가 필요로 하는 의학적 배려는 배제된 채 철저히 의사의 필요에 의한 진료만 이뤄지고 있다는 느낌이 들었으며 만족스럽지 않은 의료서비스는 곧 강매였다. 물론 개인병원일수록 세일즈에 신경을 쓰고, 그러다 보니 친절한 것도 사실이다. 그러나 종합병원이 훌륭한 의료진과 시설을 갖추고, 그래서 환자들이 몰려온다 하더라도 환자를 위한 진료가 아니라면 진정 질 높은 의료서비스는 아닐 것이다(한국일보).

10. 서울대학교 병원 환자지향 맞춤서비스

서울대 병원은 21세기 급변하는 의료환경에 대응하기 위해 새로운 좌표를 설정할 필요성이 있다고 판단하여 1999년 '비전21'을 선포했다. 서울대 병원은 국가 중앙병원으로서 독보적인 위치를 차지했으나 병원 내부에 권위주의, 관료주의 등 바람직하지 못한 문화가 잉태되어 있었음은 부인할 수 없었다.

'비전21'은 이를 겸허하게 인정하는 데서 출발했다. 이를 기반으로 의료진 위주의 병원문화와 공기업에서 나타나는 경영의 비효율, 경직된 의사소통구조 등 부정적인 조직문화의 탈피에 나선 것이다.

서울대 병원은 새 병원문화 정립을 위해 전 교직원을 대상으로 교육에 나섰다. 무소신·무책임·무사안일주의 등 부정적인 병원문화를 청산하고 환자중심의 병원문화 정립에 나선 것이다. 모두 37회에 걸쳐 직원들을 대상으로 교육했다.

고객이 병원에 첫 걸음을 내딛는 15초 안에 모든 것이 결정된다. 이 같은 인식하에 최접점 종사원을 집중적으로 교육했다. '환자편의향상위원회'를 통해 고객의 소리를 듣고 불만사항을 개선했다.

환자를 위한 맞춤서비스를 지향했다. 장애인을 위한 치과 진료실도 개설했으며 어린이 환자들이 아프지 않게 피를 뽑고 주사하는 채혈 및 정맥주사팀을 운영하기도 했다. 그 덕분에 언론사의 설문조사에서도 고객만족도가 급상승하였다.

> **토론의 장**
> 지역병원의 의료서비스에 대해 토론해보고 경영자 입장에서 의료서비스를 어떻게 차별화할 것인지 구상해 봅시다.

11. 멀티플렉스 시대에 부합하는 극장의 차별화 서비스

J씨가 처음 극장사업을 시작하던 무렵, 주위에서는 '요즘 같은 최첨단 시대에 소프트산업도 아닌 하드산업인 극장을 한다니 방향이 맞는가' 라는 우려를 많이 했다. 지금은 멀티플렉스 극장이 큰 성공을 거두면서 한국 극장산업의 모델이 됐지만 몇 년 전만 해도 극장하면 초대권과 암표가 연상되던 시절이라 당시로선 꽤 설득력 있는 얘기였다. 하지만 연간 영화 관람객 1억명 시대를 눈앞에 둔 '한국영화의 르네상스' 라고 하는 지금도 극장을 단순히 영화를 상영해 주는 장소로만 여기는 사람이 적지 않다.

J씨는 다년간의 경험을 통해 극장은 서비스의 대명사인 호텔보다도 더 큰 무형의 서비스가 개발되어야 하는 곳이며, 극장 자체로서 고객에게 영화 이상의 감동을 주어야 하고, 나아가 극장사업은 서비스사업으로 개념을 정립해야만 치열한 경쟁에서 생존할 수 있으며 또한 미래가치가 생성될 수 있다는 것을 알았다.

미국의 극장체인들이 서비스사업으로 개념을 정립하지 못해 실패한 것을 살펴보면 시사하는 바가 크다. 작년 미국의 제3대 극장 체인인 리갈 시네마, 소니 로스, AMC가 파산신청을 했거나 경영이 악화됐다. 이는 이들 극장이 멀티플렉스 건설 붐에 편승하면서 몸집 불리기에만 집중하고 무엇보다 고객에 대한 서비스가 미흡했기 때문이었다. 반면 '센

추리 시어터스' 라는 중소 극장체인업체는 전체 극장 중 97%가 흑자를 내어 눈길을 끌었다. 이 기업의 핵심전략은 다름 아닌 고객서비스 강화였다.

극장에서 고객이 제공받는 것은 단순히 스크린에 비치는 영상만이 아니다. 고객들은 직원들의 미소, 방문한 고객이 흥분할 수 있도록 고려한 엔터테인먼트 환경 등 무형의 가치를 함께 제공받길 원한다. 고객들은 무의식적으로 이러한 무형적 가치에 더 큰 비중을 느끼며 요금을 지불하고 다시 방문하게 되는 것이다. 이것은 지난 5년간 J씨가 극장사업을 하며 VIP들만을 위한 프리미엄 영화관 운영(CGV 골드클래스), 무료 유아놀이방 서비스, 순번발권기, 여성고객들을 위한 파우더룸 서비스, 신용카드 결제시스템 도입, 틸트형 의자 도입 등을 시행하면서 고객들의 반응을 관찰한 결과 얻은 경험들이다.

이러한 서비스 개발활동으로 지속적인 관심과 작은 아이디어를 통해 고객에게 편익을 제공할 수 있고, 이는 극장을 이야기가 있는 장소로 만들어 회사의 이미지 제고에 결정적인 역할을 한다. J씨가 몸담고 있는 극장도 연간 2,000만명의 고객이 입장하는 규모로 성장하면서, 극장을 새롭게 만들고 종사원 교육을 위해 서비스 아카데미를 운영하는 등 서비스품질을 유지하기 위해 많은 비용과 노력을 들이고 있다.

영화 이상의 감동을 주는 극장, 더 깊은 감동을 주기 위한 서비스 개선과 유지의 노력이 있어야만 진정한 멀티플렉스 시대에 부합하는 극장의 모습이 아닐까 생각한다(동아일보).

12. 스위스 '시각장애인 체험식당'

스위스 수도 취리히 중심가에 시각장애인들의 삶을 체험할 수 있는 이색 레스토랑이 등장했다. 식당 이름은 '블린데 쿠(Blinde Kuh)' 로 '장님

놀이' 란 뜻이다. 개업한 지 얼마 되지 않은 이 식당은 연일 예약이 만원일 정도로 시민들의 인기를 얻고 있다.

칠흑같은 식당 안, 종사원과 손님들 눈엔 아무것도 보이지 않는다. 접시의 반짝임도 느낄 수 없다. 종사원들은 유리컵의 물이 얼마나 찼는지를 손끝에 느껴지는 무게로 알아낸다. 메뉴판은 아예 없다. 빈 포크를 연신 입으로 가져가고 빵을 스테이크 소스에 찍어먹는 손님들이 거의 대부분이다. '밝은 세상' 에선 얼굴이 빨개질 에티켓이 여기선 문제가 되지 않는다.

시각장애인 체험식당 아이디어를 낸 사람은 자신도 시각장애인인 취리히의 죄르그 스필만 목사이다. 그는 일반인들이 시각장애인들을 이해할 수 있는 최적의 공간이 '밥을 먹고 상을 차려주는' 식당일 수 있다고 생각했다 한다. 식당 운영에서 가장 역점을 두는 부분은 식당 내부의 빛 차단이다. 빛이 조금이라도 들어오는 것을 막기 위해 주방에서 만든 음식은 특수관을 통해 종사원들에 보내진다. 가지 수가 많을 경우 '앞이 보이지 않는' 종사원들이 주문한 음식을 구분할 방법이 없기 때문에 음식 메뉴는 3가지 코스 요리뿐이고, 음식 종류는 손끝 감각을 통해 접시 모양으로 구분한다.

변호사이면서 이 식당 야간종사원으로 일하는 헬렌이란 여성은 "손님과 종사원들이 이곳에서 찾아낸 보석은 바로 그들(시각장애인)의 세상과 우리(정상인)의 세상이 결코 멀리 있지 않다는 사실일 것" 이라고 말한다.

토론의 장

스위스 취리히에 위치한 '블린데 쿠' 식당의 서비스 차별화 전략을 우리나라에 어떻게 특화시켜 도입할 수 있을지 생각해 보고, 이를 통해 얻을 수 있는 이점에 대해 토론해 봅시다.

5 서비스품질

좋은 품질은 높은 고객만족을 유발, 반복구매를 촉진하고 새로운 고객을 창출하며 시장점유율을 증대시킨다. 또한 좋은 품질을 유지하려는 기업의 자체적인 노력은 낮은 품질로 야기되는 실패비용(failure cost)을 절감하게 하는 등 기업의 수익성을 증대시키기 때문이다.

제 1 절 서비스품질이란

1. 서비스품질의 개념

(1) 서비스품질이 관심의 대상이 되는 이유

『비즈니스 위크(Business Week)』(1997. 3. 10)의 조사에 따르면, 말콤 볼드리지 품질상(MBNQA)을 수상한 기업의 주식에 대한 투자수익률은 다른 기업의 주식에 대한 투자수익률보다 3배 이상 높은 것으로 나타났다.

좋은 품질은 높은 고객만족을 유발, 반복구매를 촉진하고 새로운 고객을 창출하며 시장점유율을 증대시킨다. 또한 좋은 품질을 유지하려는 기업의 자체적인 노력은 낮은 품질로 야기되는 실패비용(failure cost)을 절감하게 하는 등 기업의 수익성을 증대시키기 때문이다. 좋은 품질이 기업성과에 얼마나 중요한 영향을 미치는지는 더 이상 논의의 대상이 아닐 정도로 자명하다. 그럼에도 불구하고 오늘날 서비스품질이 학계는 물론 산업계의 중요한 관심의 대상이 되는 이유는 다음과 같다.

1) 서비스의 양적·질적 중요성이 증대되고 있다

첫째, 국가경제에서 서비스 부문이 차지하는 비중이 증가하였다. 이를 '서비스 경제화' 라고 한다. 서비스 경제화란 국민총생산의 50% 이상이 서비스산업 부문에서 발생하는 경제를 의미하는데, 구미 선진국은 물론 우리나라도 이미 서비스 경제화 시대에 돌입하였다. 인터넷상에서 범인을 추적하는 공개수배 서비스가 제공되는가 하면 산타클로스 전문양성학원까지 새로운 서비스업으로 추가되고 있다.

둘째, 제조기업에서 서비스의 중요성이 증대하게 되었다. 전통적으로 기업은 고객에게 제공하는 제품의 유형성(tangibility)을 기준으로 제조업과 서비스업으로 양분되었다. 유형적인 재화(goods)를 공급하는 기업은 제조기업으로, 무형적인 서비스를 공급하는 기업은 서비스기업으로 구분되어 왔다.

그러나 오늘날 이러한 이분법적인 기업의 분류는 더 이상 의미있는 기준이 될 수 없게 되었다. 고객의 욕구가 다양해지고 이를 충족시키는 기업의 능력이 증대되고 경쟁이 심화됨에 따라 어떤 기업도 재화만을 제공하는 것으로는 경쟁력을 가질 수 없게 되었기 때문이다.

따라서 오늘날 기업은 유형적 재화와 무형의 서비스를 결합하여 고객의 표현된 혹은 내재된 욕구를 충족시키기 위한 총체적인 제공물(total offering) 혹은 고객이 지각하는 이익묶음(a bundle of benefits)을 제공하는 경영단위로 정의되어야 할 것이다. 서비스품질은 더 이상 서비스기업만의 문제가 아니라 모든 기업의 문제인 것이다. 예를 들어 자동차를 생산하는 기업은 유형적 재화로서 자동차의 품질뿐 아니라 애프터서비스, 보험가입 대행 등 무형적인 서비스를 추가적으로 제공하지 않으면 경쟁에서 살아남을 수 없게 된 것이다.

셋째, 숨겨진 서비스 부문(hidden service sector)이 증가하고 있다. 숨겨진 서비스 부문이란 교육, 훈련, 인사 등 기업의 내부 경영활동 중 서비스의 성격을 지니고 있는 부문을 의미한다. 예를 들어 자동차 생산기업의 경우 미숙련 근로자를 얼마나 효과적으로 교육시켜 숙련 근로자로 만드는가 하는 문제는 자동차 생산기업의 재화인 자동차의 품질 경쟁력에 중요한 영향을 미치는 요소이며, 이 때 숨겨진 서비스 부문인 교육은 결정적인 영향력을 지닌다.

친절서비스로 유명한 에버랜드는 숨겨진 서비스 부문인 종업원의 친절교육이 제품으로서의 서비스의 품질향상에 얼마나 지대한 영향을 미치는지를 보여주는 단적인 예가 된다.

2) 서비스와 재화는 다르다

무형성, 이질성, 생산과 소비의 비분리성, 재고 불가능성 등 서비스의 고유한 특성은 재화를 중심으로 발달한 전통적인 품질향상 노력과는 다른 품질향상 노력을 요구한다. 냉장고와 같은 재화는 명확한 품질명세를 수립하고 이를 준수함으로써 정해진 수준으로 품질을 관리할 수 있는 반면, 법률상담과 같은 서비스의 경우에는 고객욕구의 다양성 등으로 인하여 품질명세를 수립하고 이를 토대로 품질을 관리하는 것은 적절한 접근방법이 아니라는 것이다.

그렇다면 높은 서비스품질을 창조·유지하는 구체적인 방법은 무엇인가? 서비스품질에 관한 대표적인 학자인 PZB(Parasurman, Zeithaml & Berry)는 고객의 서비스품질 평가는 서비스를 받기 전 고객의 기대와 기업이 제공한 서비스의 성과를 비교함으로써 이루어진다고 하였다.

(2) 서비스품질의 개념

서비스품질에 대한 개념 정의는 매우 어렵고 통일성이 없는 것으로 알려지고 있다. 유형제품의 품질은 허용할 수 있는 결함의 정도 또는 표준에의 근접성이라는 객관적 기준에 의해서 정확하게 평가하고 판단할 수 있으나, 서비스의 경우에는 객관적인 유형적 단서에 의해 평가하기가 어렵기 때문이다. 서비스품질을 관리하고 정의하는 문제는 서비스의 대표적 4가지 독특한 특성인 무형성, 이질성, 비분리성, 소멸성과 밀접하게 관련되어 있다(이유재, 2001).

서비스의 무형적인 속성 때문에 소비자들이 서비스품질을 어떤 기준으로 평가하는가를 이해하기가 어렵다. 유형제품과는 달리 소비자들은 시설, 설비, 인적요원 등 매우 적은 유형적 단서에 의해서 서비스를 평가한다. 또한 서비스의 이질적인 속성으로 인하여 서비스품질의 일관성을 유지하기가 어렵다. 즉 서비스품질에 대한 평가는 기업, 종사원, 고객, 시간에 따라 달라진다. 그리고 서비스의 생산과 소비를 분리할 수 없기 때문에 서비스품질에 대한 평가는 서비스 배달 중 또는 배달 이후에나 가능해진다.

따라서 서비스품질은 서비스의 결과와 서비스 배달과정에 의존하게 된다. 또한 서비스는 저장될 수 없기 때문에 수요와 공급의 동시화가 매우 어렵다. 따라서 특히 수요가 집중되는 시기에 종사원들은 서비스품질을 소홀히 하기가 쉽다. 이러한 이유 때문에 소비재 부문에서의 품질 개념을 서비스품질 개념에 그대로 적용하는 것은 적절하지 못하다(Parasuraman et al., 1985).

서비스품질에 대해서는 학자에 따라 다양하게 정의되고 있는데,

① 조직과 서비스의 상대적 열등감이나 우월감에 대한 소비자의 전반적인 인상(Bitner & Hubbert, 1994)

② 서비스의 전반적인 우월성이나 우수성에 대한 고객의 평가(Zeithaml, 1988)

③ 실제 서비스성과에 대한 고객의 지각과 고객의 서비스에 대한 사전기대치와의 비교를 통한 소비자 지각(Grönroos, 1984)

④ 특정 서비스의 전반적인 탁월성이나 우월성에 관한 소비자의 판단으로 객관적 품질과는 다른 태도의 한 형태(Parasuraman et al., 1988)

등이 주로 문헌에서 언급되고 있는 정의들이다.

이들 서비스품질에 관한 다양한 정의 가운데 그뢴루스(Grönroos, 1984)와 파라슈라만(Parasuraman et al., 1988) 등의 정의가 문헌에 가장 많이 인용되고 있다. 이러한 정의의 대체적인 공통점은 지각된 서비스품질을 흔히 상대적으로 지속적인 정서적 방향을 의미하는 전반적인 태도에 비유한다는 점이다.

지각된 서비스품질을 태도와 유사한 개념으로 보는 이유는 그것이 제품이나 서비스의 전반적인 평가를 나타내는 것이기 때문이다. 즉 지각된 서비스품질은 전반적인 제품우월성과 관련된 상대적으로 포괄적인 가치판단을 의미한다. 그리고 고객들은 서비스 제공자와의 상호작용 품질, 핵심서비스품질, 서비스 조직의 전반적인 품질 등을 구분할 수 있기 때문에 만족개념과 마찬가지로 품질에 대한 지각은 서비스 조직의 여러 수준에서 이루어질 수 있다. 그러나 서비스품질은 거래종속적인 만족개념이나 품질대비 가격인 가치의 개념과는 명백히 다른 개념으로 이해되고 있다.

태도와 유사하게 묘사되는 서비스품질의 조작적 정의(operational definition)는 대부분의 연구에서 서비스품질을 나타내는 속성에 대한 기대치와 성과치를 비교하는 개념이나 성과치만에 대한 지각으로 개념화된다.

서비스품질의 개념구성에 관해서는 단일척도로 측정될 수 없는 다차원 개념이라는 것에 대체적으로 동의하고 있으며, 서비스품질의 속성에 관한 대부분의 연구들에서도 서비스품질을 다속성적 개념으로 규정하고 있다. 소비자는 적어도 두 가지 측면에서 서비스를 평가하며, 이 두 가지 속성이 서비스품질을 구성하는 것으로 알려지고 있다.

그뢴루스(Grönroos, 1984)는 이를 기술적 품질(technical quality)과 기능적 품질(functional quality)로 명명하였으며, 이 개념은 지금까지 서비스 관리의 지식체계에 크게 공헌하고 있다.

기술적 품질은 고객이 서비스로부터 실질적으로 얻는 것으로 서비스 제공자에 의해 제공되는 성과물을 의미한다. 따라서 이를 성과품질(outcome quality)이라고도 한다.

기능적 품질은 고객이 서비스 거래를 통하여 서비스를 얻는 방법에 관한 것이다. 즉 고객이 서비스 제공자로부터 서비스를 받는 과정에서 느끼는 품질로 이를 과정품질(process quality)이라고도 한다. 과정품질은 고객이 서비스를 어떻게 얻고 대가를 지불하며, 경험하고 사용하는가에 관한 것으로 서비스 배달과정과 스타일을 포괄하는 개념이다. 그리고 고객들은 언제나 과정품질을 평가할 수는 있으나 성과품질은 평가하기가 쉽지 않을 수도 있다.

그러므로 서비스 배달과정은 서비스 성과만큼이나 중요하다. 만일 서비스의 과정품질이 미흡하다면 이로 인해 우월한 성과품질이 손상될 수도 있다.

결국 전체적인 서비스품질은 기술적 품질속성과 기능적 품질속성의 두 가지 범주로 측정된다.

2. 서비스품질의 결정요인과 측정방법

품질을 정의하고 측정하려는 연구들은 초기에는 거의가 생산부문에서 시작되었으며, 이들이 사용한 개념은 주로 '어느 정도 표준에 가까운가'를 나타내는 공학적 패러다임에 기초하고 있다.

그러나 서비스산업이 급속도로 성장하면서 1980년대 중반 이후부터 서비스를 연구하는 많은 학자들이 서비스품질을 측정하기 위한 척도가 필요함을 강조하기 시작하였는데, 서비스품질은 서비스 성과(기술적 품질) 뿐만 아니라 서비스 배달과정(기능적 품질)에 의해서 판단되기 때문이다. 따라서 서비스품질의 객관적인 측정은 실질적으로 제품품질의 객관적 측정보다 훨씬 어렵다. 더욱이 배달되는 서비스에 대한 소비자들의 판단이 제각각 다르고, 서비스 배달과정에 고객이 참여하기 때문에 품질통제절차가 유형제품에서와 같이 쉽게 이루어지지 않는다.

서비스품질의 측정은 서비스품질 개선을 위한 출발점이다. 최근에 이르기까지 품질에 대한 연구는 주로 제품의 물리적 품질에 초점을 맞추고 있었다. 그러나 1980년대 중반 이후부터 경제에서 차지하는 서비스의 비중이 증대함에 따라 산·학·연 여러 분야에서 서비스에 대한 관심을 갖게 되었고, 특히 제품에 대비한 서비스의 차별적 특성에 대한 연구 등이 다수의 연구자에 의해 수행되어 왔다.

서비스품질에 관한 총체적 정의를 내리기 어렵기 때문에 각각 상황에 적합한 정의를 내리는 것이 적절하다. 또한 서비스품질이란 개념이 존재하는 공간이 너무 넓고 너무 많은 구성요소를 포함하고 있기 때문에, 이것들을 모두 포함하는 모형을 설계하는 것은 매우 어려울 뿐만 아니라, 그 모형의 적용에 따른 효용성에도 의문이 있다. 이는 서비스품질 측정, 일반화 가능성, 관리의 유용성, 고객 관련성, 개선방안 제시 여부 등과 같은 의사결정기준의 관점에서 보면, 서비스품질에 대한 정의와 차원 규명은 각각 장·단점을 내포할 수 있기 때문이다.

서비스품질이 탁월한 기업은 대내적으로는 서비스 문화를 정립하고 있으며, 대외적으로는 명성을 확보하고 있는 것으로 알려져 있다. 서비스 기업의 발전과정을 4단계로 제시한 체이스와 헤이즈(Chase & Hayes, 1991)는, 서비스 기업의 경쟁력이 가장 높은 수준의 단계인 세계 수준의 서비스 제공단계에서는 서비스품질이 고객의 기대를 넘어서 기회를 추구하며 지속적으로 그 수준이 향상되는 것으로 규정하고 있다. 또 서비스품질이 비용이나 다른 변수의 부수적인 요소가 아니라 서비스 경쟁력 확보를 위한 핵심요소인 것이 서비스 기업 경쟁력 최우수 단계에 도달하기 위한 하나의 조건이다. 그러므로 서비스품질에서 기업의 경쟁우위 기회를 찾을 수 있다고 볼 수 있으며 이것이 기업의 성장과 발전에 하나의 시금석이 될 수 있다.

서비스의 품질은 사용자의 지각에 의해 결정된다. 서비스 속성의 집합이 사용자를 만족시키는 정도가 서비스의 품질이라고 말할 수 있다. 이것을 흔히 '기대에 대한 지각의 일치' 라고 한다. 따라서 서비스품질이 훌륭하다는 것은 고객이 기대하는 바를 충족시켜 주거나 기대 이상의 서비스를 제공하는 것이며, 고객이 지각하는 서비스품질이란 고객의 기대나 욕구수준과 고객들이 지각한 것 사이에 존재하는 차이의 정도로 정의할 수 있다. 이는 다음 〈그림 5-1〉에 요약되어 있다.

그림 5-1
서비스품질의 중요성과 의의

중요성

- 서비스품질은 모두가 잘 하는 그런 것이 아니다.
- 강한 서비스품질 지향을 보이는 기업들은 다른 경쟁자가 도저히 따라잡을 수 없으며 오래가는 기업 내적인 문화가 기업 내적인 문화와 기업 외적인 명성을 만들어간다.

의 의

- 서비스품질이 훌륭하다는 것은 고객이 기대하는 바를 충족시켜 주거나, 기대 이상의 서비스를 제공하는 것이다.
- 고객이 지각하는 서비스품질이란 고객의 기대나 욕구수준과 그들이 지각한 것 사이에 존재하는 차이의 정도로 정의된다.

(1) 서비스품질의 측정 이유

서비스품질을 연구하는 일은 그리 쉬운 일은 아니다. 다행히 서비스품질을 정의할 수 있다고 해도 서비스품질을 측정하기는 어렵다. 그 이유는 〈그림 5-2〉에서 제시한 다섯 가지가 있다.

첫째, 서비스품질의 개념이 주관적이기 때문에 객관화하여 측정하기 어렵다. 모든 경우에 적용되는 서비스품질을 정의하기는 어렵다.

둘째, 서비스품질은 서비스의 전달이 완료되기 이전에는 검증하기 어렵다. 서비스의 특성상 생산과 소비가 동시에 이루어지기 때문이다.

셋째, 서비스품질을 측정하려면 고객에게 물어봐야 하는데, 고객으로부터 데이터를 수집하는 일은 시간과 비용이 많이 들며 회수율도 낮다.

넷째, 자원이 서비스 전달과정 중에 고객과 함께 이동하는 경우에는 고객이 자원의 흐름을 관찰할 수 있다. 이런 점은 서비스품질 측정의 객관성을 저해한다.

다섯째, 고객은 서비스 프로세스의 일부이며, 변화를 일으킬 수 있는 중요한 요인이기도 하다. 따라서 고객을 대상으로 하는 서비스품질의 연구 및 측정에 본질적인 어려움이 있다.

그럼에도 불구하고 서비스품질을 측정하려는 노력을 계속하는 이유

서비스품질을 측정하는 이유 두 가지

- 개선, 향상, 재설계의 출발점이 측정
- 경쟁우위 확보와 관련한 서비스품질의 중요성 증대

서비스품질 측정이 어려운 이유 다섯 가지

- 주관적 개념
- 전달 이전에 테스트 불가
- 고객으로부터 서비스품질에 대한 데이터 수집의 어려움
- 자원이 고객과 함께 이동하므로 고객이 자원의 변화를 관찰
- 고객은 프로세스의 일부이며 변화 가능성이 있는 요인

그림 5-2
서비스품질 측정 이유와 어려운 이유

는, 개선을 위한 첫 단계가 측정이라는 점과 경쟁우위 확보를 위한 서비스품질에 대한 중요성이 증대되기 때문이다. '측정 없이는 개선도 없다(Without measurement no progress)' 라는 말과 같이 개선과 향상을 위한 출발이 측정이며, 경쟁우위 확보와 관련 서비스품질의 중요성이 최근에 증대하고 있기 때문에 서비스품질의 측정 및 개선이 산업계의 중요한 이슈로 등장하고 있다.

(2) 서비스품질의 결정요인

서비스품질을 구성하는 차원에 대한 연구는 서비스품질의 측정 및 향상의 기초이다. 이에 대한 기존문헌의 연구는 크게 세 가지 접근방법으로 구분된다. 하나는 2차원 접근법이고 또 다른 하나의 흐름은 3차원 접근법이며, 마지막은 서비스품질 결정요인을 구체적으로 고찰하는 접근법이다.

2차원 접근법은 그뢴루스(Grönroos, 1983), 베리(Berry, 1985) 등의 연구에서 찾아볼 수 있으며, 3차원 모형은 레티넨(Lehtinen, 1983, 1991)의 연구와 카마커(Karmarker, 1993)의 연구에서 찾아볼 수 있다. 그리고 다항목 서비스품질 결정요인 규명에 대한 연구는 파라슈라만(Parasuraman et al., 1985) 등, 존스톤(Johnston, 1990) 등의 연구가 있다.

서비스품질 측정설계를 할 경우 어떤 모형을 선택할 것인가는 연구목적에 따라 상이할 것이다. 구체적인 서비스품질 결정요인에 대한 설계는 파라슈라만 등의 연구를 확장한 모형인 존스톤(Johnston) 등의 모형을 적용할 수 있을 것이며, 서비스전달 프로세스에 따른 서비스품질을 측정하고자 하는 경우엔 카마커(Karmarker)가 제시한 총체적 서비스품질 모형을 적용하는 것이 유용할 것이다. 한편 서비스생산 프로세스를 보다 중시하는 측정에서는 레티넨(Lehtinen)의 연구가 강점을 가진다.

그러나 기존의 연구모형을 그대로 적용하기보다는 조사하고자 하는 서비스산업의 특성 및 고객의 특성에 기초한 서비스품질 측정설계를 하는 것이 바람직하며, 이러한 사전연구를 통해 서비스품질 측정을 위한

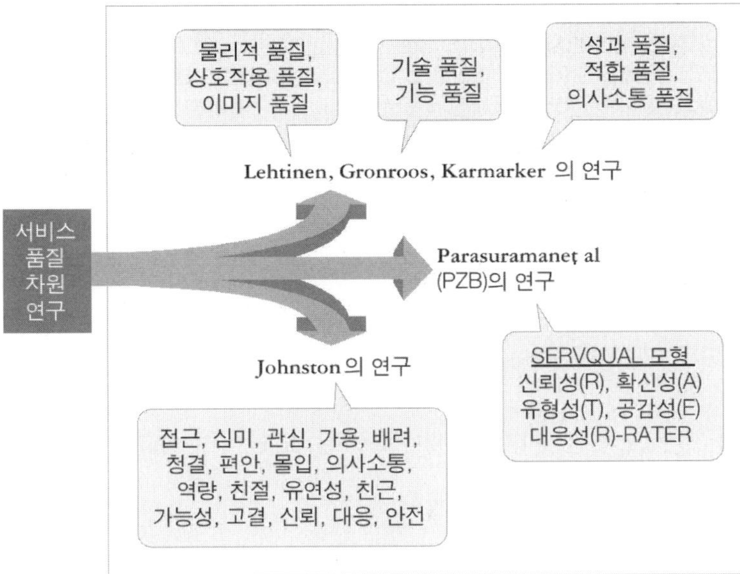

그림 5-3
서비스품질 결정요인에 대한 연구(김연성, 2001)

차원을 발견해 내는 일이 중요하다. 〈그림 5-3〉은 중요한 몇 가지 연구의 흐름을 정리한 것이다.

(3) 서비스품질의 측정방법

서비스품질의 측정방법으로 가장 일반화된 모형은 SERVQUAL이다. 이것은 미국의 파라슈라만(A. Parasuraman), 제이트멀(V.A. Zeithaml), 베리(L.L. Berry) 등 세 사람의 학자(이하 PZB)에 의해 개발된 서비스품질 측정도구로, 서비스 기업이 고객의 기대와 평가를 이해하는데 사용할 수 있는 다문항 척도(multiple-item scale)이다. 이들은 서비스품질을 주제로 하는 탐색적 연구와 일련의 반복적인 자료수집과 자료분석 단계를 통해 97개 문항으로 구성된 측정도구 시안을 점차 개선·축약하여 신뢰성(reliability: R), 확신성(assurance: A), 유형성(tangibles: T), 공감성(empathy: E), 대응성(responsiveness: R) 등 5개 차원을 대표하는 22개 문항을 확정하였다. 5개 품질차원은 각 차원의 영문 첫글자를 따서 RATER라고 부르

그림 5-4
지각한 서비스품질 모형(김연성, 2001)

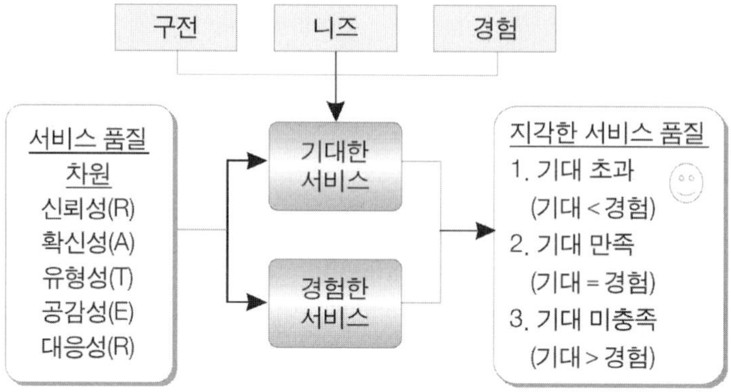

기도 한다. 이 모형은 지각한 서비스품질 모형이며 〈그림 5-4〉와 같은 구조를 가진다(김연성).

3. 서비스품질 향상방안

(1) 서비스품질 측정도구(SERVQAL)

고객의 서비스품질 평가는 고객의 기대와 고객에 의해 지각된 기업성과 차이로 개념화된다. 따라서 높은 서비스품질을 창조·유지하기 위해 기업은 고객의 기대와 성과의 차이를 최소화 혹은 제로화하여야 한다. 즉 고객이 기대하는 바를 제공해야 한다는 뜻이다.

이러한 맥락에서 PZB는 고객의 기대와 지각된 기업성과의 차이를 유발하는 원천을 서비스제공 단계별로 구분하고 있는데 이를 갭(Gap) 모형이라고 한다(〈그림 5-5〉 참조).

고객의 서비스품질에 대한 기대와 서비스품질 지각의 불일치 정도를 통해 해당회사의 서비스품질 수준을 측정하는 도구인 PZB의 SERVQUAL 질문지는 크게 두 부분으로 구성된다. 22개 항목으로 구성된 고객의 기대측정 질문, 22개 기대부분의 각 항목에 대응하는 특정회사에 대한 고객의 지각을 측정하기 위한 질문이다. 5개 서비스 차원을 구성하고 있는 각 문항에 대해서는 먼저 가장 좋은 기업의 서비스에 대한 기대의 정도

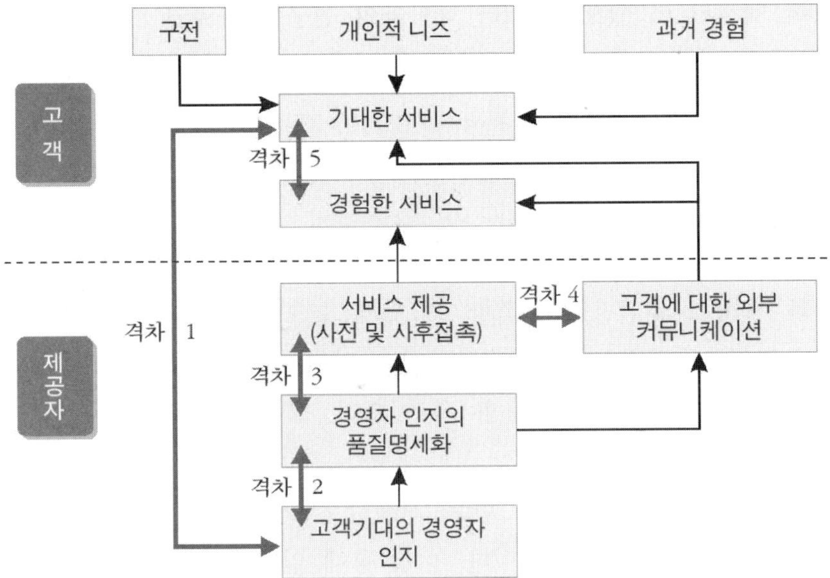

그림 5-5
SERVQUAL 모형 및 GAP 모형

를 질문하고 다음으로 현재 대상기업이 수행하고 있는 서비스 수준에 대한 평가를 질문한다. 고객들의 기대수준과 기업의 서비스품질 평가에 대한 측정은 '전혀 그렇지 않다(1)~정말 그렇다(7)' 의 7점 척도를 이용한다.

SERVQUAL 점수는 고객의 기대문항에 대한 응답점수와 기대문항에 상응하는 지각문항에 대한 응답점수간의 차이로서 계산된다. 각 항목별 SERVQUAL 점수는 다음의 계산식에 의해 산출되며, 각 차원에 대한 가중치를 부여하면 가중 SERVQUAL 점수를 산정할 수 있다.

SERVQUAL점수 = 고객의 지각점수 − 고객의 기대점수

한 기업의 5개 차원 각각에 관한 서비스품질 점수는 각 차원을 구성하는 문항들의 SERVQUAL 점수를 평균하여 구하며, 계산결과 점수가 (−)값을 가질수록 고객의 눈에 비치는 서비스품질의 문제가 심각한 것이다. 물론 SERVQUAL 이외에도 SERVPERF 등 다수의 서비스품질 측정

모형이 제시된 바 있으나, 여러 학자들의 연구에 따르면 SERVQUAL 모형이 여러 업종의 서비스품질 측정에 적합한 모델인 것으로 나타났다. 여기서 이 모델을 위주로 설명한 것은 측정을 실제로 하는 것이 중요하다는 점에서 가장 일반적인 모델을 제시한 것일 뿐 아직도 논쟁이 계속되고 있다는 것을 밝힌다.

SERVQUAL은 고객의 서비스품질에 대한 기대와 지각 간의 격차를 항목과 서비스 차원별로 분석할 수 있게 함으로써, 기업이 서비스품질 개선을 위해 노력해야 할 핵심차원이나 차원 내의 구체적인 항목을 명확히 하는데 일차적으로 활용할 수 있으며, 그밖에도 다음과 같이 여러 방면으로 활용 가능하다.

첫째, SERVQUAL 측정을 반복 시행함으로써 고객의 기대와 지각을 시계열적으로 비교해 볼 수 있다. 이를 통해 일정기간 동안 고객의 기대수준이나 기업의 서비스 수행에 대한 평가 추이를 살필 수 있으며, 고객들의 만족도 변화에 미치는 기대와 평가의 영향이 어느 정도였는지를 확인할 수 있다.

둘째, SERVQUAL 조사를 경쟁기업에 대해서도 실시함으로써 자사와 경쟁사간 서비스품질을 비교해 볼 수 있다.

셋째, 개인의 SERVQUAL 점수를 토대로 고객들의 서비스품질 지각수준에 따라 고객 세분화를 위한 자료로 활용할 수 있다.

넷째, SERVQUAL 설문내용을 수정하면, 기업 내부의 부서 간 업무협조도와 같은 내부 서비스품질을 측정하는데 활용할 수 있다.

이에 대한 구체적인 예로 은행에서 실제로 SERVQUAL로 서비스품질을 측정한 사례를 보면 아래 〈표 5-1〉과 같다. 이 은행은 신뢰성과 대응성에서 고객의 기대와 고객의 지각 간의 격차가 크므로, 서비스품질을 개선하기 위해서는 이 두 차원에 대한 관리가 구체적으로 필요함을 알 수 있다. 이렇게 실제적으로 고객의 기대와 지각을 측정하여 서비스품질 점수를 산정하여 현재의 서비스품질 수준을 측정할 수 있다. 따라서 이러한 측정은 곧 서비스품질의 개선을 위한 출발점이 된다.

<표 5-1> K은행의 SERVQUAL 점수 산정예(김연성, 2001)

서비스품질차원	신뢰성(R)	확신성(A)	유형성(T)	공감성(E)	대응성(R)	합계/평균
고객의 기대(E)	5.939	6.056	4.938	5.599	5.962	5.699
고객의 지각(P)	4.650	5.070	4.502	4.435	4.664	4.664
SERVQUAL점수 (P-E)	−1.289	−0.986	−0.436	−1.164	−1.298	−1.035
가중치(%)	30.0	23.2	11.3	11.9	23.6	100.0
가중 SERVQUAL점수	−0.387	−0.229	−0.049	−0.139	−0.306	−1.110

(2) GAP의 원인과 개선방법

1) 경영자인지 갭(knowledge gap)의 원인과 개선방법

경영자인지 갭은 고객이 실제적으로 원하는 서비스 및 서비스의 우선순위와 '고객은 이러이러한 서비스를 원할 것이다' 라고 기업이 파악한 서비스의 차이를 의미한다. 경영자인지 갭의 중요한 원인으로는 부적절한 마케팅 조사, 상향 커뮤니케이션의 부족, '관계' 에 대한 이해의 결여 등을 들 수 있다. 부적절한 마케팅 조사는 고객의 기대를 파악하기 위한 체계적인 마케팅 조사가 시행되지 못하는 것을 의미하며, 상향 커뮤니케이션의 결여란 고객은 물론 고객을 직접 접촉함으로써 고객의 기대를 보다 잘 파악할 수 있는 일선 종사원의 고객정보가 기업의 의사결정자에게 적절히 전달되지 못하는 것을 의미한다. 한편 '관계' 에 대한 이해의 부족은 고객을 일회적인 거래의 대상으로 파악함으로써 고객의 기대에 대한 지속적인 관심이 결여되어 있음을 의미한다.

부적절한 마케팅 조사로 야기되는 서비스품질의 저하를 극복하기 위해서는 우선 체계적인 마케팅 조사가 실시되어야 하는데, 이를 위해서는 무엇보다도 마케팅 조사에 대한 최고경영층의 지각 전환이 요구된다. 마케팅 조사는 비용이 아니라 기업의 수익성 제고를 위한 투자로 인식되어야 한다는 말이다. 고객의 기대를 제대로 파악하지 않은 기업은 목표를 모르는 채 달려가는 '눈을 가린 말' 과 같다.

벨기에 브뤼셀의 키네폴리스는 마케팅 조사를 통해 고객의 기대를 파악, 고객의 기대에 맞는 서비스품질을 제공함으로써 사업에 성공한 대표적인 예라 할 수 있다. 1980년대에 접어들면서 케이블TV, VCR 등의 급속한 보급으로 영화산업은 사양길에 접어드는 듯 하였다. 이 때 키네폴리스는 광범위한 고객조사를 통해 극장에 대한 고객불만이 좁은 좌석과 주차장 협소에서 기인한다는 사실을 밝혀내고, 브뤼셀 인근에 넓은 좌석과 무료주차장을 완비한 새로운 개념의 극장을 선보였다. 그 결과 키네폴리스는 브뤼셀 극장고객의 50%를 자사 고객으로 확보하고 있는 것은 물론 브뤼셀에서 '영화보러 간다' 는 말은 곧 '키네폴리스에 간다' 라는 말과 같은 의미로 사용되기에 이르렀다.

한편 고객의 기대는 지속적으로 변화하며 고객에 따라 개별적인 욕구에 차이가 있을 수 있기 때문에 체계적인 마케팅 조사와 병행하여 고객기대의 수집을 위한 다양한 노력이 요구된다. 중간고객(여행사, 국내지사의 예약 담당자, 대리점 종사원 등)을 포함하는 고객의 소리(voice of customer), 고객패널(customer panel), 미스테리 샤퍼(mysterious shopper) 등이 고객의 기대를 수집하는 좋은 방법이 될 수 있다. 에버랜드, 프라자호텔 등에서 활용되고 있는 고객패널이나 미스테리 샤퍼제도는 암행 서비스점검회사와 같이 전문화된 기업으로 설립될 정도로 중요한 고객기대 수집의 방법이 되고 있다.

상향커뮤니케이션의 활성화를 통해 고객의 기대를 정확히 인식, 서비스품질을 향상시킬 수 있다. 이를 위해 고객접점 종사원의 제안제도, 관리층 축소, 역피라미드 조직, 주위 배회에 의한 관리(management by

그림 5-6
고객기대 수집방법

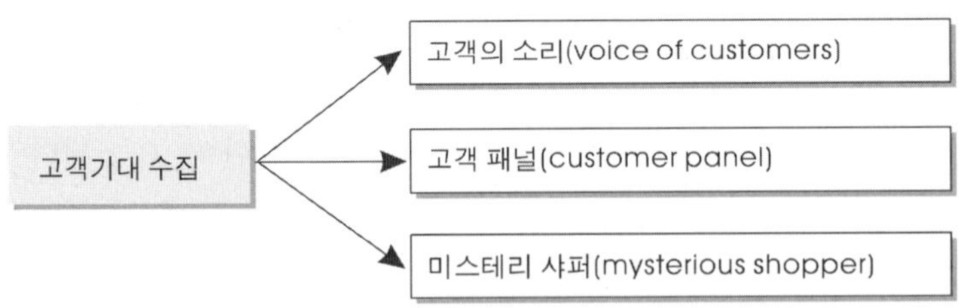

wandering around: MBWA) 등이 효과적이다. 각 부서 혹은 팀을 벽이나 칸막이로 구분하던 예전과는 달리 오늘날 많은 기업들이 이를 제거함으로써 일선 종사원의 요구가 기업의 경영층에 신속하고 정확하게 전달되게 하고 있는데, 이러한 변화는 고객기대 파악이라는 측면에서 실질적으로 관리층을 축소하는 효과와 경영자가 수시로 고객에 관한 정보를 들을 수 있게 하는 MBWA의 효과를 적절히 조화시킨 예라 할 수 있다. 또한 고객과 직접 접촉하는 종사원은 고객의 기대를 보다 명확히 알 수 있기 때문에 제안 인센티브제도 등을 도입, 종사원 제안제도를 활성화함으로써 고객의 기대를 경영활동에 반영할 수 있다.

또한 고객의 기대를 제대로 파악하기 위해서는 고객에 대한 인식이 전환되어야 한다. 고객은 일회적인 거래대상이 아니라 기업의 이익을 증대시키고 운영비를 절감시키는 기초가 되며 구전광고의 원천이 되는 관계의 대상이다. 이러한 맥락에서 고객 데이터베이스를 기반으로 한 관계마케팅이 요구된다. 베리(Berry, 1994)는 관계마케팅을 통해 고객의 충성도를 증진시키기 위한 전략을 크게 다음과 같은 3가지로 구분하였다.

첫째, 금전적 관계형성(financial bonding) 전략인 상용고객 할인제도와 같은 가격유인전략이다. 대한항공, 아시아나항공 등과 같은 항공사의 마일리지(mileage) 제도, 외식업체의 포인트 업(point-up) 제도 등 이미 많은 기업에 의해 수용되고 있다.

둘째, 사회적 관계형성(social bonding) 전략으로 고객끼리의 유대를 형성함으로써 기업과의 관계를 강화하는 전략이다. 엘란동호회, 할리-데이비드선(Harley-Davidson)의 HOG(Harley Owner Group) 등 자사제품의 고객을 연결시킴으로써 해당기업에 대한 충성도를 강화하는 전략이다.

셋째, 구조적 관계형성(structural bonding) 전략이다. 구조적 관계형성이란 특정기업의 서비스를 제공받게끔 구조적인 체계를 설정하는 것을 의미한다. 각 증권회사의 사이버 트레이딩(cyber trading) 프로그램의 제공 등이 그 좋은 예라 할 수 있다.

한편 고객과의 관계를 강화하기 위해서 서비스회복(service recovery)

그림 5-7
서비스회복기법

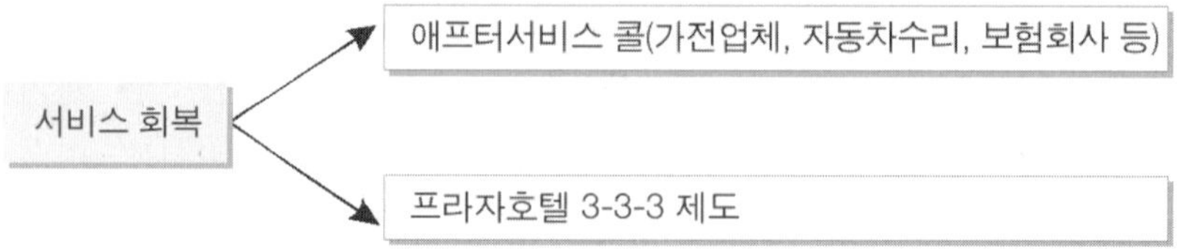

을 위한 노력이 요구된다. 서비스회복이란 고객불만을 야기할 수 있는 실패한 서비스를 복원하기 위한 노력을 의미하는데, 가전업체의 애프터서비스콜(after-service call), 프라자호텔의 3-3-3 제도가 이에 해당한다. 애프터 서비스콜은 가전업체, 자동차수리업체, 보험회사 등에서 애프터서비스가 완료된 후 고객에게 전화하여 서비스는 적절하였는지, 서비스 제공과정에 불만은 없었는지를 확인함으로써 고객의 불만을 최소화하는 활동이다. 프라자호텔의 3-3-3 제도는 고객의 불만족을 3분 이내에 해결하고 3일 내에 사과편지를 보내고 3주 내에 고객의 불만을 야기했던 문제점을 어떻게 개선하기로 하였는지를 통보하는 제도이다.

2) 품질명세 갭(standard gap)의 원인과 개선방법

기업이 인지한 고객이 원하는 서비스와 이를 구체적인 서비스로 상품화하기 위한 단계인 서비스품질명세의 차이에서 발생하는 품질명세 갭은 고객지향적 기준의 결여, 열악한 서비스 설계 및 부적절한 서비스 리더십에서 유래한다.

고객지향적 기준의 결여란 고객의 관점에서 서비스품질 기준을 설정하고 관리하는 노력이 부족한 것을 의미하며, 열악한 서비스 설계는 체계적인 서비스 설계방법의 부재 등 모호한 서비스 설계방식을 의미한다. 부적절한 서비스 리더십이란 서비스품질을 유지하기 위한 비용발생 측면을 지나치게 강조한 나머지 서비스품질의 수익성을 왜곡하고 이에 따라 전사적 서비스품질 의지가 결여되는 것을 뜻한다.

품질명세 갭을 줄이기 위한 첫 단계는 높은 품질목표를 설정함으로써 고객지향적 기준을 확립하는 일이다. 전통적으로 높은 서비스품질은

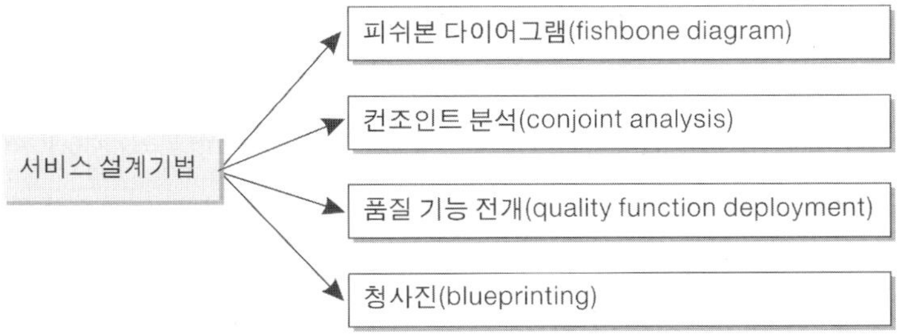

그림 5-8
품질명세 갭을 최소화하는 방법

높은 원가를 야기하는 것으로 이해되어 왔다. 그러나 오늘날 높은 서비스품질은 서비스실패비용을 최소화하고 예방비용을 절감함으로써 원가를 최소화하는 것으로 이해되고 있다.

피쉬본 다이어그램(fishbone diagram), 컨조인트 분석(conjoint analysis), 품질 기능 전개(quality function deployment), 청사진(blueprinting) 기법 등 체계적인 서비스 설계기법들이 열악한 서비스 설계의 문제를 극복하여 품질명세 갭을 최소화하는 방법으로 제시되고 있다. 이들은 모두 고객의 기대를 충족시키기 위한 서비스의 구체적인 설계방법이다.

최고경영층의 헌신 등을 통해 서비스 리더십의 문제를 해결할 수 있다. 각종 교육·훈련을 통해 서비스에 대한 경영자의 의지를 보여주는 것은 물론 최고경영층의 일일영업사원, 현장체험 등이 최고경영층의 헌신을 통해 서비스 리더십을 확보하는 예가 될 수 있다.

에버랜드는 간부사원에게 임명장과 함께 흰 장갑과 집게를 수여한다. 간부들이 솔선수범하여 공원에 떨어진 휴지 등 오물을 줍겠다는 의지의 표현으로 서비스리더십의 상징적인 예가 되고 있다. 이 밖에도 각 사업단위·부·과별 서비스리더를 선정하거나, 일본의 미쯔이 상사와 같이 서비스에 탁월한 기존사원을 신입사원의 장형으로 임명하는 장형제도 등도 서비스 리더십을 확보함으로써 품질명세 갭을 줄이는 좋은 방법이 된다.

3) 서비스제공 갭(delivery gap)의 원인과 개선방법

서비스제공 갭은 품질명세를 실제로 전달하는 서비스 제공단계에서 유래하는 차이로 비효율적 인적자원관리, 수요·공급의 부조화 등에서 기인한다. 비효율적 인적자원관리는 품질명세대로의 서비스 제공을 저해하는 비체계적인 채용, 불명확한 직무명세, 애매한 평가·보상시스템 등을 의미하며, 수요·공급의 부조화란 균질적 서비스의 제공, 목표수준의 서비스 제공을 불가능하게 만드는 과잉공급 혹은 과잉수요를 의미한다.

서비스제공 갭을 줄이기 위해서는 우선 효율적인 인적자원관리가 요구된다. 체계적인 채용 및 교육·훈련, 역할갈등이나 역할 모호성의 해소 등이 효과적이다. 한편 실제로 전달되는 서비스의 질을 높이기 위한 내부마케팅이 요구된다. 내부마케팅은 고객접점 종사원으로 하여금 고객지향적인 태도를 확립하기 위해 실시한다.

내부마케팅은 1차적 고객인 종사원으로 하여금 서비스 마인드를 지닐 수 있도록 하는 경영활동이다. 뿐만 아니라 숨겨진 서비스 부문의 측면에서 내부마케팅은 내적 서비스품질 향상을 위해 내부고객, 즉 다음 공정의 종사원에 대한 서비스 마인드의 확립에도 관심을 둔다. 내부입찰(bidding) 제도, 동료의 인사고과 등이 이러한 목적으로 실행되고 있다. 또한 종사원에 대한 폭넓은 지원 역시 내부마케팅의 역할이다. 종사원의 고충이나 회사와 관련된 지원을 담당하는 신라호텔의 종사원 통합지원팀 등이 그것이다.

수요·공급의 일치로 서비스제공 갭을 줄일 수 있다. 공급을 조절함으로써 수요·공급을 일치시키는 방법으로는 유연한 직무설계, 권한의 위양, 가용능력의 공유, 종업원의 다기능화, 고객참여 유도, 교차기능팀(cross-function team), 서비스 능력의 임차·임대 등을 들 수 있다. 유연한 직무설계를 통해 고객접점 종사원의 유연한 서비스 능력을 확보함으로써 공급을 조절할 수 있으며 접점 종사원으로의 권한 위양을 통해 서비스 능력을 조정할 수 있다.

서비스 제공과정의 고객참여를 특징으로 하는 서비스의 고유한 특성을 이용, 공급능력의 일부를 고객으로부터 제공받는 고객참여 역시 공급을 조절하는 좋은 수단이 된다. 물의 셀프서비스 등이 그 예라 할 수

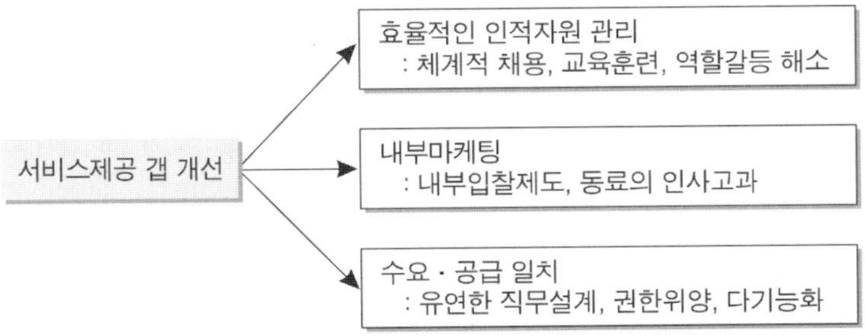

그림 5-9
서비스제공 갭 개선방법

있다.

한편 수요의 조절을 통해 수요·공급을 일치시킬 수 있는데 수요조절은 크게 수요증대, 수요감소 및 수요의 재고화로 구분할 수 있다. 백화점 등 특정한 시간대의 할인판매와 같이 시간대별 수요를 조절함으로써 혹은 고객이 적은 시간대의 특별상품 개발 등이 수요증대를 통한 수요조절의 방법이다. 또 단란주점 등 야간 영업업소에서 점심시간 특별메뉴를 판매하는 것이 그 예이다. 은행의 대기표 제도와 같이 서비스 대기시스템을 통해 혹은 병원의 예약진료 등을 통해 수요를 조절할 수 있음은 물론이다.

4) 커뮤니케이션 갭(communication gap)의 원인과 개선방법

커뮤니케이션 갭은 실제로 제공되는 서비스와 고객과의 커뮤니케이션을 통해 약속된 서비스의 차이를 의미하며 과대약속, 수평적 커뮤니케이션의 부재에서 기인한다. 과대약속은 실제로 제공된 서비스가 각종 커뮤니케이션 활동을 통해 고객에게 약속한 서비스에 미치지 못하는 것을 의미하며, 수평적 커뮤니케이션의 부재란 외부 커뮤니케이션을 담당하는 종사원과 실제 서비스를 제공하는 종사원의 커뮤니케이션 부재로 약속과 다른 서비스가 제공되는 것을 의미한다.

커뮤니케이션 갭을 줄이기 위해서는 우선 고객의 기대를 관리해야 한다. 고객 기대의 관리는 서비스 구매단계에 따라 크게 3단계로 구분된다. 서비스 구매 전 고객의 기대가 파악되어야 하며, 구매시 지속적인 고객과의 커뮤니케이션으로 고객의 기대를 추적하여 서비스를 수정하고, 불가능한 서비스 기대를 지니고 있는 경우 적절한 설명을 통해 이를 변화시켜야 한다. 구매 후에는 해피콜(happy call) 등을 통해 기대가 충족되었는지를 점검하고 문제점을 파악, 수정·보완하여야 한다.

삼성화재는 계약을 완료한 신규 보험가입자에게 전화를 걸어 생활설계사가 약관을 제대로 설명하였는지, 이를 이해하고 직접 서명하였는지를 확인하고, 문제가 발생하는 경우 어떻게 도움을 받을 수 있는지를 확인시킴으로써, 고객기대의 충족 정도를 파악, 고객의 기대를 관리한다.

커뮤니케이션 갭을 줄이기 위해서는 과대약속을 지양하여야 하는데 이를 위해서는 서비스 보증제도, 서비스 실명제, 물리적 증거관리 등이 유용한 수단이 된다. 약속한 수준의 서비스를 제공하겠다는 실행가능한 약속으로서의 서비스 실명제는 물론 이를 지키지 못하는 경우 보상하겠다는 보증제도가 효과적이다. 또한 실질적인 서비스를 과대한 물리적 증거로 포장하지 않아야 한다. 과대한 포장은 기대를 증대시켜 서비스품질 갭을 확대시킨다.

수평적 커뮤니케이션의 활성화는 서비스 제공부서와 대외홍보부서 간의 커뮤니케이션을 활성화하여 커뮤니케이션 갭을 최소화한다. 이를 위해서는 담당자 중심의 소회의제, 전자게시판 등을 활용한 정보공유시스템의 확충이 요구된다. 프라자호텔에서 활용되고 있는 담당자 중심의 소회의제는 식음팀 직원과 홍보팀 직원, 조리팀 주방장과 기획담당 직원의

그림 5-10
커뮤니케이션 갭 개선방법

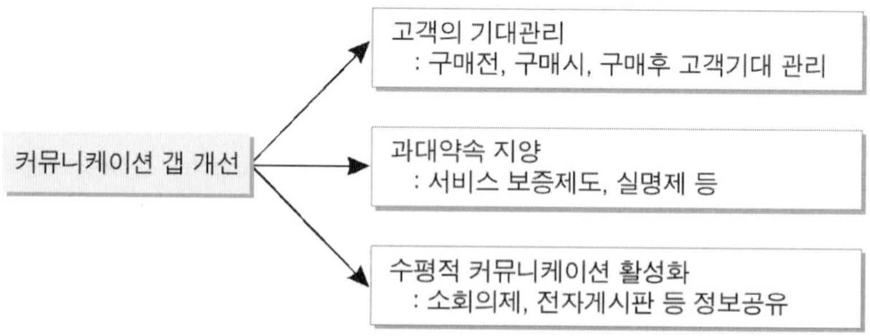

회의와 같이 조직의 일반적인 의사소통 단계를 뛰어넘는 회의를 의미한다.

예를 들어 어버이날 특선메뉴를 계획하고 있는 식음팀장은 홍보팀에 광고문안 등에 대한 협조를 요청하게 되는데 일단 홍보팀에 의해 전반적인 광고계획이 수립되고 나면 광고디자이너는 특선요리를 담당하는 주방장과 식음팀 직원과의 미팅을 통해 광고를 진행하게 된다.

이러한 실질적인 정보를 지닌 담당자끼리의 미팅을 통해, 프라자호텔은 보다 정확한 대고객 커뮤니케이션을 수행할 수 있게 된다.

(3) 서비스품질의 향상방안

앞에서 살펴본 서비스품질의 내용을 정리하면 아래 〈그림 5-11〉과 같다. 고객이 서비스품질을 판단할 때의 다섯 가지 차원은 신뢰성, 확신성, 유형성, 공감성, 대응성이며, 고객의 기대에 영향을 주는 세 가지 요인은 구전효과, 개인적 니즈, 그리고 과거의 경험이다.

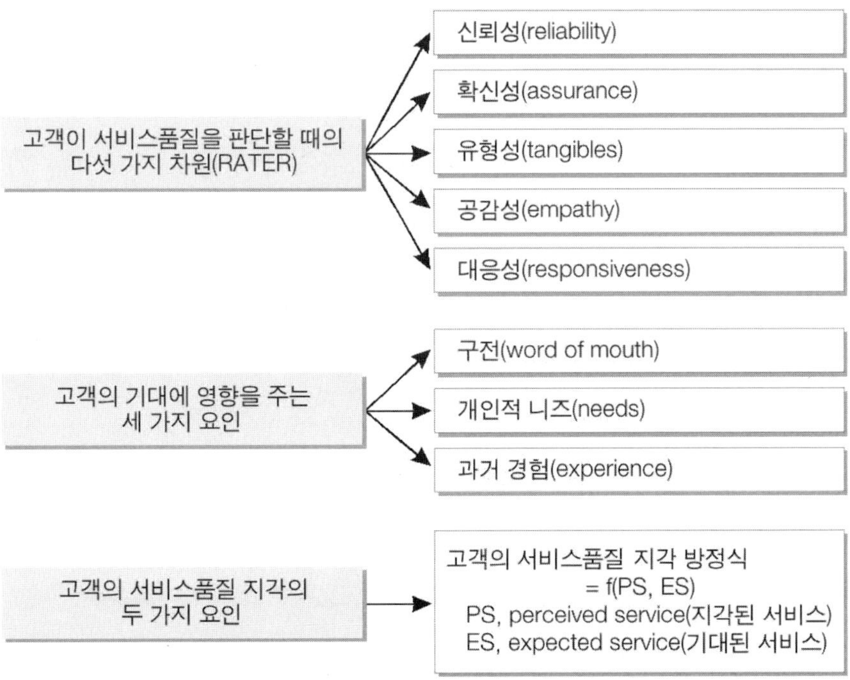

그림 5-11
서비스품질의 내용

그리고 고객의 서비스품질 인지의 두 가지 요인은 경험한 서비스와 기대된 서비스라는 점이다. 고객의 궁극적인 서비스품질 평가, 즉 기대된 서비스와 지각된 서비스의 차이 갭 5는 앞서 논의한 각각의 갭의 크기와 방향에 의해 결정된다.

> 서비스품질 평가(갭 5) = f(경영자인지 갭, 품질명세 갭, 서비스제공 갭, 커뮤니케이션 갭)

따라서 각각 갭의 제로화 혹은 부(負)적인 갭을 바탕으로 높은 서비스품질 평가를 창출할 수 있다. 각각의 갭이 모두 제로화된다면 고객이 기대하는 바대로의 서비스가 고객에게 전달될 수 있으며 이는 고객만족의 중요한 요인이 되는 것이다. 뿐만 아니라 경영자가 고객의 기대를 초월하는 서비스를 제공함으로써, 즉 부(負)적인 경영자인지 갭을 통해 기업은 고객감동에 다다를 수 있다. 비록 PZB의 Gap모형이 기대의 개념화 등 몇 가지 한계를 지니고 있기는 하나 경쟁이 심화되고 고객욕구가 다양화되는 오늘날 서비스품질 향상을 위한 기업의 구체적이고 실천적인 노력을 위한 유용한 도구가 될 것이다.

한편 경쟁에서 승리하기 위하여 서비스품질의 향상을 추구하는 기업이라면, 단기적인 관점에서가 아니라 장기적인 관점에서 기업의 문화, 조직 내 인간관계, 그리고 정보통신기술을 비롯한 기술의 전략적 활용에서 그 길을 찾을 수 있다. 기업의 문화를 서비스품질의 향상에 적합하게 변화시켜야 하며, 전 조직구성원들이 참여하는 분위기가 마련되어야 하

그림 5-12 서비스품질 향상방향(김연성, 2001)

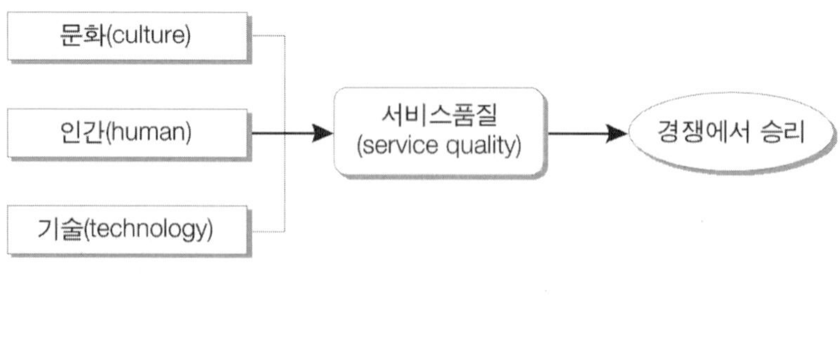

고, 서비스품질의 향상을 위한 기술의 활용이 체계적으로 이루어져야 한다. 이러한 내용을 간략히 개념화하면 아래 〈그림 5-12〉와 같다.

4. 세계 초일류 브랜드의 10가지 품질특성

코카콜라, 질레트와 같은 세계적인 브랜드를 살펴보면 몇 가지 공통점이 발견된다. 그 공통점이 무엇인지 살펴보고 각 공통점마다 대표적인 성공사례와 실패사례를 알아보자.

소매 커피점의 강자로 떠오르고 있는 스타벅스(Starbucks), 면도 관련 용품의 대명사 질레트(Gillette), 그리고 갭(Gap), 비엠더블유(BMW), 코카콜라 등은 해당 분야의 최고의 브랜드임을 누구도 의심하지 않는다. 이러한 초일류 브랜드들의 강력한 힘은 어디에서부터 나오는 것일까?

브랜드 관리의 세계적인 석학인 켈러(Kevin Lane Keller) 교수는 최근 한 논문에서 세계적인 브랜드들이 가지는 공통점을 10가지 정도로 요약하고 있다. 이들 공통점은 다소 교과서적이라는 느낌을 줄 수도 있지만, 외형적 수치에 급급하여 원칙을 벗어난 브랜드 관리가 허다하게 벌어지는 상황을 생각한다면 현 기업들이 자신의 위치를 한 번 되돌아보게 하는 좋은 내용이다.

기업의 브랜드 관리자들은 이러한 초일류 브랜드들의 공통점을 자신의 브랜드에 비춰봄으로써 무엇은 잘 구축되어 있고, 무엇은 부족한지를 한 눈에 파악할 수 있을 것이다. 물론 경쟁사 브랜드를 대비시켜 비교해본다면 더욱더 흥미있는 결과를 얻을 수 있을 것이다.

(1) 초일류 브랜드는 고객들이 진심으로 원하는 것을 남들보다 앞서 제공한다

일반적으로 고객들은 제품을 구매할 때 그 제품이 가지고 있는 속성, 예를 들면 가격, 디자인, 성능 등을 고려하여 구매한다고 생각하기 쉽다. 하지만 이러한 물리적 제품 속성만 영향을 미치는 것이 아니라 브랜드가 풍기는 이미지, 판매원의 서비스와 같은 무형의 요소들도 같이 혼합되어, 고객들도 한마디로 표현하기 어려운 전체적 이미지가 구매단계에 영향을 미치게 된다.

스타벅스(Starbucks)는 바로 이러한 유형의 속성과 무형의 이미지가 혼합된 혜택을 고객에게 잘 전달한 성공사례로 꼽을 수 있다. 스타벅스는 1983년에 미국 시애틀의 소규모 커피 소매점으로 출발하였다. 스타벅스의 회장인 하워드 슐츠(Howard Shultz)는 이탈리아의 커피 판매점에서 느낀 낭만적 분위기와 지역주민이 결합된 느낌을 통해 그 동안 가져온 커피에 대한 개념을 바꾸게 되었으며 이를 사업 기회로 활용하였다.

스타벅스 1호점

이를 계기로 스타벅스는 이탈리아와 같은 커피판매점 분위기와 커피문화를 만드는 일에 노력을 기울이기 시작했으며, 원두의 선택과 혼합, 볶는 과정, 최종 완성품에 이르기까지의 전 과정을 수직 통합함으로써 눈에 띄는 효과가 나타나기 시작했다. 스타벅스 매장에서는 고객이 원하는 느낌을 파악하고 전달하는데 노력을 하였는데, 고객의 모든 감각기관을 자극하는 방법으로 이루어졌다. 즉 원두의 매혹적인 향기, 커피의 풍부한 맛, 제품의 진열과 다양한 장식품, 은은하게 흐르는 음악, 아늑한 느낌의 테이블과 의자를 이용한 방법이었다.

이러한 스타벅스는 대중매체를 통한 광고의 지원이 거의 없었음에도 불구하고 스타벅스 만의 특별한 브랜드 관리원칙을 적용해 5년 만에 전국적인 브랜드가 된다. 1987년 슐츠가 스타벅스를 인수해 스타벅스 코포레이션을 설립하였다. 그해 시애틀에서 6개 매장으로 시작하여 현재 9천여 매장을 운영하는 커피제국으로 부상하였다.

(2) 초일류 브랜드는 변화와 기술발전을 받아들이면서 끊임없이 진화해 나간다

강한 브랜드가 되기 위해서는 제품이나 서비스의 품질뿐만 아니라 다른 무형의 요소도 적절히 갖추어야 한다. 무형의 요소로는 사용자 이미지(브랜드를 사용하는 사람들에 관한 이미지), 사용 이미지(브랜드가 사용되는 상황에 대한 이미지), 브랜드의 성격(예를 들면 성실한, 유능한, 교양없고 거친), 브랜드가 고객에게서 끌어내려고 하는 느낌(단호한, 따뜻한), 고객과 맺으려고 노력하는 관계의 유형(고착된, 일상적인, 계절적인) 등이 있다. 초일류 브랜드를 살펴보면 자신의 핵심적인 강점을 놓치지 않기 위해 늘 선두에 있으면서 시대의 변화에 맞도록 무형의 요소를 잘 관리해 나가고 있다.

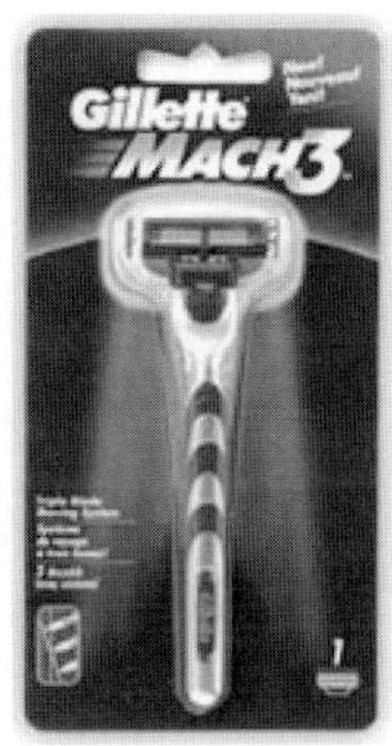

가령 면도기 회사인 질레트는 면도날에 대한 끊임없는 연구개발을 통해 타사에 비해 기술적으로 항상 앞서 나간다. 또 이러한 기술적 발전을 Trac II, Atra, Sensor, Mach3와 같은 브랜드에 적용하면서 Atra Plus, Sensor Excel과 같이 계속적인 이미지 확장을 꾀한다. 즉 질레트는 '끊임없이 새로운 기술을 적용한 제품을 만들어간다'는 이미지를 유지해가고 있는 것이다.

한편 질레트는 과거부터 계속되어온 일관된 캠페인을 통해서 '남성의 성취감'이라는 제품이미지를 담아내고 있는데, 이 역시 남자의 성취감을 대변하는 브랜드의 이미지를 항상 놓치지 않고 견지하고 있는 것이다.

(3) 초일류 브랜드는 고객이 느끼는 가치에 맞춰 가격을 매긴다

제품의 품질, 디자인, 비용 등과 가격 사이에 적절한 균형점을 찾는다는 것은 쉬운 것이 아니다. 아쉽게도 많은 브랜드 관리자들은 가격을 고객이 제품에 대해서 느끼는 바와 어떻게 연결시켜야 하는지를 몰라서 너무 높거나 낮은 가격을 책정하고 있다.

예를 들어 P&G사는 '케스케이드'라는 식기세척기용 세정제에 대해서 비용중심의 가격정책을 펴다가 실패한 적이 있다. 특정 수질에서 제품성능은 다소 떨어지지만 비용을 절감할 수 있다는 측면에서 새로운 제조법을 이용하여 가격정책을 펼쳤는데, 곧 바로 경쟁사인 레버 브러더스(Lever Brothers)사는 '케스케이드'를 이용한 식기세척은 완벽하지 못한다고 반격했으며 결국 P&G사는 다시 과거의 제조법으로 되돌아가야만 했다. 이 사례가 시사하는 바는 가치에 따른 가격은 브랜드 구축활동의 비용에 따라서 결정되어서는 안 된다는 것이다.

(4) 초일류 브랜드는 차별성과 유사성이 혼합된 브랜드 포지셔닝을 한다

포지셔닝(positioning)을 잘 한 브랜드는 고객의 마음 속에서 특정한 영역을 차지하게 된다. 이러한 포지셔닝에서 성공하기 위해서는 유사성과 차별성의 두 요소가 적절히 사용되어야 한다. 너무 똑같아서도 안되며, 그렇다고 완전히 동떨어진 차별만을 강조하는 것도 위험하다. 성공적인 브랜드는 경쟁사와 경쟁을 하는 분야에서는 보조를 맞추되 동시에 다른 분야에서 경쟁사보다 우위에 서기 위한 차별포인트를 만들어 가는 브랜드라고 본다.

할리 데이비슨

예를 들어 메르세데스 벤츠(Mercedes Bentz)와 소니(SONY) 브랜드는 제품 품질면에서 차별적인 장점을 지니고 있으면서 경쟁사와 유사한 서비스 수준을 유지하고 있다. 새턴(Satern)과 노드스트롬(Nordstrom)은 업계 최상의 서비스로 앞서 가면서 상품의 질적 측면에서는 경쟁사와 동등한 품질을 유지해 나가고 있다. 캘빈클라인(Calvin Klein)과 할리 데이비슨(Harley Davidson)은 사용고객에게 고품격

이미지를 제공하면서도 결코 뒤지지 않는 제품 성능을 제공하고 있다.

신용카드회사인 비자(Visa)의 경우는 브랜드 포지셔닝에 대한 대표적 성공사례로 볼 수 있다. 1970년대와 1980년대에 경쟁사인 아메리칸 익스프레스사는 효과적인 마케팅 프로그램을 통해 신용카드업계에서 확고한 위치를 점하고 있었다. '특권을 지닌 멤버십' 이라는 광고를 통해 아메리칸 익스프레스는 고품격의 지위, 특권 등을 상징하게 되었다.

이에 대해 비자(VISA)사는 골드와 플레티넘 카드를 도입해 아메리칸 익스프레스(Amercan Express) 카드에 버금가는 지위를 갖는 카드를 갖추기 위해 공격적인 마케팅 캠페인을 시작했다. 또한 편리성과 접근성 면에서의 차별화를 위해서, 유명한 레스토랑, 휴양지, 이벤트 장소이자 아메리칸 익스프레스를 받지 않는 장소에서 '당신이 원하는 모든 곳에 비자는 있다' 라는 슬로건으로 캠페인을 시작했다.

이런 메시지는 비자의 접근성과 권위 모두를 강화시켜 주었고 확고한 브랜드 포지셔닝을 구축하는데 도움을 주었다. 결국 비자는 쇼핑, 여행, 오락, 국제여행, 이벤트 등 기존에 아메리칸 익스프레스가 우위를 누렸던 분야에서 최고로 선택받는 카드가 되었다.

(5) 초일류 브랜드는 일관된 커뮤니케이션 전략을 구사한다

브랜드 파워를 유지한다는 것은 마케팅 활동의 일관성을 유지한다는 것을 의미한다. 마케팅 활동의 일관성이라는 것은 해당 브랜드의 이미지가 흐려지지 않도록 하고 고객에게 기존 정보와 불일치되는 메시지를 전달해서 혼란에 빠뜨리도록 하는 실수를 범하지 않는 것을 의미한다.

미국의 유명한 맥주인 미켈롭(Michelob) 브랜드는 일관성을 지키지 못하여 막심한 손해를 본 대표적 사례이다. 1970년대에 미켈롭은 '당신이 잘 나갈 때 미켈롭이 있다' 라는 자신만만한 캐치프레이즈로 성공한 젊은 전문가들을 등장시킨 광고를 했다. 그 다음 광고는 '주말은 미켈롭을 위한 것이다' 라는 것이었고 이후에 매출 하락세를 극복하기 위해 광고의 내용이 '주중에도 약간의 주말 분위기를 내자' 라는 것으로 바뀌었다.

1980년대 중반에 미켈롭은 '밤은 미켈롭의 것이다' 라는 캠페인을 하였으며 1994년에는 '특별한 날에 특별한 맥주를 준비한다' 라는 광고를 하였고 이후에 슬로건은 '미켈롭은 특별한 날을 위한 것이다' 로 전환되었다.

한 마디로 소비자들은 혼란스럽다. 그렇게 많고도 서로 다른 광고 메시지를 접한 소비자들은 언제 미켈롭 맥주를 마셔야 할지 혼란스럽다. 예상대로 매출은 하락하였는데 1980년대 최고 810만 배럴의 매출에서 1998년에는 100만 배럴로 떨어졌다.

(6) 초일류 브랜드는 브랜드 포트폴리오와 계층구조를 엄격히 관리한다

일반적으로 기업들은 여러 개의 브랜드를 복수로 운용한다. 각 세분시장별로 별도의 브랜드를 운용하는데, 회사 내의 여러 브랜드 간에는 서로 다른 브랜드 파워를 갖게 되기도 한다.

전사적으로 하나의 브랜드, 즉 기업 브랜드(corporate brand)가 포괄적 역할을 하고 그 하위의 개념으로 패밀리 브랜드(family brand)가, 또 그 아래에는 보통 우리가 알고 있는 한 가지 형태의 제품을 대상으로 하는 개별 브랜드(individual brand)가 위치하게 된다.

이같이 계층구조 각각의 수준에 있는 브랜드들이 소비자들로 하여금 다양한 제품을 인지시키고, 다른 브랜드와의 바람직한 연계를 강화하면서 전체적인 브랜드 포트폴리오를 형성해 나가게 된다. 그러나 각각의 브랜드는 자신의 고유 영역을 지켜야 하는데, 가끔 하나의 브랜드로 너무 넓은 영역을 커버하려다 보면 포트폴리오 내의 브랜드들끼리 서로 영역이 겹치는 중복위험(cannibalization)에 빠질 수 있다.

미국 의류브랜드인 갭(Gap)의 브랜드 포트폴리오는 최소한으로 겹치면서 최대한으로 시장을 포괄하고 있다. 바나나 리퍼블릭(Banana Republic)은 하이엔드 제품군, 갭은 기본적인 스타일과 품질의 제품군,

올드 네이비(Old Navy)는 대중적인 제품군과 시장을 대상으로 한다. 각각의 브랜드는 독특한 이미지와 고유의 브랜드 컨셉을 지니고 있는 것이다.

바나나 리퍼블릭

브랜드 계층구조 설계에 있어서는 BMW가 단연 돋보인다. BMW 광고슬로건인 '최고의 자동차'는 스타일과 성능(안정성)의 두 가지 이미지를 모두 강화시켰는데, 이런 컨셉은 BMW의 이름으로 팔리는 모든 차에 적용되었다. 그리하여 BMW와는 언뜻 조화되기 어려운 것처럼 보이는 스포츠세단 범주를 최상의 스타일과 성능이라는 개념으로 개척을 성공적으로 하였다. 동시에 BMW는 3, 5, 7 시리즈를 통해서 명확히 구분되는 하위 브랜드를 만들었고, 이것이 품질과 가격의 논리적인 순서와 계층을 제시하도록 했다.

BMW 스포츠카

이와는 반대로 GM은 아직도 브랜드 포트폴리오, 브랜드 계층문제와 씨름하고 있다. 1920년대 초에 GM은 '모든 계층에게 모든 목적에 맞는 차를 제공하겠다'라는 철학을 바탕으로 캐딜락(Cadillac), 올즈모빌(Old- smobile), 뷰익(Buick), 폰티악(Pontiac), 시보레(Chevrolet) 브랜드를 만들었다. 이러한 생각은 각 사업부가 가격, 제품 디자인, 사용자 이미지 등에 따라 구분되는 여러 세분시장을 각각 담당하려는 의도였다. 그러나 날이 갈수록 GM의 다섯 사업부 간에 겹치는 마케팅 활동이 증가하였고, 사업부 간의 차별점이 점점 줄어들었다.

GM사의 시엥(Cien)

지난 10년 동안 GM은 각 브랜드의 재배치를 통해서 모호한 브랜드 간의 경계를 확실히 하려고 노력해 왔으나, 소비자는 아직도 해당 브랜드가 대표하는 것이 무엇인가를 확실히 인지하지 못하고 있으며, 경쟁사인 도요타와 혼다와 같이 확연히 구분되는 이미지를 구축하지 못하고 있다.

(7) 초일류 브랜드는 브랜드자산 구축을 위해 마케팅의 모든 요소를 이용하고 통합한다

일반적으로 브랜드자산 구축에는 로고, 심벌, 슬로건, 포장 등의 모든 마케팅 요소들이 이용된다. 강력한 브랜드는 이러한 요소를 혼합·조화시켜서 소비자의 브랜드 이미지 지각 향상, 경쟁이나 법적 측면에서의 브랜드 보호와 같은 여러 가지 브랜드관련 기능을 수행한다.

초일류 브랜드의 브랜드 관리자는 개별마케팅 활동이 브랜드 자산을 형성하는데 어떤 역할을 하는지 정확히 이해하고 있으며 브랜드 이미지를 강화시키는 사람, 장소, 사물들을 자사 브랜드와 정확히 연계시킨다.

일반적으로 광고활동은 끌어들이는 기능, 즉 특정제품의 고객수요를 창출하는 기능을 제공하는데 적절하다. 또한 판촉활동은 밀어내는 기능, 즉 유통망에 제품을 밀어내는 것을 도와주는데 적절하다. 브랜드가 자신에게 확보된 자원을 잘 활용하고 브랜드자산이 모든 마케팅 활동에 걸쳐서 확보되도록 잘 관리된다면 그 브랜드의 아성을 무너뜨리기는 결코 쉽지 않다.

코카콜라의 경우 풀(pull)형 광고활동과 푸시(push)형 판촉활동을 적절히 사용하고 있는 좋은 사례이다. 코카콜라는 많은 종류의 마케팅 활동을 훌륭히 수행하고 있는데, 이러한 활동에는 '언제나 코카콜라' 캠페인과 같은 매체광고, 콜라병 모으기 판촉이나 올림픽 후원활동 등도 포함된다.

한편 코카콜라 카탈로그를 통해서 코카콜라 계열 제품을 직접 판매하기도 한다. 그리고 코카콜라 웹사이트를 통해서 게임과 코카콜라 기념품을 제공하며, 애틀란타에 있는 코카콜라 박물관을 가상의 형태로 제공하기도 한다. 이 모든 것을 통해서 코카콜라는 항상 브랜드의 주요 가치인 '원조', '정통음료' 등을 강화시켜 나가고 있다.

(8) 초일류 브랜드의 관리자는 브랜드가 소비자에게 의미하는 바가 무엇인지를 이해한다

세계 초일류 브랜드의 관리자는 자사브랜드의 이미지 전체를 정확히 이해하고 있다. 즉 고객 스스로가 브랜드와 연관짓는 인식, 믿음, 태도, 행동이 브랜드 이미지 전체가 되는데, 이것은 그 기업이 의도적으로 만들 수도 있고 아닐 수도 있다. 한 마디로 관리자는 브랜드에 관해 자신감을 갖고 의사결정을 할 수 있어야 한다. 고객이 그 브랜드에 대해서 어떤 점을 좋아하고 싫어하는지를, 브랜드와 고객이 어떤 관련성이 있는지를 명확히 안다면, 어떤 마케팅 활동이 브랜드와 잘 연결되는지를 정확히 파악할 수 있게 된다.

브랜드 관리자가 브랜드의 의미하는 전체를 이해하지 못해서 발생할 수 있는 문제점을 잘 보여주는 예로 빅(Big)이라는 브랜드를 들 수 있다.

프랑스 회사인 소시에떼 빅(Societe Big)은 값싸고, 다 쓴 뒤 버릴 수 있다는 제품의 편리성을 강조하면서 1950년대 후반 재충전되지 않는 볼펜, 1970년대 초에는 일회용 가스라이터, 1980년대 초에는 일회용 면도기를 만들어 냈다. 그러나 1989년 미국과 유럽 시장에서 향수에 대해서 같은 전략을 적용하려고 하다가 실패를 하고 말았다.

왜 실패를 하였을까? 비록 빅(Big)사의 다른 제품이 편리성과 낮은 가격에 품질이 좋다는 점을 대표하고 있지만, 전체적인 브랜드 이미지에 향수같이 감성과 연관되어 있는 제품이 적합하지 않다는 것을 이해하지 못했다. 고객들은 그 동안 빅 제품에서 느껴온 실리적이고 인간미 없는 이미지와 감성적이고 매혹적인 향수가 전혀 맞지 않다고 느꼈던 것이다.

이와는 대조적으로 질레트사는 빅(Big)사가 저지른 실수를 하지 않도록 조심하였는데, 질레트라는 이름은 면도기, 면도날, 그리고 이와 관련있는 욕실용품에만 한정하여 사용하였으며, 전기면도기는 전혀 별개인 브라운(Braun)이란 이름을, 구강관련 제품에는 오랄 비(Oral B)라는 이름을 작명(naming)하여 판매하였다.

(9) 초일류 브랜드는 한 브랜드에 대해 오랜 기간동안 지속적으로 지원한다

일반적으로 브랜드 관리자들은 브랜드 인지도를 조기에 확보하기 위해 원칙을 벗어나 빠른 길을 선택하려는 경향이 있다. 하지만 브랜드자산은 조심스럽게 구축되어야 한다. 브랜드자산의 견고한 토대는 소비자가 오랜 기간 쌓아온 강하고 호의적이고 독특한 브랜드 연상에 의해 구현되는 것이다. 따라서 장기적 관점에서 꾸준히 브랜드를 관리하고 투자해야 한다.

브랜드 지원이 부족하여 실패한 사례로 쉘(Shell)이라는 정유회사를 들 수 있다. 1970년대 후반 소비자들은 쉘에 대해 상당히 긍정적인 이미지를 갖고 있었다. 그러나 1980년대 초에 여러 가지 이유로 쉘사는 광고와 마케팅 활동을 상당히 줄였는데, 이로 인해 쉘은 지금도 그때 잃은 토대를 회복하지 못하고 있다. 소비자의 눈에 쉘 브랜드는 더 이상 과거에 누렸던 강한 브랜드가 아니라 다른 여러 정유회사와 유사한 회사로 인식되고 있는 것이다.

(10) 초일류 브랜드는 브랜드 자산의 원천을 항상 모니터링하고 감시한다

일반적으로 강력한 브랜드는 브랜드에 대한 면밀한 감사(brand audit)와 지속적인 브랜드 트래킹(brand tracking)을 통해 현재의 상태를 수시로 체크하면서 개선·발전시켜 나간다. 특히 브랜드 감사는 정기적으로 시스템화되는 것이 중요한데, 브랜드 포트폴리오와 브랜드 계층구조 파악 등을 하는데 있어 반드시 필요한 요소이다.

그리고 고객의 인식과 믿음에 대한 정기적 탐색을 통해 기업과 소비자간의 시각 차이를 점검하는 것이 중요하며, 브랜드 관리자에게 브랜드에 대한 관리나 마케팅 전개를 어떤 방향으로 수정하고 진행시켜 나가야 하는지를 보여준다(한국산업교육학회).

✔ 진짜 세일즈 맨이란…

한 부동산 세일즈맨이 고객에게 땅을 팔았다.
하지만 얼마 안 있어 그 땅이 물에 잠기고 말았다.
고객의 전화를 받은 세일즈맨은 사장에게 말했다.
"사장님, 별장을 샀던 고객이 화가 잔뜩 나서 지금 회사로 찾아오고 있는데요. 돈을 돌려줘야 하나요?"
그러자 사장이 화를 버럭내면서 말했다.
"뭐가 어째, 돈을 돌려줘? 자네 뭐 하는 사람인가! 어서 가서 그 사람에게 배를 팔라구!"

제 2 절 서비스품질과 내부고객

1. 서비스품질과 종사원(내부고객)의 서비스기술 및 훈련

(1) 서비스 훈련과 기술

단골(고정)고객이 기업의 안정된 수익원천임을 기업들이 인식한 까닭에 많은 기업들은 '고객만족운동'을 최고의 목표로 삼고 있으며, 고객만족을 향상시키기 위한 다양한 프로그램을 전개하고 있다. 급변하는 환경변화에 따라 각 기업들은 나름대로의 전략적 발상능력의 개발과 육성, 전사적 품질관리, 전략적 벤치마킹, 고객중심적 리엔지니어링 등의 기법을 도입함으로써 서비스품질을 높여 서비스가치를 제고시키고 고객을 더욱 만족시킴으로써 경쟁우위를 차지하려 노력하고 있다.

기업의 우월한 가치와 경쟁우위는 시장에서 서비스에 대한 고객들의 '원하는 바' 와 반응함으로써 창출되고 유지될 수 있다 이러한 관점에서 많은 서비스 조직들은 경쟁자에 비하여 자신들의 고객들에게 우월한 가치를 제공한다는 것을 근본으로 하고, 자신들의 종사원들이 보다 고객지향적이 되도록 하기 위하여 서비스 훈련과 기술의 습득에 많은 투자를 하고 있다.

종사원에 대한 서비스 훈련과 기술의 습득은 조직구성원들이 고객만족이라는 공통적 목표를 위해 일하게 함으로써, 자신의 조직이 서비스 지향적이라는 것에 대하여 자부심을 갖게 한다는 점에서 그 의의가 있다. 또한 종사원들이 그 기업 또는 조직에 가치있는 기여를 하도록 함으로써, 그들의 직무에 만족하고 조직에 몰입할 수 있도록 해주며, 그 결과 서비스품질을 향상시킨다.

종사원의 태도는 서비스접점의 중요한 요소로 서비스품질에 대한 고객지각에 영향을 주며, 고객의 가치지각과 고객만족, 더 나아가 조직의 성과에 영향을 준다는 점에서 매우 중요하다(Chase and Bowen, 1991; Kohli and Jaworski, 1990).

서비스 훈련과 기술은 서비스품질에 직접적인 영향을 미치고 그 결과 서비스가치와 고객만족에도 영향을 미친다. 그러므로 고객과 접하는 종사원들에게는 무엇보다도 인간관계기술이 매우 중요하다. 미소를 짓고 서비스를 전달하는 것, 고객에게 감사하는 것, 예절바른 행동 등은 고객만족에 영향을 미치는 가장 기본적 기술의 예이다.

고객접점 종사원들의 가장 기본적인 서비스기술은 예절바른 태도와 도와주려는 마음가짐 및 실천이다. 선진화된 서비스품질관련 팀훈련, 문제해결 훈련, 대인간 기술훈련과 기타 훈련을 통하여 훈련받고 권한을 부여받은 종사원들은 고객에게 탁월한 서비스를 제공할 수 있게 된다(이용기 외, 2001).

오늘날 첨단기업에서 유기적인 조직이나 설비의 시스템이 완벽하다고 할지라도 서비스 종사원들의 역할은 아직도 중요한 생산요소라고 할 수 있다. 이것은 서비스 접점종사원들에 의해서 투자된 이미지가 조직운영의 가장 중요한 요소이며, 오늘날과 같이 경쟁이 치열한 환경하에서 조직을 실질적으로 차별화하는 방법이 서비스 접점종사원들을 통한 고객서비스라는 것을 나타내는 것이다.

따라서 고객과 가장 일선에서 접촉하는 서비스 접점종사원에 대한 서비스 훈련은, 복잡한 고객의 서비스 요구에 부응할 수 있는 종사원의 능력을 강화시킴으로써 성공적인 기업으로 포지셔닝(positioning)하기 위함이다. 성공적인 서비스 조직은 기계와 장비에 투자하는 만큼 종사원들에게 투자를 함으로써 인재를 육성하고, 기술이 종사원들을 대체하는 것으로 여기지 않고 그들의 노력을 지원하는 수단으로 여긴다(오정환, 1994).

예를 들면 호텔상품은 객실·식음료·부대시설 등으로 구성되지만 호텔에 대한 고객의 태도를 결정하는 것은 고객이 받은 서비스인 것이다(위정주, 1995). 따라서 호텔의 고객접점 종사원이 제공하는 서비스 기술은 서비스실패 예방을 위하여 받은 서비스 훈련과 밀접한 관계가 있는 것으로, 호텔서비스 조직이 고객에게 우월한 서비스를 제공하기 위하여 서비스 기술에 얼마나 의존하고 있는가를 평가하는 것이다. 즉 서비스품질은 서비스 훈련과 서비스 기술의 사용을 통하여 강화될 수 있다는 것이다.

실례로 판매훈련으로 투자된 1달러당 273달러의 수익을 얻을 수 있었으며(R.R. Donnellery & Sons, Montebelo and Haga, 1994), 나비스코 비스켓 회사(Nabisco Biscuit Company)는 판매훈련으로 투자한 1달러당 122달러의 매출액이 증대되었으므로, 이런 결과들은 기업경영에 서비스 훈련과 기술이 매우 중요하다는 것을 단적으로 보여준다. 따라서 서비스에 의하여 차별화될 수 있는 서비스 조직에서 우수 종사원의 확보, 보유 그리고 그들에 대한 동기부여는 매우 중요하며(Rafig and Ahmed, 2000), 이것은 서비스 훈련과 기술에 의해서만 달성될 수 있다.

그러나 서비스를 구성하는 요소 중 인적자원이 아무리 훌륭하게 훈련

받았다 하더라도 이를 뒷받침해 줄 수 있는 시스템이 결여된다면 고객은 불만족하게 된다. 그러므로 서비스 조직은 기술과 기술에 근거한 시스템을 활용함으로써 경쟁기업에 비해 탁월한 고객서비스 가치의 창출과 전달을 가속화시킬 수 있고, 이는 차별화된 고객만족으로 이어진다.

많은 고객기대들은 정교하고 통합된 기술의 지원으로 충족되고, 만일 기대에 어긋난 경우라도 잘 구축된 시스템을 통해 불만족을 해결해줌으로써 또한 만족하게 된다. 하지만 시스템이 완벽한 경우라도 고객이 볼 수 있는 서비스는 고객접점의 최일선을 담당하는 종사원들의 서비스 태도이므로 가장 중요한 것은 역시 인적자원의 서비스품질이다.

(2) 서비스훈련/기술과 서비스품질

앞서 살펴본 바와 같이 서비스품질은 신뢰성, 반응성, 능력, 접근성, 예절성, 의사소통, 신용성, 안정성, 고객이해, 유형성 등과 같은 구성요소로 이루어져 있으며, 서비스기업은 투입통제(마케팅활동의 실행 이전에 취해진 활동: 모집·선발·교육훈련, 전략적 계획, 자원할당), 과정통제(시행 중에 행동이나 활동에 영향을 미치는 메커니즘: 조직구조, 운영절차, 보상), 결과통제(업무수행 표준설정과 결과 모니터링이나 평가) 등의 활동을 통하여 서비스품질을 향상시킬 수 있다(Hartline and Ferrell, 1996).

서비스품질에 영향을 미치는 요인은 서비스 훈련과 기술 이외에 서비스 실패예방과 복구, 서비스 표준커뮤니케이션, 서비스 리더십, 서비스 보상 등이 있다(Lee, Lee and Yoo, 1999; Lytle et al., 1998).

2. 서비스 종사원(내부고객)의 역할모호성과 서비스품질과의 관계

생산과 소비를 분리할 수 없다는 서비스의 본질적인 속성 때문에 서비스를 생산하여 직접 제공하는 서비스 제공자와 동시에 이를 받아 소비하는 고객과의 직접적인 접촉이 일어난다(Crosby et al., 1990). 그러므로 서비스 제공자들은 기업을 대표하여 소비자에게 서비스 뿐만 아니라 가치를 제공하는 중요한 역할을 통해 소비자와의 상호관계의 질을 형성하게 된다.

즉 관계의 질은 '고객과 기업간의 장기적인 상호작용을 통하여 발생되는 고객의 감정적 상태'로, 서비스 종업원에 의하여 수행되어 온 역할에 대한 평가를 중심으로 이루어진다고 볼 수 있다.

따라서 모든 기업들이 성공적인 경영을 수행하려면 종사원의 만족을 통한 서비스품질을 강화시키고, 훌륭한 서비스품질을 활용하여 고객만족을 증대시켜야 한다.

(1) 역할스트레스와 종사원 (불)만족과의 관계

서비스 종사원들은 크게 직접 고객을 접촉하는 종사원과 지원부서의 종사원으로 구분할 수 있다. 지원부서의 종사원들은 좀처럼 고객들의 눈에 띄지 않는다. 서비스품질의 기술적인 요소(technological element)들은 바로 지원부서의 종사원들에 의해 결정되지만, 고객을 접촉하는 종사원들은 조직과 고객 사이의 연결고리 역할을 하기 때문에, 서비스 기업에서는 고객접촉 종사원이 매우 중요한 부분을 차지하게 된다.

왜냐하면 이러한 종사원들을 고객들이 볼 수 있고 상호작용을 할 수 있기 때문이다. 그래서 서비스품질의 기능적인 요소(functional element)들은 바로 고객을 접촉하는 종사원들에 의해 결정된다. 대부분의 서비스가 노동집약적이기 때문에 종사원들이 제공하는 서비스에 대한 고객들의 인지된 서비스가 기업의 성공여부에 결정적인 영향을 미칠 수 있는데, 생산과 소비가 동시에 일어나는 서비스의 속성상 고객과 종사원들은 갈등에 직면하게 된다(Bitner et al., 1994; Bitner, 1992).

그런데 종사원들이 직무갈등을 겪게 되는 근본적인 이유는 직무설계가 제대로 되어 있지 않아 종사원들이 역할스트레스를 겪기 때문이다. 1964년 칸(Kahn)과 그의 동료들이 이론적 틀을 제시한 후, 최일선 종사원의 역할스트레스(role stress)는 경영분야와 관련된 종사원의 행동

(behavior)과 직무관련 태도(job-related attitude)에 있어 중요한 요인으로 고려되었다(Singh et al., 1996). 그 중에서도 특히 역할갈등(role conflict)과 역할모호성(role ambiguity)에 많은 비중을 두고 연구가 진행되었다(Behrman and Perreault, 1984; Singh, 1993).

종사원의 역할은 종사원이 속한 조직 내부 또는 외부의 역할파트너(role partner; 종사원의 직무수행과 이해관계가 있는 기업 내외의 사람들)가 직위에 대하여 가지는 압력과 기대 또는 요구에 의하여 수행되어야 하는 행위의 집합이라고 정의된다(Walker, 1988).

따라서 역할지각은 이러한 역할 파트너들의 기대에 대한 종사원의 지각을 의미하는데, 특별히 역할과 역할지각을 구분하는 것은 종사원이 스스로 인식하고 있는 역할과 종사원에게 객관적으로 주어지는 역할과는 다를 수 있기 때문이다(조경래, 1993). 역할지각은 역할갈등, 역할모호성 등의 차원으로 구성된다. 역할갈등은 양립할 수 없는 2개 이상의 역할이 동시에 요구될 때 발생하며, 역할모호성은 종사원이 직무를 제대로 수행하는데 요구되는 충분한 정보를 가지고 있지 못할 때 일어난다.

이상의 세 가지 역할차원은 종사원에게 심리적인 영향을 불러일으킨다. 또한 이 세 가지 차원들은 직무에 대해 심리적 불안과 불만을 불러일으킬 뿐만 아니라 동기에도 영향을 미쳐, 결국에는 종사원의 이직률과 성과에 영향을 미친다. 연구에 따르면 산업재 종사원들은 그들의 직무특성상 역할 불정확성(role inaccuracy), 역할갈등, 그리고 역할모호성에 특히 취약한 것으로 나타났다(김영선, 1998).

(2) 서비스 종사원의 역할모호성의 발생상황

서비스 기업의 경우는 다양한 서비스에 대한 서비스 표준이 존재하지 않으면 서비스품질 관리에 영향을 미치게 마련이다. 즉 서비스품질 통제과정에서 중요한 요소는 적절한 서비스 표준을 설정하는 일인데, 이러한 표본들은 내부성과 측정과 같이 협소한 것이 아닌 외부시각과 고객을 기초로 이루어져야 한다.

베리 등(Berry et al., 1994)은 조직이 자주 범하는 실패로 서비스 표준을 잘못 정의하고 잘못 이해하는 것이라고 주장하면서 서비스 기업에서의 역할모호성의 발생원인으로 다음과 같은 사항을 들었다.

① 서비스 표준이 없을 때,

② 우선 순위없이 너무 많은 서비스 표준이 존재할 때,

③ 서비스 표준이 제대로 커뮤니케이션 되지 않을 때,

④ 서비스 표준이 성과측정, 평가, 보상시스템과 연결되어 있지 않을 때 서비스 종사원들의 역할모호성이 발생한다고 하였다.

또한 파라슈라만 등(Parasuraman et al., 1988)은 서비스품질의 갭(gap) 분석모형을 제시하면서, 소비자에게 지각되는 서비스품질은 조직 안에서 발생하는 일련의 네 가지 특징적인 갭에 의하여 영향을 받고, 이들 갭(gap)은 서비스 제공자의 서비스 배달을 방해하고 소비자의 서비스질에 대한 평가에 나쁜 영향을 미칠 수 있다고 주장했다.

그리고 이들 네 가지 갭의 크기와 방향에 따라 기대된 서비스와 지각된 서비스의 차(gap)가 결정되어 결과적으로 서비스의 질이 지각된다는 것이다. 이때 종사원의 역할 모호성의 발생은 다섯 가지의 갭(gap) 중 실행가능 서비스 수준과 실행 제공된 서비스와의 차이인 '갭(gap 3)'에서 발생한다고 설명하였다.

이상과 같은 여러 연구자들의 결과를 종합해 보면, 역할모호성은 성과에 대한 기대를 분명히 모르거나, 기대를 충족시킬 방안을 모르거나, 직무행위의 결과를 모를 때 발생하며 또한 상급자가 정확한 직무지침을 하달해 주지 못할 때 발생할 수도 있다고 판단된다.

(3) 서비스 종사원의 역할모호성의 중요성

서비스 종사원은 조직의 최일선에서 고객과 접촉하면서 업무를 수행하는 바, 이들을 가르쳐 '바운더리 스패너(boundary spanners)' 라 칭한다. 서비스 종사원에게 있어 역할모호성이 주요 연구대상이 되는 이유는, 직무특성상 서비스 종사원들이 역할갈등, 역할모호성과 같은 심리적 압박

을 받기 쉽고 이것은 바로 종사원의 성과에 나쁜 영향을 미치기 때문이다(Hartline and Ferrell, 1996).

브라운과 피터슨(Brown and Peterson, 1993)은 종사원의 역할지각이 여러 직무만족 원인변수 중에서 종사원 직무만족에 가장 강한 상관관계를 나타내고 있고, 그 다음으로 조직변수, 개인변수 등이 영향을 미침을 발견하였다. 이를 달리 표현하자면 조직의 목표가 서비스품질에 강한 영향을 미치는 종사원만족이라는 내부고객만족 목표를 달성하려면 종사원의 역할갈등과 역할모호성을 줄이는 전략부터 수행해야 한다는 것이다.

행동기준에 의한 업무평가는 조직경영에 있어서 조직구성원들이 공식적으로 부여받은 임무는 아니지만, 조직이나 어떤 목적에 도움이 되는 일이라면 스스로 찾아 행하는 행위들을 말한다(백기복, 1994). 또한 행동기준에 의한 종사원의 자발적 조직행동은 친사회적 조직행동(prosocial organizational behavior)이라고도 불리는데, 조직구성원의 공식적 역할로서 강제되거나 계약상 그 보상이 보장되어 있지 않음에도 불구하고 다른 조직구성원들이나 전체조직에 도움을 주는 행동으로 정의할 수 있다(Batema and Organ, 1983).

서비스 종사원들의 자발적인 조직행동은 서비스조직 유지는 물론 서비스 생산에 있어서 서비스 성과와 직결된다고 할 수 있는데, 그 이유는 자발적 조직행동은 자유의사에 따른 행동으로서 공식적 보상에 의해서 직접적으로 명백하게 인식되지는 않으나 총체적으로 조직이 효과적인 기능을 발휘하는데 기여하는 행동이기 때문이다.

특히 서비스 조직에서는 서비스를 제공하는데 있어 개인적인 조직행동을 '서비스 및 접객매뉴얼'로 표준화하고 규격화하는 경향이 강하기 때문에, 종사원은 이를 준수하는 것이 최상의 서비스라는 인식이 고정화됨에 따라 개인적인 서비스 성과는 기대수준 이하가 될 우려가 있다.

종사원에 대한 '결과를 중심으로' 업무평가를 하는 것보다 '행동기준에 의한' 업무평가를 할수록 역할갈등이 줄어들었으며(백상민, 2001), 또한 행동평가기준은 고객의 요구에 능동적으로 대응할 수 있는 유인책을 제공해 줄 수 있다. 더 나아가 역할모호성을 줄어들게 하고 직무만족을 증대시켜주는 간접적인 역할을 수행한다(Hartline and Ferell, 1996).

그러므로 내부마케팅을 통해 종사원들의 역할갈등이나 모호성을 줄이면서 자발적 조직행동을 이끌어 냄으로써, 조직과 고객 그리고 종사원 모두가 상생하는 윈-윈-윈(win-win-win) 전략이 필요하다 하겠다.

(4) 내부마케팅의 의의 및 중요성

성공적인 서비스 마케팅이 되기 위해서는 〈그림 5-13〉과 같이 전통적인 외부마케팅 뿐만 아니라 내부마케팅과 서비스 접점마케팅이 병행되어야 한다(Grönroos 1988). 이 때 내부마케팅이란 고객만족을 위하여 내부 종사원을 훈련시키고 동기를 부여하는 것을 말한다.

서비스 접점마케팅(encounter marketing)이란 기업의 종사원이나 다른 여러 가지 자원(광고, 건물) 등과 직접 또는 간접적으로 접촉하는 순간(moment of truth), 고객에게 제공하는 서비스를 효율적으로 계획하고 실행하는 것을 말한다.

서비스 접점마케팅에서는 기업 외부고객인 소비자와 기업의 종사원이 서비스를 제공하는 접점에서 이루어지는 마케팅 활동으로, 기업 외부 소비자를 대상으로 하고 이에 대한 대가를 받는다. 그러므로 커뮤니케이

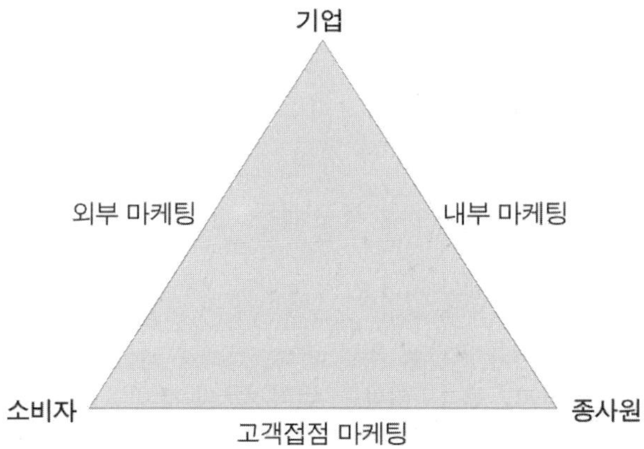

그림 5-13
성공적인 서비스 마케팅 시스템(Kotler, 1994)

션은 서비스 제공의 접점을 이루는 종사원과 소비자 간에 이루어지며, 소비자에게 양질의 서비스를 제공하여 고객을 만족시키는 것이 고객 접점마케팅의 목표가 된다.

그렇다면 고객을 만족시키고 기업을 성공으로 이끄는 종사원을 만들기 위해서는 무엇이 필요한가? 고객에게 옳은 태도로 응대하고 언제나 고객의 욕구나 문제에 대해 관심을 가지며, 그러한 고객의 정보들을 경영진에게 전달하고, 전 조직이 고객의 욕구에 맞추어 발 빠르게 대응하도록 하기 위해서 기업이 해야 할 일을 무엇인가?

사람의 마음상태는 그대로 타인에게 전달되므로, 사람을 대하는 일이 주 업무인 서비스 기업은 내부고객인 종사원들의 마음가짐이 그대로 고객에게 영향을 미친다고 볼 수 있다. 종사원의 의견을 적극 반영하고 일한 만큼 공정하게 평가하고 보상하며 종사원의 마음을 읽어줄 때, 그 만족감은 고객에게 전달되는 것이다.

내부고객만족이 기업의 급성장을 이끌었던 대표적인 예가 페덱스(FedEx)로, 종사원들 스스로가 페덱스의 상징인 '몸에 보라색 피가 흐른다' 고 표현할 정도로 애사심이 강하다보니 고객만족은 자연스럽게 달성된 것이다. 그것은 종사원들도 최종소비자와 마찬가지로 고객의 범주에 넣고 그 만족을 추구하는 고객만족경영이라고 할 수 있다.

종사원을 동기부여(motivation)시켜 잘 관리해야 할 이유로는 종사원이 이미지개발 프로그램에서 주요요소이고 기업의 서비스 차별화에 중요한 역할을 하며, 또 종사원이 서비스에서 힘든 유형적인 강화를 가장 효과적으로 보완[1]해주어 고객이 서비스 구입에서 느끼는 불확실성을 줄여주기 때문이다. 또 종사원은 고객의 인지부조화를 줄이는 것 외에도 서비스의 개인적 가치를 높여 반복구매를 강화시키며 높은 가격을 정당

1) 서비스의 속성 중에서 무형성(intangibility)으로 인하여 서비스는 저장할 수 없으며, 쉽게 전시되거나 전달할 수도 없다. 그래서 마케팅 관리측면에서 유형적인 단서를 강조하고, 종사원이라는 인적정보의 원천을 이용하고, 내부고객을 통한 외부고객에게 구전커뮤니케이션을 조장할 필요가 있다.

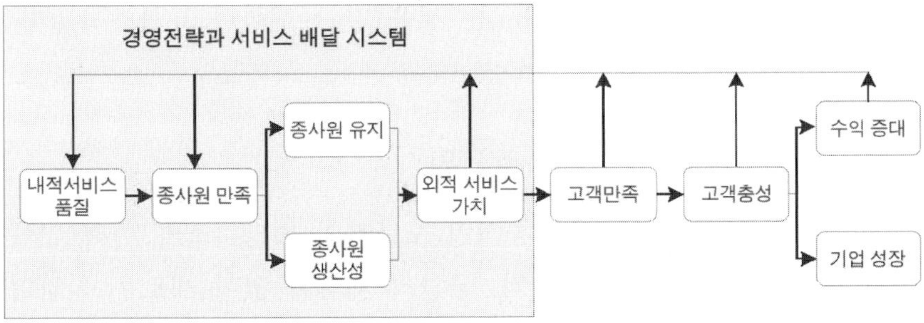

그림 5-14
서비스-이윤 가치사슬 (Service-Profit Chain)

화시킨다(George, 1990).

쉬레싱거와 히트케트(Schlesinger & Heskett, 1991)는 '고객의 만족은 종사원의 만족에서 온다' 라고 주장하고 이러한 견해를 '서비스 이윤고리' 로 시각화하고 있다(〈그림 5-14〉 참고).

고객유지는 고객만족의 결과이며, 고객만족은 고객이 느끼는 가치(품질, 서비스, 비용)에 의해 결정되고, 이러한 가치는 종사원 유지, 종사원 만족, 내부서비스 지원에 의하여 차례대로 영향을 받는다고 제시하였다.

따라서 고객만족을 위해서는

① 사람

② 적극적 내부지원

③ 선발과 훈련의 중시

④ 성과에 상응한 서비스의 새로운 모형이 필요하다.

이들의 '서비스 이윤고리' 는 내부마케팅과 관계마케팅의 중요성을 부각시키면서, 제시한 이윤고리를 통하여 내부고객의 만족이 최종적으로 기업의 이윤을 창출할 수 있다는 근거를 보여준다는데 의의가 있다.

여러 연구(George, 1990; Hockett et al., 1994; Schlesinger and Heskett, 1991)에서 나타났듯이, 실제고객과의 접촉 이전에 고객지향적인 종사원을 확보하는 것이 매우 중요하다. 그리고 고객만족 추구, 안정적이고 장기적인 기업성과 추구 및 무형의 고객이익(benefits)의 획득을 위해 관계마케팅이 필요하다는 것을 시사하고 있다. 결국 〈그림 5-14〉는 '고객만족은 종사원의 만족에서 나온다' 는 것을 잘 표현한다고 볼 수 있다(백상민).

(5) e-Business에서의 종사원

일반적으로 e-Business는 전통적인 오프라인 비즈니스와 여러 면에서 차이를 보이고 있다. 우선 시간적, 공간적 제약이 없어 새로운 진입업체나 잠재적 경쟁업체의 위협 등이 기존의 산업환경보다 훨씬 크며 이로 인하여 시장경쟁 또한 매우 치열하다. 사이버고객들도 오프라인 고객과는 달리 기업 선택에 있어서 시간적, 공간적, 비용상의 제약을 거의 받지 않는다. 또한 기업체 종사원과 고객 사이에 대면기회가 없어 이들 간에 인간관계가 형성되지 않는다.

따라서 고객은 현재의 e-Business 기업체를 쉽게 바꿀 수 있으며, 기업의 관점에서는 고객이탈이나 신규고객 유입비율이 오프라인 시장에 비하여 상당히 크게 나타난다. 불만이 있으면서도 단지 거리가 가깝다는 이유만으로 계속 한 업체를 이용한다든지, 고객이 그리 만족하는 서비스나 제품을 받지 못해도 종사원과의 특별한 인간관계 때문에 특정업체에 지속적으로 머물러 있는 고객을 e-Business에서는 거의 찾아볼 수 없다. 여기서 더 나아가 사이버고객은 고객 스스로 정보를 전파할 수 있는 채널과 능력을 가지고 있다.

그러므로 한 고객의 불만이나 만족이 다른 고객에게 신속하고 광범위하게 전파될 수 있는 가능성이 높다. 이것은 기업의 입장에서 볼 때 상당한 위험이자 동시에 기회이기도 하다. 사이버고객들은 좀더 나은 서비스를 받기 위해 경쟁업체로 쉽게 이동하거나 더 나은 서비스를 찾아 나서며, 이러한 정보를 쉽게 획득할 수 있기 때문에 끊임없이 비교를 한다. 사이버고객의 이러한 특성으로 인하여 e-Business에서는 고객만족도가 더욱 중요한 의미를 지니게 된다.

오프라인 환경에서는 기업과 고객간의 활동에 있어 서비스의 인력 없이는 아무런 활동도 이루어질 수 없으므로 인력은 빼놓을 수 없는 핵심부분이며, 또한 고객과 직접 관계를 가지는 것도 인력이다. 그러므로 고객만족에 있어 인력이 차지하고 있는 그 영향력은 다른 무엇보다도 클 수밖에 없다.

그러나 이렇게 중요한 인력도 온라인 환경에서는 사정이 달라진다. 사이버 공간에서 일어나는 기업과 고객간의 모든 활동들은 기업이 제공하고 있는 시스템 상황에서 이루어진다. 그러므로 고객이 기업의 얼굴이며 심지어는 그 기업이라는 인상마저 형성하게 되는 사이버 시스템[2)]은 그 중요성이 무엇보다도 크다. 이처럼 e-Business 환경하에서는 고객이 사이버 시스템의 1차 사용자라는 점, 사이버 시스템이 거의 유일한 고객 접점(contact point)이 된다는 점, 고객은 내부이용자와는 달리 이탈이 빈번하다는 점에서 사이버 시스템 품질이 고객만족도에 주요한 영향을 미칠 수 있는 것으로 추정된다(이명호·박소현, 2001).

그러면 e-Business 환경에서는 종사원의 역할이 줄어들었다는 뜻인가? 일례로 e-Business에서도 종사원의 역할이 얼마나 큰지 알아보자.

e-Business에서 고객이 가장 우선순위로 꼽고 있는 사이버 시스템의 경우 시스템을 프로그래밍하고 유지·관리하는 것은 결국 종사원이다. 또 타 기업과의 차별성을 위하여 새로운 정보를 가공하여 계속 업그레이드하고, 시스템이 24시간 잘 돌아가고 있는지 확인하고, 온라인상 고객불만에 대해 즉각 답변·처리하는 일도 시스템만큼 중요하다. 아무리 시스템이 훌륭하다해도 궁금한 사항을 문의하였는데 감감무소식이라면, 시간과의 싸움인 온라인상의 고객불만은 오프라인에 비할 것이 못된다.

아마도 이 불만고객은 자신의 경험을 동호회나 다른 사람들의 방명록에 올릴 수도 있고, 그렇게 된다면 비록 고객의 의견이 사실이 아니더라도 그 파장을 수습하기에는 이미 늦었다고 보아도 무방하다. 이 말은 온라인상에서도 오프라인만큼 인간미 있는 고객서비스를 네티즌들이 원

---

2) 사이버 공간상에서 e-Business가 이루어질 수 있도록 하는 시스템 인프라와 사이버 고객을 대상으로 기업이 제공하는 정보 및 서비스를 말한다.

한다는 말이다.

광고에서의 '선점효과' 나 마찬가지로, 뒤늦은 기업의 해명을 보는 네티즌들이 얼마나 될 것이며 또한 기업의 의견을 얼마나 믿을 것인지 생각해 보라.

일전에 인터넷상에서 화제가 된 기업이 있었다. 이 기업은 미국에 소재한 해충 구제약을 판매하는 회사인데, 짓궂은 네티즌들이 그 회사 문의게시판에 "바퀴벌레 조리법" 에서 "바퀴벌레 산아제한" 까지, 하여튼 인간이 생각해 낼 수 있는 기상천외한 질문들을 올렸다. 아마도 여러분들은 분명 Q&A 담당자가 이런 질문들을 무시하였으리라 생각할 것이다. 또한 여러분들이 Q&A 담당자라면 이런 질문들을 무시하고 조롱했을 수도 있다.

그런데 그 담당자는 기상천외한 질문에 성심성의껏(?) 어떤 경우에는 과학적인 지식까지 동원해 모두 답변을 한 것이다. 그러자 네티즌들이 자기들만 알기에는 너무 아까워 '질문과 답변' 을 복사하여 여기저기 게시판에 올리기 시작했고, 졸지에 그 회사는 전 세계에 우호적인 기업이미지를 전파하게 된 것이다. 온라인상이었기 때문에 인간적인 응대가 더 고맙고 그래서 더더욱 인기를 얻을 것으로 생각된다.

3. 서비스품질의 원천은 종사원 제일주의 — 페덱스(FedEx)[3)]

말콤 볼드리지 국가품질상을 받은 최초의 서비스 기업으로 널리 알려진 페덱스(FedEx)라는 기업이름은, '오늘 물건을 밤사이에 택배로 보낸다' 는 뜻으로도 통용되고 있다. 창업한지 10년이 못 되어 10억 달러의 매출을 돌파하고 그 후 13년만에 매출규모 100억 달러의 거대기업으로 성장한 이면에 어떤 마법이 숨겨져 있었는지 살펴보자.

3) 품질경영, 1998. 6.

(1) 자전거 바퀴살에서 얻은 사업 아이디어

1965년 예일대학교에서 경제학 과목을 수강하던 프레드 스미스라는 대학생은 자전거 바퀴에서 착안하여 새로운 화물수송시스템에 관한 학기말 보고서를 제출하였다. 이 보고서의 내용은 미국 내 인구분포의 중심지역에 화물집결지(허브)를 만들고, 모든 화물들을 일단 여기에 모은 다음 재분류하여 자전거 바퀴살(스포크) 모양으로 미국 전역에 배송하자는 것이었다.

미국 북동부에 있는 볼티모어에서 그리 멀지않은 수도 워싱턴으로 물품을 보낼 경우에도 중부에 있는 허브를 경유해야 한다는 것이 넌센스라고 생각한 그의 지도교수는 C학점을 주었으나, 프레드 스미스는 이를 토대로 화물택배라는 새로운 거대산업을 창조하였다. 두 지점 간 최단거리 수송을 중시하던 30여년전의 '단선적' 물류개념으로는 납득되기 어려운 내용이었다.

대학졸업 후 2년간의 베트남 전쟁에서 돌아온 스미스는 자신의 구상을 실천에 옮기기 위해 아버지로부터 물려받은 재산과 벤처사업가로부터의 융자금으로 '페더럴 익스프레스'라는 회사를 설립하였다. 그는 미국 중앙부에 위치하고 있는 멤피스를 허브(hub)로 선정하였는데, 지리적으로 중심에 있다는 이점 외에도 멤피스의 기후조건은 공항설립에 있어서는 최적이었다. 이 지역에서는 날씨 때문에 공항업무가 마비되는 일은 거의 없다.

1973년 4월 17일 페더럴 익스프레스가 업무를 시작하였을 때는 Falcon20이라는 소형 항공기 8대로 이루어진 아주 작은 수송선단이었다. 1973년 3월 12일을 최초 시험비행일로 선정하고, 달라스에서 신시내티를 잇는 11개 도시망을 연계하였으나 화물 운반량은 겨우 6개에 불과하였다. 그 후 공식 출범일자인 4월 17일에는 뉴욕주의 로체스터에서 플로리다주의 마이애미까지의 25개 도시를 잇는 서비스를 제공하였으나, 이때도 186개의 화물 밖에 수송하지 못하였다.

그러나 설립 25년이 경과한 오늘날 610대의 항공기로 세계 325개 공항을 연결하는 115억 달러 매출규모의 거대기업으로 성장하였다. 페더럴 익스프레스라는 이름을 일반인들이 보다 쉽게 기억하도록 하기 위해 페덱스(FedEx)라고 줄여서 사용해 오던 중, 94년 기업이미지 통합작업의 일환으로 아예 회사이름을 페덱스로 변경하였다. 영업 첫날 186개의 짐꾸러미를 날랐던 페덱스의 수송량이 오늘날 하루 평균 300만개로 폭발적인 증가를 가져올 줄은 아무도 예측하지 못하였다.

(2) 사람-서비스-이윤(P-S-P)의 기업철학

페덱스의 기업철학은 아주 간결하나 그 힘은 놀랄만하다. 그것은 '사람(people)-서비스(service)-이윤(profit)'이라고 하는 것이다. 이 P-S-P의 세 가지의 순서에는 다음과 같은 매우 중요한 뜻이 내포되어 있다(〈그림 5-15〉 참조).

"우리가 사람(종사원)들을 지성으로 보살펴 주면 그들은 고객이 원하는 완벽한 서비스를 제공해 줄 것이다. 그러면 고객들은 회사의 미래를 확실하게 다지는데 필요한 이익을 가져다 줄 것이다".

P-S-P 철학의 첫번째가 종사원(People are first)이라는 것을 다시 한번 주목하라. 고객만족의 출발점은 종사원 만족이다. 품질의 서비스 측면을 이해하기 위해서는 무엇보다 품질의 인간적 측면을 이해하지 않으면 안 된다는 것이 스미스 회장의 지론이다. 페덱스가 지금껏 '무해고 정책'을

그림 5-15

페덱스의 P-S-P 기업이념

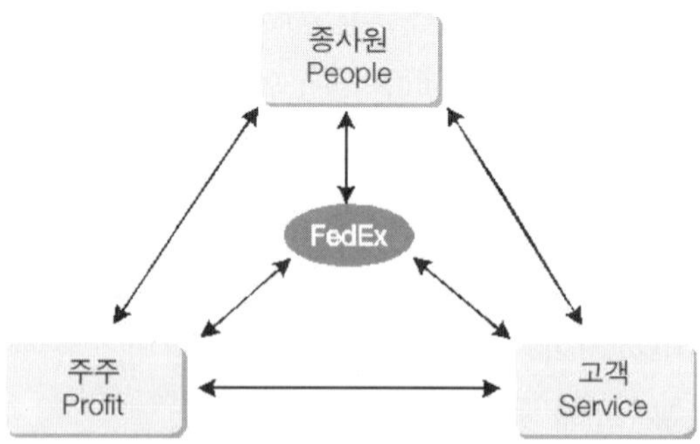

고수하고 있는 것과 지금껏 노조가 없는 회사로 유명한 것도 종사원 제일주의의 덕분이다.

페덱스의 이러한 철학은 공정대우보장 프로그램(guaranteed fair treatment program: GFTP)과 서베이-피드백-액션(survey feedback action: SFA) 시스템에 의해 철저히 뒷받침되고 있다.

(3) 공정대우보장 프로그램(guaranteed fair treatment program: GFTP)

GFTP는 페덱스만의 아주 독특한 제도이다. GFTP는 회사 내 어떤 직원이든지 부당한 대우를 받았다고 느끼는 사람은 필요한 경우 최고경영자에게까지 상급자의 잘못을 시정해 줄 것을 요청할 수 있는 제도이다.

세 단계로 되어 있는 이 제도의 탁월한 특징은, 이 절차 가운데 상위 두 단계는 동료들에 의해 재판될 수도 있다는 것이다. 90년대 중반 당시 전 직원수가 88,000명이었는데 이 제도를 통해 처리된 불만이 연간 약 2,000건이나 되었다는 것은 이 제도가 꽤 자주 이용되고 있다는 것을 보여준다.

GFTP의 작동원리는 다음과 같다. 먼저 화가 난 종사원은 자신의 바로 위 상사에게 자신의 불만을 접수시킨다. 그러면 이 관리자는 이른바 '관리자심의회' 라는 것을 열어 경영관리직 가운데 하위직급의 두 단계에 위치한 사람들로 하여금 불만을 가진 종사원과 문제의 전모를 조사하고 해결방안을 강구한다. 만약 이 과정에서의 결정에 해당종사원이 만족하지 못한다면 그는 다음 단계에 불만처리를 호소할 수 있는데, 여기서는 그 종사원이 소속돼 있는 사업부의 최고책임자가 심의에 나서게 된다.

이 사업부의 최고책임자는 상정된 불만사안에 대해 나름대로 청취하고 조사하여 이 건을 '동료심의이사회' 에 회부하든지 아니면 자신이 나름대로 가부간 결정을 내리든지 하게 된다. '동료심의이사회' 라는 이름은 사건에 대한 판결을 맡을 5명의 위원들 중 3명을 불만을 제기한 종사원이 지명할 수 있기 때문에 붙여진 것이다.

만약 이 모든 과정을 거쳤음에도 종사원이 자신의 불만이 정당하게 처리되지 못했다고 느끼면 그는 최종단계인 세 번째 과정에 문제를 상정할 수 있는데 여기서는 스미스 회장이 직접 관여하게 된다. 최종심의이사회에는 대표이사인 스미스와 생산담당 이사, 관리담당 이사가 당연직으로 참여하고 추가적으로 두 명의 이사가 돌아가면서 참여하게 된다. 최종심의이사회는 매주 화요일마다 열리는데 앞의 경우처럼 이 이사회도 특정사안을 동료심의이사회에 회부할 것인지 아니면 스스로 판결할 것인지를 선택하게 된다.

GFTP의 과정들은 어떤 단계, 어떤 사건에 대해서든 종사원에게 불리하게 내려진 당초의 결정이 과연 회사규칙이나 방침에 비추어 정당한 것이었는지를 따지는 것이지만, 그간의 사례들을 보면 페덱스는 상황에 따라 융통성 있는 판결을 내리고 있음을 알 수 있다. 다음은 이 제도가 적용된 사례 중 하나이다.

어떤 한 종사원이 규정상 회사에 무기를 가지고 올 수 없게 되어 있는데도 자신이 타고 다니는 트럭에 엽총을 싣고 출근을 했다가 해고당했다. 이 종사원은 마침 그 전날 사냥을 나갔다가 사슴 한 마리를 잡았고, 그는 그것을 트럭에 넣고서 다음 날 출근했다가 퇴근 때 푸줏간에 들를 작정이었다.

이 종사원은 아침 6시 반에 출근하여 사슴을 그늘진 곳에 두고자 발송계 종사원에게 자기 트럭을 회사 옥내 주차장에 넣어 줄 것을 부탁했다. 주차를 해 주던 발송계 종사원이 트럭 안에 있던 엽총을 발견하고 부서장에게 보고하게 됐다. 부서장은 문제의 종사원을 불러 전후 사정을 물었고, 그 종사원은 전날 저녁 사슴을 잡은 것에 너무 흥분해서 엽총을 치워놓고 출근하는 것을 깜박 잊었다고 해명했다. 엽총은 장전돼 있지도 않았고 트럭 안에는 탄약도 없었지만 부서장은 그를 해고했다. 그는 종사원의 말을 그대로 믿었지만 어쨌든 그 종사원은 회사 규정을 어겼고 규정을 어긴 이상 다른 방도가 없다는 것이었다.

이 종사원의 해고취소 청원은 위의 불만처리과정 중 맨 마지막 단계인 최종심의이사회까지 올라갔고 여기서 그의 해고결정은 번복됐다. 최종심의이사회는 그 종사원의 해명이 전적으로 믿을 수 있는 것이라고 판단했기 때문이다. 다만 그 종사원은 회사로부터 경고를 받고 30일 간의 무급휴직에 붙여졌다.

우리는 공정한 대우를 보장하기 위한 이러한 회사 내의 항소제도가 상급관리자로 하여금 자신의 결정을 번복하게 만든 문제의 종사원을 더욱 차별대우하게 만드는 것은 아닌가 하는 의구심도 가질 수 있으나, 보복행위가 있었다는 것이 입증되면 해당자는 즉시 해고되기 때문에 그러한 염려는 할 필요가 없다.

(4) 서베이-피드백-액션(Survey Feedback Action: SFA) 시스템

페덱스의 종사원 제일주의를 강력하게 뒷받침하고 있는 또 하나의 기둥은 SFA시스템이다. 이 시스템은 다음과 같은 3단계로 이루어져 있다.

① 모든 종사원들이 29개의 조사문항에 대해 익명으로 응답한다.

② 각 업무그룹의 관리자들이 문제점을 찾아내고 대책을 마련할 수 있도록 조사결과를 피드백 시킨다.

③ 각 업무그룹의 관리자들은 종사원들과 함께 수립된 대책의 실행계획을 짜고 이를 문서화한다.

매년 봄 실시되는 이 조사의 처음 10가지 항목은 자신이 속한 업무부서의 환경에 대하여 질문하고 있다. 그 다음의 질문들은 직속 부서장의 책임범위를 넘어서는 고위 경영진에 관한 사항들이다. 그리고 나머지 질문들은 전반적인 회사환경에 대한 것이다. 또한 마지막 질문은 지난해에 지적된 문제들에 대해 페덱스가 얼마나 잘 처리하였는지를 묻는다(〈표 5-2〉 참조).

이 조사의 결과는 부서별로 도표화되고, 각 부서장은 전체 점수뿐만 아니라 29개의 질문 하나하나에 대한 점수를 피드백 받는다. 처음 10개의 질문에 대한 점수의 합을 '리더십 지표(leadership index)'라고 하는데,

이 지표에 대한 목표는 매년 설정된다. 만일 이 목표를 달성하지 못한다면 300여명의 고위경영진들은 상여금을 받지 못한다. 수석 부사장의 경우 일반적으로 본봉의 40% 정도에 해당되는 상여금을 받고 있으나, 이

<표 5-2> SFA 프로그램의 설문항목

1. 내가 생각하는 것을 상사에게 자유롭게 말할 수 있다.
2. 상사가 나에게 무엇을 기대하는지 말해 준다.
3. 우리 업무그룹의 분위기는 우호적이다.
4. 내 상사는 우리가 일을 더 잘할 수 있도록 도와준다.
5. 내 상사는 나의 관심사를 기꺼이 경청하려 한다.
6. 내 상사는 업무에 대한 나의 생각을 묻는다.
7. 내 상사는 내가 일을 잘 처리했을 때 이야기해 준다.
8. 내 상사는 나를 인간적으로 존중해 준다.
9. 내 상사는 내가 알아야 할 필요가 있는 정보를 항상 제공해 준다.
10. 내 상사는 내가 방해받지 않고 일할 수 있도록 해 준다.
11. 내 상사의 상사는 우리에게 필요한 지원을 해 준다.
12. 고위 경영진은 우리에게 회사가 성취하고자 하는 바를 알려준다.
13. 고위 경영진은 우리의 아이디어와 제안에 주의를 기울인다.
14. 나는 경영진의 공정성을 믿는다.
15. 내가 일을 잘하는 한, 직장에서 계속 근무할 수 있다는 것을 확신한다.
16. 페덱스에서 일하는 것이 자랑스럽다.
17. 페덱스에서 일하면 아마도 내가 원하는 장래가 실현될 수 있을 것이다.
18. 페덱스는 고객에게 잘 봉사하고 있다고 생각한다.
19. 모든 것을 고려해 볼 때 페덱스에 근무하는 것이 나로서는 만족스럽다.
20. 내가 하는 일에 비추어 볼 때 나는 정당한 보수를 받고 있다.
21. 후생복리 프로그램은 내가 필요로 하는 것들을 만족시킨다.
22. 맡은 일을 완수하기 위하여 업무그룹 내의 대다수 사람들은 서로 협력한다.
23. 페덱스 내의 업무그룹 간에 협력이 잘 이루어지고 있다.
24. 나는 안전작업이 일반적인 업무관행이 되고 있는 환경 하에서 일하고 있다.
25. 내가 얼마나 일을 잘 해낼 수 있는가에 규정이나 절차가 방해되지 않는다.
26. 업무수행에 필요한 물품과 다른 자원들을 지원받을 수 있다.
27. 내 업무를 잘할 수 있도록 충분한 자유가 주어진다.
28. 우리고객에 대한 서비스를 개선하기 위한 활동에 우리그룹이 참여하고 있다.
29. 지난해의 SFA 피드백 단계에서 우리그룹에 의해 지적된 사항들이 만족스럽게 처리되었다.

자료: 품질경영, 1998. 6에서 재인용.

목표를 달성하지 못하면 상여금은 한푼도 받지 못한다. 따라서 이러한 제도가 페덱스의 경영진에게 시사하는 바는 종사원들에게 더욱 신경을 쓰고 그들을 공정하게 대해야 한다는 것이다. 또한 이 제도가 페덱스의 모든 종사원들에게 전하고자 하는 바는 '당신은 우리 회사에서 매우 중요한 사람으로서 큰 가치를 지니고 있다. 회사의 운영은 당신에 의해 좌우된다' 는 것이다.

(5) 서비스품질지수(SQI)의 도입

품질수준을 측정하고 평가하는 것이 제조공정에만 적용되는 것이라고 믿는 사람들이 적지 않지만, 페덱스는 서비스품질도 계량적으로 측정할 수 있어야 한다고 확신하고 있다. 1973년 회사설립 이후 15년 동안 정시배달률만을 산출하였으나, 1988년 6월부터는 소비자들의 품질인식에 영향을 미치는 12개의 요소들을 평가하고, 고객들이 생각하는 중요도에 따라 가중치를 부여하여 매일 매일 측정하였다. 1994년 6월부터는 이 12개의 평가항목을 아래 표와 같이 9개의 항목으로 축약하여 서비스품질지수(service quality index: SQI)를 산출하고 있다(〈표 5-3〉 참조).

SQI는 상대적인 불만비율이 아니라 절대적인 불만건수를 기초로 산출되기 때문에, 사업의 규모가 커져서 배달물품의 수가 늘어날수록 동일한 SQI값을 유지하기 위해서는 전체고객 중 불만을 느낀 고객의 비율이 지속적으로 줄어들어야만 한다.

이와 같은 SQI의 측정은 슈퍼 트랙커(Super Tracker)라는 휴대용 컴퓨터시스템의 지원을 받는데 그 운영방식은 다음과 같다. 화물이 다른 사람에게 넘어갈 때마다 종사원들은 작은 휴대용 스캐너를 화물의 바코드 위로 갖다 댄다. 스캐너가 읽어들인 정보는 밴트럭에 있는 기기에 입력되고, 여기에 집약된 정보는 800㎒의 전파로 가까운 중계소에 전송된다. 그러면 중계소는 인공위성을 경유하여 멤피스에 있는 거대한 전산센터에 이 새로운 정보를 전달하게 된다.

슈퍼 트랙커는 고객서비스의 평가척도인 SQI의 측정을 가능하게 하

<표 5-3> 페덱스의 서비스품질지수(SQI)

고객불만요소	설 명	가중치 (A)	건수 (B)	요소별 가중치 (A×B)
화물분실	화물자체의 분실, 내용물 도난	10		
화물손상	드러나거나 드러나지 않은 손상, 젖은 화물, 날씨 탓으로 인한 손상 모두	10		
배달날짜 지연	배달 약속날짜를 못 지킴	5		
정시인수 실패	약속된 시간에 배달될 물품을 인수하러 가지 못함	3		
추적불능	COSMOS 정보시스템을 통해 배송물품의 현 위치를 파악할 수 없음	3		
불만 재발	제기된 불만이 만족스럽게 해결되지 못해 재차 불만이 제기됨	3		
배달시간 지연	약속된 날짜에 배달하였으나 배달약속을 못 지킴	1		
송장수정 요청	수정요청의 수용여부와 상관없이 고객의 수정요구 자체를 문제로 파악	1		
고객 배달확인 누락	모든 대금청구서에 대해 고객의 확인을 받아야 함	1		
서비스품질지수 (SQI)	SQI = Σ(A×B)			

고 애초에 스미스가 꿈꾸던 100%의 고객만족에 가까이 다가설 수 있도록 해준다. 1988년 슈퍼트랙커가 도입되기 전에도 이러한 목표를 추구하기는 했지만 여기에 얼마나 근접했는지를 정확하게 알 수 없었다. 이제는 슈퍼 트랙커를 통해 고객서비스를 정밀하게 측정할 수 있으며, 슈퍼 트랙커는 모든 사람이 고객을 위해 일한다는 페덱스의 이념에 새로운 생명과 활기를 불어넣고 있는 것이다.

(6) 페덱스 사례가 주는 교훈

페덱스의 창업과 성장의 역사는 초우량기업이 만들어지는 과정을 거의 완벽하게 담고 있다고 해도 과언은 아니다. 이로부터 얻을 수 있는 교훈 중 세 가지만 간추리면 다음과 같다.

1) 어떠한 기존관념과 관행도 당연시하지 말라

스미스 회장이 대학생이던 30여년 전에는 항공화물만을 위한 별도의 항공수송시스템이 없었다. 따라서 기존의 여객항로를 이용한다면 당연히 최단거리 노선을 택하는 것이 가장 경제적이겠지만, 스미스 회장은 화물배달의 접수로부터 배달완료까지 전체를 포괄하는 화물전용 항공시스템을 설계함으로써, 최단거리 수송이 가장 좋을 것이라는 기존관념을 뒤집고 새로운 사업을 창조하였다.

2) 역시 무엇보다 사람이 가장 중요하다

종사원의 강한 애사심이 페덱스의 가장 소중한 자산이라는 것은 부인할 수 없는 사실이다. 페덱스의 종사원들은 종종 자신들의 몸 속에 흐르는 피가 자주색(페덱스를 상징하는 색깔)이라고 말한다. 재작년 여름 가장 강력한 경쟁자인 UPS사의 파업으로 평소보다 소포량이 80만개나 늘어나자, 종사원들이 야근을 자청한 것만 보더라도 종사원의 애사심이 얼마나 강한지 짐작할 수 있다. 이러한 종사원의 충성심은 우연히 얻어진 것이 아니다. '종사원 제일주의(People are first)' 를 최고의 가치로 삼고, 이를 뒷받침하기 위해 무해고 정책, GFTP(공정대우보장프로그램), SFA(서베이-피드백-액션 시스템), 각종 보상제도 등을 오랫동안 실천해 온 결과이다.

3) 서비스품질도 측정하고 관리하라

'측정이 없이는 개선이 없다' 는 품질경영의 오래된 금언은 서비스 분야라고 예외는 아니다. 모토로라의 6시그마 품질혁신도 '기회당 결점수(dpo)' 라는 공통의 품질척도를 정의할 수 있었기 때문에 가능한 것이었다. 마찬가지로 페덱스의 서비스품질 혁신도 서비스품질지표(SQI)를 확립하고, 이를 신속·정확하게 파악하고 관리하기 위해 슈퍼 트랙커와 같은 정보기술에 과감한 투자를 한 덕분이다.

말콤 볼드리지 국가품질상의 수상식장에서 행한 다음과 같은 스미스 회장의 연설내용은 '품질혁신에는 요행이 없다' 는 평범하지만 비범한 사실을 잘 강조하고 있다.

"페더럴 익스프레스(FedEx)가 성공한 데에는 어떤 특별한 비결이 있었던 것은 아닙니다. 우리가 한 일은 모두 책에 있는 것입니다. 만약 비결이 있다면 책에 쓰여진 대로 실천한 것뿐입니다(품질경영, 1998. 6)."

6 대고객관계 향상을 위한 커뮤니케이션

고객접점에서 근무하는 서비스요원의 커뮤니케이션의 기술은 고객만족에 결정적인 영향을 미친다. 서로 간의 관계를 형성하는 물리적인 측면을 만남이라고 한다면, 커뮤니케이션은 그 만남에 혼을 불어넣는 작업이다.

제 1 절 커뮤니케이션이란?

1. 커뮤니케이션의 정의 및 중요성

고객접점에서 근무하는 서비스요원의 커뮤니케이션의 기술은 고객만족에 결정적인 영향을 미친다. 서로 간의 관계를 형성하는 물리적인 측면을 만남이라고 한다면, 커뮤니케이션은 그 만남에 혼을 불어넣는 작업이다. 사실 커뮤니케이션은 모든 생물이 사용하는 의사소통 기술이며, 사회생활을 영위하는 기본적 수단이다. 커뮤니케이션은 인간의 모든 생각과 생활에 영향을 미치고 인간관계를 구성하는 근본요소이며, 개인이 사회적 존재가 될 수 있도록 만드는 수단이나 도구라고 말한다.

커뮤니케이션의 어원은 라틴어 '커뮤니스(communis)'로서 공통, 공유라는 뜻을 가진다. 여기서 알 수 있는 것은 커뮤니케이션의 의미에는 다른 사람과 함께 나눈다, 공유한다는 뜻이 기본적으로 깔려 있다.

커뮤니케이션은 '하나 혹은 그 이상의 유기체 간에 서로 상징을 통해 의미를 주고받는(공유하는) 과정'으로, 상징(symbol)은 전달자의 의사를 전달하기 위해 사용하는 어떤 도구라고 생각하면 된다. 상징으로는 서로 간에 주고받는 언어와 비언어적인 상징이 있으며, 언어 또한 각 나라마다 서로 상이하다. '사랑' 이라는 언어를 예로 들자면, 우리는 한글로 '사랑' 이라고 표기하며 또한 그 단어 속에 우리가 지금까지 사회적으로 학습한 사랑의 모든 느낌을 담고 전달한다. 하지만 미국인에게 '사랑' 은 아무 의미없는 희한한 문자일 뿐이다. 대신 그들은 'love' 라는 단어에서 우리와 비슷한 느낌을 받는다.

'언어' 상징은 시대적·지리적으로 떨어져 있는 사람들 간에 다른 형태로 사용되므로, 같은 형태의 것이라도 그 의미가 매우 다를 수 있다. 추측컨대 조선시대 사람들에게 있어서의 '사랑' 은 오늘날 우리가 흔하게 통용하는 '사랑' 하고는 감정상 차이가 있을 것이며, 현재 사랑에 빠져 있는 연인들에게는 그렇지 않은 사람들과 분명 느낌이 다를 것이다.

커뮤니케이션(의사소통)에서 본능적인 사항들, 예컨대 아픔이나 배고픔과 같은 육체적 경험은 모두가 공통적으로 겪는 경험이기 때문에 오해되지 않고 전달될 확률이 높지만, 그 밖의 많은 생각과 느낌은 사람들 간에 달리 해석되어 문제를 일으키기 쉽다. 그런 이유로 서로 간에 오해가 발생하고 원래 내가 전달하고자 했던 의도와는 다른 결과가 초래되는 것이다.

서로가 만남의 기회를 장시간 가졌다고 해도, 대화와 의사전달 과정을 통해 이해하고 공유하는 부분을 만들어내지 못한다면 그 만남은 아무런 의미가 없다. 따라서 커뮤니케이션은 우리 일상생활에서 지속적으로 이어지고 있는 만남의 특성을 결정짓고 그 만남을 우리 삶의 일부분으로 변화시키는 과정이다.

그동안 우리는 이 중요한 커뮤니케이션에 관심을 기울이지 않았고, 무조건 자연스럽게, 생각나는 대로, 어려서부터 배운 대로, 우리의 생각과 느낌 및 감정 등을 주고받으면 되는 것으로만 생각해 왔었다. 하지만 서비스 요원으로서 커뮤니케이션은 지금껏 생각한 만큼 간단하지도 않으며, 단순하게 우리 삶의 일부로 여길 대상도 아니다.

베니스와 나누스(Bennis and Nanus, 1985)는 미국에서 가장 영향력을 가지고, 주위 사람들로부터 존경의 대상이 되는 60명의 저명인사들을 직접 찾아가, 그들과 함께 생활하고 그분들과 가까이 지내는 사람들을 인터뷰하면서 그분들이 공통적으로 가지고 있는 특징이 무엇인지 조사하였다. 저명인사들의 가장 중요한 공통적 특징 중 하나가 다름아닌 커뮤니케이션 능력이었다. 그분들의 커뮤니케이션 방법은 다양했지만 나름대로 자신이 가지고 있는 비전을 주위 사람들에게 전하는데 있어 아주 귀재들이었다고 밝히고 있다. 이처럼 커뮤니케이션은 성공적인 삶을 위한 필수적인 요소이고, 우리들의 삶에서 일어나는 인간과 인간 사이의 여러 가지 문제를 해결하는 열쇠이다.

하지만 잘못된 의사전달은 우리의 삶에 치명적인 결과를 가져올 수도 있다. 그 대표적인 예가 2차 세계대전 종료 직전의 일본 핵폭탄 투하이다.

연합군은 일본에 핵폭탄을 투하하기 전 항복할 것을 요구하는 전문을 보냈다. 1945년 7월 일본 천황은 더 이상 전쟁에 승산이 없다고 판단, 전쟁을 중단하고 항복할 의사를 가지고 있었으며, 전쟁 종결의 결정권도 가지고 있었다고 한다. 또한 당시 일본정부 각료들 역시 연합군의 요구대로 항복하고 전쟁을 종결시키기 위한 준비를 하고 있었다. 하지만 전쟁을 종결하고 항복하기 위한 준비시간이 필요했다.

이러한 상황을 일본신문들은 특별한 상황설명 없이 '모쿠사트수 정책(Mokusatsu Policy)' 이라는 표현으로 기사화 했다.

'모쿠사트수' 라는 단어에는 두 가지 의미가 있는데, 그 한 가지는 '무시한다' 는 것이고 다른 한 가지는 '언급을 보류하다' 는 것이다. 이 '모쿠사트수 정책' 이 발표되자, 외국 언론들은 그것을 일제히 '연합군의 제의를 무시한다' 는 의미로 받아들여 보도했고, 이는 곧 연합군의 일본 핵폭탄 투하라는 결정으로 이어졌다.

만약 그 의미가 제대로 전달되었더라면 히로시마와 나가사키에 핵폭탄이 투하되지도 않았을 것이고, 소련군은 구태여 만주 쪽으로 진입하지 않아도 되었을 것이다. 즉 올바른 의미의 전달과 이해는 핵폭탄의 희생물이 된 수천만명의 목숨을 구할 수 있었으며, 한국전쟁의 씨앗이 된 러시아 남하의 기회를 제공하지 않았을 것이다.

위의 사례에서 알 수 있듯이 커뮤니케이션은 정보전달 이상의 의미를 가지고 있다. 예전에는 커뮤니케이션을 무조건 기계적인 정보의 전달만으로 이해했지만 커뮤니케이션은 정보전달 이상의 것이며, 우리가 상대방에게 일방적으로 언어를 통해 우리의 의사를 전하는 것은 엄격한 의미에서 말하는 것(talking)이지 커뮤니케이션이라고 할 수 없다.

커뮤니케이션(communication)이란 서로 다른 이해와 사고와 경험과 선호 및 교육적인 배경을 가지고 있는 두 사람 이상 상호간에, 어떤 특정한 사항에 대해 유사한 의미와 이해를 만들어내는 과정이다. 인간은 똑같은 상황에 대해 서로 다르게 이해하며 다른 의미를 부여한다.

커뮤니케이션이란 이렇게 다른 이해와 의미를 가지고 있는 사람들이 공통적으로 공유할 수 있는 의미와 이해를 만들어내기 위해 언어 또는 비언어적인 수단을 통해 상호 노력하는 과정이라고 말할 수 있다. 또한 말이 시작되기 이전에 이미 시작되어 말이 끝난 한참 후까지도 진행되는 사고의 과정이다.

2. 커뮤니케이션의 과정

커뮤니케이션은 시작과 끝이 보이는 선형적(linear)인 것이 아니라 순환적이고 역동적이며 계속 이어지는 하나의 과정(process)이라는 개념을 가진다.

쉬운 예로 어린이와 어머니의 일상적 대화 장면을 생각해 보자. 어린이가 학교에서 일어났던 일을 어머니께 얘기하면 어머니는 그 말에 어떤 반응을 보일 것이고, 어머니의 반응에 대하여 어린이가 다시 반응하고, 다시 어머니가 반응하고, 이런 식으로 계속 대화가 이어질 것이다.

이와 같은 커뮤니케이션 과정의 기본요소(SMCREF)는

① S(전달자, source): 커뮤니케이션 과정에서 전달자를 가리키며 커뮤니케이터라고도 한다.

② M(메시지, message): 전달하고자 하는 내용을 언어, 문자, 몸짓 등 기호로 바꾼 것을 말한다.

③ C(채널, channel): 메시지 전달의 통로나 매체를 가리킨다. 매스컴의 경우에는 TV나 라디오, 인터넷컴퓨터가 채널이 되며, 직접 대화하는 경우에는 목소리가 이에 해당된다.

④ R(수신자, receiver): 메시지를 받는 사람을 말한다.

⑤ E(효과, effect): 의도적이든 비의도적이든 생겨나는 커뮤니케이션의 결과를 말한다.

⑥ F(피드백, feedback): 수용자의 반응을 말한다. 피드백은 커뮤니케이션의 과정을 계속 반복, 순환하게 하는 요소이다.

커뮤니케이션은 전달자와 수신자의 수나 전달형태에 따라 자아커뮤니케이션, 대인커뮤니케이션, 소집단커뮤니케이션, 집단커뮤니케이션, 조직커뮤니케이션, 공중커뮤니케이션, 매스커뮤니케이션 등으로 나누며, 방송과 같이 대중을 대상으로 하는 커뮤니케이션을 우리는 매스커뮤니케이션, 줄여서 매스컴이라 부른다.

메시지는 또한 여러 형태를 취할 수 있는데, 언어의 형태일 수도 있고 이미지나 문자, 제스처나 손짓과 같은 몸짓일 수도 있다. 이러한 세 가지 주체로써 이루어지는 커뮤니케이션의 과정을 좀 더 구체적으로 표현하면 〈그림 6-1〉과 같다. 그림에서 보는 바와 같이 커뮤니케이션은 전달자의 생각이나 아이디어로부터 출발한다.

일단 전하고자 하는 생각이나 아이디어가 있으면, 그것을 전달할 수 있는 형태 즉 음성이든지 문자든지 또는 몸짓이든지 하는 전달 가능한 형태로 전환시켜야 한다. 전달 가능한 형태로 전환된 메시지는 여러 가지 전달통로를 거쳐 수신자에게 전해진다. 서로 만나 얼굴을 대면하고 대화를 통해 전달될 수도 있고, 문서화되어 전달될 수도 있으며, 요즘처럼 통신기기가 발달된 시대에는 컴퓨터, 팩스 또는 전자메일 등 다양한 전자매체를 통해 전해질 수도 있다.

메시지가 일단 상대방에게 전달되면 수신자는 그것을 여러 가지 감각기관을 통해 수신한다. 그 수신통로는 눈, 귀 또는 육체적인 느낌이

그림 6-1
커뮤니케이션 과정

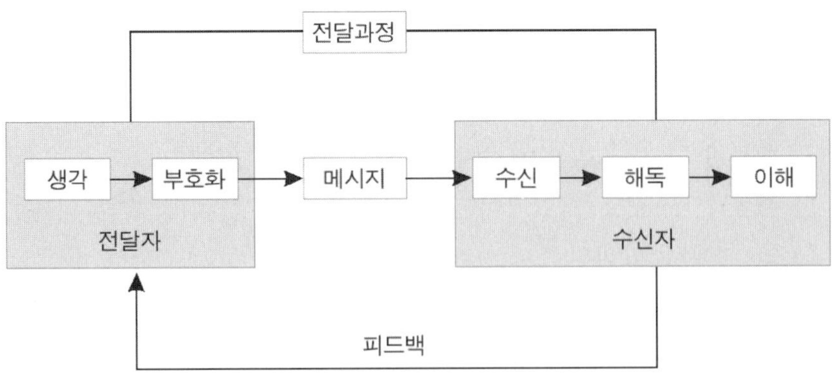

될 수 있다. 수신자의 인식기관을 통해 받아들여진 메시지는 수신자가 원하는 방법대로 해독되며, 또한 해독된 메시지는 수신자의 경험에 비추어 자신의 지식을 바탕으로 의미를 부여하고 이해하게 된다. 이것이 메시지가 전해지는 일반적인 과정이다.

여기서 우리가 주의를 기울여야 할 부분은 전달자가 전하고자 하는 생각이나 아이디어가 전달 가능한 부호로 전환하는 과정과 수신자가 인식기관을 통해 받아들인 메시지를 해독하는 과정이다. 전달자는 부호화 과정에서 상대방을 생각해서 상대방이 이해하기 쉽도록 부호화하는 것이 아니라, 자신의 경험에 따라 자신이 하기 쉬운 대로 또는 하고 싶은 대로 부호화한다.

이때 전달자의 생각이 그대로 전달되기 위해서는 수신자가 정확하게 전달자의 부호화과정을 이해하고 있어야 한다. 그러나 인간은 서로 다른 환경에서 성장하고 다른 생각을 가지고 있으므로 다른 사람의 심리적 과정에서 일어나는 모든 사항을 이해할 수가 없다. 결론적으로 수신자 역시 받아들이는 메시지를 자신의 경험과 가치관에 비추어 자기 방식대로 해독할 수밖에 없다는 뜻이다.

그러므로 전달자와 수신자간에 정확한 의사전달이란 거의 불가능하다. 또한 동일한 메시지라도 발신자가 누구인지, 수신자의 현재 상황이 어떤지에 따라 다른 의미로 해석될 수 있으므로, 전달자의 의도와는 완전히 다른 의미로 이해될 수 있는 여지가 크다.

따라서 우리가 타인과 '커뮤니케이션을 한다' 함은 곧 우리의 생각을 부호화하여 전달하고, 우리에게 전달되어지는 수많은 메시지들을 해독하고 이해하고 또 그것에 나름대로 반응을 보이며 자신의 생각을 부호화하여 다시 전하는 반복과정이라고 할 수 있다. 피드백(feedback)은 수신자가 전달받은 메시지를 어떻게 해독했으며 어떻게 이해했는지를 알 수 있는 중요한 단서이다. 피드백을 주고 받음으로써 개방적인 인식 영역이 넓어지고 새로운 통찰을 얻게 되며, 상대방의 말을 들으면서 그 반응을 자신의 의사에 반영하는 태도를 개발할 수 있다.

그림 6-2

슈람(W. Schramm)의 상호작용 모델

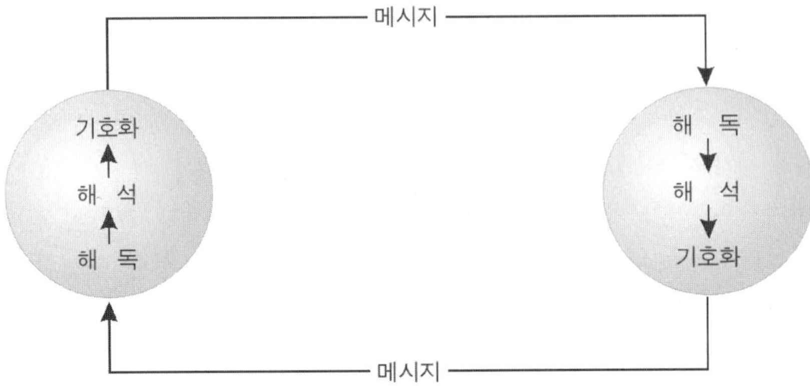

이렇게 메시지가 부호화되어 전해지고 해독되고 이해되고 이것이 피드백 과정을 통해 수신자에게 전달되고, 또 수신자는 전달된 메시지에 다시 반응을 보이면서 반복적으로 서로가 이해하는 범위를 넓혀 가는 과정을 도식화하면 〈그림 6-2〉와 같다.

우리가 궁극적으로 다른 사람과 커뮤니케이션을 하는 이유는 상대방에게 전하고자 하는 정보를 전하고, 자신이 원하는 방식대로 상대방이 행동해주기를 바라고 또 다른 사람이 전하는 메시지를 이해하기 위해서이다. 그렇지만 일상적인 커뮤니케이션에서 간과해서 안되는 것은 커뮤니케이션 방법의 다양성이다. 우리는 흔히 언어라는 수단을 통해서만 남들과 의사를 주고받는 것으로 이해하지만, 실제 우리는 의사소통과정에 다른 방법들도 많이 동원한다. 즉 얼굴표정이라든지 몸짓 자체가 실제 표현된 언어보다도 더 중요한 경우가 많다. 다시 말해 말을 통해서는 싫다고 하면서도 표정과 몸짓으로는 좋아함을 표현하는 경우가 다반사이다. 따라서 보다 효과적인 고품위서비스 요원이 되기 위해서는 다양한 의사전달방법을 이해하고 활용할 수 있어야 한다.

> ✔ 톨스토이와 친절
>
> 러시아의 대문호 톨스토이가 어느 날 길을 걷다가 구걸하고 있는 거지를 만나게 되었다. 주머니를 뒤지던 톨스토이는 돈이 한 푼도 없음을 알고 미안한 마음으로 거지에게 이렇게 말했다.
>
> "내 형제여, 제발 화내지 마시게. 지금 가진 돈이 한 푼도 없다네. 만약 나에게 돈이 있다면 기쁜 마음으로 드렸을 걸세."
>
> 그 말을 들은 거지는 미소를 지으며 이렇게 대답했다.
>
> "선생님은 제가 원하던 것보다 더 좋은 친절을 베푸셨습니다. 저같이 초라한 사람을 형제라 불러주었으니까요."

제 2 절 커뮤니케이션 방법

커뮤니케이션의 방법은 크게 두 가지로 나누어 볼 수 있다. 하나는 언어를 통한 의사전달이고 다른 하나는 비언어적인 방법을 통한 의사전달이다.

1. 언어를 통한 의사전달

의사소통하면 우리는 대개 언어를 통한 의사전달과정을 생각한다. 다시 말해 언어를 통한 의사전달을 할 때 일상적으로 사용하는 단어 하나 하나에 표현하고자 하는 실체나 사실을 반영하는 것으로 생각한다. '침묵하다' 라고 표현하면 그 말은 곧 움직임이 전혀 없고 무거운 상황을 있는 그대로 묘사한 것으로 이해한다. 즉 표현하는 단어 뒤에는 그것이 지칭하는 실체가 반드시 존재한다고 생각하는 것이다.

언어로서 표현되는 실체(reality)에는 대개 두 가지 측면이 있다. 그 하나는 기능적인 측면이요 다른 하나는 상징적인 측면이다. 예를 들어 우리가 먹는 음식을 생각해 보자. 음식은 실제로 우리의 배고픔을 해결해 주는 기능적인 측면이 있다. 우리의 활동 에너지원임을 누구도 부인할 수 없는 실질적인 기능이다. 반면 우리가 먹는 음식에는 상징적인 측면도 있다. 음식은 종류에 따라 빈부 정도를 나타내고, 먹는 장소에 따라 여러 다른 의미가 있을 수 있으며, 누가 사준 음식이냐에 따라 다른 상징적 의미를 지닐 수 있다. 따라서 우리가 음식이라는 단어로서 어떤 특정음식을 지칭하더라도 그 단어가 가지고 있는 상징적인 의미는 천차만별일 수가 있다는 뜻이다.

언어는 그 실체를 표현하고자 하는 사람이 받는 느낌대로 만들어낸 상징(symbol)이라는 것이다. 사람들은 어떤 실체를 보고 그것을 자기 방식대로 이해한다. 그리고 자신이 이해한대로 표현한 것이 언어이다. 예를 들어 어떤 가난한 사람이 처음으로 중급 호텔에 가서 식사대접을 받았다고 가정해 보자. 그 사람에게 그 중급 호텔의 식사는 일생일대의 최고 호화판 음식일 수 있다. 하지만 아주 부유한 최고급 호텔에서만 식사하는 사람이 우연히 중급 호텔에서 식사를 하게 되어 그 가난한 사람이 먹었던 것과 똑같은 음식을 먹었다고 가정해 보자. 그 사람은 그 음식을 어떻게 표현하겠는가? 그는 그 음식을 아주 하찮고 먹을 가치가 없는 음식으로 표현할 것이다.

그러므로 똑같은 음식이었지만 두 사람이 언어로 표현할 때 아주 다른 형태로 표현된다. 이런 이유로 언어는 꼭 어떠한 실체를 반영한 사실에 근거한 표현이라고 말할 수 없다. 언어는 표현하는 사람의 입장에서 판단한 사실에 근거한 추상적인 상징이다. 따라서 언어 자체가 실제 관찰한 사실과 동일하며 사실을 있는 그대로 표현하는 수단이라고 이해하면 곤란하다.

우리가 언어를 통해 의사소통을 할 때 우리가 전하는 것은 그 단어

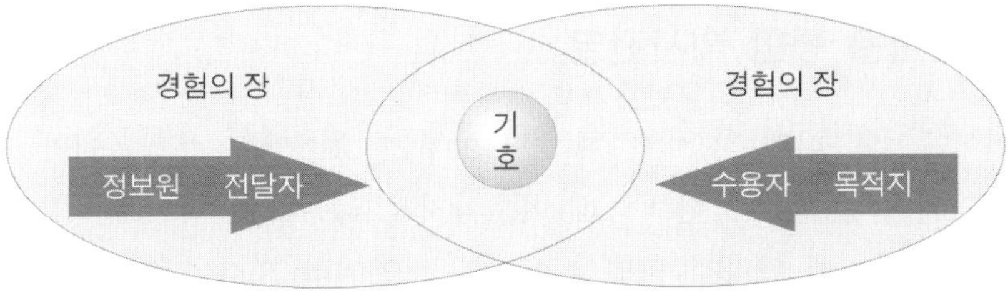

그림 6-3
슈람(W. Schramm)의 선형 모델

또는 그 문장일 뿐이지 의미를 함께 전할 수는 없다. 우리는 단지 상대방에게 내가 뜻하는 바를 표현하고 있는 단어와 문장들을 전달하는 것이다. 그 전해진 언어에 의미를 부여하는 사람은 수신자 자신이다.

수신자는 자신이 처한 상황, 경험, 지식 등 여러 가지 요인을 바탕으로 전해진 단어에 의미를 부여한다. 우리가 만약 '상대방에게 말을 하는 것은 전하고자 하는 뜻을 전하는 과정이다' 라고 말했다면 이것은 과연 옳은 표현인가? 답은 아니다. 우리가 상대방에게 말을 하는 것은 언어라는 상징을 전하는 것이다.

단지 상대방이 그 상징을 접수하고 받아들일 때, 전달자가 상징을 통해 자신이 생각했던 의미를 수신자도 만들어내어 그와 유사한 의미를 가질 수 있기를 바랄 뿐이다. 따라서 언어를 통한 커뮤니케이션 과정은 자극과 반응의 과정이 아니라 피드백을 통해 상호간의 협조를 통한 유사의미의 창조과정이다.

언어를 통한 의사소통의 효과성은 과연 표현된 언어에 전달자와 수신자가 유사한 의미를 부여하느냐에 달려있다. 만약 서로가 같은 표현에 같은 의미를 부여할 수 없으면 진정한 의미의 커뮤니케이션은 불가능하다. 전달자와 수신자의 공통적 '경험의 장' 은 전달자의 메시지가 의도된 방식으로 원하는 지점까지 전달될 수 있는지의 여부를 결정하는데 필수적이며(〈그림 6-3〉 참조), 여기서 공통적 경험의 장이란 공통 언어, 공통 배경, 공통 문화 등이다.

2. 비언어를 통한 의사전달

언어가 커뮤니케이션에서 핵심을 이루는 요소임은 분명하지만 언어만으로 의미의 전달이 완벽하게 이루어지지 않는다는 점 또한 앞서 살펴보았다. 학자에 따라서는 언어 이외의 비언어적 요소에 의한 커뮤니케이션이 90% 이상을 차지한다고 주장하기도 한다. 그만큼 비언어적 요소들이 중요하다는 의미일 것이다. 그럼에도 우리는 언어적인 의사소통에 너무 얽매이는 듯하다. 학교에서의 모든 교육은 주로 '어떻게 읽고, 어떻게 쓰며, 어떻게 말할 것인가' 하는 언어적 수준의 의사소통에 관한 훈련에 한정되는 경우가 많다. 하지만 우리는 가끔 '말로만 그러지 말고 행동으로 보여라' 라는 표현을 많이 쓴다. 이는 행동이 말보다 훨씬 힘있고 신뢰할 수 있는 의사전달수단이 될 수 있음을 말해주는 표현이다.

사람들이 알고 사용하는 상당수의 비언어들은 어린시절 부모로부터, 그리고 주위의 가까운 친구나 이웃들로부터 배우게 된다. 그리고 학교생활, 사회생활을 거치면서 집단과 조직의 특수한 비언어 요소를 배운다. 결국 비언어의 습득은 사람들이 자라난 사회문화적 환경의 범주 안에서 이루어진다. 문화가 다르면 비언어 커뮤니케이션 방식이 달라지므로, 외국인과의 의사소통에서 오해가 발생하지 않도록 외국매너 및 금기사항을 학습해야 하는 것이다.

비언어메시지는 언어메시지와 다른, 서로 충돌하는 성질이 있다. 즉 말과 행동이 다르다는 것이 바로 이 경우이다. 대체로 언어메시지와 비언어메시지가 충돌할 때, 말보다는 행동이 다시 말하면 언어메시지보다 비언어메시지의 신뢰도가 더 높다. 그것은 언어가 비교적 조작이 쉬워서 상대방에 대한 눈속임이 가능하지만 비언어의 조작은 훨씬 더 어렵기 때문이다. 또한 비언어메시지는 사람들의 무의식 세계를 반영하고 감정과 태도를 표출하는 특성을 가진다.

이처럼 얼굴표정, 제스처, 자세, 목소리 등 다양한 비언어적 요소는 대부분의 커뮤니케이션 상황에서 언어와 함께 혹은 단독으로 의미전달의 수단이 된다. 만약 언어적인 방법 외에 다른 의사전달 방법에 민감하고 그 수단의 활용방법에 눈을 돌린다면 좀더 효과적인 의사전달이 가능할 것이다.

(1) 신체언어(body language)

신체언어는 우리가 대화할 때 취하는 자세, 표정, 제스처 등 여러 가지를 포함한다. 이것은 언어적인 수준의 의사소통을 도와주는 경우도 있고 진실을 은폐하는 경우에도 사용된다.

몸의 위치나 방향, 자세, 몸짓 등의 신체언어의 사용 역시 남녀의 차이, 문화의 차이에 크게 좌우된다. 예를 들면 우리나라와 마찬가지로 인도에서는 신체 부위중 머리를 가장 귀하게, 발을 가장 천하게 여기기 때문에 아무리 친한 사이라도 상대방을 발로 건드리는 것은 금기다. 이러한 신체언어를 연구하는 학문을 카이니식스(동작학, Kinesics)라고 한다.

말로는 "정말 재미있는 이야기군요." 하면서 먼 산을 본다든지 손가락으로 책상을 툭툭 치며 다른 짓을 한다면, 이는 실제로는 대화를 그만 끝내는 것이 좋겠다는 의미이다. 따라서 중요한 것은 신체언어로 표현되는 의사를 어떻게 받아들여 바르게 이해하느냐 하는 문제이다. 신체언어는 잘못 해석되거나 이해될 가능성이 많다. 어떤 몸짓이 일반적으로 어떤 의미를 내포하고 있는지에 관한 구체적인 연구는 되어있지 않지만, 이러한 몸짓을 나름대로 잘 관찰한다면 고품위서비스 요원으로서 의사소통에 많은 도움이 될 것이다.

(2) 공간적인 거리

주변의 공간과 타인과의 거리를 어떻게 사용하는가 하는 점은 중요한 비언어 요소로 작용한다.

우리는 각자 자기의 공간적인 거리를 유지하기 원한다. 그리고 상대방과의 친밀 정도에 따라 자신이 확보하고 있는 영역에 들어오는 거리가 달라진다. 인류학자인 에드워드 홀(E. Hall)은 공간과 거리가 친밀함의 척도, 사회적 척도가 될 수 있음을 유형화하였는데, 대부분의 경우 사람들은 최소한 15~30㎝ 거리를 유지하기를 원하는데 비해 아주 친하거나 사랑하는 사람에게는 더욱 가까운 거리를 허용한다. 일반적인 사람들과의 거리는 대개 30~90㎝ 정도의 공간을 유지하며, 이런 정도의 공간적 거리를 두고 대화하는 경우 친한 친구관계를 의미한다.

처음 만나 사교적인 관계가 시작될 때는 대개 1~2m의 거리를 유지하는 것이 보통이고, 이는 복도에서의 대화나 사업상의 대화 또는 사무적인 대화에서 보통 유지하는 거리이다. 이처럼 공간과 거리를 연구하는 학문분야를 프락시믹스(공간학, Proxemics)라고 한다.

어떤 학생이 강의실에서 교수와 아주 가까운 거리에 앉는다면 그 학생은 어떤 의미로든 그 교수를 좋아한다는 비언어적 메시지를 보내는 것이 된다. 교수는 앞자리를 선택한 학생의 행동을 보고 자기의 강의를 열심히 듣는 성실한 학생이라고 해석할 것이고 눈길을 한 번 더 주게 될 것이다. 이처럼 공간의 어느 지점에 위치하며 어느 정도의 거리를 유지하느냐 하는 것은 서로 다른 비언어적 메시지를 충분히 전달한다.

공간적인 거리의 확보는 의식적이라기보다는 무의식적인 심리작용이므로 언어메시지보다 훨씬 진실하다고 볼 수 있다. 어려운 문제가 발생하여 고객과 진정으로 마음을 열고 대화하고 싶은가? 그렇다면 앉을 책상이나 의자의 배치부터 동등하게 배열하라! 효과적인 의사소통을 위해서는 의사전달 과정에서 공간적 거리를 통해 전해오고 또는 전해주는 의미를 최대한 활용할 수 있어야 할 것이다.

(3) 유사언어

유사언어란 말의 어조, 속도, 고저, 강도 등 말 자체는 아니지만 말을 하는 방법에 관련된 사항을 가리킨다. 빠른 속도 고음의 말과 느린 속도 저음의 말을 상상해보면, 두 경우에 상대방이 받아들이는 의미가 동일하지 않을 것임을 예측할 수 있다. 유사언어란 우리가 '무엇을 말하는가' 보다는 '어떻게 말하는가'에 따라 의미가 다를 수 있다는 것이다.

같은 말이라도 담는 마음에 따라 다르게 들린다는 말이 있다. 이것은 곧 그 말을 표현하는 과정에서 같은 말이라도 완전히 다른 의미로 받아들일 수 있다는 의미이다. 아래 예의 경우를 생각해 보자.

"네가 그 일을 했다고?"

이 문장에서 어느 부분에 악센트를 주느냐에 따라 완전히 다른 의미를 줄 수 있다. '네가' 라는 부분을 강조하면 다른 사람도 아닌 '너' 가 그 일을 했느냐는 의미이고, '그 일' 을 강조하면 '그 일' 을 한 것에 대한 놀라움을 표현하는 것이 된다. 이와 같이 음성 자체는 의사전달에 있어 중요한 역할을 한다.

상대방의 음색, 말하는 속도 등을 통해서도 상대방을 평가할 수 있다. 대화 중 갑자기 말이 느려진다는 것은 머릿속으로 다른 생각을 한다는 간접적인 증거가 되고, 음색이 떨리는 것은 매우 화가 났다든지 공포감을 느낀다는 증거가 된다.

유사언어에 관한 연구결과를 보면, 사람들은 대체로 빠른 속도로 말하는 사람을 더 실력 있다고 평가하는 경향이 있다. 대체로 사람들은 좋은 목소리가 더 영향력 있고 실력있고 정직하다고 느끼는 경향이 있다. 따라서 고품위서비스 요원이 되기 위해서는 음성훈련 또한 중요하다 하겠다.

(4) 사용하는 물품을 통한 표현

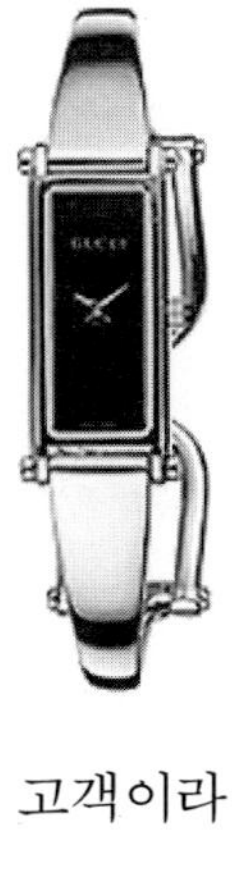

옷이 날개라는 속담이 있다. 의상은 그 사람의 직업이나 사회적 지위를 표현해 준다. 우리가 사용하는 여러 가지 물품들도 의사소통에 영향을 준다. 사용하는 물품이란 가깝게는 지갑, 시계, 가방에서부터 차량, 사무실, 책상, 의자 및 모든 가구가 여기에 포함된다.

어떤 고객이 짙은 화장에 다소 화려한 의상, 진한 향수를 사용하였다면 그 고객은 조금은 사치스럽다고 생각해도 무방하며, 그러한 취향을 고려하여 의사소통을 해야 할 것이다. 말끔하면서도 눈에 튀지않는 정장차림에 말씨가 조용한 고객이라면 전문직 여성이라고 가정하여 그에 상응하는 접객용어를 구사해야 할 것이다.

이처럼 상대방이 입고 있는 옷, 사용하는 도구, 타고 다니는 차 등 모든 물품들은 상징적인 의미를 내포하고 있으며, 그것을 사용하고 있는 사람에 대해 무엇인가 말해주는 것이다. 따라서 효과적인 의사소통을 위해 우리는 이러한 물품들이 말해주는 의미에 관심을 기울일 필요가 있다.

(5) 시 간

시간 역시 비언어메시지를 전달하는 요소이다. 약속시간을 정확하게 지키는 사람과 20분 정도 지각하는 것을 당연하게 여기는 사람이 동일한 이미지를 가질 수 있겠는가? 전자와 약속한 상대방은 길이 막혀 약속시간에 늦을 것 같으면 걱정이 되겠지만, 후자와 약속한 사람이라면 아무래도 좀 느긋해 질 것이다. 정확히 시간을 지키는 사람에 대해서는 좋은 인상을, 매번 지각하는 사람에게는 부정적 인상을 갖게 됨은 당연하다.

또 시간에는 심리적 측면도 있다. 같은 한 시간이더라도 좋은 사람과 함께 하는 체감시간과 어려운 사람과 같이 하는 시간의 흐름이 같겠는가? 시간을 학문적으로 연구하는 분야를 크로노믹스(시간학, Chronomics)라 한다.

시간관리와 관련한 의사전달은 대개 서로 만남을 위해 도착하는 시간의 정확도를 통해 잘 말해준다. 만약 만나기로 한 약속시간 이전에 도착하여 미리 상대방을 기다리고 있다면 그 의미는 그 만남을 중요시 여기고 있으며 만나는 사람에 대해 많은 관심을 보이고 있음을 의미한다. 반면 만나는 시간을 지키지 않고 늦게 도착하게 되면 그 만남 자체에 별 관심이 없으며 만나는 사람도 그렇게 중요하게 여기지 않음을 암시하는 것이다. 또한 일반적으로 윗사람은 좀 늦어도 되지만 아랫사람이 늦게 도착하는 것은 결례라는 의식이 있어 누가 먼저 도착하는가에 따라 누가 윗사람인가 하는 의미도 내포되어 있다.

그런 이유로 만나는 시간을 얼마나 정확하게 지키는가 하는 것과, 얼마나 오랜 시간 대화를 갖는가 하는 것 모두가 그 만남을 얼마나 중요시 여기며 의사소통의 의지가 어느 정도 강한가를 말해주는 중요한 잣대가 된다.

이상에서 살펴본 바와 같이 우리는 여러 가지 방법을 통해서 의사소통을 하는데, 이 의사소통 과정에는 많은 장애요인이 있어 항상 굴절과 왜곡이 일어날 수 있는 가능성이 내재한다. 그렇다면 의사소통과정은 어떠한 요소들에 의해 장애를 받는지 커뮤니케이션 장애요인들에 대해 알아보자.

✔ 성공의 비결

옛날에 불평이 많은 한 청년이 살았습니다.
그는 왕을 찾아가 "인생을 성공적으로 사는 법" 을 가르쳐 달라고 졸랐습니다.

왕은 잔에 포도주를 부어 청년에게 주면서 말했습니다.
"이 포도주 잔을 들고 시내 한 바퀴를 돌아오면 성공의 비결을 가르쳐 주겠다. 단, 포도주를 엎지르면 네 목을 베리라."

청년이 땀을 뻘뻘 흘리며 시내를 한 바퀴 돌아오자 왕이 물었습니다.
"시내를 돌면서 무엇을 보았느냐? 거리의 장사꾼과 거지를 보았느냐?
혹시 시내 술집에서 새어 나오는 노랫소리를 들었느냐? "

청년이 대답했습니다.
"포도주 잔에 신경을 쓰느라 아무 것도 보지 못했습니다."

그러자 왕이 대답했습니다.
"그래, 바로 그것이 성공의 비결이다. 인생의 목표를 확고하게 세우고 그 일에 집중하면 주위의 유혹이나 비난이 들리지 않을 것이다."

여러분은 자기의 목표를 세우고 위의 포도주 잔처럼 쳐다보십니까?

제 3 절 커뮤니케이션의 장애요인

커뮤니케이션 과정에는 부적합하게 표현된 메시지, 단어의 누락, 상대방의 불신, 어의의 왜곡, 주위에서 일어나는 여러 가지 잡음 등 이루 헤아릴 수 없을 정도로 많은 장애요인들이 있다.

1. 심리적인 요인

(1) 인식과정

우선 커뮤니케이션 과정에서 인간 내적으로 거치게 되는 심리적인 과정을 좀더 구체적으로 알아보고 그 과정에서 일어날 수 있는 굴절과 왜곡의 가능성에 대해 살펴보자. 〈그림 6-4〉를 이해하기 위해 한 가지 예를 들어보자.

A라는 남학생이 B라는 여학생에게 관심이 있어 사귀고 싶은 마음(A1)을 가지고 있다고 가정하자.

그 남학생은 직접적으로 자신의 상대 여학생에게 관심을 표명하기 위한 의도(A2)로서 그 여학생만 만나면 자꾸 놀리고 농담을 걸고 때로는

그림 6-4

전달자와 수신자의 인식과정

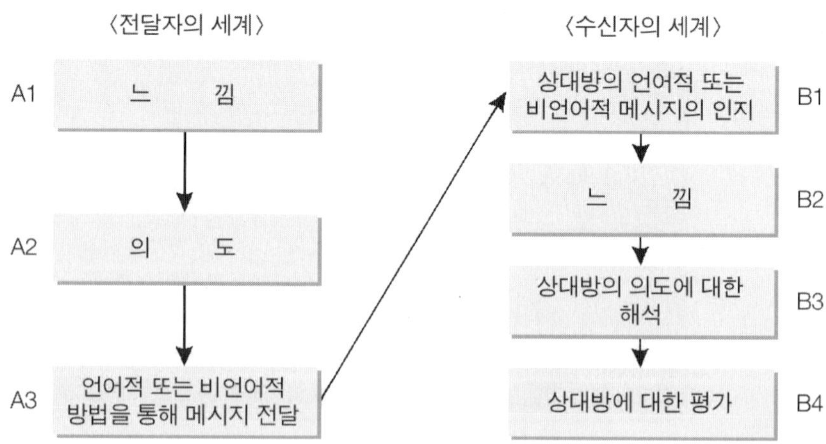

성가시게 군다(A3)고 하자. 이에 여학생은 남학생의 그런 행동이나 그의 의사전달 메시지를 인식하고 받아들인다(B1). 그리고 그 남학생의 자신에 대한 행동을 접할 때마다 기분이 나쁘고 싫은 느낌이 마음에 가득하다(B2). 그러면서 여학생은 남학생이 자기에게 왜 그러는지 그 의도를 나름대로 생각하고 해석한다(B3). 아무리 생각해도 남학생이 자신을 여자라고 깔보고 무시하는 것 같다고 생각되어, 상대방 남학생은 행동이 거칠고 예의도 없는 사람이라고 평가한다(B4).

이 과정에서 남학생은 진정으로 자신의 좋아하는 감정을 상대방 여학생에게 전하고자 자신이 생각하기에는 최선의 방법이라고 생각하는 메시지 전달수단을 택해 상대방에게 좋아하고 있다는 메시지를 보내었다. 하지만 상대방이 이를 받아들이는 과정에서는 원래 의도와는 전혀 다른 의미로 받아들였다. 여기서 우리는 의사전달의 한 단계 한 단계 심리적 과정에 이미 굴절과 왜곡의 가능성이 내포되어 있음을 알 수 있다.

전달자는 자신의 감정을 표현하면서 자신의 진정한 의도를 감추고 드러내지 않는 간접화법을 선택하여 올바른 의사전달이 이루어지지 않았고, 수신자는 그 간접화법의 메시지를 올바르게 해독하고 이해하지 못하여 원래 전달자의 의도와는 다른 방향으로 해석하였다. 따라서 이 그림을 통해 우리는 전달자가 자신의 느낌을 전하는 과정에서부터 수신자가 그 메시지를 인식해서 이해·평가하는 과정까지의 각 단계에 올바른 의사전달의 장애요인들이 숨어 있음을 알 수 있다.

(2) 실체와 상징의 혼돈

이미 앞에서 지적했듯이 우리가 상대방으로부터 메시지를 전달받을 때, 우리는 흔히 표현되는 언어 속에 그 언어가 지칭하고 있는 실체가 있다고 생각한다. 언어는 표현하는 사람의 입장에서 실체를 바탕으로 만들어낸 상징에 불과하다. 이 상징은 실상이 아니라 허상이다. 단순히 받아들이는 사람이 마음대로 만들어낸 상징일 뿐이지 실체가 아니라는 것이다.

따라서 언어와 실체는 다르다. 언어는 언어로서 존재하고 있는 것이지 그것이 곧 실체를 반영한 어떤 의미를 가지고 있는 것은 아니다.

그러한 상징인 언어로 전달된 메시지는 수신자의 머리 속에서 다시 새로운 의미가 부여된다. 언어를 통해 전해온 메시지를 있는 그대로 받아들여 소화해서 이해하는 것이 아니라 그것을 받아들이는 사람의 입장에서 그것을 재해석하여 의미를 부여한다. 그러므로 전달된 언어는 받아들이는 사람이 처한 시간과 장소에 따라 다르게 해석되고, 또 시간과 장소가 바뀌면 또 다른 방식으로 재해석되어진다.

따라서 언어를 통한 올바른 커뮤니케이션에는 한계가 있다. 우리는 언어적 수준의 커뮤니케이션에서 이러한 한계성을 깊이 이해해야 한다. 그래서 내가 전달자로부터 받아들인 메시지에 부여한 의미가, 전달자가 전하고자 하는 그러한 메시지가 아닐 수 있다는 것을 항상 염두에 두어야 한다.

(3) 개인의 특성

전달받고 전달하는 모든 메시지를 각자의 입장에서 이해하게 되는 이유는 커뮤니케이션에 임하는 개개인이 각기 다른 경험, 기대, 태도 및 가치관을 가지고 있기 때문이다. 이러한 개개인의 특징은 사회현상과 상대방이 전해주는 메시지를 받아들이고 해석하고 그리고 상대방에 대해 평가하는데 영향을 미친다. '개인의 마음은 화가와 같다' 는 말이 있다. 전달되는 메시지를 자신의 경험에 비추어 해석하고 이해하고 그것에 의미를 부여함을 뜻한다.

앞의 남학생과 여학생의 경우, 남학생의 행동은 그것을 받아들이는 여학생이 그동안 어떠한 경험을 가지고 있었느냐에 근거하여 해석하고 이해하는 것이 달라졌다. 만약 여학생이 그간의 경험을 통해서 남학생들이 농담하고 성가시게 구는 것 자체가 그들의 진정한 관심과 호감을 표시하는 방법 중 하나라는 것을 알고 있었더라면, 여학생은 남학생의 메시지에 포함된 의도를 옳게 해석하고 이해했을 것이다.

개인이 가지고 있는 기대감 또한 전달되는 메시지를 해석·이해하는데 많은 영향을 미친다. 예를 들면 그 남학생은 항상 다른 사람들에게도 농담을 하고 짓궂은 데가 많은 편이라는 것을 알고 있어 당연히 그렇게 하리라고 생각하고 있었는데, 그 남학생이 진지하게 자신의 마음속에 있는 이야기를 그 여학생에게 했다고 가정하자. 그 여학생은 과연 그 남학생의 진지한 태도를 어떻게 이해하겠는가? 적어도 당분간은 또 다른 형태의 장난으로 받아들일 가능성이 높을 것이다.

다른 한 가지는 사람이 가지고 있는 태도이다. 여학생이 남학생에 대해 호감과 긍정적인 태도를 가지고 있었다면, 그 남학생이 짓궂은 행동을 통해 전하는 메시지를 아주 긍정적인 것으로 받아들이고 해석하고 이해했을 것이다.

그러므로 이러한 개인마다 가지고 있는 경험, 기대, 태도 등은 우리가 서로 간에 전하고자 하는 메시지를 이해·해석하는데 많은 영향을 미치고, 전달자와 수신자가 주고받는 메시지를 바르게 받아들여 이해하는데 장애요인으로 작용한다.

2. 상황적인 요인

위에서는 주로 커뮤니케이션의 과정에서 일어나는 장애적인 요소로 심리적인 요인들을 지적해 보았다. 이외에도 많은 장애요인들이 있는데 그 중 상황적인 장애요인들의 몇 가지를 살펴보자.

(1) 정보의 과중성

우리에게는 일정한 시간에 소화해서 반응할 수 있는 정보량이 한정되어 있다. 그 이상의 정보가 전해지면 우리는 그 정보를 해석·이해하는 한계성에 부딪혀 효과적인 커뮤니케이션이 불가능해진다. 예를 들어 교수가 중요하다고 생각하여 학습량을 많이 전달하였을 때, 학생들은 그 모든 정보를 해석·이해하는 것은 아니다. 머리 속으로 잠시 딴 생각을 하다가 놓쳐버릴 수도 있고 — 딴 생각 역시 두뇌가 처리하는 정보이므로 — 자신의 경험에서 이해하기 쉬운 내용들만 머릿속에 남을 것이다.

따라서 효과적인 정보전달을 위해서는 주어진 시간 내에 꼭 전해야 하는 정보가 무엇인지 선별하여 전하는 것이 중요하다. 현대와 같은 정보시대에는 다양한 채널(channel)을 통해 일시에 수많은 정보가 대량으로 전달된다. 쉬운 일례로 매스컴을 통해 전달되는 광고를 생각해 보라. 여러분의 기억에 남아있는 광고는 과연 몇 개나 될까?

그런 이유로 그 모든 정보가 전달·소화되어 생활에 변화를 주는 요소로 작용하지 못한다. 이러한 정보홍수 속에서 정말로 우리에게 중요한 정보는 놓쳐 버리고 엉뚱한 정보에 파묻혀 버림으로써 효과적인 커뮤니케이션의 기회를 놓칠 수 있음을 늘 인식하고 가치있는 정보를 선별할 수 있어야 한다.

(2) 시간의 압박

주어진 시간 내에 여러 사람들과 개별적으로 접촉하여 메시지를 전해야만 하는 경우나 다양한 정보를 다양한 사람들에게 되도록 빠른 시간 안에 전해야 하는 경우, 시간의 압박으로 인해 정말로 자신이 전하고자 하는 내용을 상대방이 바르게 이해했는지 확인하면서 지속적인 상호작용을 통해 서로 공통적인 이해의 범위를 넓히기 위한 노력을 할 수 없게 된다.

따라서 메시지의 전달은 매우 피상적이고 서로 간의 신뢰성은 점차적으로 약화되어 효과적인 커뮤니케이션은 힘들어지고 서로 간의 신뢰에 금이 갈 수 있다.

시간 압박의 대표적인 예로 공중커뮤니케이션인 뉴스가 있다. 시간은 한정되어 있고 전달한 내용이 많은 까닭에 시청자의 눈을 사로잡을 수 있는 선정적인 내용과 화면구성으로 채워진다. 그러다보니 환경오염, 노인문제, 빈부격차와 같은 우리가 해결해야만 하는 정보는 게이트 키핑(gate keeping, 전달할 뉴스를 선별하는 과정)에서 걸러져 버리고, 뉴스가치(news value)로서는 자격미달인 내용들만이 전파를 타는 것이다.

이러한 사실을 어느 정도 알고 있는 사람들은 뉴스의 가치와 내용에 대해 회의적이 되고 결국 커뮤니케이션의 가장 중요한 요소인 신뢰성을 상실하게 되는 것이다.

(3) 커뮤니케이션이 이루어지고 있는 풍토

만약 신뢰와 개방의 풍토가 조성된 분위기에서 커뮤니케이션을 하게 되면, 전달자와 수신자들은 자신들의 느낌을 솔직하게 주고 받음으로써 훨씬 효과적인 커뮤니케이션이 가능하다. 하지만 불신과 반목의 분위기가 팽배한 속에서는 아무리 진실된 자신의 감정과 사실을 전하더라도 상대방에서는 그것을 오해하여 왜곡되게 받아들이기 쉽다. 이러한 분위기에서는 진정한 커뮤니케이션이 힘들다. 따라서 커뮤니케이션을 위해서는 우선 신뢰성과 개방의 분위기 형성이 아주 중요한 요소로서 작용함을 인식할 필요가 있다.

(4) 비언어적인 의사전달 수단의 오용

비언어적 수준의 의사전달은 커뮤니케이션에 도움이 될 수 있지만 때로는 방해가 될 수도 있다. 상담하러 교수를 만나러 갔는데 '하고 싶은 얘기가 있으면 다 해' 라고 말하면서도 교수가 연신 시계를 보고 전화를 받는다면, 이때 교수가 보여주는 비언어적 메시지는 '나는 바빠' 이므로 학생 입장에서는 푸근한 마음으로 진실되게 대화에 임하기 힘들 것이다.

말과 행동의 일치가 신뢰성을 가져다주듯, 말하는 내용과 비언어적인 몸짓, 표정, 눈빛이 전하고자 하는 메시지와 일치해야 한다.

(5) 주위 환경

커뮤니케이션이 이루어지는 장소, 주변도구, 시기, 소음 등을 뜻한다. 다시 말하면 커뮤니케이션이 이루어지는 장소의 분위기, 형태, 크기나 그 장소에 배치된 집기류 등의 외형적 요소는 비언어적 요소를 결정하는데 중요한 역할을 한다.

시끄러운 해장국집과 아늑한 분위기의 레스토랑에서 똑같은 커뮤니케이션이 성립될까? 대화내용이 똑같다 치더라도 목소리 크기부터 차이가 나야 할 것이다. 또 주위환경으로 인하여 대화에 집중하는 것과 각자의 자아공개 정도에도 차이가 날 것이다. 일반적으로 대부분의 사람들은 은은한 조명에 칸막이가 처리된 레스토랑의 감성적 분위기에서 보다 자신의 자아를 많이 공개할 것 같다. 레스토랑에 차갑고 인간미 없는 형광등 조명을 처리한 것을 보았는가?

또한 대화의 시기와 시간이 구체적으로 적절한가의 여부가 자유롭고 풍부한 정보교환을 가능하게 하는 요인이 된다.

✔ 천당? 아니면 지옥?

젊은 세일즈맨이 때 이른 죽음을 맞자, 영원의 시간을 천당과 지옥 중 어디서 보낼 것인지 선택할 수 있다는 통보를 받았다. 그는 양쪽 모두를 방문해 본 후 마음을 정하도록 허락을 받았다.

"천국부터 보겠습니다" 라고 젊은이가 말을 하자, 한 천사가 직접 그를 데리고 다니면서 천국을 보여 주었다. 천국은 매우 평화로웠고 조용했으며, 그곳의 모든 사람들은 하프를 켜고 있었고 과일을 먹고 있었다. 좋아 보이긴 했지만 세일즈맨은 허구한 날 노래나 부르고 있어야 할 운명에 처하게 될 지도 몰라서 당장 결정을 내리고 싶진 않았다.

"이제 지옥을 볼 수 있을까요?" 라고 그가 물었다. 천사는 그에게 엘리베이터를 가리켰고 그는 지하로 내려갔다. 거기서 그는 사탄의 충성스런 추종자들의 환영을 받았다. 그 다음 30분 동안, 그가 가 본 중에 가장 멋진 나이트클럽을 돌아다닐 수 있었다. 사람들은 왁자지껄하게 파티를 하면서 신이 나 있었다.

그 여행이 끝났을 때 그는 "천국이 좋아 보이긴 하지만 저한테는 지옥이 더 맞는 것 같습니다. 저는 거기서 지내겠습니다."

세일즈맨은 지옥으로 보내졌다. 그런데 그는 동굴로 던져졌고, 벽에 체인으로 묶였으며, 갖가지 고문을 당하는 것이 아닌가.

"제가 돌아보러 이 곳에 왔을 때에는 바와 파티와 멋진 일들로 가득하더니, 지금은 어떻게 된 일입니까?" 라고 고통과 분노에 못 이겨 그가 소리쳤다.

그러자 그 곳의 악마는 이렇게 대답했다.

"아, 그거! 그거 광고용이었어..........."

7 효과적인 커뮤니케이션과 연습

커뮤니케이션은 단순히 메시지를 주고 받는 기계적인 과정이 아니라 인간의 심리적 요인, 인식과정, 비언어적인 몸짓으로부터 얼굴의 표정, 우리들이 사용하는 모든 물건 및 상황적인 요인들이 혼재해서 동시에 일어나는 총체적인 인간과정(personal process)이다.

제 1 절 효과적인 커뮤니케이션을 위한 방안

1. 개방적인 풍토

커뮤니케이션은 단순히 메시지를 주고 받는 기계적인 과정이 아니라 인간의 심리적 요인, 인식과정, 비언어적인 몸짓으로부터 얼굴의 표정, 우리들이 사용하는 모든 물건 및 상황적인 요인들이 혼재해서 동시에 일어나는 총체적인 인간과정(personal process)이다.

따라서 기계적인 차원에서 정보흐름의 왜곡을 막는다고 해서 커뮤니케이션의 장애요인을 제거할 수는 없다. 유일한 장애제거 방법이 있다면, 서로 신뢰할 수 있고 상호 이해하려는 풍토의 조성과 함께 자신의 느낌과 생각을 솔직하게 주고받을 수 있는 개방적 관계를 형성하는 것이다. 그리고 지속적으로 자신이 해석하고 평가한 상대방의 메시지가 올바른지 확인하면서, 가능한 서로 간에 유사한 의미를 만들어내려는 노력이 있을 때 비로소 효과적인 커뮤니케이션이 가능하다.

만약 상대방이 내가 전달한 솔직한 느낌과 의견을 이용하여 나를 공격하고 불이익을 가할 수 있다고 생각하게 되면, 서로 간에 마음의 문은 열리지 않고 설사 대화를 한다고 해도 자신들의 입장만 내세우는 방어적 커뮤니케이션(defensive communication)이 되고 말 것이다. 이렇게 방어적인 커뮤니케이션의 가능성을 차단하고 개방적인 분위기에서 커뮤니케이션이 가능할 수 있는 몇 가지 요소를 알아보자.

(1) 평가하지 말고 묘사하라

우리는 커뮤니케이션 과정에서 상대방이 전하는 메시지를 통해 받은 느낌을 해석하고 상대방을 평가한다. 만일 메시지를 통해 전달되어진 상대방의 의견이나 느낌을 자신의 기준에서 '좋다', '나쁘다' 라고 평가적인 언어를 통해서 표현하게 되면, 상대방은 자연히 상대방의 평가에서 무엇이 옳았는지 또는 잘못되었는지에 대해 생각하게 되고, 자신에 대한 잘못된 평가에 대해 방어하려는 자세를 취할 것이다.

예를 들어 친구와 어떤 특정문제를 가지고 대화하는 과정에서 친구가 자신에게 "너는 사람이 너무 이기적이다"라고 하는 평가적 언어를 썼다고 가정하자. 그 소리를 듣는 자신의 느낌은 어떻겠는가?

물론 기분이 좋지 않을 것이며, 정말로 이야기하고자 하는 주제보다는 상대방의 자신에 대한 평가에서 무엇이 잘못되었는지를 생각하고, 자신의 입장을 방어하기 위한 방법을 구상하는 것으로 머리 속이 꽉 찰 것이다.

그때부터는 진정으로 자신들이 전하고자 하는 메시지에는 관심이 없어지고, 대화의 초점은 서로 간에 무엇이 잘못되었다고 생각하는지로 바뀐다. 그렇게 되면 특정문제에 대해 서로의 이해 폭을 넓히고 의미를 공유하려는 노력은 끝나게 되고, 서로 간의 입장 보호를 위한 공방의 연속만이 있을 뿐이다.

따라서 가능한 한 묘사해야 한다. '묘사해야 한다'는 의미는 자신이 보고 느낀 바를 있는 그대로 묘사하고 과연 자신이 묘사한 내용이 정말 상대방이 전하고자 하는 의도와 일치하는지 정보를 구하는 작업이다. 그렇게 하면 상대방은 자신이 의도한 바와 다르게 전달되었다는 것을 깨닫고 다른 방법으로 자신의 의도를 다시 표현할 수 있을 것이다. 평가를 하게 되면 신뢰보다는 서로가 자신을 방어하는데 급급해 커뮤니케이션의 길은 막히게 된다.

(2) 정서적 화법을 구사하라

'도구적 화법'이란 말하는 사람을 중심으로 언어를 사용하는 경우를, '정서적 화법'이란 듣는 사람을 중심으로 언어를 사용하는 경우를 가리킨다. 전자는 자신이 말하고자 하는 목적을 달성하기 위한 측면을 강조하는 목표중심의 화법인 반면, 후자는 서로 간에 타협적 관계를 규정하고 시인하는 과정중심의 화법이라는 차이가 있다.

사실 상대방의 태도나 사고방식을 바꾸려고 생각하는 것 자체에 이미 상대방의 태도와 사고방식에 문제가 있다고 하는 전제를 가지고 접근하는 것이다. 다시 말하면 변화를 유도하려고 한다는 것은 이미 그 사람의 생활태도는 잘못되었고 사고방식은 삐뚤어졌으며 자신의 문제를 해결할 수 있는 능력이 결여되었다고 하는 가정이 접근하는 사람의 전제 속에 깔려있다는 의미이다.

진정으로 상대방에게 문제가 있다고 생각되면 그리고 상대방이 자신의 문제를 바로잡도록 도와주고 싶다면, 먼저 상대방이 자신의 문제를 해결할 수 있는 능력을 가지고 있는 사람이라는 것을 미리 인정하고, 그 사람이 문제를 바로 인식할 수 있도록 도와주려는 자세가 중요하다.

그러므로 먼저 해결책이나 목표나 문제의 접근방법을 제시하여 상대방이 따르도록 유도하지 말고, 문제에 초점을 맞추어 서로의 협력을 통해 무엇이 문제인지를 정의하고 이해하려는 자세가 중요하다. 그리고 같이 고민하고 협조하면서 문제의 해결책을 찾기 위해 노력해야 한다.

이렇게 문제중심의 대화를 진행하게 되면, 서로 인격에 대한 공격보다는 문제해결을 위한 아이디어와 정보에 서로의 관심이 모아지고 이는 곧 아이디어를 존중하여 해결책을 찾는 개방적인 분위기와 서로가 서로를 이해하려는 커뮤니케이션의 분위기를 형성하게 된다.

(3) 전략적인 자세를 피하고 솔직하게 대하라

커뮤니케이션을 하면서 마음 속으로 많은 복선을 가지고 상대방을 자신이 원하는 곳으로 유도하려고 하면서도 겉으로는 안그런 척 또는 상대방을 정말로 배려하는 척하는 경우가 종종 있다. 특히 판매술이 그러하다. 그러한 전략적인 방법은 한 두번은 통할지도 모르겠지만 숨겨진 의도가 밝혀지는 순간부터 서로 간의 실질적인 커뮤니케이션은 끝났다고 보아야 할 것이다.

진정한 커뮤니케이션을 위해서라면 최대한 솔직해야 한다. 그리고 서로 간의 행동이나 제안이 숨겨놓은 어떤 목표를 성취하기 위한 것이 아닌 자신들의 솔직한 심정에서 나온 것이어야 한다. 그렇게 되면 속고 속이는 게임에서 벗어나 문제해결이나 서로가 서로를 이해하기 위해 의견을 주고받는 구도로 대화를 진행시킬 수 있을 것이다. 서로가 어떤 특별한 의도로 의사나 행동을 하지 않고 그 상황에서 자신이 느끼는 감정이나 사고를 정직하고 솔직하게 표현하게 되면, 자신을 방어하려는 본능적인 장벽이 없어지면서 마음의 문이 열리고 이해의 폭을 넓히려는 노력이 가능하게 된다.

(4) 중립적인 자세를 피하고 상대방을 이해하려고 노력하라

우리는 커뮤니케이션 과정에서 상대방이 자기의 이야기를 귀담아 들어주고 이해하려고 노력하며 또한 중요한 사람으로 인정해주길 원한다. 상대방이 그러한 자세를 취해주면 마음속에 있는 모든 이야기를 다 끄집어내도 시원찮을 것이다. 하지만 자신의 이야기를 들어주는 사람이 중립적인 자세에서 조금도 상대방의 입장을 이해하려 하지 않고 잘잘못만을 가려 자신의 의견을 말하는 경우, 그 사람과는 더 이상 대화를 지속시키고 싶은 생각이 없어진다.

진정한 대화를 원한다면 감정이입(empathy)이 필요하다. 감정이입은 동정(sympathy)과는 다른 의미이다. 상대방을 동정한다는 의미는 상대방의 입장을 이해하면서도 불쌍하게 생각한다든지 안타깝게 생각하는 것이다.

동정받는 입장에서는 아무리 상대방이 자신을 도와주려고 한다더라도 자존심 상하는 일이다. 설령 일시적으로 도움이 필요해서 받는다고 해도 그렇게 마음 내키는 일은 아니다.

그러나 감정이입을 한다는 의미는 상대방의 입장에 서서 상대방이 처해있는 상황을 이해하고, 느껴보고, 상대방의 관점을 통해 문제를 바라봄으로써 상대방을 이해하려는 것이다.

이렇게 되면 진정으로 상대방의 느낌과 시각을 이해하게 되어 그가 이야기하는 참된 의미를 알 수 있으며, 또한 그의 느낌 자체를 인정하고 소중하게 생각해 준다는 의미가 된다. 따라서 이렇게 상대방의 입장에서 생각하는 자세의 커뮤니케이션은 솔직한 느낌을 부담없이 주고받을 수 있도록 하는 계기가 되어 진정한 커뮤니케이션이 가능하도록 해준다.

(5) 윗사람 입장에서 대화하지 말고 동등한 입장에서 대화하라

어떤 사람들은 자신이 돈이든 사회적인 지위이든 지식적인 측면이든 모든 면에서 우위에 있다고 생각하고, 상대방을 아랫사람 대하듯 거만한 태도로 대화하는 경우가 있다. 이렇게 되면 상대방은 터놓고 이야기할 마음이 생기지 않는다. 그러한 태도를 가진 사람은 수신자로 하여금 메시지의 내용에 집중하지 못하게 하고, 전달자의 태도에 대한 불쾌감이나 경쟁심리 또는 시기심이 앞서 커뮤니케이션의 길을 막아버리는 결과를 초래한다.

진정한 커뮤니케이션은 동등한 입장에서 서로의 의견을 존중하면서 정보를 교환할 때 비로소 가능하다.

(6) 문제에 대한 확실한 답을 알고 있다는 입장이 아닌 배우겠다는 입장에서 대화에 임하라

자신은 이야기하고 있는 문제에 대한 답을 이미 알고 있는데, 그런 문제를 가지고 뭐 그러느냐는 식의 태도라든지, 자신이 다 알고 있으니 가르쳐 주는 대로 따라만 하라는 식의 입장에서 대화에 임하면, 상대방은 순간적으로 열등감에 빠지게 되고 이는 곧 바로 자신을 방어하려는 자세로 대화에 임하게 되므로 아이디어를 주고 받거나 의견을 교환하는 커뮤니케이션은 단절된다.

배우려는 자세를 취하는 사람은 겸손하게 상대방의 입장을 청취하고, 문제에 초점을 맞추어 자신의 의견을 개진한다. 논쟁을 피하고 가능하면 문제해결을 위해 다른 사람들이 가지고 있는 새로운 관점을 이해하고 노력하며, 필요한 정보를 받아들이려 한다.

이러한 자세는 다른 사람들이 서로의 생각을 주고받을 수 있는 분위기를 조성하고, 문제해결을 통해 서로가 성장할 수 있는 기회를 제공한다. 반면 자신의 의견만이 옳다고 주장하면서 논쟁하기를 즐긴다면, 다른 사람과 마음의 방어벽만 두텁게 할 뿐 커뮤니케이션은 불가능해진다.

2. 메시지 전달자에게 요구되는 기술

위에서는 효과적인 커뮤니케이션을 위해 상호 신뢰할 수 있고 개방적인 커뮤니케이션 분위기 조성을 위한 필요사항에 대해 알아보았다. 이제는 좀더 구체적으로 메시지를 효과적으로 전하기 위한 기술적인 측면들을 알아보자.

(1) 명확한 목표설정

커뮤니케이션은 무조건 자신의 생각이나 느낌을 쏟아내는 작업이 아니다. 전하고자 하는 내용이 무엇인지, 그것을 전함으로써 무엇을 얻을 것인지에 대한 명확한 목표설정이 있어야 한다. 만약 전하고자 하는 메시지를 상대방이 정확하게 이해하도록 하는 것이 그 커뮤니케이션의 목표라고 하면, 상대방이 그 메시지를 쉽고 정확하게 이해할 수 있도록, 필요한 도표나 그림, 보조자료들을 동원해야 한다.

커뮤니케이션을 통해 상대방의 태도변화를 유도하는 것이 목표라면, 상대방의 어떠한 행동이 어떻게 변화하여 어떠한 상태가 되길 원하는지에 대한 명확한 이해와 뚜렷한 결과에 대한 인식이 있어야 한다.

전하고자 하는 의미가 정확하게 정해져 있으면 그리고 그 커뮤니케이션을 통해 얻고자 하는 목표가 명확하다면, 우리는 커뮤니케이션 방법을 효율적으로 활용하여 바라는 결과를 위해 상대방과 함께 최선을 다할 수 있다. 그렇지 않으면 엉뚱한 주제에 얽매여 특별한 결론도 없이 대화가 끝날 수 밖에 없다.

(2) 적절한 커뮤니케이션 수단의 활용

자신이 전하고자 하는 내용이 확실하고 서로 간 커뮤니케이션을 통해 얻고자 하는 결론이 확실하면 다음으로 중요한 것은 커뮤니케이션 방법의 선택이다. 전달하고자 하는 내용을 부호화하여 메시지를 전하는 방법은 그림이나 문자, 전자매체, 몸짓 등 여러 가지가 있다. 문제는 상대방이 얼마나 잘 이해할 수 있는 방법을 택하느냐 하는 것이다.

예를 들어 그림으로 쉽게 짧은 시간에 전할 수 있는 메시지를 언어라는 수단으로 전하려고 하면 엄청난 노력과 시간을 소비해도 어려울 수 있다.

따라서 효과적인 커뮤니케이션 방법의 선택이 매우 중요하며, 비언어적인 수단과 언어적인 수단을 일치시키는 것도 늘 염두에 두어야 한다. 자신을 보호하기 위해 은근히 돌려서 이야기하는 간접화법을 구사하면서도 그것을 상대방이 다 알아서 이해해주기를 기대하는 것은 과욕이다. 상대방이 가장 이해하기 쉬운 방법으로, 가능하면 직접적으로 의사를 표현해 주는 것이 중요하다.

(3) 감정이입적인 커뮤니케이션

감정이입적 커뮤니케이션이란 전달자가 상대의 사고·태도·입장 속으로 들어가, 상대방의 눈으로 가치관으로 시각으로 문제를 재조명해 보는 노력이다. 그래서 논의하고 있는 문제에 대해 서로가 어떤 측면에서 다르게 바라보고 있으며 다르게 해석·이해하고 있는지를 파악하고, 상대방이 이해하기 쉽도록 그리고 받아들이기 쉽도록 자신의 메시지를 전하는 것이다.

이는 단순히 자신이 전하고자 하는 메시지를 전하고서 거기에서 오는 반응을 기다리는 소극적인 커뮤니케이션의 자세가 아니라, 적극적으로 상대방의 입장에서 생각하면서 서로가 이해의 폭을 넓힐 수 있는 최선의 방법을 찾는 적극적인 작업이다.

(4) 피드백의 활용

전달자는 자신의 메시지가 수신자에게 잘 전해지고 있는지, 어느 정도 상대방이 이해하고 있는지 확인할 필요가 있다. 이것을 확인하는 좋은 방법은 상대방이 반응을 보일 수 있는 기회를 제공하는 것이다.

다시 말해 상대방에게 직접적으로 자신이 전하고자 하는 메시지를 어떻게 해석하고 이해하고 있는지 물어보는 것이다. 이렇게 피드백을 활용한 커뮤니케이션이 서로가 유사한 이미지를 만들어낼 수 있는 유일한 방법이다. 피드백의 활용을 위해서는 비언어적인 수단을 통해 전해지는 메시지에 대한 민감성 또한 중요하다.

(5) 상호간의 공감적 관계형성

레볼디(Laborde, 1987)는 상호간에 공감적인 관계형성(rapport) 없이는 실질적인 의미의 커뮤니케이션은 불가능하다고 단언한다. 공감적인 관계는 서로가 신뢰하고 인정하는 관계를 의미하며, 따라서 상호간의 신뢰관계를 형성하려거든 먼저 서로의 능력을 인정하라는 것이다. 서로가 신뢰를 한다는 전제하에 공감적인 관계를 형성하기 위한 방법으로, 레볼디는 서로가 상대방의 모습과 조화를 이루려는 반사적 작업(mirroring works)을 권한다. 반사적 작업이란 상대방의 행동에 자신의 행동을 함께 조화롭게 맞추려는 것을 말하는데, 상대방이 의자에 기대어 앉아 있으면 그 상대방과 조화를 이루어 자신도 의자에 비슷한 포즈로 기대는 것이다. 이 반사적 작업으로 레볼디는 네 가지를 권하고 있다.

첫째, 상대방과 말하는 톤이나 속도를 같도록 조절한다. 만약 상대방이 고음으로 말하는데 자신은 그저 평범한 음성의 높이를 유지하고, 상대방이 빠른 속도로 자신의 논리를 펴나가고 있는데 자신은 무관심하게 느릿느릿 이야기해서는 공감적인 관계형성이 어렵다는 것이다.

둘째, 숨쉬는 속도를 같이 조절하라는 것이다. 상대방의 호흡속도와 자신의 호흡속도가 비슷해지면 서로 간의 감정교감이 가능해진다는 것이다. 상대방이 격한 감정을 느끼고 있으면 자연히 호흡속도가 빨라질 것이다. 이때 그의 호흡속도와 자신의 호흡속도를 동조(同調, assimilation)하면 곧 그 사람과 깊은 감정의 교감을 갖는다는 것이다.

셋째, 상대방의 움직이는 리듬을 관찰해서 자신도 그와 상응할 수 있는 리듬으로 움직여주라는 것이다. 만일 상대방이 주기적으로 안경을 손끝으로 밀어 올리는 습관이 있는 것을 발견했다고 하자. 그러면 상대방이 안경을 올릴 때에 맞추어 자신의 손으로는 팔짱을 꼈다 푼다든지 하면 서로 간의 몸 동작에 조화가 이루어져 공감적인 관계형성에 도움이 된다는 것이다.

마지막으로 자세의 조화(harmony)를 이루는 것이다. 상대방이 한쪽 다리를 앞으로 내놓고 서 있으면 자신은 반대편 다리를 앞으로 내놓고 서있음으로써 조화를 이루는 것이다.

이렇게 서로가 서로를 신뢰하면서 상호간 움직임이 조화롭게 하모니를 이루어 하나가 되면, 커뮤니케이션을 통해 얻고자 하는 결과를 보다 쉽게 성취할 수 있다는 것이다.

(6) '나 메시지(I message)' 사용

자신이 느끼는 감정을 밝히고, 상대방의 행동이나 의견에 대한 나의 반응을 전하고, 상대방에게 행동 변화를 요구하는 효과적인 커뮤니케이션의 기술로서 '나 메시지'를 들 수 있다. 이 방법은 자신의 느낌에 대해 왜 그러한 느낌을 가지게 되었으며 자신은 어떻게 생각하는지에 대한 문제를, 자신이 본 사실과 그것으로 인한 자신의 감정 변화에 초점을 두고 설명하는 방법이다.

순수하게 자신의 감정과 그러한 감정을 갖게 된 원인을 잘 묘사하여 자신의 생각을 상대방에게 전달함으로써, 상대방이 다음에 행동할 때 하나의 정보로서 활용할 수 있도록 하는 방법이 '나 메시지(I message)'이다.

어떤 모임에서 친한 친구가 다른 친구하고만 얘기하고 나를 대화에 끼워주지 않았다고 가정하자. 만약 내가 친구에게 "넌 그 모임에서 나는 거들떠보지도 않고 다른 애들과 얘기했지!"라고 하면 이것은 친구의 비언어적인 행동에 대한 단순한 평가이고, 내 자신이 느끼는 불쾌한 감정의 원인을 친구에게 전가하는 것이 된다.

하지만 "네가 다른 애들하고만 얘기하고 내 말에 별로 관심이 없는 것 같아, 정말로 네가 나의 가장 친한 친구인지 하는 생각으로 슬펐어!" 라고 표현하면, 이것은 순수하게 당시의 상황을 사실에 입각한 묘사가 되고 또한 그로부터 받은 자신의 느낌에 대한 순수한 표현이지, 그 책임을 친구에게 전가하는 형태는 아니다. 그러면 친구로서는 그 상황에 대한 설명이나 변명을 하게 될 것이고, 앞으로 그와 유사한 상황에서는 나에 대해 좀 더 주의를 기울이게 할 수 있는 정보가 된다.

'나 메시지' 를 사용하는 방법은

첫째, 내 감정의 원인을 사실에 입각하여 구체적으로 묘사한다.

둘째, 그러한 사실로 인해 내가 어떠한 감정을 갖게 되었는지를 밝힌다.

셋째, 필요하다면 나의 주장 또는 바라는 바를 설명한다. 그 방법으로서는 "나는 당신이 ○○했을 때 ○○하는 느낌이었다. 앞으로 나는 당신이 ○○하게 해주었으면 좋겠다" 라는 형태로 자신의 의견을 전하는 것이다.

'나 메시지' 의 활용은 곧 나의 감정과 행동을 명백히 전달함으로써 자신의 권리를 보호할 수 있는 좋은 기술의 하나이다.

이제까지 우리는 주로 전달자에게 요구되는 커뮤니케이션의 기술을 살펴보았다. 이제부터는 수신자의 입장에서 전해오는 메시지를 어떻게 수용해야 하는지, 좀더 정확하게 메시지를 받아들이는데 필요한 기술은 무엇인지 알아보자.

3. 메시지 수신자에게 요구되는 기술(효과적인 경청)

커뮤니케이션 과정에서 전달자가 아무리 효과적으로 메시지를 전한다고 해도 수신자가 그것을 잘 듣지 않는다면 커뮤니케이션은 이루어질 수 없다. 커뮤니케이션은 전달자와 수신자가 상호 노력을 기울여 메시지를 주고받을 때 가능하다. 하지만 우리는 '듣기' 에 많은 노력을 기울이지 않는다.

만약 우리가 말하는데 신경을 쓰는 만큼 듣기에 신경을 쓴다면 우리의 커뮤니케이션은 좀더 원활해질 것이다. 지금부터는 우리가 듣기를 얼마나 효과적으로 하고 있는지 알아보고, 효과적인 경청(listening)을 위한 방해요인과 효과적인 듣기를 위한 방법에 대해 살펴보기로 하자.

(1) 듣기에 대한 일반적인 경향

대부분의 사람들은 듣기에 아주 미숙하다. 한 연구에 의하면 일반적으로 사람들은 10분간의 연설을 듣고 나서 그 연설내용의 50% 정도 밖에 기억하지 못한다. 48시간이 지나면 기억하는 정도는 25%로 줄어든다(Lewis, 1975). 다른 실증적인 연구에서도 비슷한 결과를 보인다.

그렇다면 우리는 청각을 통해 받아들이는 전체 메시지 중 약 25% 정도 또는 그 이하의 정보만을 기억하고 있다고 볼 수 있다. 따라서 다른 사람과의 커뮤니케이션에서 오해와 굴절의 많은 부분은 '듣기에 대한 주의부족' 에서 기인한다고 봐도 무방하다.

사람들은 다른 사람의 이야기를 들으면서 자신과 비교하거나 듣는 순간 바로 판단을 내리느라 그 사람의 이야기에 전적으로 집중하지 않는다. 더 나아가 내 상황이 어려운 경우라면 다른 사람들이 전하는 메시지들이 귀에 들어올 리가 없다.

어떤 측면에서 우리 대부분은 자신만의 사고에 묶여있는 심리적인 청각장애자인지도 모른다. 이렇듯 우리는 듣기에 대한 연구나 훈련을 등한시해 왔다. 학교의 우리말 교육도 거의가 읽기, 쓰기, 말하기에 집중되어 있지 듣기에 대한 훈련은 없는 실정이다.

(2) 효과적인 듣기의 장애요인

듣기(listening)는 라틴어의 lis(ear, 귀)와 ten(주의, attention) 의미가 합해진 단어라고 한다. 여기서 듣기란 단순한 듣기인 영어 표현 hearing과는 다른 의미로, 수신자의 의도적인 노력이 수반되는 듣기이다. 다시 말해 그냥 주의를 기울이지 않고 들려오는 새소리를 듣는 것(hearing)과 다른 사람들이 전하는 메시지를 듣는 것(listening)과는 다르다. 그렇다면 어떠한 요인들로 인해 효과적인 듣기를 못하고 있는지 방해적인 요소들을 알아보자.

첫째, 상대방의 말을 들으면서 머리 속으로는 엉뚱한 생각(daydream)을 하는 것이다. 일반적으로 사람들이 일분에 생각할 수 있는 단어는 약 500단어 정도라고 한다. 하지만 입으로 말할 수 있는 단어는 약 125~150단어 정도이고 아무리 말을 빨리 하는 사람도 200단어 이상은 불가능하다고 한다.

우리가 전달자의 메시지에 진실로 귀 기울이지 않는다면, 귀로 일 분간 150단어 정도 들으면서 나머지 두뇌의 정보처리 용량은 다른 곳에 활용하게 된다. 그렇게 되면 자연히 다른 생각으로 빠지게 되고 정말 들어야하는 메시지는 놓쳐버리면서 커뮤니케이션에 오류가 생기게 된다.

둘째, 상대방의 이야기를 들음과 동시에 머리 속에서는 상대방 이야기에서 잘못된 점을 지적하고 판단하는 것에 열중한다. 즉 전체 이야기를 다 듣기 전에 수신자가 그 메시지에 대하여 성급한 결론을 내리고 그것에 대한 반박논리를 머리로 생각하고 정리하는 것이다.

따라서 전달자가 펴고 있는 중요한 논리와 주장은 듣지 못하게 되고, 그가 왜 그러한 주장을 하고 있는지에 대한 정보도 놓치게 된다. 효과적인 듣기를 위해서는 성급한 결론과 평가는 금물이다. 적어도 이야기 전체를 다 들어보고 자신의 생각을 정리하는 것이 바른 자세요 효과적인 듣기를 위해 요구되는 자세다.

셋째, 듣기보다 말하기를 선호하는 경향이다. 사람들은 다른 사람의 이야기를 듣기보다는 말하기를 좋아한다. 다른 사람이 말하는 것에는 관심이 없고 단지 자신이 해야 할 이야기에만 정신을 집중하다 보면, 다른 사람이 무슨 말을 하고 있으며 무엇이 중요한 메시지인지 모르게 된다. 자신이 말하려고 하는 만큼 상대방의 이야기를 듣는데 관심을 기울일 때 비로소 올바른 커뮤니케이션이 가능해진다.

넷째, 메시지 내용에 대한 무관심이다. '다 알고 있는 이야기인데 들을 필요가 있을까?' 라고 단정하고 전달자의 메시지에 관심을 보이지 않게 되면, 다시금 그 대화에 집중하기가 힘들어진다. 때로는 전달자의 비언어적 메시지나 반복적으로 쓰는 용어 등에 관심을 두고 정말 전하고자 하는 언어적 메시지에 집중하지 않으면, 아무리 좋은 이야기라고 해도 그것은 한날 무용지물이 될 뿐이다.

(3) 효과적인 듣기를 위해 요구되는 방법

우리의 삶에서 노력없이 얻을 수 있는 것이 아무것도 없듯이 상대방이 전하고자 하는 메시지를 듣기 위해서도 또한 노력이 필요하다. 아래에 제시한 열 가지 방법은 효과적으로 듣기 위해 무엇을 해야할 것인가에 대한 것이다.

1) 말하지 마라

말하려고 하면 들리지 않는다. 또한 말하는 동안 우리는 들을 수 없다.

2) 말하는 사람에게 동화되도록 노력하라

수신자는 전달자의 입장에서 문제를 보려고 노력하고, 전달자는 수신자가 그 문제에 대해 어떻게 느낄 것인가를 생각하며, 서로가 공감대를 형성하려고 노력하라.

3) 질문하라

질문은 전달자의 메시지에 관심이 있다는 표현이다. 그러나 전달자를 궁지에 몰아넣기 위한 질문이 아닌, 이해의 폭을 넓히기 위해서 정보를 구하는 자세로 질문하라.

4) 전달자의 메시지에 관심을 집중시켜라

메시지의 내용, 관련개념, 느낌 등에 관심을 두고 들으려고 노력해야지, 전달자의 신체적인 조건이나 물건 등 다른 곳에 관심 두어서는 안된다.

5) 진정으로 듣기 원하는 것을 보여주어라

가능한 한 시선을 전달자로부터 떼지 말고 주의를 집중시켜, 전달자가 느끼기에 정말로 듣기 원한다는 생각을 갖도록 하라. 전달자가 가장 편안한 상태에서 메시지를 전할 수 있도록 도와주어야 한다.

6) 인내심을 가져라

자신의 감정을 가능한 한 억제하고, 전달자가 자신의 생각과 상반되는 이야기를 하더라도 끝까지 들으려는 자세가 중요하다.

7) 산만해질 수 있는 요소를 제거하라

주위가 산만하면 정말 전하고 싶은 이야기도 잊어버릴 수 있다. 메시지의 효과적인 전달방법과 관련없는 행동은 자제하고 조용한 공간을 제공하도록 한다.

8) 메시지 내용 중 동의할 수 있는 부분을 찾아라

전달자 입장에서는 수신자가 자신의 메시지 내용에 동의하지 않는다는 것을 확인하게 되면 이야기를 진행시키고 싶은 의욕을 상실하게 된다. 따라서 수신자는 전달자의 메시지 중 동의할 수 있는 부분을 찾고 상대방을 격려해야 한다.

9) 전달하는 메시지의 요점에 관심을 두어라

종종 사람들은 전달자가 전하고자 하는 메시지의 핵심에는 관심없고 주로 부차적인 이야기에 관심을 두는 경우가 많다. 그렇게 되면 전체 메시지의 핵심을 놓치게 되어 효과적인 커뮤니케이션이 불가능하다.

10) 듣기 전에 말하지 말라

이는 중요하기 때문에 다시 한번 반복한다. 일반적인 대화에서는 상대방의 메시지가 계속되고 있음에도 불구하고 피드백할 내용을 나름대로 미리 준비하고 말하려는 경향이 높다.

물론 커뮤니케이션 중간 중간에 전달자의 의도를 정확하게 파악하려는 의도라면 긍정적인 방법이겠으나 대부분은 상대방의 말허리를 자르고 반박하는 경우가 많다. 이렇게 되면 서로가 방어적인 대화로 나아가게 되고 쓸데없는 오해와 불신을 초래하게 된다. 상대방이 결론을 내릴 때까지 경청하고 그것을 바탕으로 자신의 의견을 이야기하라.

제 2 절 커뮤니케이션 연습

1. 커뮤니케이션 적용의 한계성

커뮤니케이션은 인간관계에서 일어나는 무수한 문제를 해결하기 위해 인간이 사용할 수 있는 방법 중 가장 수준높은 방법이다. 대화를 통한 방법만큼 문제해결에 건전한 방법은 없다. 하지만 이 좋은 방법도 잘못 활용하면 서로 간의 관계를 더욱 악화시킬 뿐, 문제해결의 실마리를 제공하지 못한다. 따라서 우리는 커뮤니케이션 과정에서 일어나는 현상, 그 과정에 잠복되어 있는 여러 가지 장애요인들을 바르게 인식해야 한다.

인간관계에서 일어나는 많은 문제를 해결하기 위해서는 커뮤니케이션 방법이나 기술습득 이상의 것이 요구된다. 이 말은 서로에 대한 신뢰와 함께 문제해결을 위해 노력하려는 자세가 근본적으로 형성되어 있어야만 비로소 이러한 방법과 기술들이 활용 가능하다는 것이다. 신뢰를 구축하기 위해서는 우선 서로가 상대방을 인정하고 너와 나는 둘이 아니라 궁극적으로는 하나라는 것을 인식하는 것이다.

2. 커뮤니케이션 연습

본 연습은 커뮤니케이션에 대한 개념을 이해하기 위한 것이다. 한 학생이 나와서 아래 그림을 설명하면 다른 학생들은 노트에 설명하는 대로 그림을 그려야 한다. 물론 학생들이 먼저 그림을 보면 아무런 효과가 없다. [1단계]는 단지 의사전달(talking)의 경우를 설명하고 있으며, [2단계]는 커뮤니케이션(communication)의 경우를 설명하고 있다.

끝난 다음에 칠판에 학생들이 설명을 듣고 그린 그림과 실제 그림과 어떤 차이가 있는지 확인해 본다. 그리고 단순히 설명만을 한 [1단계]의 경우와 커뮤니케이션을 한 [2단계] 경우와는 어떤 차이가 있는지 확인해 본다.

(1) 1단계

우선 한 학생으로 하여금 그림 A를 말로 설명하도록 한다. 이때 이 그림을 설명하는 학생은 뒤로 돌아서서 설명하며, 표정이나 다른 손짓, 몸짓, 표정 등을 교환할 수 없도록 하고 단지 음성만을 통해 학생들에게 전달하도록 한다.

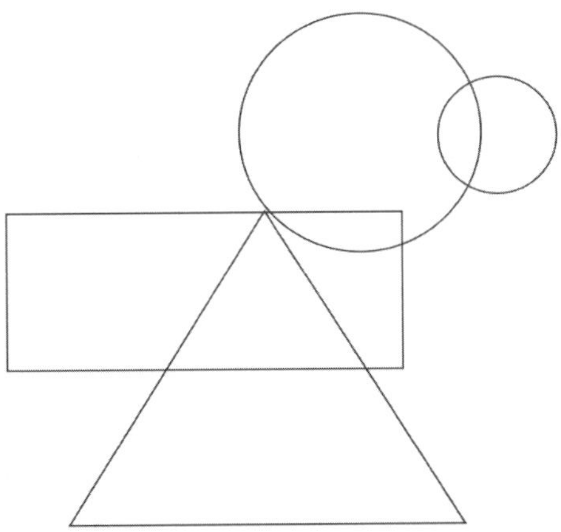

<그림 A>

(2) 2단계

다른 학생으로 하여금 그림 B를 설명하도록 한다. 이때 학생은 그림을 학생들에게 보여주는 것을 제외하고는 손짓, 몸짓, 표정, 및 여러 동작을 동원하여 함께 설명할 수 있다. 또한 이 설명을 듣고 이해하지 못하면 언제든지 질문을 하고 다시 설명을 요구할 수 있다.

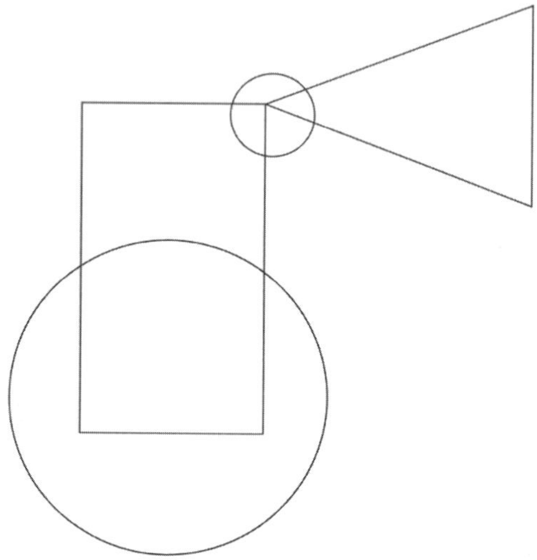

<그림 B>

8 고객만족

고객의 입장에서 니즈의 충족 정도와 충족상태를 효익(benefit) 또는 고객만족(customer satisfaction)이라 할 때, 고객이 취한 만족과 그 만족을 얻기 위해 지불한 가격(엄밀하게 이야기해서 제공자의 입장에서는 가격, 고객의 입장에서는 비용)과의 상대적 관계로서 고객가치가 인식될 수 있다.

제 1 절 고객만족이란

1. 가치창조와 고객만족

(1) 고객가치와 기업가치

부(富)는 경영자원(인적·물적·재무적·정보적 자원)이 경제가치를 지니고 있더라도 그 자체로서 창조되는 것이 아니고, 경영자원에 어떤 활동(activities)이 작용함으로써 생성되게 된다.

요컨대 부는 경영자원들이 투입되고 거기에 여러 가지 활동을 통해서 핵심역량(core competence)이 생성되고 핵심역량의 구체적 형상물인 제품(상품과 서비스를 총칭)이 생성되어 고객에게 제공되고 그 대가로서 고객이 가격을 지불함으로써 창출되게 된다.

이때 지니는 경제가치는 기업환경의 동태성, 특히 고객의 니즈(needs)변화와 기술변화에 따라서 배가되기도 하고 하락하거나 심지어는 없어지기까지 한다. 여기서 경제가치에 관해서는 고객가치(customer value)와 기업가치(firm value)로 나누어 생각할 필요가 있다.

고객의 입장에서 니즈의 충족 정도와 충족상태를 효익(benefit) 또는 고객만족(customer satisfaction)이라 할 때, 고객이 취한 만족과 그 만족을 얻기 위해 지불한 가격(엄밀하게 말해서 제공자의 입장에서는 가격, 고객의 입장에서는 비용)과의 상대적 관계로서 고객가치가 인식될 수 있다.

고객가치 = (고객만족/가격)

한편, 기업의 사회적 기능이 제품제공을 통해 고객의 니즈를 충족시키면서 기업가치를 창조하는데 있다고 할 때, 기업가치는 고객이 제공된 제품에 대해 지불한 가격과 제공된 제품을 생산·제공하는데 소요된 비

용과의 차이로 인식될 수 있다. 즉 **기업가치=(가격-비용)**이다.

> 일정기간 동안의 기업가치 = (가격 - 비용) × (생산 × 제공량)
> = 수익(revenue) - 총비용(total cost)
> = 수익 - (고정비(fixed cost) + 변동비(variable cost))
> = 이익

으로서, 기업가치는 바로 기업재무성과가 된다. 이제 **기업가치=기업재무성과=이익=(수익-비용)**에서, 수익은 기업조직의 효과(effectiveness)를 반영하며 비용은 기업조직의 능률(efficiency)을 반영한다. 여기서 고객가치와 기업가치에 대한 인식의 틀을 내보인 것이 〈그림 8-1〉이다.

일반적으로 효과란 목적에 대한 것으로 목적의 달성여부를 나타내는 질적(qualitative) 개념이며, 능률이란 투입과 산출과의 관계, 즉 (산출/투입)을 나타내는 양적(quantitative) 개념을 말한다.

이런 측면에서 볼 때 기업은 모름지기 좋은 제품을 산출하여 고객에게 제공하여 큰 수익을 올리기 위해 제품적합성을 추구해야 하며, 또 그 제품을 생산하기 위해 경영자원을 투입하고 변형시키는 과정에서 비용이 적게 발생하도록 공정·관리적합성을 추구해야 한다.

이런 의미에서 제품적합성은 효과를, 공정·관리적합성은 능률을 나타

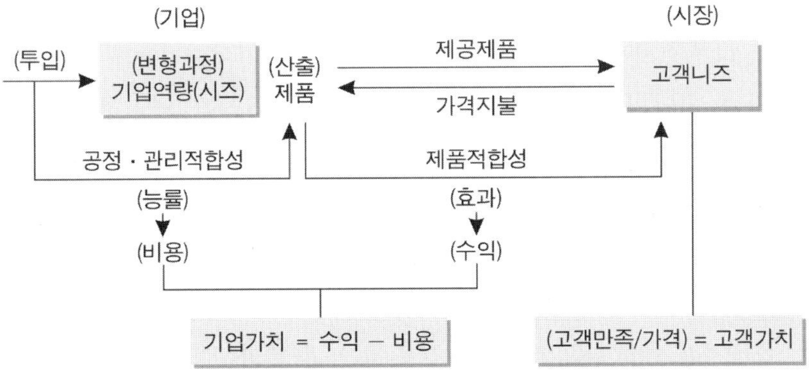

그림 8-1
고객가치와 기업가치
(김인호, 1999)

낸다고 볼 수 있다. 이익추구의 경제주체로서 기업은 자원을 조달하고 자원에 활동을 가하여 핵심역량을 생성하며, 그 핵심역량을 제품화하여 고객에게 제공한다.

다시 말해 제품은 고객니즈를 충족시키기 위해 고객니즈의 속성과 기업역량을 연결시키는 구체적인 수단인 동시에 기업이 지니고 있는 기술의 구체적 표현물로서의 특성을 지닌다(김인호, 1999).

(2) 고객지향성과 고객만족

최근에는 고객지향성 또는 시장지향성(customer orientation or market orientation)이라는 개념을 도입하여 고객과 기업활동을 연결하고자 하는 연구들이 적극적으로 추진되고 있다.

고객니즈 또는 시장니즈는 일반적으로 양에 대한 욕구(적량성, Amount), 가격에 대한 욕구(적가성, Price), 품질에 대한 욕구(적질성, Quality), 빠른 시간 내에 제공받고 싶은 욕구(적시성, Delivery), 구색에 대한 욕구(다양성, Flexibility), 사후 보증에 대한 욕구(보장성, Service)이라는 니즈속성들의 조합$(A \cdot P \cdot Q \cdot D \cdot F \cdot S)^N$을 취한다.

각 니즈는 특유한 니즈속성조합을 지니고 어떤 니즈이건 니즈속성조합에서 지배적인 어떤 속성에 의해 그 니즈의 특성이 특징지어진다. 따라서 시장변화란 고객집단의 변화와 고객니즈의 속성조합에서 지배적 속성의 변화를 의미한다. 고객니즈속성은 $(A \cdot P \cdot Q \cdot D \cdot F \cdot S)^N$의 복합적인 조합을 취하는 하나의 벡터(vector)이다.

만약 니즈속성에 의해 시장세분화 과정을 거치면 강한 고객만족을 추구하려는 기업의 전략전개에 있어 명확한 실마리를 제공하게 된다.

질적수준은 낮으나 싼 것을 원하는 세분시장, 즉 니즈속성 중 가격(P)이 중시되는 세분시장을 자사의 목표세분시장으로 취한 경우 포터(Porter)의 본원적 전략 중 원가주도(cost leadership)전략이 바람직할 것이고, 가격이 좀 비싸더라도 높은 질적수준(Q)을 원하는 세분시장을 자사의 목표세분시장으로 선정한 경우에는 차별화(differentiation) 전략이

<표 8-1> 고객니즈 속성에 따른 전략

고객니즈 속성	필 요 전 략
가격(P)	원가주도
질적수준(Q)	차 별 화
빠른 니즈충족(D)	기 동 화
많은 구색(F)	구 색 화

바람직하게 된다.

가격이나 품질 등의 속성보다도 빠른 니즈(D)의 충족이 중시되는 목표세분시장에 대해서는 기동화(quicker) 전략이, 그리고 보다 많은 구색을 원하는 니즈(F)를 지니는 고객집단을 목표세분시장으로 선택한 경우에는 구색화(assortment) 전략이 바람직하게 된다.

요컨대 기업전략의 요체는 고객의 니즈속성조합을 경쟁사보다 얼마나 월등하게 충족시키는가의 정도로 표출되게 된다. 그러므로 기업의 경쟁우위는 상대적 양(RA)·상대적 가격(RP)·상대적 품질(RQ)·상대적 납기(RD)·상대적 구색성(RF)·상대적 보증성(RS)의 조합인 『경쟁우위의 표출결과 = [RA·RP·RQ·RD·RF·RS]』의 관계가 성립되며, 이를 사업패러다임우위성(BPA)이라고 부르기로 하자.

이것은 경쟁우위를 파악하고 또 그 생성원천이 어디에서 비롯되어야 하는가를 파악하는데 대단히 유용한 근거를 제공한다. 왜냐하면 경쟁우위의 표출결과는 곧 고객만족도와 직결되기 때문이다.

이제 이들 니즈속성조합을 충족시키기 위해서는 기업역량(시즈)측면에서도 제품도 A·P·Q·D·F·S의 속성조합$(A \cdot P \cdot Q \cdot D \cdot F \cdot S)^S$을 지녀야 한다. 이때 고객니즈속성조합$(A \cdot P \cdot Q \cdot D \cdot F \cdot S)^N$과 제품속성조합$(A \cdot P \cdot Q \cdot D \cdot F \cdot S)^S$과의 부합성 정도가 고객만족의 수준을 좌우하게 되며, 고객니즈속성조합과 제품속성조합이 어느 정도 적합관계를 이루는가의 정도가 제품적합성이다. 그리고 그러한 제품속성조합을 갖도록 투입요소를 변환시키는 과정이 얼마나 적합하게 이루어지고 있느냐의 정도가 공정·관리적합성이다.

사업패러다임이란 니즈측면과 시즈측면과의 연결방식을 말하는데, 보다 구체적으로는 고객니즈와 시즈측면의 가치창출 메카니즘과의 연결방식을 말한다. 여기서 시즈(seeds)란 기업이 생성해낼 수 있는 기업역량을 말한다. 즉 기업이 지니고 있는 자원, 기술, 기량, 노하우, 이미지 등이 결합되어 생성해낼 수 있는 능력의 총체이다.

사업패러다임 적합성은 제품적합성과 공정·관리적합성을 포괄하는 관계총체(relational holism)로 이루어지므로, 사업패러다임 적합성을 반영하고 있는 제품은 기업이 지니고 있는 기술로 니즈속성을 충족시키기 위해 변환하는 하나의 매트릭스(matrix)로 생각해 볼 수 있다.

따라서 사업패러다임 적합성을 추구하려면, 니즈속성 벡터와 기술벡터와의 적합성을 추구하기 위해 변환행위가 수반되어야 하는데, 그 변환행위가 바로 혁신활동이다. 혁신은 사업패러다임 적합성에 변화를 가져오는 행위로, 사업패러다임 적합성을 반영하고 있는 제품 매트릭스에 그것이 연속변동이든 불연속변동이든 변화벡터를 나타낸다.

혁신은 제품진화의 변화와 제품을 생산하는 공정상의 변화라는 두 측면의 변화를 포함하며, 기술변화와 시장니즈의 변화에 부합되게 제품(서비스 포함)을 진화시켜 사업패러다임 적합성을 확보하는 일체의 활동과 과정인 것이다. 이런 의미에서 혁신이야말로 사업패러다임 적합성을 동태적으로 도모하는 활동과정으로서, 고객만족경영의 출발점이며 고객만족을 이끌어내는 원동력이라 할 것이다.

2. 고객지향적 사고와 고객만족

(1) 고객지향적 사고의 정의

고객의 가치창조 또는 고객만족경영 등은 모두 고객지향적 현대적 마케팅사고를 지칭하는 말이다. 대기업, 중소기업을 불문하고 나아가 서비스업과 제조업의 구분없이 많은 기업들이 고객의 중요성을 깨닫기 시작하였다. 그러면서 고객만족부서를 신설한다든지, 고객만족 캠페인을 벌인다든지, 고객의 소리를 듣는 여러 제도를 마련하는 등, 바야흐로 한국기업에 고객만족 전성시대가 도래했다고 해도 과언이 아닐 정도로 고객지향적 사고가 붐을 일으키고 있다.

그러나 아직도 대부분의 사람들이 '고객지향적으로 한다'는 것이 무엇인지를 정확하게 이해하지 못하고 있거나, 또는 설령 이해한다 할지라도 거기에 대한 확신을 가지지 못하여 단순히 머리 속에서 이해하는데 그치고, 자기행동이나 생활을 고객지향적으로 바꾸지 않고 있다. 또한 기업의 경우에도 고객지향적 사고를 기업경영에 실질적으로 반영하지 못하고 형식적인 슬로건 또는 일과성 캠페인으로만 그치는 경우를 많이 본다.

따라서 고객만족이 실질적으로 이루어지기 위해서는 먼저 고객지향적 사고가 무엇을 의미하며, 왜 고객지향적으로 사고의 전환을 해야하는지 그리고 고객지향적으로 했을 때 뭐가 달라지는지에 대한 정확한 이해가 선행되어야 한다.

먼저 고객지향적 사고의 학술적 정의는 '고객의 욕구를 찾아서 만족시킴으로써 조직의 목표를 달성하려는 이념'이라고 정의할 수 있다. 즉 고객이 무엇을 원하는지를 찾아서 이것을 충족시켜줌으로써 그 결과 우리가 원하는 목표를 달성하려는 사고방식을 의미한다.

그러므로 고객지향적 경영이념이란, 목표고객의 욕구와 필요를 찾아 이것을 충족시켜 줄 수 있는 제품과 서비스를 제공함으로써 고객의 만족을 최대화하고 이러한 고객만족의 결과로 기업의 목표인 수익 극대화를 달성하려는 경영이념을 가리킨다.

(2) 고객지향 사고의 필요성

우리 기업이 왜 고객지향적 사고로 변신하지 않으면 안 되는가? 이에는 몇 가지 이유가 있다. 그 중 가장 중요한 이유를 들자면 시장경쟁이 점점 더 격화되고 있다는 것이다. WTO협정에 의해 내수시장이 개방되고 시장진입에 관한 정부의 여러 규제조치가 철폐되면서, 국내 및 외국의 신규 참여기업이 늘어나고 있다.

또한 기존기업의 생산능력이 대규모로 확충되는 반면 IMF 관리경제 후유증으로 내수시장의 수요가 급격하게 줄어들면서 공급과잉현상이 일어나게 되었고, 그 결과 기업마다 재고가 쌓이게 되었다. 이러한 시장환경 변화에 따라 대부분의 기업에게는 만드는 것보다 이제는 만들어 낸 것을 어떻게 파느냐가 더 중요한 과제가 되었다.

그리고 시장경쟁도 과거와는 다른 패턴으로 전개되고 있다. 과거에는 동일 업종내의 타 경쟁기업, 예를 들면 OB맥주와 하이트맥주, 코카콜라와 펩시콜라, 맥도널드와 버거킹처럼 브랜드간 경쟁이 주된 경쟁이었으나, 지금은 정부의 규제철폐에 따라 업종간 경계가 완화되면서 고객의 본원적 욕구를 어느 제품이 더 잘 해결하느냐 하는 제품간 경쟁이 보다 치열하다.

그런 까닭에 과거와는 비교할 수 없을 정도로 소비자를 잡기 위한 시장경쟁이 치열해지게 되었다. 기업은 대규모의 생산시설과 대량생산시스템에 의해 생산량이 시장수요를 초과함에 따라 재고를 어떻게 처리할 것인지에 대해 고민하고 있는 반면, 소비자들은 시장에서 제품선택의 폭이 크게 늘어나 과거와는 달리 훨씬 까다로워진 구매행동을 보이고 있다.

즉 현대 소비자들은 제품에 대한 정보를 수집하여 브랜드 간 비교평가를 하고, 자기가 지불하는 가격에 비해 가장 많은 가치를 제공하는 제품을 선택하는 경향이 점점 늘어나고 있다. 그 결과 시장의 주도권이 물건을 만들어 내는 생산자 또는 판매자에서 구매자 또는 소비자에게로 넘어가게 되었다.

따라서 과거와 같은 제품위주 또는 판매위주의 사고에서 벗어나서 제품개발에서 영업 그리고 판매 후 사후서비스에 이르기까지 모든 형태의 기업활동에서 고객의 욕구를 우선적으로 고려하는 고객지향 사고로 변하지 않으면 지금의 치열한 생존경쟁 속에서 어떤 기업도 살아남을 수 없다.

우리나라 재벌그룹의 하나인 LG그룹이 최근 경영이념을 '고객을 위한 가치 창조' 로 정하고 적극적인 고객만족경영을 펼치고 있는 것이 좋은 예다. 이 그룹의 주종 상품을 보면 치약 및 세제 등의 생필품과 가전제품 등인데, 과거 경쟁이 없었던 시절에는 다른 기업이 시장에 신규 진출하는 것을 막기 위해 생산비를 어떻게 하면 줄이느냐 또는 대리점의 수를 어떻게 늘리느냐 하는 것이 주된 관심사였다. 이러한 독과점적인 시장환경하에서 그룹 임직원들의 마음속에는 자연히 고객지향적 사고보다 생산자 위주의 사고가 만연하였다.

그 결과 변화하는 고객의 욕구를 만족시켜주는 신제품 개발은 소홀해지고 영업사원들은 고객인 대리점 사장 또는 소비자들을 등한시하게 되었다. 그러다가 강력한 경쟁기업이 시장에 진입하면서 전체 시장점유율에서 뒤지는 수모를 겪게 되자, 위기의식을 느낀 그룹회장이 직접 나서서 고객지향적 사고를 전체 그룹의 임직원에게 불어넣기 위해 많은 노력을 기울이고 있다.

이 그룹의 회장은 그룹의 경영이념으로 새로이 정한 '고객의 가치창조' 를 직접 실현하기 위하여 일일 고객상담요원으로 봉사하거나, 고객 A/S센터를 직접 찾아 고객과의 대화를 마련한다. 또한 모든 계열사의 결재서류에 대표이사 다음에 고객결재란을 마련하여 고객의 입장에서 의사결정을 평가하도록 하고 있다. 이처럼 회장 자신이 고객지향경영이념을 직접 행동으로 실천하여 보여줌으로써 그룹 전체를 고객지향사고로 변신시켜 좋은 성과를 거두고 있다.

또한 삼성그룹의 경우에도 새로운 경영이념중의 하나를 '고객을 생각하자' 로 정하고 매년 계열사의 고객만족도를 회장실에서 직접 조사하여 사장단 인사에 이를 반영함으로써 삼성그룹 전체를 고객지향적 사고로 변신시키고 있다.

(3) 고객지향 사고의 중요성

일반적으로 기업은 고객이 진정으로 원하는 것 또는 필요로 하는 것을 제공해줌으로써 만족한 고객을 확보할 수 있다. 무한경쟁시대에서의 경쟁우위 핵심은 다른 어떤 경쟁자보다도 고객이 정말로 원하는 욕구를 보다 잘 해결할 수 있는 해결책을 제공하는데 있다. 즉 고객지향적 사고는 기업으로 하여금 자기의 관점에서가 아니라 고객의 관점에서 고객의 필요와 욕구를 규정하기를 요구한다.

이처럼 고객의 관점에서 사고하고 고객을 만족시키는 것이 왜 중요한가? 그것은 기업의 매출이 신규고객과 기존고객의 구매에서 일어나기 때문이다. 그러나 신규고객을 창출하는 것은 기존고객을 유지하는 것보다 비용이 많이 들므로, 기존고객의 유지에 따른 반복구매가 기업의 생존에 보다 유리하다. 이러한 중요성을 갖는 고객유지의 핵심은 고객을 만족시키는 것이다. 만족한 고객은 반복구매를 하며 다른 사람에게 제품에 대해 좋게 평하며, 경쟁업체의 브랜드와 광고에 관심을 크게 쏟지 않으며, 그 회사의 다른 제품에 대해서도 호의적인 반응을 보낸다.

만족한 고객이 단순한 매체광고보다 훨씬 효과적인 광고이다. 고객지향적 사고에 의한 고객만족의 중요성은 불만족한 고객의 행동을 살펴봄으로써 더욱 명확하게 알 수 있다. 한 조사에 의하면 일반적으로 만족한 고객은 제품에 대한 좋은 경험을 3명의 타인에게 이야기하는 반면 불만족한 고객은 11명에게 이야기한다고 한다. 즉 나쁜 내용이 좋은 내용보다 사람들의 입을 통해 더욱 빨리 전달되며, 제품에 대한 소비자의 태도를 쉽사리 나쁘게 만든다.

고객의 만족도를 정기적으로 측정하는 것은 매우 중요한 일이다. 고객지향적 기업은 단순히 불만족한 고객이 자발적으로 불평, 불만을 자신들에게 이야기할 때까지 기다려서는 안 된다. 한 조사에 의하면 불만족한 고객의 96%는 불만을 이야기하지 않는 것으로 나타났다.

그러므로 기업은 고객이 불평을 토로할 기회를 극대화하기 위한 고객제안제도를 마련하거나 소비자만족도 조사를 정기적으로 실행해야 한다. 이와 같은 제도를 마련함으로써 기업은 자기들이 얼마나 잘 하고 있는지를 파악할 수 있으며, 만족한 불만처리를 통해 기업의 수익성을 보장받을 수 있다.

미국에서 신제품 개발로 유명한 3M 회사는 자사의 신제품 아이디어 중 2/3 이상이 고객의 불평에서 나온 것이라고 말하고 있다. 기업이 고객지향적으로 되기 위해서는 매 분기마다 자사의 고객만족 수준을 조사하여 개선목표를 설정해야 한다. 예로써 세계적으로 유명한 미국의 자동차 기업인 GM은 1984년 고객만족도 지수를 100점 만점에 79점을 얻었고, 1990년까지 90점까지 올리는 것을 목표로 삼아 노력한 결과 GM고객의 재구매 비율을 나타내는 고객충성도가 1984년의 38점에서 1990년에는 55점으로 껑충 뛰었다.

건강한 기업이란 증거는 높은 고객만족도 지수와 이 지수가 계속 상승하는데서 찾을 수 있다. 고객만족은 기업의 장래 이익수준을 나타내는 가장 좋은 지표이다. 이처럼 고객만족을 경영이념으로 삼아 성공한 기업은 무수히 많다.

미국에서 가장 성공한 우편주문 판매기업인 빈(Bean)은 의류 및 야외생활장비를 전문적으로 취급하는데, 고객에 대한 외부마케팅과 종사원에 대한 내부마케팅을 모두 고객지향적 경영이념으로 결합하여 성공하고 있다. 고객에 대해서 빈은 100% 만족보장 프로그램을 실시하고 있다.

<표 8-2> 빈(Bean)의 고객지향 철학

첫 째,	고객은 직접 방문하든 또는 우편으로 연락하든 이 사무실에서 가장 중요한 사람이다.
둘 째,	고객이 우리에게 의존하는 것이 아니라 우리가 고객에게 의존하고 있다.
셋 째,	고객은 우리 일을 중단시키는 것이 아니라 우리 일이 지향할 목표이다. 고객에게 서비스를 제공함으로써 우리가 고객에게 혜택을 베푸는 것이 아니라 고객이 우리에게 서비스할 기회를 줌으로써 우리에게 혜택을 베풀고 있다.
넷 째,	고객은 논쟁을 벌이거나 싸울 대상이 아니다. 고객과의 논쟁에서 이기는 사람은 없다.
다섯째,	고객은 우리에게 자신이 원하는 것을 알려주는 사람이다. 우리의 임무는 고객에게 또한 우리들에게 이익이 되게끔 고객의 욕구를 해결하는 것이다.

이를 실천하기 위해 자사에서 구입한 제품은 고객이 만족하지 않으면 언제라도 반환할 수 있으며, 고객이 원하는대로 다른 제품으로 교환해 주거나 환불해 줌으로써 모든 면에서 완전한 만족이 이루어지게끔 하고 있다. 또한 종사원들이 고객에게 좋은 서비스를 제공하게 하기 위해서 아래와 같은 내용의 포스터를 사무실의 가장 잘 보이는데 붙여놓고 있다.

이 사례에서 보는 것처럼 앞으로의 무한경쟁시대에서는 고객지향적 사고로 무장된 기업만이 고객을 만족시킬 수 있으며, 결과적으로는 이익목표를 달성하여 계속적인 성장발전을 기할 수 있을 것이다.

제 2 절 고객만족의 기초

1. 고객만족의 개념과 정의

(1) 고객만족의 개념

고객만족 개념이 오늘날 학계는 물론이고 산업현장에서도 중요한 이슈로 대두되고 있는 이유는 기업이 바라는 여러 가지 성과와 고객만족이 관련되기 때문이다. 포넬(Fornell, 1992)은 고객만족도가 높은 기업이 얻을 수 있는 주요 혜택을 다음과 같이 설명하고 있다. 즉 높은 고객만족도는 기존고객의 충성도의 향상, 가격민감도의 감소, 기존고객의 이탈방지, 마케팅 실패비용의 감소, 신규고객 창출비용의 감소와 기업 명성도의 향상 등을 나타낸다고 하였다. 또한 고객만족에 따른 높은 고객 충성도는 미래의 현금흐름이 지속적으로 보장된다는 것을 의미하므로 기업의 경제적 수익에 반영된다고도 하였다.

고객만족이란 개념은 1972년 미국 농산부에서 농산품에 대한 소비자만족지수(index of consumer satisfaction: CSI)를 측정하여 발표한 이후 학계에서 독립된 연구영역으로 부상하여 오늘날까지 지속적으로 연구되어 왔다. 그러나 1990년대에 들어와서야 고객만족개념의 개념적 정의와 측정의 문제가 학계에서 주요 연구주제로 등장하였고, 산업현장에서는 생산성에 대한 경제적 척도와 소비자들의 삶의 질에 대한 국가적 척도의 보완적인 지표로서 사용되고 있다. 보편적으로 사용되는 '만족시킨다(to satisfy)' 는 개념은 영어 어휘적 의미로 볼 때 '가득 차도록 충족시킨다(to gratify to the full)' 는 뜻이다.

올리버(Oliver, 1997)는 만족(satisfaction)이란 단어는 라틴어의 satis (enough)와 facere(to do or make)에서 파생되었으며, 만족시키는 제품과 서비스는 충분(being enough)한 정도까지 고객이 요구하는 것을 제공할 능력을 가지고 있다는 의미로 보고 있다. 여기서 만족이란 과식 또는 과도한 투기 등과 같은 지나친 결과 수준까지의 충족을 의미하는 것이다. 지금까지의 연구를 살펴보면 소비경험에서 만족이란 개념은 소비자의 심리적 과정의 최종상태로써 i) 인지적 상태, ii) 평가, iii) 정서적 반응, iv) 인지적 판단과 정서적 반응이 결합된 '만족에 대한 판단' 등 네 가지 관점에서 그 속성이 정의되고 있다.

첫째, 인지적 상태로 보는 관점에 의하면, 고객만족을 '구매자가 치른 대가의 보상에 대한 소비자의 판단' 으로 보고 있다. 즉 고객만족이란 구매자가 치른 대가에 대해 적절하게 (또는 부적절하게) 보상되었다고 느끼는 소비자의 인지적 상태이다.

둘째, 고객의 평가로 보는 관점에 의하면, 고객만족은 '고객의 욕구 및 요구를 충족시키는 정도에 대한 평가, 고객의 사전기대와 제품의 실제성과 또는 소비경험에서 판단되는 일치/불일치 정도 등 일련의 소비자의 인지적 과정에 대한 평가' 로 정의되고 있다. 그러나 이 경우 고객만족이란 개념의 속성이 무엇인가는 정의되지 않고 있다. 이러한 견해를 제시한 연구자들은 고객만족 개념을 다음과 같이 정의하고 있다. 고객만족이란 '제공된 제품 또는 서비스를 획득하거나 소비함으로써 유발되는 욕구 및 요구(needs and wants)를 충족시키는 정도에 대한 소비자의 주관적인 평가'로 정의하였다. 헌트(Hunt, 1977)는 '소비경험이 최소한 소비자가 기대했던 만큼 훌륭했다고 명시적으로 나타낸 평가'라고 하였다.

셋째, 정서적 반응으로 보는 관점에서는 고객만족은 '고객의 기대 일치/불일치와 같은 고객의 다양한 인지적 처리과정 후 형성되는 정서적 반응'이다. 이처럼 고객만족 개념을 정서적 반응으로 보는 견해는 사회인지학, 인지심리학 및 사회심리학 등의 분야에서 연구된 결과에 따라 감정적 처리과정은 인간행동에 동기를 부여하는 주요원천일 뿐만 아니라 정보처리와 선택에 영향을 미치는 주요요인이라는 연구 결과들이 밝혀지면서 대두되었다.

고객만족 개념을 이처럼 정서적 반응이란 관점에서 규명하고자한 연구자들은 고객만족을 대체로 다음과 같이 정의하고 있다. 웨스브룩(Westbrook, 1981)은 '특정 제품 또는 서비스를 사용, 소비 및 소유함으로써 얻는 경험의 평가에 대한 소비자의 정서적 반응'이라고 하였다. 베이빈과 그리핀(Babin & Griffin, 1998)은 '불일치와 지각된 성과 등을 포함한 일련의 경험에 대한 평가결과에 따라 유발되는 정서'라고 정의하였다.

넷째, 고객만족 개념을 '인지적 판단과 정서적 반응이 결합'되어 나타나는 것으로 보고 '만족에 대한 고객의 판단(satisfaction judgment)'으로 정의하는 관점이 최근 올리버(Oliver, 1997)에 의하여 제시되고 있다. 그는 고객만족이란 '제품/서비스에 대한 성과의 처리과정, 불일치 형성과정, 또는 단순한 감정상태인 행복감과는 다른 것'이라고 주장하고 다음과 같이 정의하고 있다.

즉 '만족이란 소비자의 충족상태에 대한 반응으로써, 제품/서비스의 특성 또는 제품/서비스 자체가 소비에 대한 충족 상태 — 미충족(under-fulfillment) 또는 과충족(overfulfillment) 수준을 포함 — 를 유쾌한 수준(pleasurable level)에서 제공하거나 제공하였는가에 대한 판단'인 것으로 보고 있다.

이상에서 살펴 본 바와 같이 고객만족 개념의 정의와 관련된 연구에서는 만족의 속성을 인지적 상태(cognitive state), 평가(evaluation), 정서적 반응(emotional response), 충족상태에 대한 소비자의 반응(consumer's

<표 8-3> 고객만족의 개념적 정의

연구자	정 의	만족의 속성
하워드와 쉬드 (Howard and Sheth, 1969)	구매자가 치른 대가에 대해 보상되었다고 느끼는 인지적 상태	인지적 상태
체피얼과 로젠버그 (Czepiel and Rosenberg, 1976)	고객의 욕구 및 요구를 충족시키는 정도에 대한 소비자의 주관적 평가	인지과정 이후 형성되는 소비자의 평가
헌트(Hunt, 1977)	사전기대와 실제 소비경험의 일치여부에 대한 평가	
엔절과 블랙웰 (Engel and Blackwell, 1982)	사전신념과 선택대안의 일치여부에 대한 평가	
웨스브룩 (Westbrook, 1981)	구매후 유발되는 정서적 반응	정서적 반응
웨스브룩과 레일리 (Westbrook and Reilly, 1983)	구매경험에 대한 정서적 반응	
체와 윌톤 (Tse and Wilton, 1988)	사전기대와 제품의 실제 성과간의 차이에 대한 반응	
베이빈과 그리핀 (Babin and Griffin, 1998)	일련의 경험에 대한 평가 결과 유발되는 정서적 반응	
올리버 (Olive, 1997)	충족상태에 대한 반응: 제품/서비스의 특성 또는 제품/서비스 자체가 소비에 대한 충족상태를, 미충족 또는 과충족 수준을 포함하여, 유쾌한 수준에서 제공하거나 제공하였는가에 대한 판단	인지적/정서적 반응이 결합된 만족에 대한 판단

박명호·조형지(1999), 고객만족 개념의 재정립. 한국마케팅저널, 130-131.

fulfillment response) 등 여러 가지 유형으로 정의하고 있는 것으로 요약할 수 있다.

(2) 고객만족의 정의

오늘날의 고객은 제품이나 서비스의 구매시 다양한 선택을 할 수 있다. 그들은 다양한 제품 또는 서비스의 가치와 품질을 판단하여 그것을 기준으로 선택하여 구매한다. 따라서 고객이 제품이나 서비스에 대해 어느 정도 만족하느냐는 구매 전에 가진 기대와 비교하여 그 제품이나 서비스가 어느 정도 성능을 갖느냐에 달려있다. 즉 고객만족은 제품 또는 서비스에 대해 구매후 고객이 인식하는 성능(또는 실적)이 구매전 기대와 비교하여 느끼는 상태를 말한다. 쉽게 말하면 고객만족이란 구매한 제품이나 서비스의 성능이 기대를 충족시키는 경험을 했을 때 고객이 느끼는 상태를 의미한다.

이러한 고객만족 수준은 제품 또는 서비스의 구매후 실적에 대한 인식과 고객의 구매전 기대와의 차이에 의해 결정된다. 그리고 고객기대는 고객의 과거 구매경험이나 친구 또는 친지의 전하는 말, 그리고 해당기업의 정보 및 약속에 의해서 결정된다.

따라서 고객의 구매후 성능(품질, 서비스의 수준 등)에 대한 인식이 구매전 기대보다 높으면 높을수록 만족수준은 높아지나, 역으로 제품의 성능에 대한 인식이 구매전 기대를 따라가지 못하면(열악한 품질, 질 낮은 서비스) 고객의 불만족은 커진다.

2. 고객만족의 가치

고객만족의 가치는 역으로 고객만족을 시키지 않았을 때 이탈하는 고객의 가치를 추정함으로써 평가할 수 있다. 이탈고객의 가치는 고객이 이탈했을 때 잃게 되는 이익으로 나타나며, 이것은 고객의 평생가치 즉 고객이 정상적인 기간동안 계속적으로 우리 제품을 구매했을 때 우리가 얻게 되는 이익과 동일하다. 하나의 가상적인 예를 들어 이러한 이탈고객의 가치를 추정해 보자. 어떤 기업의 경우 전체 고객의 숫자가 64,000명인데, 그 중 그 회사의 제품과 서비스에 만족하지 못하여 떠난 고객의 비율이 금년에 5%라고 하자. 그러면 총 이탈고객수는 64,000×0.05명인 3,200명이 된다. 한 고객의 평균구매액이 40,000원이라고 하면 이탈고객으로 인한 총 매출 감소액은 3,200명 ×40,000원인 128,000,000원이 된다. 이 기업의 평균이익율을 10%라 하면, 이 기업은 고객을 만족시키지 않음으로써 128,000,000원×0.1인 12,800,000원을 잃게 된다.

따라서 기업은 이처럼 이탈고객으로 인한 손실을 추정하여 고객만족의 가치를 평가할 수 있다. 그리고 이러한 평가를 기초로 고객만족을 위해 투자할 수 있는 돈을 추정할 수 있다. 기업은 고객을 만족시키지 않음으로써 발생하는 이탈고객으로 인한 손실보다 고객만족에 드는 비용이 적은 한, 고객만족을 위해 투자하는 것이 훨씬 낫다. 위에서 예로 든 기업의 경우 12,800,000원 한도 내에서 고객만족을 위해 투자할 수 있다는 뜻이다.

이상에서 본 것처럼 기업이 고객만족을 위하여 들이는 노력은 결국 기업의 수익성 향상으로 돌아오게 된다. 따라서 고객만족경영은 고객만 좋은 것이 아니라 고객과 기업 모두에게 좋은 결과를 가져오는 투자할 만한 가치가 있는 경영이다.

3. 총체적 고객만족

고객만족수준을 높이는 데는 여러 방법이 있다. 예를 들어 제품 또는 서비스의 구매후 성능 또는 수준을 높게 하면서 고객의 기대를 낮추는 방법이 있다. 그러나 고객의 만족수준을 높이기 위해 고객의 기대수준을 낮추는 방법은 구매자를 감소시키므로 실제 사용하기에는 문제가 있다. 또한 지나치게 기대수준을 높이는 것도 문제가 있다. 왜냐하면 구매전 기대수준이 너무 높게 형성되면, 아무리 제품 또는 서비스의 품질수준을 높이고 성능을 높이더라도, 높은 기대수준을 가진 고객을 만족시키기가 쉽지 않기 때문이다.

따라서 고객만족수준을 높이는 가장 좋은 방법은 구매전 고객의 기대를 높이면서 동시에 구매 후 실적을 높이는 방법 이른바 총체적 고객만족(total customer satisfaction: TCS)이다. 최근에 시장에서 성공적인 기업들은 이러한 총체적 고객만족 방법을 사용하여 좋은 효과를 보고 있다.

예를 들어 복사기로 유명한 제록스(Xerox)사는 고객만족 보장프로그램을 도입하여 고객의 총체적 만족을 유도하고 있다. 고객이 이 회사의 복사기를 구매하여 사용하다가 만족하지 않으면, 구매 후 3년 이내에는 회사의 비용으로 구매한 복사기와 동일하거나 비슷한 복사기로 바꾸어 줌으로써 고객의 만족을 보장하는 것이다.

또한 경기도에 있는 경기골프장도 골프 치러온 고객이 골프장의 서비스에 만족하지 못하면, 골프요금을 전액 반환해주는 프로그램을 실시하고 있다. 이를 위해 이 골프장에서는 캐디들에게 골프를 배우게 하여 고객인 골퍼들이 경기 중 필요로 하는 것이 무엇인지를 스스로 깨닫게 하여 고객에 대한 서비스수준을 높이고 있다.

(1) 회사 홍보수단

고객중심 기업에게는 고객만족이 경영의 목표인 동시에 마케팅 수단이다. 높은 고객만족 수준을 달성한 기업은 자기의 고객들에게 이 사실을 충분히 알려서 좋은 홍보수단으로 이용하여야 한다. 예를 들어 최근 동원증권은 규모는 적지만 증권감독원의 고객만족 평가에서 수년동안 1위를 차지했다는 사실을 광고 또는 DM(direct mail)을 통해 고객들에게 널리 알림으로써 많은 신규고객을 유치하는데 성공하였다.

또한 동양화재보험도 최근 보험감독원에서 실시한 보험사 고객만족 평가에서 2년 연속 수위를 차지한 사실을 널리 홍보함으로써 보험시장에서 좋은 효과를 얻고 있다. 일본의 세계적인 자동차 회사인 혼다(Honda)는 자사의 주력차종인 어코드(Accord)가 미국의 자동차 고객만족조사기관의 평가에서 몇 년간 1위를 차지한 사실을 광고를 통해 널리 홍보함으로써 어코드가 미국시장에서 최고의 판매대수를 기록하는데 큰 기여를 했다.

(2) 재구매 유도

기업은 높은 고객만족수준을 재구매와 연결시키도록 노력해야 한다. 만족수준이 높은 고객일수록 재구매 의사가 높게 나타나며, 이는 기업의 수익성 증대로 연결된다. 왜냐하면 기존고객을 유지하는 비용보다 새로운 고객을 창출하는데 5배나 많은 비용이 들기 때문이다. 이처럼 고객만족의 결과를 적극적으로 활용할 때 비로소 고객만족의 가치는 보다 구체화되고 확대되어 경영성과에 나타나게 된다.

4. 고객만족과 결정적 순간

서비스에서 '결정적 순간'은 서비스를 제공하는 사람(접객종사원)과 제공받는 사람(고객)이 마주하는 접점(encounter)을 말한다.

노먼(Normann)은 고객이 마음속으로 서비스에 대한 품질을 평가할 때 이를 '진실의 순간'으로 규정했다. 이 순간에 고객은 서비스를 평가하고 또 품질에 대한 견해를 형성하게 된다.

스칸디나비아 항공사 최고경영자인 얀 칼슨(Jan Carlzon)은 '진실의 순간'이 최상의 서비스품질에 대한 명성을 획득하는데 매우 중요하다는 사실을 인식했다. 이 때문에 서비스품질 면에서 독특하면서도 경쟁적인 지위를 확보하기 위해서는 서비스 접점의 집중적인 관리를 주장했다.

하버드 경영대학원 교수인 헤스킷(Heskett)도 접객종사원의 배후조직인 최고 경영층의 기업전략에 의한 서비스 접점관리가 필요하다는 견해를 내놓았다. 또 베잇슨(Bateson)은 서비스 접점을 서비스 조직, 접객종사원, 고객간의 상이한 이해가 상호작용을 함으로써 형성된 삼각구조라

그림 8-2
고객만족경영과 결정적 순간

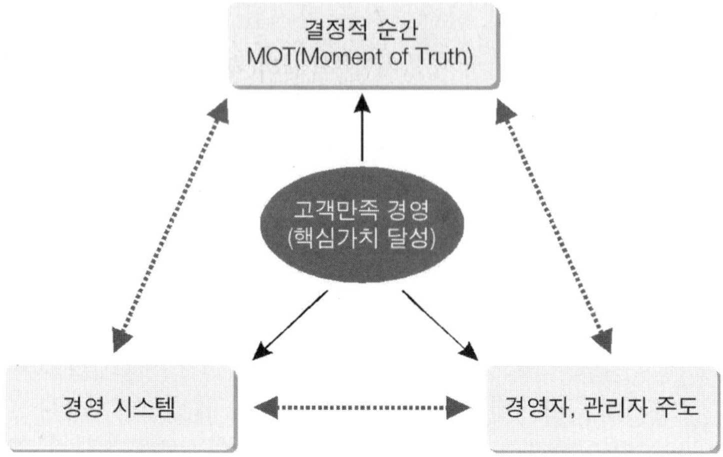

고 설명했다.

서비스 조직은 고객에게 서비스를 제공할 때 효율성을 높이기 위해 접객종사원에게 규칙과 절차를 부과하는 동시에 접객종사원의 자율권과 재량권을 제한하는 경향이 있다. 조직으로부터의 규칙과 절차는 고객에게도 마찬가지로 적용되어 고객을 위해 제공되는 서비스 범위를 제한하려는 의도를 가지고 있다. 그러나 이는 결과적으로 고객을 만족시키기 어렵다.

접객종사원과 고객간의 상호작용은 양자간에 인지된 통제요소를 갖고 있다. 접객종사원은 그들의 업무를 관리하기 쉽고 스트레스를 덜 받도록 고객행동을 통제하기를 원한다. 반면에 고객은 서비스 접점에서 최대한의 혜택을 이끌어내기 위해 서비스 접점에 대한 통제권을 확보하려고 한다.

이들 삼각 요소는 상호 호혜적인 서비스 접점을 창출하기 위해 함께 노력함으로써 많은 것을 획득할 수 있다. 예로써 맥도날드(McDonald's)는 서비스 접점에서 신속하고 정확한 서비스를 제공하기 위해 서비스 운영절차를 표준화했다. 따라서 접객종사원의 재량권을 엄격히 규제한다. 고객은 몇 가지의 표준화된 서비스 옵션만을 갖게 되어 고객위주의 서비스를 기대할 수 없다.

즉 맥도날드에서는 감자튀김조차 덤으로 주기를 시도하는 종사원도 없고 이를 기대하는 고객도 없다. 또한 고객은 햄버거에 들어가는 내용물을 어떻게 해 달라는 요구나 식사를 마치고 나올 때 쓰레기를 그대로 두고 나올 엄두조차 못 낸다. 역설적이지만 맥도날드와 같은 기업은 고객에게 추가 서비스를 기대해서는 안 된다는 사실을 지속적으로 주입시킴으로써 성공을 거두고 있는 것이다.

이러한 매뉴얼화된 서비스에 불만을 가진 소비자를 위하여 버거킹(Burgerking)은 햄버거에 들어가는 내용물을 소비자가 선택할 수 있도록 하여 맥도날드의 시장을 엄청나게 잠식하였다.

이와 반대로 서비스 접점에 있는 종사원에게 상당한 권한을 부여하는 회사도 있다. 스타벅스(Starbucks)사가 대표적인데, 자율적인 권한을 갖고 있는 접객종사원은 고객에 대해 상당한 통제권을 갖게 되고 고객도 서비스 제공자가 전문적인 지식을 갖고 있다고 인식하기 때문에 접객종사원의 판단을 신뢰하게 된다. 서비스 접점에서 접객종사원이 회사가 공유하는 서비스 가치에 기반을 두고 재량권을 행사하게 되면 조직은 공유된 서비스 가치로부터 고객 지향적 조직문화를 구축하게 된다. 예컨대 수거해야 할 소화물 수집통이 열리지 않아 수집통을 통째로 회사에 실어 온 미국의 택배회사 페덱스(FedEx) 종사원의 일화는 '익일 배달'을 최고의 서비스로 인식한데서 비롯된 것이다.

만족스럽고 효과적인 서비스 접점을 이루기 위해서는 삼각구조에서 각 요소의 통제 욕구가 균형을 이뤄야하며, 그 때 고객은 서비스 접점에서 고객감동으로 연결되는 진실의 순간을 경험하게 될 것이다.

5. 고객만족은 내부고객만족으로부터

고객만족을 통한 기업의 이익 극대화를 추구하는 경영자들이 가끔 간과하는 사실이 있다는 그것은 '내부고객만족'이다.

사람의 마음상태는 그대로 타인에게 전달되므로, 사람을 대하는 일이 주 업무인 서비스기업은 내부고객인 종사원들의 마음가짐이 그대로 고객에게 영향을 미친다고 볼 수 있다. 종사원의 의견을 적극 반영하고 일한 만큼 공정하게 평가하고 보상하며 종사원의 마음을 읽어줄 때, 그 만족감은 고객에게 전달되는 것이다.

서비스에 불만을 느낀 고객 한 명은 보통 10명 정도의 다른 사람에게 그 불만을 전한다고 한다. 그렇다면 회사에 불만을 느끼는 한 명의 사원이 기업에 미치는 영향은 어느 정도일까?

몇 가지로 정리해 보면 다음과 같다.

첫째, 회사에 불만을 느끼는 종사원은 자사의 제품을 포함한 기억에 대한 불만을 주위 사람에게 이야기할 것이다. 이 경우 그 회사의 종사원이 하는 말이기 때문에 불만은 훨씬 설득력 있게 전파된다.

둘째, 그 종사원은 최선을 다해 업무를 수행하지 않는 경향이 있다. 불만을 가진 종사원에게 효율적이고 자신의 성의를 다하는 업무를 기대한다는 것은 불가능할 뿐만 아니라 창의성과 자율성이 보다 중요해지는 현재의 업무 패턴대로라면 그 차이는 점점 더 커질 것이다.

셋째, 조직 분위기의 악화이다. 조직의 업무는 조직 구성원들의 협력과 조화를 통해 이루어진다. 그런데 불만을 느낀 종사원이 한 명이라도 있다면 원활한 업무 수행에 차질을 빚을 뿐만 아니라 불만의 분위기까지 정상적인 다른 종사원에게 전염된다.

넷째, 불만고객의 양산이다. 서비스 기업에 종사하는 직원이 회사에 대해 불만을 느끼고 있다면 자신의 불만을 대개 고객에게 전가시키는 경향이 있다. 이처럼 기업에 불만을 가지고 있는 종사원에게 고객만족형 서비스를 기대하기란 어렵다.

다섯째, 많은 비용이 발생한다. 불만을 가진 종사원은 이직률이 높다. 이직률이 높다는 것은 그만큼의 비용이 발생한다는 것을 의미한다. 이직으로 인한 업무 공백으로 발생하는 비용, 신규로 종사원을 채용하는데 발생하는 비용, 그리고 채용한 신규 종사원에게 업무를 숙달시키기 위해 발생하는 교육비용 등 여러 가지 추가 비용이 발생한다.

이처럼 불만을 지닌 내부고객의 파괴적 영향력은 엄청나다. 그러면 내부고객의 불만을 줄이고 만족을 위해서는 무엇을 해야 하는가? 그 대답은 의외로 쉽다. 고객만족을 위해서 해야 하는 일이 서비스이듯 내부고객도 고객이므로 서비스를 통해 만족을 만들어내면 된다.

그러면 내부고객의 만족을 위해서는 누가 서비스해야 하는 것일까? 리더가 바로 그 일을 해야 한다.

리더의 임무는 고객 만족형 서비스를 통해 부하직원의 만족을 창출해 내는 것이다. 만족을 느낀 내부고객만이 외부고객에게 감동을 전달할 수가 있다. 즉 성공하는 리더는 고객만족형 서비스를 내부고객에게 제공했는가 아닌가의 여부로 판가름난다. 성공하는 기업 또한 마찬가지이다.

내부고객을 만족시키지 않고 성공한 기업은 찾아볼 수 없다. 리더라면 자신의 내부고객인 부하직원을 진정한 내 고객으로 생각을 하고 있는지 그리고 그의 만족을 위해 고객만족형 서비스를 하고 있는가 하는 물음에 자신있게 'Yes' 라고 대답할 수 있어야만 한다(에버랜드 서비스 리더십).

제 3 절 고객만족 관련이론

1. 고객만족경영 도입배경 및 추진방법

(1) 고객만족경영은 언제부터 왜 시작하였는가?

많은 사람들이 고객만족경영을 추진하는데 있어서 구체적인 방법론은 없으며 성과측정방법이나 내용이 없다고 말한다. 또한 심지어는 현행업무에 지장을 주며 연계성이 떨어진다고 이야기하는 사람도 있다. 아마

이러한 이야기는 고객만족경영의 추진배경과 실행방법에 대해 잘못 이해하고 것에서 기인한 것이 아닌가 생각된다.

고객만족경영은 언제부터 시작하였는가? 이런 질문을 하면 많은 사람들이 시장에서 공급이 수요보다 많아지면서 기업간 경쟁이 심화되고, 소비자는 상품과 서비스를 선택하는 폭이 넓어지면서 기업보다는 고객의 힘(power)이 커져 고객에 의해 시장이 주도되면서부터 시작하게 되었다는 이야기를 가장 많이 한다. 물론 이론적으로는 맞는 이야기이다.

그러면 구체적으로 '어느 나라에서 언제부터 고객만족경영을 도입하기 시작했을까?' 라는 두 번째 질문을 하면 미국, 일본, 유럽에서 60년, 70년, 80년, 90년부터 등 다양한 대답이 나온다. 이러한 대답은 고객만족경영에 대해서 서로 다른 정의와 범위를 생각하고 있기 때문이다.

고객만족경영을 최초로 도입한 기업은 미국의 제너럴일렉트릭사(GE)가 1962년 고객상담실을 만들어 고객의 문의와 불만을 전화로 접수를 받으면서 시작되었다. 물론 고객만족경영은 그 이전에 다른 기업에서 먼저 시작되었을지도 모른다. 하지만 고객의 소리를 듣고 분석하는 공식적인 조직을 만들었다는 데에 보다 큰 설득력을 보인다고 볼 수 있다.

고객만족경영에 대해 전문적으로 연구하는 사람들은 GE사가 고객상담실을 설치한 것만으로는 고객만족경영을 도입했다고 볼 수가 없다고 주장을 한다. 그 이유는 고객만족경영은 보다 광범위하게 해석하여 경영 전반에 고객을 중심으로 하는 경영시스템을 갖추어야 한다고 보기 때문이다.

고객만족경영의 최초 도입사례는 스웨덴의 스칸디나비아 항공사(SAS)로, 얀 칼슨(Jan Carlson)사장이 회사의 전반적인 고객접점 서비스를 개선하여 1978년 800만 달러의 적자기업을 1년 만에 7,100만 달러의 흑자경영으로 전환한 것이라는 주장이 있다.

즉 시장에서 기업의 생존을 위해 고객과 항공사가 만나는 접점을 기업중심이 아닌 고객중심으로 바꾸는 일련의 활동을 전개하여 진정으로 고객만족경영이 도입된 것이라는 주장이다. 아마 이론적으로는 고객만족경영 도입의 필요성을 정확히 증명한 사례라고 볼 수 있다. 그리하여 SAS사의 사례는 고객만족에 관련된 교육이나 책에서 빠짐없이 등장을 하고 있다.

그러면 실질적으로 고객만족경영이 전 세계적으로 확산되고 이론적으로 정립된 시기는 언제인가?

고객만족경영은 사실상 미국에서 정립되어 전 세계로 확산되었다고 해도 과언이 아니다. 미국은 1970년대 말 일본 및 신흥국가(한국 포함)들의 부상으로 인한 미국 경쟁력의 약화로 사회 전반에 걸쳐 자성의 목소리가 높았었다.

특히 미국 소비자들은 미국 기업이 제공한 제품과 서비스에 대해 상당한 불만을 제기하게 되었고, 이러한 요구를 파워(J.D. Power)와 같은 마케팅 정보회사에서 고객만족도(customer satisfaction index: CSI) 조사를 실시하여 세상에 발표(1981년)함으로써 실질적으로 미국 기업이 타국(특히 일본)의 기업에서 만든 제품보다 고객만족 수준이 떨어진다는 사실을 수치상으로 증명해 보이게 되었다.

또 한편으로는 이러한 소비자의 요구가 곧 미국 행정당국에 엄청난 질책의 목소리로 압력을 행사하였다. 그러므로 미국 정부로서도 미국 기업의 경쟁력을 높이기 위한 연구와 투자가 필요하게 되었다.

1980년에 취임한 레이건 정부에 의해 학계, 산업계, 정부의 지도자를 주축으로 연구팀이 만들어져 미국 기업의 경쟁력을 제고하기 위한 방안 마련을 연구하게 되었다. 특히 제록스(Xerox), 제너럴 일렉트릭(General Electric), 모토로라(Motolora) 등 우수한 우량기업들이 왜 성공하는지에 대한 분석과 함께 기업의 올바른 경영모델이 무엇인가에 대한 연구가 구체적으로 이루어진 것이다. 이리하여 1987년에 정부가 기업에게 주는 '말콤 볼드리지 국가 품질상(Malcom Baldrige National Quality Award)'의 심사기준이 되는 기업경영모델(일명 MB경영모델)을 만들어 세상에 발표하게 되었다.

다년간에 걸쳐 미국의 연구팀이 내린 우수한 기업의 경영특징은 두

그림 8-3

MB상 평가기준의 상호관계 (2000년 기준)

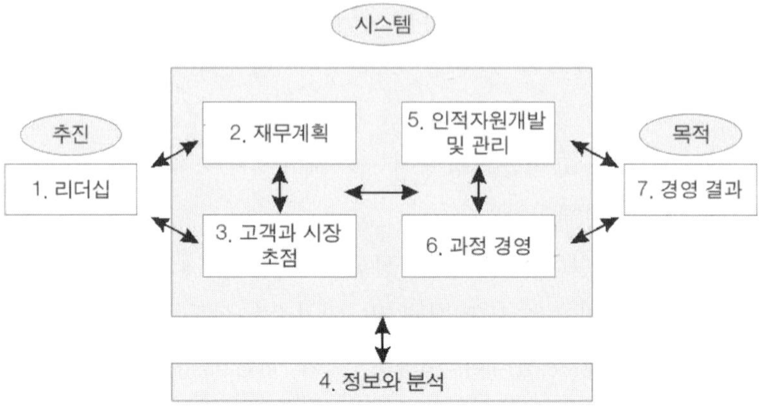

가지로 표현되는데, 첫째가 고객가치를 창조하는 능력이며, 둘째는 경영의 효율성이 높다는 점이다. 즉 시장에서는 최상의 고객만족을 제공하고 기업 내적으로는 우수한 경영성과를 보이고 있다는 것이다.

이러한 MB(Malcom Baldrige)경영모델의 평가기준은 두 가지 측면의 새로운 개념을 공식화하는 계기가 되었다. 그 첫 번째가 바로 고객을 회사의 가장 중요한 요소로서 다루었다는 점이다. 고객을 단지 기업활동을 통해 얻어진 제품이나 서비스를 구입하는 대상으로 보는 것이 아니라 기업경영에 있어서 가장 중요한 부문으로서 고객만족이 경영의 목표로 자리매김을 하게 되였다.

이 MB경영모델이 발표됨으로써 미국의 많은 기업들은 고객의 중요성과 고객만족을 위한 각종 방법(고객기대 파악, 고객만족 수준 측정, 고객의 소리를 듣는 방법 등)을 연구하고 타 회사의 장점이나 사례를 기업 내에 도입하려고 많은 투자를 아끼지 않았다.

둘째는 품질의 개념을 단지 제품이나 서비스의 품질로 본 것이 아니라 광의적인 품질(경영의 품질)로 해석을 하고 있는 것이다. 즉 품질이란 기업내부에서 만든 품질기준이 아닌 고객이 느끼는 수준(고객만족)으로 인식을 전환시켰으며 또한 품질기준을 달성했느냐는 결과뿐만 아니라

품질을 유지 발전시키려는 경영시스템이 갖추어져 있느냐에 보다 초점을 맞추었다고 볼 수가 있다.

이 사실을 접한 미국 기업들은 우수한 기업이 높은 경영성과를 내는 능력을 가지고 있다는 사실은 이미 많이 알고 있는 내용이라고 생각했으나, 고객가치를 창조하는 능력에 대해서는 약간의 생소한 것이라는 반응을 많이 보였다.

그러므로 미국의 기업들은 앞을 다투어 고객가치를 창조하는 능력을 갖추기 위해 필요한 구체적인 방법을 도입하기 시작하여 전국에 확산되었던 것이다. 미국에서의 고객만족경영 확산 배경은 사실상 기업의 경쟁력을 제고시키기 위한 방안으로 정부가 추진한 것이다. 이러한 고객만족경영의 바람은 1988년 자동차업계를 중심으로 일본에 도입되었고, 90년초 우리나라에 소개되었다.

고객만족경영을 도입하게 된 배경은 바로 스웨덴 스칸디나비아항공사의 사례에서 보듯이 기업의 생존(적자에서 흑자로 전환)을 위해 전개되었으며, 미국의 경우는 미국 기업의 경쟁력을 제고하기 위해서 도입된 경영방법이라는 결론을 내릴 수 있다. 그러므로 고객만족경영은 기업에 있어서 반드시 해야만 하는 혁신활동이 아닌가 생각된다.

(2) 고객만족경영추진에 있어 전제조건

고객만족경영이란 고객을 기업활동의 중심에 두고 고객의 판단을 축으로 하여 경영의 모든 것을 행하는 것으로 볼 수 있다. 이러한 고객만족경영을 도입하는데 있어서 반드시 검토해야 할 전제조건은 다음과 같다.

첫째, 사업의 원천이 고객에게 있다는 사실을 경영진에서 먼저 받아들여야 한다. 고객에게 가치를 줄 수 없는 사업은 시장에서 존재할 의미가 없기 때문이다.

둘째, 고객만족 추진전략은 고객의 특성에 의존해야 한다는 것이다. 고객의 특성이란 바로 고객의 수와 집중도를 의미한다. 예를 들면 우리 사업이 일반개인을 상대하는 사업이라면 고객의 수는 많지만 고객의 집중도는 낮은 것이다. 반면에 기업고객을 상대로 하는 사업이라면 고객의 수는 그다지 많지 않지만 고객의 집중도는 높은 것이다. 그러므로 사업의 종류에 따라 고객만족경영전략은 다르게 적용해야 하는 것이다.

셋째, 고객만족경영의 성과는 바로 고객이 평가한 결과인 것이다. 기업이 제공하는 제품과 서비스에 대해 고객이 이용하고 느끼는 결과가 바로 평가의 지표가 되어야 한다. 결국 고객이 원하고 다시 찾는 제품의 제공과 재이용을 원하는 서비스를 창출하는 것이 기업의 활동인 것이다.

넷째, 우선 기업에 있어서 현재 거래를 하고 있는 고객을 아는 것부터가 고객만족경영의 시작이다. 기업내 각 사업부와 거래를 하고 있는 고객의 생각과 니즈를 끊임없이 파악해야 한다. '과거에 고객이 이렇게 생각했지' 라는 생각은 금물이다. 왜냐하면 고객의 기대는 계속 변화하기 때문이다.

(3) 고객만족경영은 어떻게 추진되는가?

고객이 원하는 제품과 서비스를 제공하는 회사를 만들기 위해서는 여러 가지 방법이 있다. 추진하는 내용과 방법에 있어서도 어느 것이 먼저인가를 가지고 고민하는 기업이 많을 것이다. 그러므로 다음과 같은 추진방법은 기업이 고객만족경영을 도입하는데 추진계획을 세울 수 있는 우선순위를 제시한다고 볼 수 있다. 물론 도입하는데 있어 기업의 사정에 따라 순서가 바뀔 수도 있다. 중요한 것은 각 단계에서 추구하고자 하는 내용과 목적을 명확히 이해한다면 고객만족경영은 성공을 할 수 있을 것이다.

1) 고객이 중심이 되는 비전의 정립

명확한 비전만큼 회사 전체를 변화시키는 것이 없다. 미국의 우편배달 회사인 패더럴 익스프레스(Federal Express)의 설립자인 프레드 스미스(F. Smith)는 명확한 고객중심의 비전을 제시한 것으로 유명하다. 그는 회사를 설립하자마자 '직원-서비스-이윤' 이라는 독특한 경영철학을 제시

그림 8-4
고객만족경영 추진방법

1단계 : 고객이 중심이 되는 비전 정립
↓
2단계 : 고객만족도 측정 및 결과 공유
↓
3단계 : 새로운 목표의 설정
↓
4단계 : 고객이 체감하는 고객접점 창출
↓
5단계 : 명확한 실행기준의 설정
↓
6단계 : 현장개선활동의 강화
↓
7단계 : 평가 및 포상 그리고 새로운 목표

했다. 즉 회사의 비전(48시간내 우편물 수거 및 배달)을 달성할 수 있는 훌륭한 현장종사원들을 양성하여 배달물품이나 서류를 고객이 원하는 시간에 신속하게 그리고 착오없이 전 세계에 배달할 수 있다면 경제적 이윤은 자연히 뒤따르게 될 것이라는 확신을 보여준 것이다.

비전이란 바로 종사원들에게 동기를 부여하고 기업활동을 하는데 의사결정의 기준이 되는 것이다. 그러므로 반드시 경영자가 참여하여 비전이 정립되어야하고 많은 관리자와 함께 공유과정을 거쳐야 한다.

2) 고객만족도 측정 및 결과공유

워싱턴(Washington, D.C.)의 TARP(Technical Assistance Research Program)가 실시한 조사에 따르면 불만을 가진 고객 중 고작 4%만이 회사측에 표현을 한다고 한다. 1명의 불만자가 25명을 대변하고 있는 것이다. 더욱 중요한 것은 불만을 가지고 있는 고객 중 69%에서 90%는

그림 8-5
불만고객의 회사측 표현과 재계약률

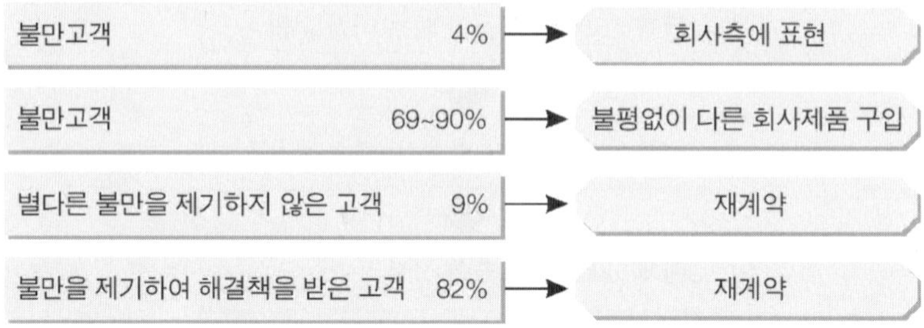

아무런 불평도 없이 있다가 슬그머니 다른 회사 제품으로 바꾸어 버린다는 사실이다. 미국의 한 보험회사 조사에 의하면 1백달러 이상의 보험가입자 중 별다른 불만을 제기하지 않은 고객의 단지 9%만이 재계약을 했으나, 상대적으로 불만을 제기하여 그 해결책을 회사로부터 받았을 때 재계약한 고객은 82%나 되었다(pp. 361~363참조).

그러므로 고객의 불만과 기대를 파악하는 고객조사가 얼마나 중요한가를 알 수 있다. 특히 고객만족도(CSI) 조사를 통해 현재 제공하고 있는 제품과 서비스의 수준을 명확히 파악하여 사전에 대비하고 변화하는 고객의 기대구조를 지속적으로 점검하여 그 결과를 기업 내 공유할 수 있는 체계가 반드시 마련되어야 한다.

3) 새로운 목표의 설정

고객만족도 조사에서 나타난 항목 중 고객이 느끼기에 중요한데 만족도가 낮은 항목이나 경쟁사 대비 낮은 수준으로 평가받은 영역을 중심으로, 우선개선 과제를 선정할 필요가 있다. 이렇게 선정된 항목 및 요소에 대해서는 어떠한 이유로 고객에게 상대적으로 낮은 평가를 받았는지 원인을 규명하고 시장에서 높게 평가받고 있는 기업이 있다면 그 곳을 방문하여 배우는 것도 주저하지 말아야 한다. 개선해야 할 과제에 대해 명확한 원인규명이 된다면 구체적으로 달성해야 할 새로운 목표를 설정하여야 한다. 이러한 목표설정이 곧 현장직원을 움직일 수 있는 계기가 되며 개선 프로그램을 수립할 수 있는 근거가 되는 것이다.

4) 고객이 체감하는 고객접점 창출

기업들이 내부적으로 많은 혁신을 하고 개선활동을 하는데 왜 가시적인 효과를 얻지 못하는가를 분석해 보면 그 이유는 간단하다. 그것은 혁신의 성과를 고객들이 전혀 느끼지 못하기 때문이다. 예를 들면, 배달시간이 단축되었거나 제품의 기능이 편리하게 바뀌었거나 지불하는 요금에 혜택 또는 특별한 서비스를 제공받았거나 고객이 체감적으로 느낄 수 있는 실질적인 고객접점에서 변화가 있어야 효과를 볼 수 있다. 그러므로 고객만족경영활동의 성과는 바로 고객접점의 변화로부터 오는 것이다.

5) 명확한 실행기준의 설정

고객을 위한 비전을 실현할 수 있는 구체적인 기준과 방법이 현장직원들에게 제시되어야 한다. 예를 들면 사후서비스 접수 후 24시간 내 방문을 한다든지, 고객 방문시 반드시 본인의 명함이나 소속을 밝히며 인사를 한다든지 등 고객을 만날 때 해야 하는 행동기준을 만드는 것이다.

그리고 이러한 기준의 이행여부에 따른 평가와 보상시스템이 함께 개발되어야 한다. 최근 많은 회사들이 모니터링 시스템을 가동해 현장직원이 서비스 기준을 이행하는지 여부를 측정하고 있다. 현장직원들에게 반드시 회사가 고객만족을 추구한다는 사실과 본인이 평가받는 방법에 대해 명확한 교육이 이루어져야 한다. 또한 이러한 기준을 충실히 이행하는 사람을 영웅시하는 기업문화가 필요한 것이다.

6) 현장개선활동의 강화

고객만족경영을 달성하려면 먼저 현장직원이 바로 우리 회사의 내부고객이라는 인식이 먼저 있어야 한다. 고객만족을 위해 정해진 기준이 '현장에서 왜 이행되지 않는 것일까?' 에 대한 원인을 규명해 보면 대부분 그 원인이 기업내부의 관리기능에서 발생된다는 사실을 발견하게 될 것이다. 고객접점이 발생하는 현장에서 고객만족에 방해가 되는 장애물이 무엇인가를 끊임없이 찾아내어 개선해야 한다.

특히 경영진과 중간관리자는 정기적으로 고객과 현장직원을 만나서 장애가 되는 요인을 찾아내어 개선해야 한다. 많은 우수한 회사들은 계속적으로 개선을 위한 프로젝트팀을 만들어 고객에게 제공하는 서비스의 과정을 연구하고 있다. 중요한 것은 바로 현장직원들이 고객만족을 실행할 수 있도록 모든 시스템이 갖추어져야 하고 관리자들은 이들을 지원하는 사람이라는 사실을 받아들여야 하는 것이다.

7) 평가 및 포상 그리고 새로운 목표설정

모든 측정은 바로 고객에게 초점을 맞추어 진행되어야 한다. 예를 들면 슈퍼마켓에서 신속한 계산이 고객의 중요한 요구사항이라면 '최소한 고객의 99%가 5분 안에 계산을 끝마쳐야 한다'와 같은 표준을 세울 수 있을 것이다. 또 이러한 표준이 얼마나 달성되었고 어느 직원이 가장 훌륭하게 하였는지가 평가되고 포상이 이루어져야 할 것이다.

물론 이러한 표준은 바로 고객이 원하는 수준으로 설정되어야 하며 그것이 달성된다면 보다 더 높은 수준의 새로운 목표를 설정하여 끊임없이 도전을 해야 할 것이다.

2. 고객만족과 재구매의도

(1) 고객만족과 재구매의도

경제의 서비스화로 서비스산업이 국가경제에서 차지하는 비중과 서비스가 기업활동에서 차지하는 비중이 높아지고 있다. 경제가 고도로 서비스화된 미국과 유럽 등 선진국들뿐만 아니라 우리나라의 경우도 서비스부문의 총생산이 GNP에서 차지하는 비율이 64%에 달하고 있으며, 서비스업에 종사하는 인구도 전체 산업노동자수의 50% 이상을 차지하고 있다(이유재 1999).

또한 기술수준의 평준화로 제품자체에서의 차별화가 어려워지고 있어 소비자에게 새로운 부가가치를 제공하는 유통, 금융, 애프터서비스 등을 통한 경쟁우위 확보의 중요성이 커짐에 따라 기업활동에서의 서비스의 중요성은 더욱 커지고 있으며, 서비스경쟁도 치열해지고 있다.

서비스산업에서의 경쟁이 치열해짐에 따라 신규고객 창출보다 기존고객의 유지가 더욱 중요하다는 인식이 확산되고 있다. 만족한 기존고객은 신규고객의 확보에서와 같이 막대한 마케팅 비용 투입없이도 재구매를 하며 긍정적인 구전효과로 새로운 고객들을 창출한다. 또한 만족한 기존고객은 경쟁기업의 가격유인에 덜 민감하여 다소 높은 가격에도 지속적으로 재구매를 하고, 구매량과 구매 빈도 또한 높아 기업의 이윤이나 성과를 지속적으로 창출시키는 중요한 요인이다(이문규 1999).

로젠버그와 크제피얼(Rosenberg and Czepiel, 1984)에 의하면 한 명의 신규고객을 유인하는데 소요되는 마케팅 비용은 평균적으로 볼 때 기존고객 한 명을 유지하는 것보다 5배나 많이 들며, 금융업, 보험업, 출판업, 소매업 등 12개 서비스업종을 대상으로 한 리첼트와 사써(Reichheld and Sasser, 1990)의 연구도 서비스업에서 고객이탈율(customer defection rate)을 5% 줄이면 기업이익은 25%에서 85%까지 증가한다는 것을 보여준다.

그러나 최근 많은 학자들이 고객만족이 재구매의도의 중요한 요인이기는 하지만 충분조건은 아니며, 고객만족만으로 재구매의도를 충분히 설명하지 못한다고 주장한다(Anderson and Sullivan, 1993; Jones and Sasser, 1995). 즉 이들 연구들은 고객만족과 재구매의도 간 긍정적인 관계가 다른 요인들에 의해 달라질 수 있음을 보여주고 있다.

러스트와 자호릭(Rust and Zahorik, 1993)은 애호기간(length of patronage)이 증가함에 따라 만족이 재구매의도에 미치는 영향은 감소한다는 것을 밝혔으며, 박정은 등(1998)도 서비스산업에서 서비스 제공자와 소비자 간의 관계 질(relationship quality)이 만족과 재구매 의도에 영향을 미친다고 언급하였다.

고객유지(customer retention)를 강조하는 수비형 마케팅전략(defensive marketing strategy)에 있어 중요한 전환장벽으로는 인간관계, 대안의 매력, 전환비용이 고려될 수 있다(Fornell, 1992).

(2) 고객의 전환장벽 요인

관계마케팅 연구들은 관계퇴출의 어려움으로 인한 관계지속의 가능성을 제시한다. 베커의 얹어걸기 이론(side-bet theory)은 퇴출의 어려움으로 인한 관계유지를 강요된 행동(forced behavior)으로 묘사했다(Becker, 1960). 고객이 기존 서비스 제공자들의 제공서비스보다 우수한 서비스를 제공하는 대체서비스를 발견하기 어려울 수도 있고, 기존 관계에 대한 투자 때문에 관계를 지속하는 경우도 있다.

그러므로 만족하지 못한 고객이 현 관계를 단절하고 새로운 서비스 제공자로 전환하지 못하는 전환장벽의 요인들로 인간관계(interpersonal relationship), 대안의 매력(attractiveness of alternatives) 및 전환비용(switching costs)이 제시되고 있다(김상현, 오상현 2001).

1) 인간관계(interpersonal relationship)

사회학과 심리학의 기존 연구들은 인간관계가 관계지속의 중요요인임을 보여준다. 교환 당사자간의 사회적 인간관계 및 감정적 상태는 신뢰를 창출하여 장기적 교환관계로 이어진다. 사회침투이론(social penetration theory)은 관계 초기에는 비감정적인 요소들이 지배하나 교환당사자간의 교환관계가 지속될수록 친밀한 인간관계가 관계지속의 중요역할을 한다고 설명한다(Altman, 1973). 인간관계와 관련된 다른 개념으로는 배려(care), 신뢰(trust), 친밀성(closeness), 관계(rapport), 사회적 지원(social support) 등이 있다(Gremler, 1995).

서비스의 특성상 서비스접점에서 고객과 서비스 제공자는 개인적인 대면을 하기 때문에 인간관계의 중요성은 더욱 커진다. 서비스의 무형성, 서비스결과의 이질성 및 생산과 소비의 동시발생 등의 서비스특성과 함께 개인 간 상호작용이 많이 발생하는 서비스접점에서 인간관계는 서비스 제공자에게 매우 중요한 요인이다.

파라슈라만 등(Parasuraman et al., 1991)의 연구는 대부분의 서비스 구매고객들이 서비스 제공자와의 인간관계를 원한다는 것을 보여준다. 심지어 합리적이고 경제적인 이익에 기초해야 되는 기업간 거래조차도 거래기업 구성원들 간의 사회적 관계에 기초한 감정적이고 개인적인 정서적 결속(psychological bond)에 의해 좌우되는 경우가 많다.

2) 대안의 매력(attractiveness of alternatives)

대안의 매력이란 현재의 서비스 제공자와 비교하여 최선으로 기대되는 대체서비스의 수준으로 정의할 수 있다. 대안의 매력은 인간관계의 유지를 원하는 개인의 속성을 이해하고 예측하는데 중요한 요인이다.

사회교환이론(social exchange theory)에 따르면, 교환당사자들은 관계성과를 비교기준(comparison level)과 대안과의 비교기준(comparison level of alternative relationships)의 두 평가기준과 비교·평가하여 관계지속 여부를 결정한다. 성과가 기대치인 비교기준에 미달할 경우 소비자는 불만족을 느끼고 대안을 찾기 시작한다.

그러나 현 관계에 대한 불만족과 대안탐색이 현 관계의 단절을 의미하지는 않는데, 현 관계성과 이상의 성과를 제공할 수 있는 대안이 없거나, 대안이 부족할 경우 현 서비스 제공자를 지속적으로 이용한다는 것이다(Thibaut and Kelley, 1959).

대안의 매력은 마케팅전략에서의 차별화(differentiation)의 개념과 밀접한 관련이 있다. 한 기업이 경쟁자가 제공하지 못하는 특정의 어떤 것을 제공하고, 그 서비스가 고객에게 가치가 있을 때 그 기업은 차별화된 것이다(Day and Wensley, 1988). 차별화는 기업이 지속적 경쟁우위를 유지하고 고객유지를 확보하는 핵심요인으로서, 차별화된 기업의 고객은 대안의 매력에 대한 인식이 낮고 현 기업에 대한 의존도가 높아짐으로써 관계의 안정화를 가져온다.

3) 전환비용(switching costs)

전환비용은 기존 관계를 청산하는 것과 관련되어 발생하는 비용으로, 기존의 서비스 제공자를 전환하는 것과 관련하여 고객이 실제적으로 지각하는 화폐적(monetary), 비화폐적(nonmonetary)인 모든 비용을 포함한다(Gremler, 1995).

대다수의 고객들은 전환에 따른 높은 비용으로 인해 서비스 제공자를 쉽게 바꾸지 않는데, 비행기를 자주 이용하는 사업가가 마일리지로 인한 많은 혜택 때문에 항공사를 쉽게 바꾸지 않는다든지, 미용실을 이용하는 고객이 다른 적절한 미용사를 찾는데 드는 비용과 심리적 노력 때문에 쉽게 기존의 미용사를 교체하지 않는 것들이 그 예이다.

전환비용 유형에는 연속비용(continuity costs), 계약비용(contractual costs), 학습비용(learning costs), 탐색비용(search costs), 셋업비용(setup costs), 매몰비용(sunk costs) 등이 있다.

① **연속비용**: 기존 서비스 제공자와의 반복적인 관계의 결과 형성된 많은 누적적인 성과를 서비스 제공자를 교체함으로써 잃어버리는데 따른 위험과 관련된 기회비용이다(Cuiltinan, 1989).

② **계약비용**: 단일 서비스 제공자를 계속적으로 이용함으로써 얻게 되는 경제적인 절약(economic savings)과 관련된 기회비용이다(Guiltinan, 1989).

③ **학습비용**: 특정 서비스를 이용하는 방법과 과정에 관한 특징을 익히는 것과 관련된 비용이다(Gremler, 1995).

④ **탐색비용**: 새롭게 적절한 서비스 제공자를 구하는 것과 관련된 비용으로 실질적으로 소요된 경제적 비용 및 새로운 서비스 제공자를 찾는데 따른 시간 및 심리적 노력 모두가 포함된다(Guilitinan, 1989).

⑤ **셋업비용**: 처음에 신규로 서비스 제공자를 이용할 때 투자되는 비용으로 특정의 서비스 제공자를 이용하기 위해 초기에 필요한 경제적 비용 및 시간과 노력 모두가 포함된다(Guilitinan, 1989).

⑥ **매몰비용**: 금전적으로 관련되는 것이 아닌 심리적으로 관련되는 과거 비용으로, 서비스 제공자에게 지출한 이전의 비용 및 이전 서비스 제공자에게 투자한 시간이나 노력을 반영한다.

<표 8-4> 서비스의 고객화 정도 비교

	고객화 수준이 높은 서비스	표준화 수준이 높은 서비스
서비스 종류	이·미용 서비스, 의료 서비스, 변호 서비스, 세무상담 서비스, 호텔 서비스, 레스토랑 서비스	은행 서비스, 공공교통 서비스, 패스트푸드 서비스, 영화관람 서비스
이질성	서비스는 보다 이질적이고 중요성이 커진다.	서비스의 이질성이 보다 적고 구체적인 평가 가능
서비스 제공	기존의 서비스 제공자에게 능동적인 서비스 태도와 고객화된 서비스를 계속받길 원한다.	서비스 제공의 일관성, 속도, 가격절감 등을 중요하게 여긴다.

높은 전환비용으로 인해 기존 서비스제공을 계속 이용하는 고객은 기존 서비스 제공자에 대하여 거짓 충성도(spurious loyalty)를 보인다고 할 수 있다.

(3) 서비스의 고객화(customization) 정도

서비스의 고객화(customization) 정도란 서비스가 각 고객별로 얼마나 맞추어지는가의 정도이다. 보웬(Bowen, 1990)은 고객화수준이 높은 서비스로 이·미용 서비스, 의료 서비스, 변호 서비스, 세무상담 서비스, 호텔 서비스, 레스토랑 서비스 등을, 표준화 수준이 높은 서비스로 은행 서비스, 공공교통 서비스, 패스트푸드 서비스, 영화관람 서비스, 세탁 서비스 등을 제시하였다.

고객화 수준이 높은 서비스일 경우 서비스는 보다 이질적이고 중요성이 커질 것이며, 고객은 기존의 서비스 제공자에게 능동적인 서비스 태도와 고객화된 서비스를 계속적으로 받길 원하는 반면, 표준화 수준이 높은 서비스일 경우는 서비스 자체가 표준화되어 있기 때문에 서비스의 이질성이 보다 적고 구체적인 평가가 가능하므로 서비스 제공의 일관성, 속도, 가격절감 등을 중요하게 여길 것이다.

제 4 절 고객만족의 실천

1. 고객만족의 10가지 기본규칙

(1) 최고경영자가 참여해야 한다

고객만족경영을 성공적으로 실행하기 위해서는 최고경영자의 실제적인 참여가 중요한데, 대부분 조직에서 종사원들은 최고경영자가 직접 행동으로 보일 때 그 심각성을 인식한다. 단순한 지시나 몇 차례 얼굴 보이기로는 효과를 기대하기가 어렵다. 최고경영자가 고객만족데이터를 수집하고 부서합동 팀회의(cross-functional team meeting)에 참석하여 "고객만족 개선을 위해 무엇을 하고 있는가?" 라고 묻는다면 고객만족의 중요성이 즉시 명백해진다.

부서관리자들은 예산이 부족하다는 변명을 그만할 것이고, 판매관리자도 단순한 느낌을 근거로 고객이 무엇을 원하는지 알고 있다는 주장을 하지 않을 것이다. 즉 과거에는 관리자의 성과를 평가하는 과정에서 재무적 성과가 중요한 평가기준이었지만 이제는 종사원만족, 지속적인 개선, 고객만족이 가장 중요한 3가지 평가기준(top three criteria)이다. 평가기준이 이렇게 바뀌면 전체 조직을 통하여 고객의 중요성이 분명하다.

그러나 현실적으로는 최고경영자의 적극적인 관여없이 부서관리자가 고객만족 프로그램을 추진하고 성과를 측정한다. 물론 이러한 프로그램에는 많은 오류가 있겠지만 아무튼 그렇게 수집된 자료에 최고경영자가 진정한 관심을 갖지 않는다는 사실이 가장 큰 문제이다.

어쩌면 그러한 조사결과를 부서관리자 이외에 아무도 보지 않을지도 모르는 일이다. 더욱이 "당신이 묻지 않았으면 대답도 들을 필요 없다"는 말처럼 부서관리자는 고객들이 그들에 대해 생각하는 것이 무엇인지 알리기를 두려워하여 오히려 조사결과를 최고경영자에게 숨기려고 한다. 그러한 두려움은 조직문화의 허점을 반영하는 것이다.

고객만족을 위하여 최고경영자의 참여가 중요한 근본이유는 고객만족을 창출하는 책임이 여러 기능분야에 걸쳐 나누어져 있기 때문이다. 예를 들어, 고객서비스 부서만으로는 고객태도에 많은 영향을 미치기 어렵다. 구체적인 속성에 따라서는 5개의 부서까지도 고객만족을 창출하는데 직접 관련된다.

고객만족은 전사적인 노력의 결과이므로 최고경영자는 전폭적인 지원을 해야 하며, 조직의 각 부문에 있는 모든 사람은 고객만족을 가시적인 유형의 목표로 삼아야 한다.

고객에게 초점 맞추는 일의 중요성을 모든 사람에게 인식시키는 일은 바로 최고경영자의 책임이며, 전폭적인 지원이란 그러한 책임을 어느 한 부서에 위임할 수 없고 최고경영자에 의해 채택되고 그 사람으로부터 나와야 한다는 사실을 암시한다.

(2) 고객을 알고 있어야 한다

1980년대에는 다양한 세분시장을 찾아내고 시장성과 경쟁추세를 추적하는 일 등을 우선시하면서, 시장위주의 관점을 채택할 때 얻어지는 이점을 강조하고 그렇게 변화하기를 강력하게 권유해 왔다. 그러나 시장위주로 변환된 지 10여년이 흘러가는데도 많은 기업들은 여전히 자신의 고객들에 대하여 아는 것이 별로 없다. 그들이 시장에 관한 일반적인 사항은 많이 알지 몰라도 구체적으로 고객들에 관하여는 별로 알고 있지 못하는데, 이것이 바로 시장위주가 되는 것(being market driven)의 주요 차이점이다. 고객위주의 기업(customer-driven firm)은 각 고객을 귀중한 자산으로 간주하고 그들의 자산을 늘리려고 끊임없이 노력한다.

고객에는 내부고객(internal customers)과 외부고객(external customers) 두 범주가 있다. 내부고객이란 조직의 구성원들로 전체적 품질노력의 중요한 일부를 구성한다. 이러한 내부고객들 사이에서 만족을 창출하는 일이 중요하지만 동일한 개념들이 내부적으로 적용될 수 있으므로 여기서의 논의는 외부고객들에게 초점을 둔다.

외부고객은 다시 경로 중간기관과 최종소비자로 나눌 수 있다. 시장에 대한 영향력이 점차로 소비자에게 이전되어 가므로 경로구성원, 특히 고객과 가까이 있는 경로구성원의 영향력이 증대된다.

좋은 진열공간을 차지하려는 다양한 상표들의 경쟁으로 인하여 소매점들은 생산자마케팅에서 과거 어느 때보다 중요한 역할을 수행한다. 그럼에도 불구하고 대체로 경로 중간기관(channel intermediaries)은 고객만족 프로그램들에서 소외되고 있는데, 훌륭한 고객만족 프로그램은 경로에 브로커, 도매상, 유통센터 등이 포함하며, 각각 상이한 의사결정기준을 가질 수 있다는 점에 유의하여 이러한 유형의 경로고객(channel customers)들을 포함해야 한다.

대부분 산업고객에 있어서는 구매결정 권한이 상이한 평가기준을 적용하는 다양한 부서들에게 분산되어 있다. 따라서 훌륭한 고객만족 프로그램은 경로 중간기관과 산업고객에게서 정상적으로 발견되는 여러 관점을 추적해야 한다. 구체적으로 기업당 한 명씩이 아닌 한 기업 내에서 여러 응답자들을 포함시켜야 하는데, 한 명씩의 응답자를 선정하는 일(one-respondent-only approach)은 거의 신뢰할 수 없기 때문이다.

자신의 고객을 알고 있는 기업은 제품계열별로 주요한 고객집단을 확인할 수 있다. 즉 산업고객들에 대해서는 구매결정에 누가 포함되는지와 그들 중에서 누가 가장 영향력이 있는지를 알고 있는 것이며, 경로구성원들에 대해서는 당신의 제품이 최종소비자에게 도달하기에 앞서서 그것에 가치를 부가하는 주요 역할자를 알아내는 것이다. 또한 각 집단에 대하여는 의사결정에서 무엇이 중요한가를 알아야 한다.

(3) 어떤 속성이 중요한지는 고객이 정한다

우리는 가족이나 직장동료들을 매일 보고 상호작용하면서도, 무엇이 그들에게 동기를 부여하는지 거의 알지 못한다. 하물며 고객들에 대해서 어떻겠는가? 기업이 고객들과 거래한다는 단순한 사실이 곧 고객들을 진정으로 이해하고 있음을 의미하지는 않는다. 판매원이나 판매관리자들은 통상 스스로 '고객이 무엇을 원하는지' 잘 알고 있다고 가정하기 쉽지만 그것은 매우 불행한 일이다.

대부분의 관리자들이 고객에게 중요한 일부 속성을 말할 수는 있지만, 고객들이 기대하는 모든 속성을 아는 관리자는 거의 없다.

따라서 고객만족 프로그램에서 이 단계를 고객들이 진정으로 원하는 것이 무엇인지를 처음으로 알아내기 때문에 '발견(discovery)'이라고 부른다. 또한 고객들이 원하는 것을 기술명세서와 같은 기업의 언어로 변환시킨다면 변환과정에서 중요한 정보가 상실될 수 있다.

대부분 기업들은 이미 여러 가지 형태의 고객정보를 갖고 있다. 따라서 고객속성들을 정의하는 첫 번째 단계는 내부적으로 이용가능한 데이터를 체계적으로 평가하는 것인데, 간혹 접객종사원으로부터 새로운 정보를 수집하는 일을 포함하기도 한다.

이와 같이 내부적으로 창출된 데이터는 다소 편향될 수 있지만 일반적인 문제와 조사연구의 방향을 정의하는데 도움을 준다.

일단 내부정보가 활용되어 일반적인 문제를 정의하고 나면 두번째 단계는 고객에게 말하는 것이다. 이 단계의 목표는 고객들에게 중요한 모든 것을 발견하는 것인데, 특히 제품품질문제 뿐만 아니라 서비스품질과 가격지각 등에 관한 발견을 포함해야 한다. 이에 덧붙여 거래시점과 제품의 전체 수명주기에 걸쳐 고객관점들이 고려되어야 하며, 가급적 고객의 구매결정과정과 의사결정대안들까지도 결정해야 한다.

제록스(Xerox)나 캐딜락(Cadillac)과 같은 기업들과는 달리, 모토로라(Motorola)는 처음 총체적 품질프로그램을 시작할 때 위기상황을 맞고 있지 않았다. 1979년 고위 전략계획 회의에서 판매담당 부사장이 고객에게 가장 중요한 문제인 제품품질이 의제에 포함되지도 않았다고 지적하였다.

고객들의 품질기대에 관한 최초의 논의는 모토로라 초기의 5년 계획과 오늘날의 식스시그마(Six Sigma) 품질목표에 연결된다. 그때까지 무시되거나 간과되어 오던 고객으로부터의 피드백이 체계적으로 수집되고 월등한 개선의 밑거름이 되었다. 즉 공식적으로 요청 받는다면 고객들은 자신의 의견을 통하여 추세 문제에 관한 조기경보를 제공하는 경향이 있다.

이 단계는 질적이고 주관적인 조사(soft or subjective research)만으로 구성되어야 하는데, 주로 1:1 심층면접과 초점집단을 통하여 가급적 많은 아이디어와 속성들을 끌어내기 위한 것이다. 아이디어들을 분류하고 고객만족 설문지로 합성하는 것은 나중의 일이다.

이 단계에서 범하기 쉬운 오류는 단지 현재고객만을 포함시키는 일이다. 그렇지만 이전고객들은 기업의 강점과 약점을 상세하게 설명해 줄 수 있고, 잠재고객들은 전반적인 산업지각과 추세에 관한 훌륭한 원천이므로 이들도 꼭 포함시켜야 한다.

따라서 이러한 과정의 목표는 적합한 벤치마크 기준에 관한 최초의 관점을 형성하는 것이다. 즉 기업은 제품을 선택할 때 고객들이 사용하는 모든 속성들을 확인하려고 노력해야 하는데, 현재고객으로부터만 정보를 수집하는 기업은 편향된 데이터를 수집할 가능성이 크다.

(4) 고객요건, 기대, 원하는 바를 분류한다

고객정보를 수집하기 위해서는 응답들을 요건(requirements), 기대(expectation), 원하는 바(wants) 등 세 집단으로 범주화하는 일이 유용하다.

여기서 요건(requirements)이란 고객이 원하는 제품속성과 서비스속성들이다. 예를 들어, 외식하는 대부분 사람들은 청결을 절대적으로 요구할 것이며, 가전제품의 경우 제품이 튼튼할 것 등은 고객요건이 된다.

한편 기대(expectation)란 고객이 기대하는 제품품질이나 서비스품질의 표준이다. 예를 들어 손님이 스테이크(steak)를 미디엄 레어(medium rare)로 주문할 때 그는 미디엄 래어가 어떠해야 하는지에 관한 기대를 갖고 있다. 이 때 약간 지나치게 웰던(well-done)이라든가 래어(rare)하면 고객요건은 충족시키지만 기대에는 부응하지 못한 것이다.

끝으로 원하는 바(wants)란 고객이 진정으로 갖고 싶지만 기대하지 않는 것들로서 간혹 기쁨을 주는 사람(delighters) 혹은 흥미를 주는 사람(exciters)라 불리는데, 진정으로 뛰어난 서비스와 같이 탁월한 것들이다. 대체로 앞에서 논의한 만족요인들이 여기에 속한다.

이러한 요소들을 구분하는데 있어 유의해야 할 점은, 고객의 관점이 시간이 흐름에 따라 상향 이동한다는 사실이다. 즉 올해의 기대는 내년에 고객요건이 될 수 있으며, 이처럼 범주가 바뀌는 속도는 경쟁자들이 제공하는 대안들로부터 영향을 받는다. 고객의 기대가 한 수준에 계속 머물지 않으므로 기업성과 또한 끊임없이 개선되어야 한다.

(5) 고객 의사결정 기준들의 상대적 중요성을 안다

각 속성이 고객들에 대하여 갖는 상대적 중요성을 결정하는 일은 '발견' 과정에서 중요한 부분인데, 여러 방법으로 접근할 수 있다.

우선 질적 조사를 실행할 때 고객들에게 그들이 매우 만족하거나 매우 불만족하는 중요한 상황들을 정의하도록 요구한 후, 경영자는 고객응답들을 검토하여 만족을 산출하는 공통적인 실마리를 확인해 낸다. 상대적 중요성을 결정하기 위한 강제할당기법을 사용하도록 요구하고 데이터를 통계적으로 분석하는 것이다.

고객만족조사에 있어서 공통적인 취약점은 대부분 노력을 속성들 상에서 성과를 측정하는데 투여할 뿐이며, 고객의 관점에서 각 속성이 갖는 상대적 중요성을 결정하는 일을 소홀히 한다는 사실이다. 그 결과는 기업은 별로 중요하지 않는 분야에서 개선을 이룩하려고 많은 노력을 낭비하게 된다.

(6) 데이터를 수집한다

'발견' 과정을 통하여 문제들을 확인하고 나면 설문지를 개발함으로써 고객들에 관련된 속성들을 어떤 객관적인 방법으로 측정해야 한다. 설문지에서 그러한 속성을 제공할 수 있는 기업의 능력(즉, 기업의 성과)에 관한 고객의 지각을 측정할 수 있어야 하며, 기업의 성과가 경쟁자의 성과에 비하여 어떠한지 측정할 수 있도록 개발되어야 한다.

일단 설문지를 개발하고 나면 다음 단계는 데이터를 수집하는 일이다. 이러한 과정은 매우 복잡하기 때문에 몇 가지 상이한 설문지들을 설계하여 데이터를 통합할 필요가 있을지도 모른다. 간혹 한 질문지에 포함시키기에 지나치게 많은 질문이 있기도 하다.

이 단계에서 해결해야 할 많은 조사설계 문제들은 주로 편의와 비용에 관련된다. 만일 기업의 고객기반이 비교적 작을 때에는 모든 고객에 대한 전수 조사(census)가 적합하다. 그러나 고객기반이 매우 크다면 표본조사에 의존해야 한다. 표본은 다양한 고객집단에 걸쳐 무작위로 추출되거나 거래고객 중에서 매 10번째 또는 30번째 고객들을 포함할 수 있다. 고객만족조사를 시작하는 대부분 기업들은 처음에는 대규모 표본을 수집하고 나중에 축소된 표본 또는 거래표본(transaction)을 추적할 수 있다. 초기의 대규모 표본은 이후의 성과가 측정되고 비교될 신뢰성 있는 근거를 산출한다.

고객만족조사의 대부분은 — 특히 자신의 고객을 대상으로 조사할 때는 — 주관자를 밝히는데, 이런 경우 고객들을 조사하는 자체에 호의를 산출하며 응답률이 높다. 그러나 일부 고객들은 부정적으로 말하기를 기피하므로 응답이 편향될 위험이 있으며, 자신의 만족수준을 질문하는 일은 대체로 고객기대를 끌어올린다.

따라서 기업이 잠재고객들이나 경쟁자의 고객들로부터 수집한 응답을 근거로 하여 외부적 벤치마크를 개발할 때에는 잠재적인 편향요소를 제거하기 위하여 주관자를 감춰야 한다.

데이터 수집의 가장 보편적인 방법은 직접면접, 전화면접, 우편설문 또는 이들을 결합한 형태를 취하는데, 이들 각각은 장점과 단점을 갖고 있으므로 신중하게 선택해야 한다. 또한 모든 조사설계는 어느 정도의 제한점을 갖고 있으므로 '발견' 단계에서 주의해야 하고, 그러한 정보를 근거로 도구를 개발하여 사전시험하고, 조사설계 문제들을 신중하게 고려해야 한다. 결국 어떠한 조사도 완벽할 수 없으므로 잠재적인 취약점을 수용 가능한 수준으로 낮추는 일이 중요하다.

(7) 경쟁자에 대하여 벤치마크한다

벤치마킹(benchmarking)이란 기업의 성과를 어떤 표준과 비교하는 과정을 말하는데, 보편적인 표준에는 세 가지 형태가 있다.

첫 번째 유형의 벤치마크는 제록스(Xerox)의 초기품질 벤치마크이다. 초기 고객만족조사에 많은 노력을 쏟은 이유는 미래와의 비교를 위하여 신뢰할 수 있는 기준선을 설정하기 위한 것이다. 신통치 못한 벤치마크를 갖고 시작한다면 추후의 비교들은 무용지물이 될 것이다.

벤치마크의 두 번째 유형은 전 산업의 비교를 근거로 하는 산업표준이다. 즉 기업은 자신이 속한 산업 내의 여러 경쟁자들에 관한 정보를 수집하여 이용할 수 있는데, 만일 외부기관이 수집한 정보를 이용할 때에는 적합성을 충분히 검토해야 한다. 그러나 외부기관이 수집하거나 기업들이 공동으로 수집한 정보는 내부적인 조사에서 간과되어 온 문제들을 제기해주는 이점이 있다.

세 번째 유형의 벤치마크가 가장 유용하고 전략적으로도 중요하다.

즉 기업은 단순히 산업내의 주요 경쟁자들을 확인한 후, 자신의 고객뿐만 아니라 경쟁자들의 고객들로부터 정보를 수집함으로써 각 속성의 중요도를 고려하면서 경쟁적인 강·약점을 상세하게 파악할 수 있게 된다.

일부 기업은 이러한 벤치마킹 개념을 더욱 발전시켜 경쟁자들에 대해서만 벤치마크를 개발하는 것이 아니라 어떤 산업에서 '최선'의 활동이나 과정을 갖고 있는 기업을 확인하고 자신의 과정들을 개선하기 위해 그러한 전문가들을 참고한다. 이를 부류 최고의 벤치마킹(best-in-class benchmarking)이라 부른다.

외부적 벤치마킹이 어떻게 수행되는지에 관계없이 그것은 현실을 정확하게 인식하도록 도와준다. 예를 들어, 캐딜락(Cadillac)은 자신의 고객들을 조사하여 만족수준이 매우 높다고 생각해 왔는데, 외부적 벤치마킹을 처음 실시했을 때 비로소 경쟁자가 훨씬 더 빠른 속도로 고객만족을 개선하고 있다는 사실을 알게 되었다. 즉 캐딜락(Cadillac)은 끊임없이 향상되고 있으면서도 날이 갈수록 점점 더 뒤처지고 있었던 것이다.

내부자료는 대체로 월별로 추적되는데 비하여 외부적 벤치마킹은 연별로, 간혹 급변하는 산업에서는 분기별로 추적된다.

(8) 부서 합동으로 실행계획을 개발한다

고객만족 프로그램의 목적은 상세한 실행계획을 창출하는 것이다. 지속적인 개선이 신통한 결과를 가져오지 못하고 기업이 훌륭한 자료를 근거로 하여 고객만족을 증대시키기 위해 내부적으로 변화하지 않는다면 경영자는 피상적인 지원만을 제공하게 될 것이다.

고객만족 프로그램의 결과가 기업 내의 변화를 가져오게끔 피드백될 때 그러한 과정이 가치를 갖는 것이다. 그러한 자료들로부터 개선의 방향을 제공받기 위하여 실행계획들이 개발되어야 한다.

(9) 끊임없이 측정하고 자료를 배포한다

고객만족 노력이 지속적이어야 하는 이유는 세 가지이다.

첫째, 100%의 고객만족을 빠른 시일에 달성할 수 있는 기업은 거의 없다. 단지 목표를 향해 노력함으로써 꾸준히 개선할 수 있을 뿐이며, 그러한 기업의 종사원들은 위임받은 권한으로 인하여 의욕도 높다.

두 번째 이유는 이미 설명했듯이 고객의 욕구가 끊임없이 변하고 진화하기 때문이다. 만일 고객만족 프로그램이 고객들의 관점에 대하여 한 때의 모습만 보여준다면 고객들은 멀어져 갈 것이다.

세 번째 이유는 경쟁이다. 대부분 경쟁자들은 끊임없이 움직이고 있으며 경쟁도 점차 치열해지고 있다. 만일 기업이 지속적으로 경쟁적 벤치마킹에 몰두하지 않는다면 경쟁에서 홀로 뒤처지게 될 것이다. 개선의 속도가 느리다면 기업은 고객만족을 개선하면서도 경쟁지위가 더욱 약화될 수 있다.

(10) 점점 더 나아지려고 노력한다

어떠한 고객만족 프로그램도 완벽할 수 없으며 끊임없이 개선되어야 한다. 의사결정기준들이 변하거나 개별적인 기준들의 상대적 중요성이 변할 수 있다. 커다란 변화가 있는 경우에는 벤치마크와의 비교를 어렵게 만들지만, 대부분 변화는 마치 TV 화면의 미세조정과 같이 작다.

만일 고객만족 프로그램을 개발하는 '발견' 단계에서 유의한다면 추후에 필요한 변화도 적어진다. 그러나 항상 "이것을 하기 위해 더 좋은 방법은 없는가?" 라고 반문해야 한다.

2. 전사적 고객만족활동 추진

고객만족활동은 한 사람의 사소한 실수가 치명적일 수 있으므로 전사적으로 고객만족활동을 추진하는 것이 필요하다.

예를 들면 업소(판매점)에서 인테리어, 매장 내 분위기, 상품 구색에서는 전혀 문제가 없는데, 단지 한 사람의 미숙한 종사원의 부주의로 인한 말 한마디가 고객을 기분 나쁘게 만들어 다른 모든 노력이 헛되게 되어 버리고 마는 경우가 있다.

이와 같이 그럴 의도는 아니었지만 고객이 느끼기에 불쾌한 언어를 무의식적으로 자주 사용하고 있는 경우가 적지 않다. 고객 중에는 불쾌한 언어에 대해 즉각적으로 표현하지는 않지만 내심으로 "참 기분 나쁘군!" 하고는 두 번 다시 그곳에 가지 않는 사람들이 매우 많다. 사람에 따라서는 그것만으로 화를 가라앉히지 못해 주위 사람들에게 자신의 경험을 계속 이야기하는 사람도 있다.

이러한 실패는 고객의 눈으로 바라보는 고객만족경영이 외양만 그럴듯하지 실제로는 고객에 대한 전반적인 마인드가 형성되어 있지 않기 때문이다. 이러한 일이 발생하지 않도록 하기 위해서는 고객에 대한 생각과 이념을 전 종사원이 이해하고 고객만족 향상을 위하여 반드시 필요

그림 8-6
전사적 고객만족활동의 필요성

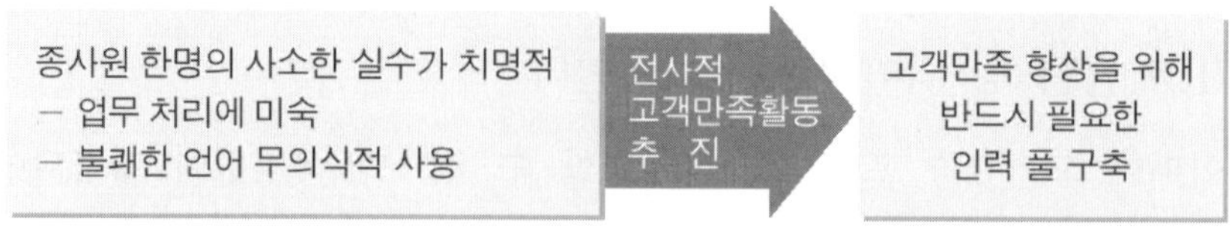

한 한 사람의 요원이 되도록 하지 않으면 안 된다(〈그림 8-6〉 참조).

3. 고객만족도 조사

(1) 조사목적

이용고객들의 전체 만족도를 과학적인 조사를 통하여 파악하고, 고객만족 극대화를 위한 각종 경영의사결정에 전략적으로 활용할 뿐 아니라, 고객만족 서비스 개선을 위한 정책의 중요한 입안자료로 활용한다.

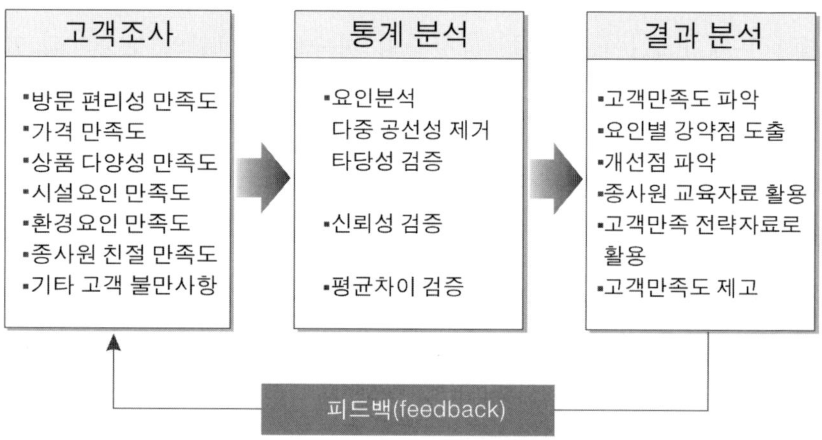

(2) 분석 구성지표

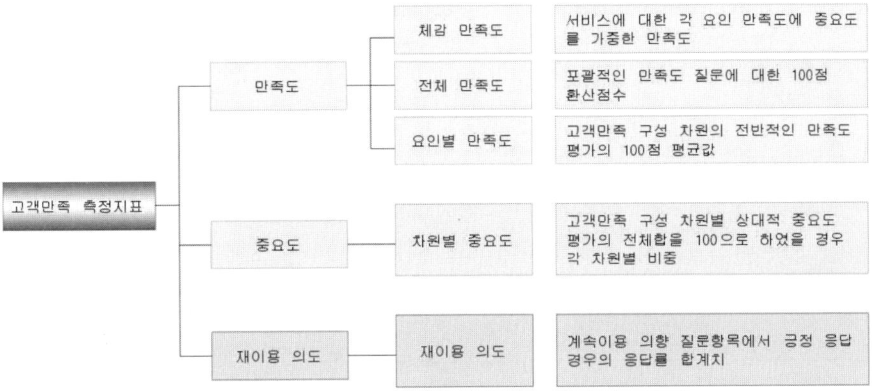

(3) 분석의 틀

만족도 측정

질문법	절대평가방법 (얼마나 만족했는가를 평가)
척 도	5점 등간척도

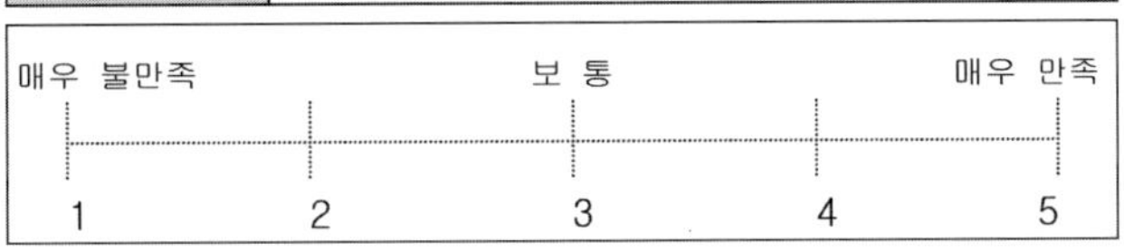

중요도 산출

요 인	중요요인 선정법 (중요한 만큼 점수 부여, 100점 만점: 소수로 환산하여 곱함)
세부항목	통계적 계수 이용법 (회귀식을 이용한 구성요인의 만족도 형성 기여정도를 산출)

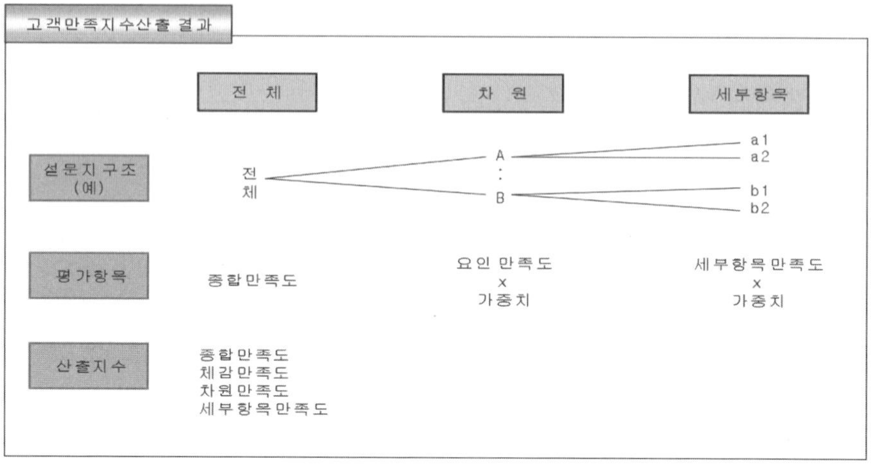

(4) 조사진행 주요절차

- **조사 설계** — 조사대상, 표본크기, 자료수집방법 등의 구체화
- **설문지 확정** — 조사목적 및 분석 설계에 맞는 문항 구성/질문지의 정련화 및 확정
- **자료수집 준비** — 실사 전담팀 구성/표본추출/진행요원 선발 및 교육
- **본조사 실시** — 진행요원의 현장방문/설문지 배부/자기기입/회수에 의한 자료수집 실시/사내 전담부서 책임자에 의한 설문지 배부/자기기입/회수
- **검증 및 보완** — 수집된 자료의 검증/에디팅/코딩
- **전산 처리** — 에디팅/코딩 완료된 자료의 전산입력 및 자료처리
- **보고서 작성** — 분석 설계의 구체화, 기초자료 분석 및 보고서 작성

9 고객만족 사례

삼성테스코는 세계적인 유통기업인 영국의 테스코(TESCO)사와 우리나라의 삼성그룹과의 합작으로 설립된 대형 할인점으로, 독특한 고객만족 경영철학이 돋보이는 기업이다. 삼성테스코는 할인점이라는 용어 대신에 '고객가치점' 이라는 새로운 개념을 도입하였다.

제 1 절 삼성테스코 / 고운세상 / H유통

1. 고객만족 10계명

삼성테스코 홈플러스는 할인점 경영에 있어 '고객가치점' 이라는 개념을 도입하고 직원만족을 추구하는 '신바레이션(신바람＋레셔널, 합리성)' 문화 조성 및 거래 협력업체를 통해 고객만족 경영의 모범사례를 보여주고 있다.

삼성테스코는 세계적인 유통기업인 영국의 테스코(TESCO)사와 우리나라의 삼성그룹과의 합작으로 설립된 대형 할인점으로, 독특한 고객만족 경영철학이 돋보이는 기업이다. 삼성테스코는 할인점이라는 용어 대신에 '고객가치점' 이라는 새로운 개념을 도입하였다.

'고객가치점' 이란 가격에 비해 품질이 좋고, 편리한 쇼핑공간과 느낌이 좋은 점포로써 단순히 물건만 파는 곳이 아니라 하나의 커뮤니티센터(community center)를 지향한다는 의미이다. 이를 위해 상품을 진열한 매장외에도 깔끔한 푸드코드(food court), 아기 엄마를 위한 수유실, 쉬거나 모임을 가질 수 있는 사랑방, 문화교육센터 등이 위치하고 있다.

삼성테스코 홈플러스는 '고객만족 10계명' 이라는 독특한 행동 슬로건을 내걸고, 고객만족과 내부종사원간의 단합을 강조하고 있다(〈표 9-1〉 참조).

삼성테스코는 종사원들에게 서비스에 대한 동기를 부여하여 고객들에게 '감동적인 서비스' 를 창출하도록 다음의 공식 $E=MC^2$을 기억하고 이를 실천한다. 여기는 E는 몰입성과 열정(enthusiasm)이란 의미이고, M은 사명감(mission)을 뜻하며, 두 개의 C는 칭찬과 격려(congratulation) 그리고 보상(cash)를 의미한다.

<표 9-1> 삼성테스코 홈플러스의 고객만족 10계명

제 1 계	우리는 누구보다 고객을 가장 잘 이해한다.
제 2 계	우리는 누구보다 고객을 위하는 일에 앞장선다.
제 3 계	우리는 누구보다 고객에게 최고의 가치를 제공하기 위해 최선을 다한다.
제 4 계	우리는 종사원을 잘 우대하여 그들이 고객을 잘 대우할 수 있도록 한다.
제 5 계	우리는 모두 한 팀, 삼성테스코팀이다.
제 6 계	우리는 서로 신뢰하고 존중한다.
제 7 계	우리는 최선을 다해 부단히 노력한다.
제 8 계	우리는 서로 도우며, 비판보다는 칭찬을 먼저 한다.
제 9 계	우리는 남의 의견을 잘 듣고 지식을 나눈다.
제10계	우리는 즐겁게 일하고 성공을 축하한다.

2. 원스톱 서비스

피부관리, 성형, 화장, 모발 토털클리닉 '고운세상'의 파격적인 의료서비스가 여성들 사이에 화제다. 한 곳에서 여러 의사로부터 여성미용과 관련한 모든 치료 및 서비스를 받을 수 있는데다가, 병원 문을 나서면 '서비스에 만족하느냐? 의사, 간호사, 접수인 등의 점수를 매기고 싶으면 매겨 달라'는 해피콜 전화가 날아온다. 이용한 만큼 할인혜택이 제공되는 마일리지 제도도 덧붙는다.

3년 전부터 시작된 이런 서비스에 대한 고객들의 반응이 좋아 서울 강남의 본점 외에 돈암동에 지점을 냈고, 12월에는 분당 및 부산에도 '고운세상'이 들어설 예정이다.

"의료도 서비스업입니다. 의사들도 당연히 고객만족서비스를 제공해야할 의무가 있고, 고객인 환자들도 이런 양질의 서비스를 받을 권리가 있습니다."

그림 9-1
21C 생존전략 의료서비스

고운세상 안건영 원장은 이 같은 파격적인 경영방식이 변하고 있는 의료계의 패러다임을 시사한다고 말한다.

"WHO(세계보건기구)는 25년 후 단독병원은 사라질 것이라고 지적했습니다. 브랜드화, 그룹화, 토털화된 의료서비스에 고객만족경영 마인드가 덧붙여지지 않고서는 변화된 환경에 적응할 수가 없겠지요."

매달 의사, 간호사 등의 점수를 체크할 뿐 아니라 소속 전문의들은 무조건 정기적으로 세미나에 참석해야 한다. 서비스 마인드 제고와 함께 전문성 및 질적 향상을 위한 장치인 셈이다. 물론 다른 곳과는 달리 주 5일 근무제를 실시하고 있다. 마케팅기법도 기발하다. 최근에는 홈페이지(www.beautyforever.co.kr)에 오자를 일부러 남겨둬 '오자를 찾는 수대로 점을 빼준다'는 이색마케팅을 펼치기도 했다.

✔ 고운세상의 고객만족을 위한 의료서비스는 무엇인가?

1. 여성 미용관련 모든 치료 및 서비스 실시
2. 서비스 만족관련 해피콜 전화
3. 마일리지 제도
4. 정기적 세미나 참석

3. 접점의 순간

십수년전의 일이다. 떨어진 생활용품을 구매하기 위해 H유통을 향해 집을 나섰다. 10분 후 H유통에 도착하여 주차장에 승용차를 주차하고 있을 때, 주차안내원은 차량을 유도하거나 안내에는 관심이 없는 듯 담배만 피우고 있었다. H유통 통로에서 미화원을 만났는데 손님이 지나가고 있음에도 아랑곳하지 않고 걸레를 좌우로 밀치면서 무표정하게 바닥을 닦고 있었다.

매장에 들어서니 비교적 한산했는데, 판매여사원 세 명이 잡담을 하면서 킬킬거리며 웃고 있었다.

한 판매여사원에게 A상품의 진열위치를 물으니 "저쪽입니다" 라며 무성의하게 대답했다. 가까스로 A상품을 찾았지만 사려고 하는 청색은 품절이었고 흰색만 있었다. 할 수 없이 생활용품을 사겠다는 처음의 생각은 포기하고 통조림, 과일 등 식료품을 구매하여 계산대로 갔다. 계산원이 말하는 대로 65,000원을 가계수표로 지불했더니 가계수표는 받을 수 없다며 현금으로 지불하라는 것이었다. 그 날 현금이 없었기 때문에 결국 그냥 돌아올 수밖에 없었다. 그리고는 결심했다. 다시는 H유통에 가는 일이 없을 것이라고….

그 날 H유통에서 주차안내원, 미화원, 판매여사원, 계산원 등을 만났으나 어느 누구도 고객을 정성껏, 그리고 친절히 대해 주는 사람이 없었다.

주차안내원은 성의있게 주차를 유도하거나 도와주지 않았고 미화원은 고객이 지날 때까지 약간 옆으로 비켜섰다가 청소를 계속할 수도 있으련만 마치 '나는 고객과는 아무 상관이 없으니 오직 청소만 열심히 하면 된다' 는 표정이었다.

매장에서의 판매여사원은 늘 고객의 움직임을 주시해야 됨에도 불구하고 방관자와 같았다. 계산원의 태도 역시 애매모호했다. 유가증권인 가계수표를 왜 받을 수 없는지 설명해 주지 않았다. 10만원 이하로 발행되고 요건에 맞으면 은행이 지급을 보증하는 것인데도….

H유통의 주차안내원, 미화원, 판매여사원, 계산원은 모두 짧지만 10초에서 20초 가량 대면했다. 말한다면 접점(接點)인 셈이다.

이같은 접점을 '고객과의 접점' 이라고 말하는데 고객과의 접점은 크게 '인간대 인간의 접점' , '인간대 사물의 접점' 인 2가지로 나뉘어진다.

주차안내원, 미화원, 판매여사원, 계산원 등과의 대면을 인간대 인간의 접점이라 할 수 있고, H유통의 외관, 내부의 청결상태, 상품의 진열상태, POP 부착상태, 안내표지판, 휴식공간 등은 '인간대 사물의 접점'이다.

고객에게 있어 '인간대 인간의 접점'이나 '인간대 사물의 접점'은 모두가 소중하다. 왜냐하면 고객은 접점의 순간마다 만족과 불만족을 느끼고 있기 때문이다. H유통에서는 하루에 몇 사람이나 이와 같은 경험을 하는지? 1년이면 몇 사람이 그 같은 경험을 하는지? 그러고도 H유통은 생존하고 발전할 수 있을 것인지….

토론의 장

1. 귀하가 주차안내원이라면 차량유도나 안내에 관심없이 담배만 피웠겠습니까?
2. 귀하가 미화원이라면 고객을 아랑곳하지 않고 걸레질만 했겠습니까?
3. 귀하가 판매여사원이라면 진열위치를 무성의하게 대답했을까요?
4. 귀하가 계산원이라면 수표 대신 현금지불을 요구했을까요?

제 2 절 레디슨서울프라자 호텔 / 싱가포르 Tibs / 불만해결에서 고객확보까지

1. 국가 고객만족도 조사 1위, 레디슨서울프라자 호텔

1995년부터 3년간의 객실 및 식음료업장 등 부대시설의 개·보수와 휘트니스 클럽의 개장 등 시설면에서의 혁신을 마감한 래디슨서울프라자 호텔은 1998년 초 경향신문이 매년 선정·발표하는 '올해의 베스트 호텔'에서 '베스트 리뉴얼(best renewal) 호텔'로 선정되어 서비스와 시설에서의 괄목할 만한 성장을 인정받았다. 또한 한국생산성본부와 미시간대학이 공동 주관하여 국내 전 산업을 망라하는 176개의 기업을 대상으로 실시한 국가고객만족도(national customer satisfaction index: NCSI) 조사에서 1위를 차지함으로써 업계는 물론 학계의 주목을 받고 있다.

서비스품질 혁신에 성공했다고 믿어지는 레디슨서울프라자 호텔의 서비스품질 혁신과정을 파라슈라만, 제이트멀과 베리(Parasurman, Zeithaml & Berry, 이하 PZB)의 Gap 모형을 중심으로 살펴봄으로써 고객만족의 선행요인인 서비스품질의 혁신과정을 보다 체계적으로 정리하는 한편 서비스품질 혁신을 위한 바람직한 모델을 찾아보기로 한다.

서비스품질 연구에 관한 대표적 학자인 파라슈라만, 제이트멀과 베리(Parasurman, Zeithaml & Berry)는 고객의 서비스품질 평가는 서비스를 받기 전의 기대된 서비스(expected service)와 서비스 경험 후의 지각된 서비스(perceived service)의 차이라고 규정하고 Gap 모형(quality gap model)을 개발, 서비스기업의 서비스 제공과정에서 발생할 수 있는 기대된 서비스와 지각된 서비스의 차이의 발생원인을 서비스제공 단계별로 구분, 정리하였다.

Gap 모형은 기대의 개념화 및 측정상의 문제 등 실증분석도구로서의 한계를 지니고 있기는 하지만 서비스 제공 단계별로 고객의 서비스 기대와 지각의 차이를 발생시킬 수 있는 원천을 분석함으로써 서비스품질 향상 및 고객만족을 위한 체계적인 접근을 시도하고 있다는 측면에서 유용한 개념적 분석의 틀로 판단된다.

따라서 Gap 모형을 개념적 틀로 하여 서비스품질 혁신을 통해 높은 수준의 고객만족을 달성했다고 믿어지는 래디슨서울프라자 호텔의 서비스품질 혁신과정을 살펴보기로 한다.

(1) 갭(Gap) 모형

PZB에 따르면 고객의 기대와 실제 지각의 갭(갭 5)은 서비스 제공 단계에서 발생할 수 있는 경영자인지 갭(Knowledge Gap, 갭 1), 품질명세 갭(Standard Gap, 갭 2), 서비스제공 갭(Delivery Gap, 갭 3), 커뮤니케이션 갭(Communication Gap, 갭 4)에 의해 발생하며, 이들 각각의 갭을 제로(zero)화함으로써 고객의 기대와 실제 지각의 차이를 없앨 수 있다고 보았다.

결과적으로 갭의 제로화 혹은 부(負)적인 갭, 즉 기대된 서비스를 초월한 지각된 서비스는 긍정적인 서비스품질 평가를 통해 고객만족, 고객감동을 유발하는 중요한 요인 중 하나가 된다.

래디슨서울프라자 호텔의 서비스품질 혁신과정은 각각의 갭을 제로화하기 위한 개별적인 서비스품질 혁신활동을 통합하는 시스템인 Service Q Meeting과 Yes I Can, 그리고 일반적인 영업지원 시스템 및 각 기능부문을 통해 이루어진다.

각 시스템이 모두 각각의 갭을 줄이기 위한 활동을 포함하고 있으며 이들 시스템이 역동적으로 상호관련되어 운영되기는 하지만, Service Q Meeting은 여러 경로를 통해 고객의 기대를 수집하고 이를 명확히 품질명세화하는 과정과 관련되어 특히 갭1과 갭 2를 최소화하는 체계적이고 과학적인 과정이다. 한편 Yes I Can은 서비스품질 혁신을 위한 종사원의 자세와 행동을 교육하는 교육시스템 중 하나로 갭 1, 갭 2를 줄이기 위한 활동을 포함하고 있으나 특히 갭 3과 깊이 관련된다.

(2) Service Q Meeting

Service Q Meeting은 다음과 같은 과정으로 이루어진다.

1) 아이디어 제안

고객의 기대를 탐색하기 위한 활동인 종사원 제안, 마케팅조사의 시사점 등이 각 원천이나 관련된 부서 혹은 종사원으로부터 아이디어로 개발되어 접수된다. 고객 불평을 접수한 당직 지배인 혹은 종사원은 불평을 처리한 후 풍부한 현장 경험을 바탕으로 불평 및 처리과정에서의 문제점을 검토하고 이를 근절·개선함으로써 서비스품질을 향상시키기 위한 아이디어를 제안하게 된다. 고객기대의 파악과 아이디어화가 경영자 인지 갭(갭 1)을 줄이는 중요한 활동이 됨은 물론이다.

2) 관련 부서의 아이디어 스크리닝

접수된 아이디어는 간략히 정리되어 직·간접으로 관련된 모든 부서에 서면으로 통보되고, 각 부서별로 서비스품질 제고 정도, 실현가능성, 수익성 등의 측면에서 검토된다. 검토 과정에는 고객을 포함시키는 청사진 기법(blueprinting), 고객요구의 설계과정을 위한 품질기능전개(quality function deployment) 등을 포함하는 래디슨서울프라자 호텔의 고유한 서비스 설계과정인 'Plaza Standard' 가 활용된다.

3) Q Meeting(회합)

Q Meeting은 정기 미팅과 수시 미팅으로 구성된다. 정기 미팅은 격주로 열리며 수시 미팅은 즉시 시정(one-time fixes) 아이디어 외에 긴급한 결정을 요하는 아이디어 제안의 경우 담당자에 의해 소집된다. Q Meeting에서는 각 부서별로 검토된 아이디어를 점검함으로써 스크리닝 과정에서 도출된 부서별 결론, 실행상의 문제점들이 토의되고 수정되는 과정을 거쳐 Q Decision에 이른다.

4) Q Decision(의사결정)

Q Decision이란 Q Meeting의 결과물(output)로 아이디어의 실행, 보류, 기각의 의사결정을 말한다. 모든 의사결정은 아이디어 제안자에게 피드백 된다. 한편 고객불만의 해결을 위해 제안된 아이디어에 대한 Q Decision은 고객에게 통보된다.

실행하기로 결정된 아이디어의 제안자는 실행 주 부서와 함께 각 부서의 스크리닝 결과를 참고로 하여 최종적인 'Plaza Standard' 작업에 참여하게 된다. 최종적인 'Plaza Standard'가 완성되면 일반적인 품의·결재 과정을 거쳐 실행된다. 보류하기로 결정된 아이디어는 제안자에게 보충 제안을 요구하게 되고 다시 Service Q Meeting에 상정된다. 한편 기각하기로 결정된 아이디어는 기각 사유와 함께 제안자에게 통보되는데 기각 결정 역시 수정·보완되어 다시 상정할 수 있음은 물론이다.

(3) Yes I Can 프로그램

래디슨서울프라자 호텔의 전 임직원을 대상으로 이루어지는 Yes I Can 프로그램은 Yes I Can 태도의 형성과 행동 규칙의 실천으로 '진정한 서비스(genuine service)'를 제공함으로써 고객의 기대를 능가하는 100% 고객 만족을 달성하는 것을 목적으로 하는 교육 프로그램이다.

Yes I Can 프로그램 중 고객과의 관계 중요성의 교육 등은 경영자인지 갭과 관계된다. 그러나 본질적으로 Yes I Can 프로그램은 직접 고객서비스를 담당하는 종사원과 이를 지원하는 종사원에게 기대되는 바람직한 태도와 행동규칙 및 고객만족에 이르는 메커니즘(mechanism)을 교육함으로써 수준 높은 서비스를 실현하는 것을 목적으로 하는, 특히 서비스제공 갭을 최소화하는 중요한 서비스품질 혁신활동이다.

Yes I Can프로그램을 각 단계별로 간략히 정리하면 다음과 같다.

1) 고객만족을 위한 기본자세로서의 Yes I Can 태도

만족한 고객과 불만족한 고객의 사례분석 등을 통해 고객만족의 중요성을 강조하고 고객과의 관계 중요성을 고객의 평생가치(lifetime value of a guest) 분석을 통해 교육하며 고객을 만족시키기 위한 기본적인 자세로서 Yes I Can 태도를 확립한다.

한편 Yes I Can 태도의 대상을 외부고객뿐 아니라 동료직원 등 내부고객과 직무로 확장함으로써, 전사적인 Yes I Can 태도를 형성하기 위한 다양한 프로그램으로 구성되어 있다.

2) 서비스품질 향상을 위한 행동 규범으로서의 Yes I Can 행동규칙

Yes I Can 태도를 바탕으로 현장에서의 구체적인 행동규칙에 대한 교육이 이루어진다. 행동규칙은 크게 고객 개개인에 대한 관심, 책임의식 및 팀워크로 구성되어 있다. 각각의 행동규칙은 역할연기(role play) 등을 통해 고객만족의 관점에서 분석되고 토론되는데 특정한 행동방법을 교육하지는 않는다.

신입사원 교육, 서비스매너 교육 등 여타의 교육에서 체득한 기본적인 서비스 예절을 바탕으로 한 차원 높은 서비스제공의 가이드라인(guideline)을 제공함으로써 서비스품질의 향상을 추구하는 데 Yes I Can 행동규칙 교육의 목적이 있다.

3) 결과로서의 고객만족

Yes I Can 태도와 서비스품질 향상을 위한 행동규칙을 현장에서 실현함으로써 100% 고객만족을 달성하게 되는 메커니즘에 대한 교육으로 자연스러운 Yes I Can 태도와 행동규칙의 습득을 도모한다. 한편 지속적인 서비스품질 향상과 강화를 위해 자기평가 및 점검도구인 Yes I Can 측정도구가 제공된다.

(4) Gap 1 경영자인지 갭

경영자인지 갭은 고객이 실제적으로 원하는 서비스 및 서비스 우선순위와 '고객은 이러이러한 서비스를 원할 것이다' 라고 기업이 파악한 서비스의 차이에서 발생한다.

예를 들어 고객은 청결한 객실을 가장 중요한 서비스로 생각하는 반면 기업은 신속한 체크인을 가장 중요한 서비스라고 파악하는 경우 발생할 수 있는 갭을 말한다. 이렇게 되면 호텔은 청소가 다소 미진한 객실이라도 고객을 일단 신속하게 체크인 시킴으로써 고객을 만족시키려 할 것이지만, 고객은 이러한 서비스에 부정적인 평가를 내리게 될 것이다.

이러한 경영자인지 갭이 발생하는 원인으로는 부적절한 마케팅조사, 상향커뮤니케이션의 결여, '관계'에 대한 이해부족 등을 들 수 있다.

① **부적절한 마케팅조사**: 고객의 기대를 체계적으로 수집하고 정보화하는 도구로서 마케팅조사가 적절히 수행되지 못하는 것을 의미한다.

② **상향커뮤니케이션의 결여**: 고객과 직접 접촉함으로써 고객의 기대에 대해 많은 정보와 아이디어를 가지고 있는 일선 종사원의 의견이 고객의 기대를 서비스 제품화하는 책임을 맡고 있는 경영층에 제대로 전달되지 못하는 것을 의미한다.

③ **관계에 대한 이해부족**: 고객을 일회적인 거래의 대상으로 파악하는 것으로 이는 고객의 기대를 파악하고자 하는 기본적인 노력을 소홀하게 하는 결과를 가져옴으로써 경영자 인지 갭을 유발하는 중요한 원인이 된다.

래디슨서울프라자 호텔은 경영자인지 갭을 줄이기 위해 체계적 마케팅조사의 실시, 종사원 제안제도인 '메아리'를 포함한 다양한 상향 커뮤니케이션 제도 등 여러 가지 프로그램을 운영하고 있다. 이렇게 수집된 고객의 기대에 대한 정보와 제안은 Service Q Meeting의 첫 번째 단계인 아이디어로 접수되어 체계적인 서비스 제품화 과정을 거치게 된다. 경영자 인지 갭을 줄이기 위한 여타의 활동인 관계의 중요성 교육, 3-3-3 규칙의 운영 방법 등은 Yes I Can 프로그램을 통해 이루어진다.

1) 정기·수시 마케팅조사

래디슨서울프라자 호텔은 매년 2회의 정기 마케팅조사와 수시 마케팅조사를 외부 전문조사기관에 의뢰·실시함으로써 체계적으로 고객의 기대를 파악하고 있다. 연초에 실시되는 1차 마케팅조사는 객실, 식음업장(F&B restaurants) 등 부대시설을 포함하는 전체 고객을 대상으로 이루어지며, 전체 시장 환경의 변화, 고객욕구의 변화, 서비스에 대한 고객의 지각 등 전반적인 고객조사가 실시되고, 2차 정기조사는 세분화된 시장별로 조사가 이루어진다.

식음료 고객은 업장별 고객으로 세분화되고 객실고객은 예약의 형태와 국적에 따라 세분화되어 세분시장별로 서비스에 대한 고객의 기대가 조사된다. 또한 내부고객조사도 2차 정기조사에서 실시된다. 내부고객조사는 상시적 종사원 제안제도인 '메아리'와 병행하여 종사원이 서비스현장에서 체득한 고객의 기대를 체계적으로 조사하게 된다.

래디슨서울프라자 호텔의 마케팅조사의 특징은 계량적 조사와 비계량적 질적 조사 및 서비스품질의 결정차원에 대한 우선순위 조사를 병행한다는 데 있다. 질적 조사를 통해 계량적 조사로는 파악하기 어려운 고객의 욕구를 분석하는 동시에 고객불만을 미연에 방지하는 한편, 고객불만의 해결을 위한 단서를 얻을 수 있게 된다.

또한 우선순위 조사는 제한적인 자원의 효율적 배분의 측면에서 그 의미를 찾을 수 있다. 제한된 자원을 효율적으로 운영하여야 하는 호텔의 입장에서 고객이 원하는 바의 모든 서비스품질 요소를 충족시키는 것은 엄밀한 의미에서 불가능한 일이다.

이러한 측면에서 우선순위에 따른 서비스품질 관리는 자원의 효율적 배분을 통한 서비스품질 향상은 물론, 앞의 '신속한 체크인과 청결한 객실'의 예처럼 서비스 우선순위에 대한 고객의 기대와 기업의 인식의 차이에서 생기는 부정적 서비스품질 평가를 최소화할 수 있게 된다.

수시 마케팅조사는 휘트니스 클럽에 대한 고객의견 수렴, 연말연시 이벤트 등 비일상적인 사안에 대한 고객의 기대를 수집할 목적으로 비정기적으로 실시된다. 외부 전문기관 또는 자체적으로 실시되기도 하는 수시 마케팅조사의 가장 대표적인 예는 중간고객조사(intermediate customer research)이다.

판촉사원 등을 통해 중간고객의 의견이 수집되고, 이 중 체계적인 조사의 필요성이 있는 경우 중간고객을 대상으로 한 마케팅조사가 실시된다. 여행사, 국내지사의 예약 담당자 등을 대상으로 실시되는 중간고객조사는 고객의 기대를 대변하는 측면에서 유용한 동시에, 고객의 기대를 충족시키기 위한 중간고객의 서비스품질 향상 아이디어를 얻을 수 있는 좋은 기회가 된다.

여행사 가이드 조사 결과에 따라 실시될 예정인 외부 식음료업장의 단체관광객 특별메뉴, 일본인 관광객을 위한 식사쿠폰 등이 그 좋은 예라 할 수 있다. 중간고객조사 등 모든 마케팅조사의 시사점은 Service Q Meeting을 거쳐 서비스품질 혁신활동으로 구체화된다.

2) 미스테리 고객(mysterious guest)

미스테리 고객 제도는 이미 국내 여러 기업에 의해 활용되고 있는 고객만족기법의 하나로 고객을 가장한 미스테리 고객이 직접 서비스를 경험한 후 경험의 결과를 평가하는 것으로, 운영방법에 따라 Gap 모형 상의 각각의 갭을 동시에 추정할 수 있는 방법이다.

래디슨서울프라자 호텔은 미스테리 고객으로 하여금 서비스품질 향상을 위한 바람직한 변화를 중점적으로 기술하게 함으로써, 고객의 기대를 추정하고 이를 경영자 인지 갭을 줄이기 위한 원천으로 활용하는 방식을 택하고 있다.

래디슨서울프라자 호텔의 미스테리 고객의 운영은 여타 기업의 운영방법과 다소 차이가 있는데 내부 미스테리 고객이 그것이다. 독자적인 미스테리 고객의 운영은 물론 고객접대를 위해 식음료업장을 찾는 임직원을 포함하여 서비스를 경험할 기회가 있는 모든 임직원은 서비스품질 평가서에 의거, 서비스품질을 평가하게 한다.

단, 이러한 내부 평가적인 성격을 띠는 미스테리 고객 운영에 따른 문제점을 해결하기 위해 내부 미스테리 고객 제도 역시, 고객의 입장에서 기대되는 서비스에 초점을 맞춤으로 고객의 기대를 추정하는 본질에 충실하게 한다.

3) 다목적 고객패널

고객패널이란 지속적으로 특정 기업의 서비스 등 기업활동과 고객만족에 대한 의견을 제공하기 위해 구성된 고객집단을 의미한다. 기업은 이를 통해 지속적으로 고객 기대의 변화와 추이 등을 추적함으로써 고객의 기대를 파악할 수 있게 된다.

래디슨서울프라자 호텔의 고객패널은 모 기업인 한화그룹의 간부사원으로 구성되어 있다. 업무상 국내외 여러 호텔의 서비스를 경험할 기회가 있는 그룹의 간부사원을 고객패널로 위촉함으로써 전형적인 고객패널의 효과를 얻는 것은 물론 다른 호텔에서의 서비스 경험을 토대로 여러 아이디어를 제공받을 수 있다. 따라서 래디슨서울프라자 호텔에의 소속감을 부여함으로써 판매촉진의 효과를 얻을 수 있다는 장점이 있다. 또한 전형적인 고객패널 운영보다 비용면에서 경제적임은 말할 나위도 없다.

4) 종사원 제안제도 '메아리'

고객의 기대를 파악하기 위한 또 다른 방법으로 래디슨서울프라자 호텔은 종사원 제안제도인 '메아리'를 운영하고 있다. 직접 고객과의 접점에서 체득한 고객의 소리는 물론 이를 발전시킨 서비스 아이디어가 '메아리'에 접수된다.

'메아리'에 접수된 제안은 주 2회 개봉되어 즉시시정 및 사전 스크리닝을 목적으로 직·간접적으로 관련된 부서(들)에 배포된다. 즉시시정의 경우 24시간 내 처리를 원칙으로 하며, 관련된 부서 담당자의 회합을 거쳐 진행, 보류, 기각의 결정이 내려진다.

즉시시정이란 호텔의 서비스 시스템이나 운영정책 등에 전반적인 변화를 요하지 않는 '단 한번의 시정'으로 개선될 수 있는 제안들을 의미하는데, 호텔 건물과 휘트니스 클럽 건물 사이의 횡단보도 표시, 주차장 출입구 표지판 개선 등이 즉시시정의 대표적인 예라고 할 수 있다.

기타 제안 역시 관련 부서에 배포되며 이는 제안의 사전 스크리닝을 위한 것으로, 사전 스크리닝을 통해 1차적으로 서비스품질 제고 정도, 실현가능성 및 사업성이 검증된다. 그리고 월 2회 열리는 Service Q Meeting을 통해 최종 점검과 의사결정이 내려지게 된다.

결정사항은 바로 제안자에게 통보됨으로써 커뮤니케이션상 오류, 잘못된 이해 등으로 발생되는 문제가 즉시 시정·보완될 수 있도록 하고 있으며, 제안 장려를 위한 다양한 인센티브(incentives)가 마련되어 있다.

5) 눈높이 총지배인

래디슨서울프라자 호텔의 H 총지배인은 여느 호텔의 총지배인처럼 당직일지를 점검하는 일로 하루를 시작한다. 그러나 당직일지의 점검을 통해 고객의 소리를 경청하는 것을 제외하면 H 총지배인의 하루는 여느 총지배인들과 다르다. "고객과 만나 고객의 소리를 듣는 것만큼 중요한 일은 없는데 내가 일일이 고객들을 만나고 다니는 것은 현실적으로나 고객만족의 측면에서나 불가능하다. 그래서 내가 하는 일 중 가장 중요한 일은 직접 고객과 만나는 종사원들을 만나 그들이 전하는 고객의 소리를 듣는 것이다" 라고 H 총지배인은 말한다. 짝수 날은 식음료팀 종사원들의 식사시간에 맞추어 사원식당을 찾고, 홀수 날은 객실팀 직원의 식사시간에 맞춰 식사를 하는 식이다.

이렇게 서비스품질 혁신의 사령탑으로서 H 총지배인은 직접 고객의 기대를 수집하고 직접 이를 서비스품질 혁신 아이디어로 개발·제안하는 것은 물론 직원들로 하여금 아이디어화 하도록 귀띔하는 것을 잊지 않는다. 지난 2월 '소년소녀 가장과의 만남' 에서 식사시간 내내 어린이들을 즐겁게 하던 김현정 2집, 조PD의 신곡집은 그의 아이디어였다.

6) '아이디어의 보고(寶庫)' 중간고객

수시 마케팅조사의 하나인 중간고객조사는 전반적인 조사의 필요에 따라 실시되는 체계적인 마케팅조사로, 중간고객과 접촉할 기회가 있는 종사원들에 의해 제기된다.

객실판촉 지배인들은 각자가 담당하고 있는 주요 거래선의 예약 담당자 등 중간고객의 의견을 취합함으로써 고객의 소리를 간접적으로 청취한다. 전반적인 중간고객조사의 필요성이 있으면 이를 담당자에게 보고하여 수시 마케팅조사를 실시하는 한편 이를 아이디어화하여 Service

Q Meeting에 제안한다. 여행사 담당 지배인 역시 정기적, 비정기적인 여행사 담당자와의 미팅을 통해 고객의 요구를 아이디어화하여 서비스품질 혁신의 기반으로 삼는다.

이러한 중간고객의 의견 청취는 식음료부문, 구매부문 등 영업의 전 부문에 걸쳐 수행된다. 취합된 중간고객의 의견과 이를 발전시킨 서비스품질 혁신 아이디어 제안은 종사원 제안제도인 메아리나 세일즈 콜(sales call) 보고서 등 별도의 보고체계를 통해 서비스품질 혁신으로 이어진다.

7) 모든 교육의 첫 시간은 '관계'

전 임직원을 대상으로 실시되는 래디슨서울프라자 호텔의 교육 프로그램인 Yes I Can은 고객의 중요성, 엄밀하게 말하면 고객과의 관계의 중요성을 강조하는 것으로 시작된다.

고객과의 만남을 단순한 거래로 생각하지 않고 고객과 '관계'를 형성함으로써 얻게 되는 경제적 가치를 고객의 평생가치의 개념으로 활용, 직접 계산하고 이를 통해 고객과의 관계의 중요성을 강조한다. 이후의 교육은 고객과의 관계를 형성하기 위한 태도와 구체적인 행동규칙에 대한 교육으로 구성되어 있다. 참고로 래디슨서울프라자 호텔의 객실이용고객의 평균적 평생가치는 구전, 재방문율 등을 감안할 때 1억 7천만원으로 계산되었다.

8) 고객불만과 3-3-3 규칙

모든 고객의 불만은 현장에서 처리되는 것을 원칙으로 한다. 고객과의 '관계'를 형성하기 위한 중요한 요소 중 하나인 서비스회복의 가치를 잘 알고 있기 때문이다. 이를 위해 래디슨서울프라자 호텔은 불만처리의 전권을 직접 고객접점 부서와 접점종사원에게 위임하는 한편, 역할연기 등을 통해 불만처리의 노하우를 익히고 있다.

래디슨서울프라자 호텔의 고객불만처리의 가이드라인을 소개하면 아래와 같다.

- 사과하라(Apologize for the problem)
- 이해라라(Be understanding)
- 신속하게 문제를 해결하라(Correct the problem quickly)

만일 위의 ABC 규칙에 의해서 해결되지 않는 문제가 있으면

- 고객이 원하는 해결책을 탐색하라(Discuss what the customer wants done)
- 문제를 해결하기 위해 무엇을 할 것인지 제시하라(Explain what actions you will take)
- 약속한 바를 철저히 지켜라(Follow through on the solution you have agreed)

서비스 현장에서 즉시, 전권을 가지고 처리된 불만은 불만의 지식화를 위하여 처리 결과와 함께 Service Q Meeting에 상정되어 수정·검증되고 검증된 서비스회복방법은 서비스 운영기법으로 교육된다.

한편 서비스회복을 통해 고객과의 관계를 구축하는 또 다른 방법이 3-3-3 규칙이다. 3-3-3 규칙이란 고객의 불만은 3분 내에 해결하고 3일 내에 사과편지를 보내며 3주 내에 고객의 불만을 야기시켰던 문제점을 개선하기 위해 어떤 서비스품질 혁신활동이 계획되었는지를 통보하는 것이다. 3-3-3 규칙은 고객과의 관계에 대한 종사원의 인식을 항상 새롭게 함으로써 경영자 인지 갭을 줄이는 효과적인 방법인 동시에 고객을 감동하게 만드는 중요한 도구가 된다.

(5) Gap 2 품질명세 갭

기업에서 인지한 고객이 원하는 서비스와 이를 구체적인 서비스로 상품화하기 위한 단계인 서비스품질명세의 차이에서 발생하는 품질명세 갭은 고객지향적 기준의 결여, 열악한 서비스 설계과정 및 부적절한 서비스 리더십 등을 들 수 있다.

① **고객지향적 기준의 결여**: 고객의 관점에서 서비스품질의 기준을 설정하고 관리하는 노력의 부족을 의미한다.
② **열악한 서비스 설계**: 모호한 서비스 설계 등 비체계적인 서비스 설계에 기인한다.
③ **부적절한 서비스 리더십**: 서비스품질의 비용발생 측면만을 지나치게 강조한 나머지 서비스품질의 수익성 등을 왜곡하고 이에 따라 전사적인 서비스품질 혁신의지가 결여되는 것을 의미한다.

래디슨서울프라자 호텔은 고객지향적 서비스 표준설계와 서비스 설계과정을 통합, 많은 서비스 기업에 의해 활용되고 있는 품질기능 전개 등 일반적인 설계기법을 포함하는 래디슨서울프라자 호텔만의 서비스 표준설계 과정을 창안·활용함으로써 고객의 기대가 명확히 서비스품질명세로 전환되게 하고 있는데, 이 설계과정이 'Plaza Standard' 이다.

'Plaza Standard' 는 Service Q Meeting의 부서별 아이디어 스크리닝과 수행 결정된 아이디어의 설계과정의 지침이 되며 다음과 같이 사용된다.

1) 서비스 절차와 고객기대의 전환

고객지향적 서비스 표준을 설정하기 위한 첫 단계는 서비스 제공절차를 파악하는 일이다. 래디슨서울프라자 호텔은 서비스 제공절차의 파악을 위해 고객의 반응, 즉 고객의 참여를 고려한 서비스 청사진(service blueprint) 기법을 활용하고 있다.

서비스 청사진이란 서비스 시스템을 그려놓은 그림으로 서비스 제공과정, 고객과 종사원의 행동 및 서비스의 유형적 단서들로 구성된다. 서비스 청사진을 통해 래디슨서울프라자 호텔은 서비스를 개별적인 구성요소로 구분하고 이들을 체계적으로 통합하는 과정을 통해 서비스 현장에서의 구체적인 활동을 고객의 관점에서 파악할 수 있게 된다.

품질기능전개(quality function deployment)를 통해 서비스 제공과정에서 파악된 고객의 기대가 구체적인 행동으로 전환된다. 앞의 예에서라면 가격, 음식의 맛과 질, 신속한 서비스, 후식의 제공 등 고객의 기대와 우선순위가 탐색되고 이를 일반적인 품질기능 전개기법에 따라 서비스가 설계되는 과정을 거치게 된다.

2) 표준을 위한 행동의 선정 및 표준설정

마케팅조사를 통해 파악된 고객기대의 우선순위, 실현가능성 및 비용 등을 고려하여 구체적인 행동이 선택된다. 구체적인 행동은 특정한 서비스를 생산, 고객에게 제공하기까지의 행동 표준으로 설정된다.

3) 목표 및 측정수단의 개발

각 표준이 어느 정도의 수준으로 달성되어야 하는지와 이를 유지하기 위한 측정수단이 개발된다. 목표 수준의 결정을 위해서는 일반적으로 많이 활용되고 있는 벤치마킹이 이용된다. 측정수단은 구체적인 활동에 따라 수정·보완되므로 다소 차이가 나지만 대표적인 예는 'Yes I Can' 의 측정도구이며 활동의 성격에 따라 이를 변형, 활용한다.

또 래디슨서울프라자 호텔은 최고 경영자의 서비스품질 혁신의지를 모든 직원이 공유함으로써 품질명세 갭을 최소화하고 있다. H 총지배인은 부임인사를 통해 "모든 서비스는 고객 입장에서 계획되고 실행되어야 합니다. 우리 래디슨서울프라자 호텔의 목표는 제일 매출이 많은 회사도 제일 이익이 많은 회사도 아닙니다. 최고의 서비스를 제공하는 호텔이 되는 것입니다. 최고의 매출이나 최고의 이익은 우리가 고객에게 제공하는 서비스의 당연한 부산물일 뿐입니다"라고 강조했다.

이러한 서비스품질에 대한 최고 경영자의 의지는 'Yes I Can' 교육을 통해 보다 구체적으로 종사원에게 전파되는 한편, 해외 출장시에도 이메일, 팩스 등을 통해 직접 서비스품질혁신의 중추시스템인 Service Q Meeting을 주재함으로써 종사원의 서비스품질에 대한 관심을 제고하고 있다. 이러한 관심은 종사원으로 하여금 보다 명확한 서비스품질명세를 확립하게 함으로써 Gap 2를 최소화할 수 있게 된다.

이밖에도 서비스품질 혁신의지의 전사적인 확산을 위해 고객접점부서 종사원과 관리직 종사원의 직무순환 활성화, 임직원 현장근무성적의 인사고과 반영 등 다양한 프로그램을 실시중이며, 머지않은 장래에 '고객권리선언(가칭)' 을 통해 서비스품질혁신 의지를 대·내외에 천명할 계획을 가지고 있다.

(6) Gap 3 서비스 제공 갭

서비스 제공 갭은 품질명세를 실제로 전달하는 서비스 제공단계에서 유래하는 갭으로 비효율적 인적자원 관리, 수요와 공급의 부조화 등에서 기인한다.

비효율적 인적자원관리란 비체계적인 채용, 불명확한 직무명세, 애매한 평가 및 보상 시스템, 부적절한 책임과 권한의 위임 등 종사원이 서비스품질명세대로의 서비스를 제공하는 것을 저해하는 결과를 가져오는 인적자원관리를 의미하며, 수요와 공급의 부조화란 균질적 서비스의 제공, 목표수준(품질명세)의 서비스 제공을 저해하는 과잉수요 혹은 과잉공급을 말한다.

효율적 인적자원 관리를 통한 Gap 3의 최소화 방법으로는 일반적으로 실무자의 계획과정 참여, 유연한 직무명세, 신중한 채용 및 교육, 권한의 위임과 팀웍 강화, 효율적 내부고객 지원시스템의 확보 등이 거론되고 있다. 한편 수요와 공급의 균형을 통한 Gap 3의 최소화를 위해서는 동질적 고객믹스(customer mix)의 확보, 시장 세분화와 이를 통한 수요패턴의 이해와 가격조정 등을 통한 수요 조절, 영업시간 및 인력조절 등을 활용한 공급조절 등이 거론되고 있다. 래디슨서울프라자 호텔의 서비스품질 혁신활동 중 Gap 3과 관련된 활동 몇 가지를 간략하게 살펴보면 다음과 같다.

1) 실무자의 계획 참여

Service Q Meeting에서 논의한 바와 같이 래디슨서울프라자 호텔의 서비스 설계과정에는 집행부서, 서비스 기안자와 기획부서가 참여한다. 집행부서는 실무적인 관점에서, 기안자는 고객의 관점에서 서비스를 설계하며, 기획부서는 이를 종합하고 조정하는 역할을 담당하게 된다. 한편 모든 기안서는 관련된 모든 부서의 협조 확인이 첨부되어야만 결재되는 과정을 거친다. 이러한 실무자의 계획 참여를 통해 서비스 현장에서 실행가능한 현실적인 서비스 설계가 가능해지고 이는 Gap 3을 최소화하는 기반이 된다.

2) 내부 서비스(internal service)

'Yes I Can' 프로그램을 통해 외부고객 서비스를 위한 대전제로 내부서비스를 강조하고 있는 래디슨서울프라자 호텔은 최근 내부고객도(internal customer map)를 작성중이다. 직무분석과 함께 진행되고 있는 내부고객도 작업은 종사원 개개인, 부서의 직무를 분석하고, 이를 통해 고객명단을 작성하듯 고객서비스 과정상에 다음 과정의 종사원을 나열하고 이를 도표화하는 것이다.

이러한 내부고객도 작성으로 내부고객의 중요성과 최종 고객에게 도달하는 전반적인 서비스 과정을 이해할 수 있게 되고, 이는 내부고객 만족을 통해 서비스품질명세대로의 서비스를 제공함으로써 고객의 기대를 충족시키는 중요한 수단이 된다.

래디슨서울프라자 호텔의 다양한 내부서비스 제도 중 하나는 '종사원 통합지원제도'의 운영이다. 종사원 통합지원제도란 인사, 급여, 교육프로그램 등 종사원에게 필요한 회사의 지원활동을 통합한 제도이다. 비록 지난 몇 년간의 인력조정으로 인해 종사원의 모든 요구사항을 수용하는 광범위한 제도로써 운영되고 있지는 않지만, 업무지원팀 직원의 다기능, 다역화를 통해 내부고객인 종사원의 관점에서 가능한 범위의 지원을 수행하고 있다.

지원의 실용성 여부는 차치하고라도 통합지원제도의 상징적 의미는 자못 크다고 할 수 있을 것이다. 이는 모든 종사원이 호텔의 전반적인 운영에 대해 이해함으로써 종사원 개개인이 고객의 요구에 부응할 수 있도록 한다는 원스톱 솔루션(one-stop solution)과 같은 취지에서 진행되었다.

One-Stop Solution이란 모든 종사원이 호텔운영에 대한 기본적인 지식과 기능을 보유함으로써 고객만족을 극대화하기 위한 활동이다. 래디슨서울프라자 호텔 임직원은 연 4회 교육을 통해 서비스 시스템의 변화를 중심으로 정기적인 교육을 이수하는 한편, 크고 작은 서비스 시스템의 변화 및 이와 관련된 공지사항을 각 업장과 부서의 서비스 리더(service leader)를 통해 전달·교육받는다. 이러한 One-Stop Solution 교육을 통해 모든 종사원이 자신의 업무를 벗어나는 어떤 고객의 요구에도 적절히 대응함으로써 서비스품질을 향상시킬 수 있게 되는 것이다.

가능한 범위내의 수요와 공급조정을 통해 Gap 3을 최소화하기 위해 래디슨서울프라자 호텔은 다양한 방법을 강구하고 있다. 예약 상황에 따른 뷔페식당의 영업 확장(2부제 영업), 연회장을 다양화하고 크기와 분위기를 조절 가능하도록 하여 필요에 따라 식음업장의 PDR(private dining room)로 운영하는 것 등이 그것이다. 이밖에도 헬퍼(Helper) 제도와 교차훈련 종사원(cross-trained employee)을 통해 공급을 조절함으로써 고객에게 서비스품질명세대로의 서비스를 제공하고 있다.

3) Helper 제도: 교차훈련 종사원과 지원고과

헬퍼(Helper)란 자신이 소속된 부서나 업장 이외의 다른 업장에서 고객에게 서비스를 제공하는 직원을 의미하는데, 팀 내에서 운영되는 Helper와 팀간 운영되는 Helper로 구분된다.

우선 팀 내 Helper는 동일 팀 내 각 업장의 불규칙한 수요에 대응하기 위하여 운영하는데, 예를 들어 중식당이 서비스품질명세대로 서비스를 제공할 수 없는 수준으로 예약이 접수되면 중식당은 식음팀에 지원을 요청하게 되고, 식음팀은 다른 식당의 예약 및 평상적인 수요를 판단, 다른 식당의 종사원을 Helper로 지원한다.

이 경우 전문식당의 고유한 서비스품질명세의 차이를 극복하기 위해 운영하고 있는 제도가 '교차훈련 종사원 제도' 이다. 래디슨서울프라자 호텔의 식음팀 종사원은 모두 다른 업장에서 의무적으로 교육을 받는다. 본인이 소속한 업장에서 일정기간(6개월 혹은 1년, 각 업장에서 요구되는 숙련의 정도에 따라 달라짐) 근무한 종사원은 다른 업장에서 일정기간(약 15일에서 1달) 근무함으로써 다른 업장의 고유한 서비스품질명세를 익히게 된다.

이렇게 반복되는 교차훈련을 통해 식음팀 종사원은 각자 소속된 식당의 서비스품질명세 뿐만 아니라 다른 업장의 서비스품질명세를 익히게 되고 이를 바탕으로 Helper로 운영된다.

한편 팀간 Helper의 대표적인 예는 총무팀 직원들이 판촉팀 직원들이 대형 연회를 준비할 때 이를 지원하는 것을 들 수 있는데, 식음팀장의 지원 요청에 의해 업무지원팀 주관으로 이루어진다. 팀간 Helper의 지원 범위는 서비스품질명세의 준수를 위해 기물 정리, 준비 작업(업장 Setting) 등 일정 범위내로 제한되게 됨은 물론이다.

이러한 팀간 Helper의 활성화를 위해 래디슨서울프라자 호텔은 지원실적을 점수화하여 인사고과에 반영하고 있는데 이를 '지원고과점수' 라고 한다. 추후 이를 확대·발전시켜 고객접점 종사원의 서비스 평가와 같은 내부서비스 평가를 실시할 계획이다.

4) 칭찬합시다

보상과 격려는 서비스품질명세의 서비스를 고객에게 제공함으로써 Gap 3을 최소화하는 방법이 된다.

래디슨서울프라자 호텔은 제안 마일리지, 고객만족올림픽(customer satisfaction olympics) 등 다양한 종사원 보상프로그램을 실시하고 있는데, 그 중 하나가 '칭찬합시다' 이다. 릴레이식으로 칭찬받은 종사원이 다른 부서의 종사원을 추천 사유와 함께 칭찬하면 이를 포상하고 다시 다른 종사원을 추천하는 식으로 이어진다. '칭찬합시다' 의 주인공은 식사권 등의 포상과 함께 사보에 실리는 행운을 얻게 된다. 래디슨서울프라자 호텔은 전 종사원이 칭찬받을 때까지 이 제도를 실시할 계획이다.

(7) Gap 4 시장커뮤니케이션 갭

시장커뮤니케이션 갭은 광고, 홍보, 판촉 등 고객과의 커뮤니케이션을 통해 약속된 서비스품질과 실제 제공된 서비스의 차이로 과대약속, 수평적 커뮤니케이션의 부재 등이 그 원인이 된다.

과대약속이란 실제로 제공된 서비스가 각종 커뮤니케이션 활동을 통해 고객에게 약속된 서비스에 미치지 못하는 것으로 외형적 단서(physical cues), 커뮤니케이션 등의 과대포장에 기인한다.

수평적 커뮤니케이션의 부재란 판촉부서, 광고부서 등 대고객 커뮤니케이션 담당부서와 실질적으로 고객에게 서비스를 제공하는 운영부서간의 커뮤니케이션의 결여를 의미한다.

래디슨서울프라자 호텔은 약속의 관리와 관련하여 조리사 실명제를 통한 품질보증 등 래디슨서울프라자 호텔만의 독특한 서비스품질활동과 정보 제공, 변화 가능성의 암시, 가격과 서비스품질의 조화 등 일반적인 Gap 4를 최소화하는 노력을 병행하고 있다. 또한 수평적 커뮤니케이션의 활성화를 위하여 앞서 논의한 지원고과 등 지원부서 종사원의 고객접촉 강화 프로그램과 팀간 커뮤니케이션 활성화를 위한 기안별 소회의제 등을 채택하고 있다. 한편 모든 기안이 관련된 협조부서의 사전심의를 거치게 함으로써 수평적 커뮤니케이션을 지원하고 있음은 물론이다.

Gap 4를 최소화하기 위한 여러 활동들 중 래디슨서울프라자 호텔의 독특한 미팅 방법 중 하나인 SL미팅(skip-level meeting)은 '격계층 미팅'이라고도 불리며, 조직의 일반적인 의사소통 단계를 뛰어넘는 최하위직 종사원과 팀장, 대리와 사장의 미팅을 의미한다.

예를 들어, 각 식음업장별로 어버이날 특선메뉴를 계획하고 있는 식음팀은 홍보실에 광고문안, 광고디자인 등의 협조요청을 하게 되는데, 일단 전반적인 광고컨셉트 등 광고계획이 수립되고 나면 디자이너는 구체적인 디자인의 과정을 식음팀장과의 SL미팅을 통해 진행하게 되는 것이다.

이런 SL미팅을 통해 래디슨서울프라자 호텔은 과대약속, 허위약속 등 Gap 4를 최소화하는 것은 물론 시간적 비효율성을 극복하는 등 부수적인 효과를 누리고 있다. 다만 SL미팅과 같은 사전식 커뮤니케이션의 문제점을 최소화하기 위해 미팅의 범위를 구체적으로 규정하고 있다(이수광).

2. 싱가포르 Tibs의 첨단기술 고객서비스

싱가포르의 한 버스회사 임직원들은 자발적으로 고객만족을 실천하여 '국가 생산성 대상'을 여덟 차례나 수상하였다. 이 트랜스-아일랜드 버스 서비스(Trans-Island Bus Services: Tibs)라는 회사가 실천한 고객만족 성공사례는 다음과 같다.

싱가포르에서 대중교통을 담당하는 버스회사가 광고를 하는 예는 거의 없다. 어느 정류장을 가든지 버스를 기다리는 손님은 항상 있다. 그리고 싱가포르에서는 상호 영업생존권을 보장한다는 의미에서 버스운송 사업자들 간에 노선들이 잘 정비되어 있다. 한마디로 광고를 할 필요가 전혀 없는 것이다.

그러나 팁스(Tibs)사는 다르게 생각했다. 1989년 당시 6년 된 이 버스회사는 홍보에 25만 달러의 광고비를 쏟아 부었다. 하지만 이것은 회사의 매출을 촉진시키기 위한 것이 아니었다.

회사가 목표로 한 것은 싱가포르의 대중교통시스템에 대한 대중들의 인식을 제고시키기 위한 것이었다. 일개 버스회사가 이와 같은 광고캠페인을 벌인 것은 처음 있는 일이었다.

또 이 회사는 최초로 나이든 사람이나 어린이들을 위해서 계단이 없는 탑승시스템을 도입했다. 이것은 또한 자동승강장치를 탑재한 최초의 개조버스였다. 그리고 이 회사의 자매회사인 팁스 택시즈(Tibs Taxis)사는 세계에서 최초로 인공위성을 이용한 택시 배차시스템을 도입했다.

그 외에도 교통신호 자동감지장치를 이용한 시내 급행서비스, 전기버스의 시험운행, 나이든 사람들을 대상으로 한 무료 서비스, 그리고 풀서비스(full-service) 노선에서의 승차권 자동발매기 설치 등이 이 회사가 최초로 실행한 사례들이다.

이 회사가 실시한 이래로 업계의 표준이 된 혁신적인 차내 장치로는, 문이 닫히지 않았을 때 자동으로 가속을 막는 장치, 문이 열릴 때 장애물에 걸리면 다시 닫히는 장치, 편안한 승차감을 위한 속도 제어장치가 달린 자동변속기 등이 있다.

텝스 사는 개인기업의 추진력을 본질적으로 가지고 있다. 전직 은행가였던 이 회사 창업자는 정부가 1980년도에 싱가포르에서 두 번째로 큰 버스운송 사업자를 허용하기로 결정했을 때, 과감하게 텝스사를 출범시키기 위해 개인대출을 받았다. 한마디로 모험을 건 것이다. 이 회사는 37대의 버스를 가지고 시내왕복 서비스를 시작했는데, 오늘날에는 7백대로 늘어났다. 따라서 사람들은 텝스사가 질로서 양을 구축한 회사로 평가하고 있다.

이 회사의 관리이사인 탠 협 포이(Tan Hup Foi)씨는 이 회사의 경영철학을 다음과 같이 말한다. "만약 당신이 어떤 일을 한다면, 잘되기를 바라는 것이 인지상정이다. 그러므로 우리는 사람들이 혁신하고 창조적으로 되도록 하는 공간을 제공할 뿐이다. 그것이 우리의 철학이다."

이와 같은 기업문화는 지난 수년 동안 회사에 커다란 도움이 되었다. 그것을 증명하는 것은 이 회사가 대중들로부터 좋은 평판을 계속 얻고 있다는 것이다. 창업이래 이 회사의 종사원들은 개인기업 부문에서 '국가 생산성 대상' 을 여덟 번이나 수상했다.

수상 경력은 그만두고라도 임원진들이 시작한 혁신들은 실제적으로 서비스를 개선시켰고 비용도 절감하는 효과를 거두었다. 예를 들면 교통혼잡지역인 우드랜드(Woodland) 지역 인터체인지의 교통흐름주의(注意) 프로젝트는 교통사고를 대폭 감소시켜, 연간 5만 달러의 비용을 줄일 수 있었다. 임원진은 해충의 번식 사이클을 깨뜨릴 뿐만 아니라 성충도 제

그림 9-2

Tibs 버스회사의 고객만족 서비스

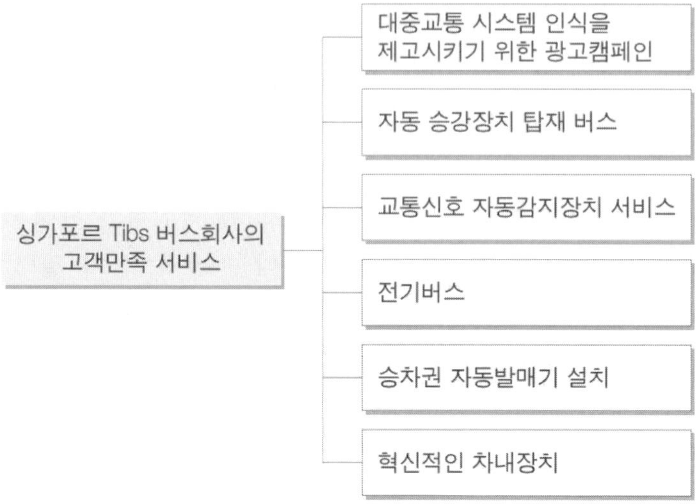

거시키는 보다 나은 바퀴벌레 퇴치기를 고안하였다. 또 다른 팀은 어느 노선의 어느 정류장이건 즉시 요금을 계산할 수 있는 휴대용 요금계산기를 고안하여 요금수수 과정을 매끄럽게 했다. 종사원들은 품질개선 서클활동을 회사의 비용을 줄이는 계기로 보지 않고 개인적인 발전의 형태로 보았던 것이다.

이 회사는 1987년에 품질관리 서클을 처음으로 도입했는데, 임원들의 참석률이 6% 정도였다. 그러나 1년 뒤에는 싱가포르 전체 평균인 9.8%를 훨씬 상회하는 35%에 이르렀다. 물론 그 강력한 동기는 개인의 실적에 대한 평가가 일부 품질관리 활동이나 생산성 활동과 관련이 있다는 점에 있었다.

그렇다면 왜 팁스와 같은 버스 회사가 그토록 생산성이나 품질을 강조하는 것일까? 이 회사의 관리이사인 탠 씨는 다음과 같이 간단 명료하게 말한다. "경영은 뒤로 물러나 앉아, 회사가 굴러가는 데로 내버려 둘 수도 있습니다. 그러나 우리는 우리 자신이 더 나아지기를 원합니다(한화 Education Mall)."

3. 불만해결에서 고객확보까지

한 해가 저물어갈 즈음 백화점의 식품 판매점에서 회사 송년회 때 사용할 전채요리 예약을 하면서 있었던 일이다.

송년회가 있던 날 오후, 대청소가 끝나갈 무렵 주문해 둔 요리를 찾으러 갔는데 어찌된 일인지 주문한 것이 아직 준비되어 있지 않았다. 나는 당황하지 않을 수 없었다. 요리사가 20분 안에 다시 요리를 만들어 놓겠다는 약속을 하고 직접 즉석에서 요리하기 시작했다.

얼마 후 요리는 다 만들어졌고 처음 예약한 음식보다 훨씬 고급스러웠다. 그리고 그 요리와 함께 죄송스러움의 표시라면서 케이크 하나를 건네주었다. 처음에는 거절했지만 성의를 생각하여 받기로 하여, 송년회장에서 어느 때보다 맛있는 요리와 케이크를 먹었다.

새해가 되어 첫 출근한 사무실에는 여러 통의 연하장에 섞여 한 통의 편지가 와 있었다. 열어보니 연말에 요리를 주문했던 그 식품 판매점에서 온 것이었다.

> 새해 복 많이 받으세요.
> 지난 해 있었던 일은 정말 죄송했습니다.
> 손님에게 주문을 받으면 무슨 일이 있어도 준비를 해 놓아야 하는데
> 저희 불찰로 그런 일이 생기고 말았습니다.
> 다시는 그런 일이 없도록 주의하겠습니다.
> 정말 죄송했습니다.
>
> 추신: 그 날 송년회에는 늦지 않으셨습니까? 매우 걱정했습니다.

제 3 절 사우스웨스트 항공 / 미국의 의료서비스 / 도쿄디즈니랜드

1. 사우스웨스트 항공

미국에서 가장 고객만족도가 높은 항공사는 어디일까. 델타(Delta)? 노스웨스트(Northwest)? 아니다. 한국에는 널리 알려져 있지 않지만 미국 국내선만 운항하는 사우스웨스트 항공(Southwest Airlines)이다.

경제전문지 『포춘(Fortune)』 지가 발표한 '미국에서 가장 존경받는 기업' 순위에서 사우스웨스트 항공은 제너럴일렉트릭, 시스코시스템스, 월마트에 이어 네 번째를 기록했다. 항공사 중에서는 단연 1등이다. 이뿐만이 아니다. 고객불만이 가장 적은 항공사, 30년간 사고가 한 건도 없었던 항공사, 시간을 잘 지키는 항공사, 짐 분실이 없는 항공사 등 사우스웨스트 항공은 모든 분야에서 금메달이다.

이러한 성과는 모든 종사원들의 자발적인 봉사와 아이디어에서 비롯됐다. 사우스웨스트 항공에는 명문화된 기업윤리가 없다. 창의성과 자유, 사랑을 원칙으로 하기 때문이다. 다만 성실함이나 서비스정신 외에 종사원들에게는 또 한 가지 능력이 요구되는데, 그것은 바로 유머감각이다.

허브캘러 회장이 추구하는 경영철학은 '재미있는 일터' 이다. 캘러 회장 스스로도 그렇지만 사우스웨스트 항공의 모든 종사원들은 기본적으로 유머가 넘쳐야 한다. 어떻게 하면 승객들을 즐겁게 해 줄 것인가를 백방으로 궁리한다.

비행기를 타면 이륙하기 전 스튜어디스가 비상시 탈출요령을 설명한다. 집중하는 승객은 물론 거의 없다. 그러자 한 종사원이 손님들의 관심을 끌기 위해 비상시 요령을 유행가에 붙여 노래로 불렀다. 이것이 좋은 아이디어로 채택되자 하모니카를 불거나 마술쇼를 하는 등 너도나도 이색적인 방법을 생각해 냈다. 1990년대 초반 사우스웨스트 항공이 메이저 항공사로 떠오르자 다른 항공사들로부터 항의와 고소가 빗발쳤다. 비상시 요령을 희극화함으로써 정보를 제대로 전달하지 못한다는 주장이었다. 미항공국(FAA)이 감사를 나왔으나 오히려 '기발한 아이디어'라며 감탄하고 돌아갔다.

사우스웨스트 항공의 기내에 '금연' 이라는 경고문 대신 써 붙인 안내문이다.

> 흡연을 원하시는 분은 비행기 날개 위에 있는 라운지를 이용하시기 바랍니다. 그 곳에서는 "바람과 함께 사라지다" 가 방영되고 있습니다.

사내커플이 812쌍이라는 사우스웨스트 항공은 가족적인 분위기를 중시한다. 텍사스주 댈러스에 있는 본사는 1층부터 5층까지 모든 벽면에 직원들의 가족사진이 즐비하다. 집처럼 편안한 분위기에서 일할 수 있도록 하기 위해서다. 5년 경력의 린다 러더포드는 "출근하면서 '오늘은 무슨 재미난 일이 일어날까' 생각한다"고 말했다.

수시채용을 하는 이 회사에는 매년 20만통이 넘는 지원서가 쇄도한다. 인사부에는 '튀기 위해' 자신의 이력을 케이크 위에 드레싱으로 쓰거나 마네킹 팔에 써보내는 등 독특한 지원서들이 놓여 있다. 사우스웨스트 항공은 『포춘(Fortune)』지가 조사한 '가장 일하고 싶은 100대 기업' 중 2위였다.

이들은 '웃으면서' 미국 항공시장에 혁명을 일으켰다. 71년 비행기 3대로 출범한 이 회사는 파격적인 낮은 요금으로 메이저 항공사들을 무너뜨렸다. 기존요금의 절반에 가까운 저가 공세로 비행료 인하경쟁을 일으켰고 결국 지난해 미국 내 6위 항공사인 US에어웨이스가 유나이티드에 합병됐다.

사우스웨스트 항공의 전략 중 하나는 비행기를 한 종류만 쓰는 것이다. 기종을 보잉 737로 통일함으로써 부품조달, 유지관리, 조종사교육 등을 효율화했고 대량구입에 따른 할인혜택까지 누렸다. 이 때문에 보잉은 주문이 쇄도하고 맥도널 더글러스사는 대형 항공기 시장에서 철수했다. 항공업계에서는 이를 '사우스웨스트항공 효과' 라 부른다.

또한 국내선만 운항하는 사우스웨스트 항공은 큰 공항을 피하고 작은 공항을 찾아다닌다. 댈러스에서도 국제선이 있는 대규모 '포트워스' 를 피해 작은 '러브필드' 공항에 취항하고 있다. 쉐리 펠프스 이사는 "작은 공항은 여러 이점이 있다. 우선 시내에서 가까워 승객들이 이용하기 편하다. 둘째, 교통체증이 심한 큰 공항에 비해 시간을 잘 지킬 수 있다. 셋째, 단독으로 짐을 다룰 수 있어 분실률이 획기적으로 준다" 고 말했다.

현재 종사원 3만명의 사우스웨스트 항공은 '선택과 집중' 전략을 통해 30년 만에 미국내 6위의 메이저 항공사로 떠올랐다.

2. 미국의 의료서비스

(1) 고객이 원하는 것을 확실히 알아야 한다. 서비스의 질과 가치는 언제나 고객에 의해서 정의되어 진다

예를 들어 한 의료기관이 고객을 만족시키는 주요 요소들을 조사해 본다. 아마 음식의 질, 의사와의 의사소통, 병원종사원의 예의바름, 따뜻함 그리고 친절함일 것이다. 일단 이러한 요소들이 추출되면, 고객서비스를 위해서 의사와 종사원을 훈련시켜야 된다. 실제로 버밍햄 병원(Birmingham Hospital)의 경우 예전에는 수술 당일 아침 일찍 환자에게 병원에 올 것을 요구해 불편을 초래했다.

하지만, 지금은 '3 Days Package' 라는 상품을 내놓고 호텔과 같은 쾌적한 시설에서 하루 전날 입원하고, 같은 종류의 병을 가진 사람들끼리 모여서 좋은 식사를 제공했다. 이것은 환자를 만족시켰고 이 병원은 이와 유사한 서비스를 계속 확대하고 있다.

(2) 고객의 참여를 유도해라. 고객의 참여는 그들의 서비스 경험의 질과 가치를 더해준다

대부분의 서비스산업들은 고객의 참여가 많은 장점을 가지고 있다는 것을 잘 알고 있다. 그리고 비용절감 면에서도 효과적이고 또한 고객 스스로가 창출한 서비스는 고객을 훨씬 만족시키고 서비스에 대한 불만을 사전에 예방한다. 예를 들어 복부 탈장 전문병원인 소울다이스 병원(Shouldice Hospital)은 환자의 편안, 편의 그리고 건강상태에 중점을 두었다. 식사는 오직 식당에서만 먹고 환자의 각 방에는 일부러 전화나 TV를 설치하지 않아 수술 후의 환자 운동을 장려했다. 또 수술을 위한 피부면도도 환자가 직접 하게끔 했고 수술실에 갈 때도 직접 걸어서 가게 하였다. 이러한 체제는 환자의 적극적인 참여를 유도하였고 환자의 높은 만족도를 얻게 되었다. 더욱이 이렇게 함으로써 일반병원보다 낮은 비용으로 더 높은 질적 서비스를 제공하게 된 것이다.

(3) 고객중심의 문화를 발전시켜라. 모두가 고객이 중요하다는 것을 믿어야 하고 이것을 행동으로 옮겨야 한다

문화라는 것은 일반적으로 신념, 가치 그리고 행동하는 방식이라고 정의할 수 있다. 문화는 모든 종사원들에게 무엇이 중요하고 무엇이 중요하지 않으며, 무엇이 적당한 행동이고 적당하지 않은 행동이며 그리고 외부와 내부 사람들에게 어떻게 대해야 하는지 방법을 알려준다.

예를 들어, 한 의료기관에서 간호보조사가 노인환자가 땅콩버터 밀크셰이크를 먹고 싶어한다는 것을 알게 되었다. 이 간호보조사는 직접 환자가 먹고 싶어하는 셰이크를 만들어 주었다. 이 얘기를 들은 원장은 고객만족상을 이 종사원에게 수여했다. 이 사례는 이 의료기관에서 '환자만족을 위해 애쓰는 것이 매우 중요하다'는 문화를 만드는 데에 중요한 역할을 하게 되었다.

(4) 고객중심의 종사원을 채용하고 훈련시켜라. 능숙하고 따뜻한 종사원들을 발견하고, 채용하고 그리고 훈련시켜라

의료산업에서는 종사원을 채용할 때 전통적으로 임상적 기준에 의한다. 하지만 새로운 패러다임에서는 고객중심의 치료를 위한 기술을 확실히 해야 한다. 예를 들어, 버지니아에 있는 이노바 병원(Inova Hospital)은 응급실 종사원(의사, 간호사, 기술자 등)들에게 8시간 고객서비스 프로그램을 이수하게 하였다.

이 프로그램은 고객서비스의 원칙, 서비스산업 벤치마킹, 스트레스관리, 협상기술, 적극적인 고객서비스 그리고 특정고객 서비스를 포함하고 있다. 이 프로그램 이수 후 조사에서 응급실에 대한 환자불만은 70% 감소했고 100%의 만족도가 향상되었다. 즉 고객서비스의 훈련은 경쟁적인 시장력을 부여한 것이다.

(5) 고객중심이 되기 위해 종사원들에게 동기를 부여하라. 고객은 잘 훈련받았고 좋은 의사소통 기술을 지닌 종사원을 기대한다

'행복한 종사원과 행복한 고객' 의 관계에 대한 연구가 있었다. 이 연구에 의하면 종사원이 즐거우면 고객도 즐겁다는 것이다. 종사원이 고객에게 서비스를 제공하는 방식이 유쾌하다면 당연히 고객도 이를 느끼고 만족한다는 것으로, 전통적으로 의료 경영자는 탁월한 의료능력만을 강조해왔다.

예를 들어, 심장이식수술에 대한 평균 이하의 사망률을 기록하면 병원은 이 담당의사에게 포상을 한다. 이는 의료제공자를 중심으로 포상한 것이다. 그러나 새로운 패러다임에서는 경영자를 비롯한 전 의료기관이 고객만족에 의해 포상을 해야 한다. 이것은 종래의 임상적인 기술에 대한 중요성을 전혀 감소시키지 않으면서 결국 임상적 기술과 고객만족 둘 다를 만족시키게 되고, 경쟁우위의 요소로 자리잡게 된다.

(6) 연속적인 고객서비스 체제를 만들어라. 고객은 연속적인 서비스를 기대한다

종전의 의료기관은 환자보다는 각 부서의 목표에만 초점을 맞추어왔다. 데이 세인트 병원(Day Saints Hospital)에서는 통원 수술(day surgery)의 경우 예전에는 속옷이 없는 상태로 가운 하나만을 걸치고 반나절 이상을 보내야만 했다. 하지만 지금은 환자가 속옷을 입고 수술실에 직접 걸어가고, 정맥주사 주입 시에 피를 뽑고, 짧은 회복시간 그리고 더 높은 수준의 고객만족을 하고 있다.

(7) 대기시간을 관리하라. 당신의 고객이 서비스를 받기 위해 기다리지 않도록 하라

서비스를 받기 위해 기다리는 것은 모든 서비스영역에서 일반화된 현상이다. 뛰어난 서비스 기관은 서비스를 제공하기 위해 투여하는 자본과 서비스를 받기 위한 고객의 대기시간을 아주 조심스럽게 경영하고 있다. 첫째는 양적인 투입으로 대기시간을 가능한 한 짧게 할 수 있다. 둘째는 대기시간에 대한 이유를 고객에게 설명함으로써 고객은 이 시간을 가능한 한 즐겁게 기다릴 것이고, 대기하는 동안 오락적인 요소(음악이나 오락기구)나 편안한 요소(안락한 의자)를 제공함으로써 지루하지 않게 느끼게 할 수 있다.

(8) 매력적인 서비스 환경을 만들어라. 환자가 기대하는 환경을 창출해라

성공적인 고객서비스를 제공하는 기관은 시설의 내부를 고객이 편안하게 머무를 수 있도록 꾸미거나 다양한 전략을 통하여 고객을 만족시킨다. 주위환경은 심리에 많은 영향을 미치므로 회복실 환경을 따뜻한 배경으로 만든다면 환자의 회복을 보다 빠르게 할 수 있다.

수술실의 가족대기실 또한 따뜻한 분위기를 창출함으로써 불안한 가족들을 진정시키고 병원을 친근하게 만들 수 있다. 알라바마(Alabama)의 부룩우드 병원(Brookwood Hospital)은 산과병동에 가족들과 친구들을 위한 소파 및 조명을 배치해 놓고 집과 같은 환경을 조성하였다.

(9) 서비스에 해당되는 모든 면을 평가하라. 평가되는 것들은 관리가 된다

서비스산업에서 평가는 중요한 세 가지 이유가 있다.

첫째, 서비스라는 것은 생산되는 순간에 소비되는 눈에 보이지 않는 것이다.

둘째, 서비스는 각각의 고객의 의해서 평가되어진다.

셋째, 고객에게 정말로 중요한 것이 무엇인지 알고 관리하는 것이 서비스산업의 존립에 중요한 영향을 끼친다.

최근 의료기관들도 각 부서의 기본적인 고객만족을 위한 기준을 정해놓고 계속적인 조사를 시행한다. 외래 암 전문기관인 살링크(Salink)는 아주 세세하게 환자의 경과 및 치료기록을 가지고 다양한 치료방법을 개발하고 있다. 이로써 이 기관은 더 나은 임상결과, 환자만족 그리고 비용절감을 얻을 수 있었다.

(10) 계속적으로 향상시켜라. 성공했다고 해서 결코 끝이 아니다

고객만족은 고객의 기대를 충족하거나 넘어서는 것이지 결코 정지되어 있는 목표가 아니다. 항상 좋은 서비스를 제공한다고 고객에게 인식시키기 위해서는 서비스의 질과 가치를 계속적으로 향상시켜나가야 한다.

전형적인 암 환자가 편리하지도 편안하지도 않는 대형병원을 이용하고 있는 경우, 중소병원인 암 전문센터가 호텔과 같은 편안함과 암 치료를 위한 전문의료기술을 제공한다고 할 때 어디를 선택하겠는가? 이것으로 최근 전문 클리닉이 잘 되는 이유를 설명할 수 있을 것이다.

3. 도쿄 디즈니랜드의 마법

미국에서 탄생한 비즈니스가 왜 일본에서 최대의 결실을 보고 있는 것일까? 고객만족에 매진하는 캐스트(cast)들, 그들 또한 게스트(guest)와 마찬가지로 마법에 걸려 있다. 최강의 테마파크 운영을 살펴보았다.

(1) 시설 시찰(Walking Through)

'TDS(Tokyo Disney Sea)' 내의 테마별로 나뉘어진 7개의 지역 중 하나인 머메이드 라군(lagoon). 실내 시설임에도 불구하고 해저 분위기를 자아내는 이 곳과 연결되어 있는 동굴과 같은 통로는 인기 절정의 '머메이드 라군 시어터(lagoon theater)' 에서 쇼를 즐기고 밖으로 나가려는 인파들로 북새통을 이루고 있었다.

그러한 흐름을 거스르기라도 하는 듯 안으로 걸음을 옮기는 한 남자가 있었다. 그는 다름 아닌 '오리엔탈랜드' 의 사장인 가가미(加賀見俊夫)다. 그가 굳이 남들과 반대 방향으로 걸어가는 데는 그럴만한 이유가 있다. '클레임뿐만 아니라 말없는 일반 대중(silent majority)의 소리를 놓치지 않기 위해서는 게스트가 쇼를 감상한 후의 표정을 살피는 것이 중요하다' 생각하기 때문이다.

'시설 시찰(walking through)' 은 가가미 사장에게는 중요한 업무 중의 하나다. 적어도 주 1회는 도쿄 디즈니랜드(TDL)나 도쿄 디즈니시(TDS) 등의 운영시설을 둘러본다. 주말에는 야구모자를 쓰고 몰래 방문한 적도 있다고 한다.

"사진 좀 찍어주세요" 하며 교복을 입은 두 명의 여고생이 다가왔다. 가슴에 명찰을 달고 있었으므로 아마도 캐스트 중 한 사람으로 생각했던 모양이다. 명찰에는 단지 'KAGAMI' 라고만 표기되어 있을 뿐이어서

그림 9-3
세계 테마파크 연간 입장객수 순위

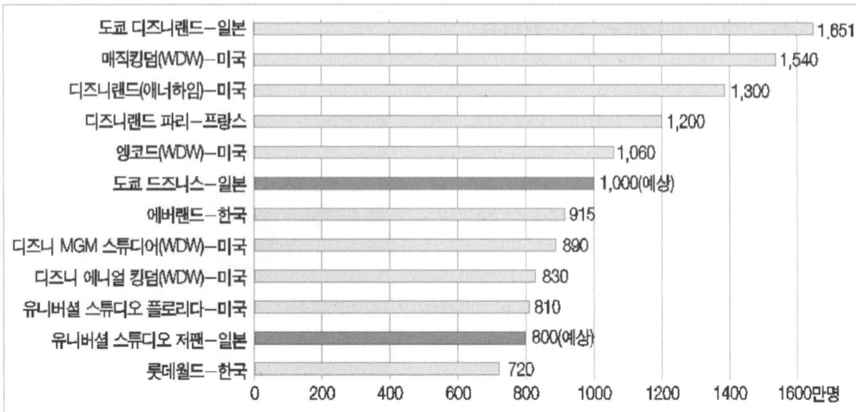

주: 2001년 개업한 파크는 예상치임.

신분은 전혀 알 수가 없다. “이 카메라로도 찍어주세요” 하며 부탁해오자 가가미 사장은 친절하게 사진을 찍어준다.

카메라를 돌려줄 때에는 “(필름은) 안 감았어요” 라고 한마디 덧붙인다. 평일에 자주 동행하는 그의 비서인 우에니시(上西京一郎)는 “평소에도 전혀 다르지 않다. 그렇지만 사진을 잘못 찍어서 게스트들에게 폐를 끼칠까봐 걱정은 된다” 며 웃는다.

가가미 사장이 자신의 직분을 과시하지 않고 카메라를 받아 드는 것은 디즈니의 시설은 모든 것이 꿈과 마법으로 물들어 있는 ‘쇼’ 의 무대이기 때문이다. 그곳을 방문하는 사람(관람객)들은 ‘게스트(guest)’, 일하는 사람들은 쇼를 연출하는 ‘캐스트(cast)’ 라 불린다. 제 아무리 사장이라 하더라도 일단 무대에 나서면 캐스트 중 한 사람에 지나지 않는 것이다.

파트타이머나 아르바이트로 채용한 캐스트(연출 종사원)는 두 개의 테마파크를 합쳐 약 19,000명에 달한다. 그 한 사람 한 사람이 이 곳의 고객만족을 유지하는 역할을 담당하고 있다. 그 서비스의 질이야말로 세계 최대의 고객 유치를 자랑하는 이 테마파크의 자력(磁力)이다. TDS 개업 당일에 열린 회견에서 미국 월트 디즈니사의 마이클 아이즈너 회장은 오리엔탈랜드의 경영자세에 대해 다음과 같이 평가했다. “전 세계적으로

이 정도로 고객만족에 관심을 기울이고 있는 기업은 찾아볼 수 없다."

'본가' 인 미국 디즈니랜드도 혀를 내두를 정도의 고객만족은 과연 어떻게 해서 이루어지는 것일까?

(2) 고객본위 경영의 키워드는 'SCSE'

고객본위 경영의 키워드는 SCSE이다. 이것은 캐스트의 행동규범이 되는 안전성(safety), 예의바름(courtesy), 쇼(show), 효율(efficiency)의 이니셜을 딴 것인데, 중요한 것은 이것이 병렬이 아닌 우선적인 순서대로 놓여 있다는 점일 것이다.

테마파크를 운영하는데 있어서 안전성을 최우선으로 하는 것은 당연하다고 치더라도 효율에 해당하는 E가 맨 마지막에 온다는 점은 특기할 만하다. 효율을 중시한 나머지 게스트 접대를 소홀히 하여 고객을 잃게 된다면 아무런 의미가 없다. 효율도 물론 중요하지만 그것은 결과일 뿐, 목적은 어디까지나 고객만족의 향상이라는 사고방식이 담겨 있는 것이다.

오리엔탈랜드는 이러한 이념이나 철학을 사원교육을 통해 철저하게 주입시킨다. 입사할 때의 연수나 정기적으로 실시하는 follow-up 연수 등 교육에 투자하는 시간이나 비용은 만만치가 않다. 게다가 그 내용은 '상대방의 입장이 되어 자진해서 행동한다' 등과 같은 기본사항이 중심이 되고 있다고 한다.

이러한 고객중심이라는 고집이 현실적인 서비스에 충실하게 반영되고 있다. TDL(Tokyo Disney Land)과 TDS(Tokyo Disney Sea) 사이에 자리한 오리엔탈랜드 본사의 정문에서 오전 9시경, 출근하는 사람들과 엇갈리며 귀가를 서두르는 사람들이 잇따라 문을 나선다. 통상적인 통근러시아워에 볼 수 있는 이러한 광경은 캐스트의 손에 의해 고객만족도를 유지하기 위한 노력이 야간에 이루어지고 있다는 증거다.

시계바늘이 자정 12시를 가리킬 무렵, 테마파크에서는 물청소가 시작된다. 파크 내부를 기계로 청소하는 것이 아니라 캐스트들이 직접 호스로 물청소를 하는 것이다. 작업이 끝나고 나면 마치 파크 전체가 깨끗한 상태가 된다. 덕분에 파크를 오픈할 때에는 바닥에 모래알 하나 없다. 모래가 남아 있으면 어린이들이 넘어졌을 때 모래에 쓸려 상처가 날 수 있기 때문이다. 이 작업을 매일 밤, 365일 되풀이한다.

한편, 낮 시간의 청소를 담당하는 보관소(custodial) 부문의 캐스트에게는 화려함도 요구된다. 낮 시간에는 청소도 스테이지 풍경 중 하나이기 때문이다. 통상 '토이 블룸(toy broom)'이라 불리는 빗자루와 '더스트 팬(dust pan)'이라는 명칭의 쓰레받기를 손에 들고 재빠르게 쓰레기를 처리하는 그 경쾌한 손놀림은 '쇼'의 흥겨움을 더해준다.

거기에도 독특한 노하우나 아이디어가 있다. 벤치를 닦으면서도 파손된 부분이 없는지 등을 꼼꼼히 체크한다. 바닥에 쏟아져 있는 주스는 허리를 구부리지 않고 그 위에 종이타월을 올려놓고 발을 이용해서 닦아낸다. '허리를 구부리고 있으면 게스트가 미처 보지 못해 발이 걸려 넘어질 수도 있다'는 배려에서이다. 기온이 높아지면 아이스크림이 잘 팔리며, 반대로 낮아지면 팝콘이 많이 팔려나간다. 이러한 경향을 미리 예측하여 사용할 세제나 청소도구도 바꾸는 등 그날그날의 상황에 따라서 판단이 내려진다.

퍼레이드가 끝난 다음은 언제나 그들이 솜씨를 발휘하는 시간이다. 퍼레이드가 끝나면 정예의 캐스트들이 각 구역에서 모여들어 퍼레이드를 구경한 게스트(관람객)들이 버려놓은 쓰레기 등을 능숙한 솜씨로 처리한다. 게스트를 유도하는 부문의 캐스트와 제휴하여 단시간 내에 원상복귀시켜 놓는 것이다. 작업시간이라 해봐야 고작 10분도 채 안 걸린다.

청소능력 뿐만이 아니다. 보관소 부문의 캐스트에게는 접객 능력도 요구된다. 사진촬영을 부탁하는 사람들도 많고, 길 안내에 대비하여 허리춤에 찬 가방에는 항상 가이드북을 휴대해야 한다. 미아를 발견하면 담당구역에서 벗어나 파크의 입구 부근에 설치되어 있는 미아센터에 직접 데려다준다. 효율을 중시한다면 방송에 맡기면 그만이겠지만 여기서는 어디까지나 '쇼'가 우선이다. 게스트의 꿈을 깨뜨리는 일은 결코 하지 않는다.

이른바 보관소는 게스트와 캐스트가 만나는 원점이 되는 서비스다. 그렇기 때문에 "상당히 힘이 드는 일인데도 희망자는 오히려 늘고 있다"고 보관소 부문 가네마루(金丸浩之) 서비스담당 매니저는 말한다.

보관소 부문마저도 이처럼 철저하다. 하물며 어트랙션의 안내 등 게스트와 직접 마주 대하는 캐스트에게는 더더욱 세심한 대응이 요구될 수밖에 없다. 회사측에서 캐스트에게 배포하는 매뉴얼에는 '뛰지 마십시오' 가 아닌 '천천히 구경하십시오' 등과 같은 긍정적인 말씨를 사용할 것 등과 같이 인사하는 방법에서부터 말씨에 이르기까지 주의해야 할 사항이 적혀 있다.

게스트의 눈을 바라보면서 말을 건네는 '아이 컨택트' 도 그 중 하나다. 캐스트가 어린이와 이야기를 나눌 때에 앉아서 눈높이를 맞추는 광경을 흔히 접할 수 있는 것도 아이 컨택트가 철저히 지켜지고 있기 때문이다.

'100－1＝0'

경리 출신이라서 셈에 강할 것으로 보이는 가가미 사장이 사내에 끌어들인 기묘한 계산방식이 있다. '100－1은 99가 아니라 0이다. 항상 마이너스 0이 아니고서는 100의 상태를 유지할 수 없다' . 즉 파크를 방문한 게스트가 99명의 캐스트들에게 양질의 서비스를 받았다고 할지라도 단 한 명의 캐스트가 거만한 태도로 대했다면 즐거운 꿈이 모두 사라져 버린다는 것이다.

(3) '스피릿 오브 도쿄 디즈니랜드' 제도와 '파이브 스타 카드' 제도

오리엔탈랜드가 창출해내는 고객만족은 캐스트 한 사람 한 사람이라는 자원에 크게 의존하고 있다. 단 한 사람이라도 적절하게 대응하지 못하는 사람이 있다면 '도미노 현상' 이 나타날지도 모른다. 그렇기 때문에 더욱더 캐스트의 동기부여(motivation)를 유지하는 것이 불가결하다.

처음 입사할 때의 시간당 수당은 900엔(단 직종에 따라 차이가 있다)으로 결코 적지 않은 수준의 급료지만, 오리엔탈랜드는 금전적인 인센티브로 동기를 이끌어내는 수단은 취하지 않는다. "(그 대신) 온갖 수단과 방법을 동원해서 다양한 방책을 계속적으로 도입하고 있다" 고 인재개발부 커뮤니케이션그룹의 사카에(榮幸信) 매니저는 전한다.

그 중에서 1983년에 TDL을 개업할 당시부터 도입한 제도가 바로 '스피릿 오브 도쿄 디즈니랜드(TDS 오픈으로 '스피릿 오브 도쿄 디즈니 리조트' 로 변경)' 라는 제도이다. 이는 동료들끼리 게스트 대응에 뛰어난 캐스트를 서로 칭찬해주는 제도로서, 작년에는 180명이 선정되어 표창을 받았다.

'파이브 스타 카드(Five Star Card)' 도 인센티브 기능을 담당하는 구조다. 매니저 등 매니지먼트급 이상의 간부사원이 파크 등의 시설에서 고객에게 친절하게 대하는 캐스트를 발견하면 카드를 건네주는 것이다. 이 카드를 받아든 캐스트는 2~3개월마다 회사에서 주최하는 파티에 참석하여 다른 캐스트들과 함께 기쁨을 나눈다.

이 두 가지 제도의 공통된 점은 모두 '명예상' 이라는 것이다. 예를 들어 표창을 받더라도 인사고과에는 반영되지 않는다. 여기에는 오로지 '열심히 하면 누군가는 반드시 자신을 알아준다' 는 캐스트들의 정신적인 만족감이 있을 뿐이다.

이러한 제도에는 반대로 '예의바름' 이 결여된 대응을 하면 누군가가 자신을 지켜보고 있을 것이라는 식으로, 캐스트를 견제하는 효능도 있다. 그러나 그와 같은 숨겨진 체크 기능은 2차적인 것에 지나지 않는다. 캐스트의 동기를 지탱하고 있는 최대의 요소는 'TDL의 캐스트 서비스는 훌륭하다' 는 게스트의 기대와, 그에 대한 대응을 철저히 해온 가운데 길러진 '기업문화' 일 것이다.

앞서 말한 보관소 부문의 캐스트의 경우, 입사 당시에는 '환경미화원' 이라는 신분이지만, 한 계급 위인 '브레이커(breaker, 휴식, 브레이크를 취하는 사람을 대신해서 임무를 담당하는 사람이라는 뜻)' 로 승격하고 사진이 게시되는 것에서 힘을 얻는다고 한다. 한 계급 위로 승격되더라도 시간당 수당은 고작해야 몇 백엔 정도 오를 뿐이다. 그럼에도 불구하고 브레이커를 지위의 향상이라고 느끼는 것은 '나도 저런 선배가 되고 싶다'는 매우 순수한 동기에서다. 마치 '디즈니의 마법(매직)'을 걸어야 할 캐스트들 자신이 같은 종류의 마법에 매료되어버린 것처럼 보인다.

게스트에게 행복을 제공하는 것이 우리들의 역할이지만, 반대로 게스트를 통해 행복을 느끼는 면도 있다고 캐스트들은 하나같이 입을 모은다. 높은 수준의 재방문율은 게스트와 캐스트 사이에 적당한 긴장감을 가져다준다. 고객만족의 문턱은 서서히 높아지고, 캐스트는 게스트에게 한층 더 높은 충족감을 부여하기 위해 각 부문별로 '예의바름' 추구를 위한 노력을 기울이는 바람직한 순환이, 뛰어난 고객 유치력의 배경에 깔려 있다고 볼 수 있다.

(4) '매뉴얼 플러스 알파' 부분의 증진

하드(hard)는 미국이라도 소프트(soft)는 일본, TDL(Tokyo Disney Land)을 개업했을 당시에는 디즈니에서 직수입된 매뉴얼대로 진행되던 오리엔탈랜드의 운영 스타일도 이제는 오리지널리티의 축적이 날이 갈수록 늘어나고 있다. 이러한 '매뉴얼 플러스 알파' 부분을 얼마만큼 증진시킬 수 있는가 하는 것이야말로, 앞으로도 고객의 니즈를 만족시키고 오리엔탈랜드가 진화해 나아가기 위한 중요한 열쇠다.

TDL 내의 어트랙션(attraction)을 담당하는 제 1운영부의 지비키(地曳睦) 어트랙션 매니저는 "자진해서 사진을 찍어주는 등의 일은 이미 거의 모든 캐스트들이 할 수 있게 되었다. 현재는, 예를 들어 캐스터가 두르고 있던 머플러를 풀어 어린이의 목에 둘러주고 사진을 찍어주는 식의 플러스 알파의 대응을 할 수 있는가가 시도되고 있다"고 말한다.

인기 어트랙션(놀이기구) 중 하나인 TDL의 '빅썬더 마운틴'의 경우, 미국의 서부 개척시대의 폐광을 제트코스터로 달린다는 설정은 스릴 만점이지만 일정한 키에 도달하지 못하면 탈 수가 없다. 이 어트랙션에서는 당초에는 신장 체크를 입구에서부터 승차 지점에 도달할 때까지 세

군데에서 실시했는데, 그 후 입구 한 곳에서만 실시하도록 했다. 안전성을 저해하지 않는 범위 내에서 고객 위주로 규율의 재검토를 추진하는 것, 더 나아가 신장 제한에 걸린 어린이에게는 손에 스탬프를 찍어 주며 '키가 조금 더 큰 다음에 다시 오세요' 라는 말을 건네는 것을 잊지 않는 것, 이러한 세심한 배려가 오리엔탈랜드가 추구하는 플러스 알파다.

"TDL이 처음 생기고 나서 얼마동안은 매뉴얼 이외의 것을 하는 것은 부정적인 이미지로 이어진다는 소극적인 견해가 많았다. 그러나 현재에는 게스트들에게 이로울 것이라는 생각에서 적극적으로 도전한 결과, '실패했다 하더라도 아무런 상관이 없다' 고 인정하는 분위기로 바뀌었다. 그렇게 하지 않으면 플러스 알파는 생겨날 수 없다" 고 지비키 매니저는 말한다.

TDL의 성공체험은 오리엔탈랜드에 강렬한 자신감을 심어주어 기업풍토를 진화시켰다. 플러스 알파를 위한 대응은 '오버 더 디즈니' 에 대한 도전이 아닐 수 없다.

'하드(hard)한 부분은 어디까지나 디즈니' 이다. 그것은 도쿄 디즈니 리조트 운영의 기본이다. TDS 프로젝트에 구축 단계에서부터 관여해온 다마루(田丸泰) 이사는 미국 측이 잠수함 레이스 등의 어트랙션을 제안했었다는 사실을 밝힌다. "지나치게 바다에만 집착한 나머지, 미키마우스 같은 캐릭터의 존재가 제로가 되어버리는 것은 곤란하다. 최소한의 노출은 반드시 필요하다고 생각했다." 디즈니 캐릭터에 대한 일본인의 신앙은 매우 강하다. 오리엔탈랜드의 물품판매 부문의 매출이 디즈니 본사의 예상을 훨씬 초월했다는 사실이 그것을 말해준다.

도쿄 디즈니에서 즐거워하는 사람들

그러나 소프트(soft) 부분의 운영은 오히려 일본식이다. "디즈니의 매뉴얼의 내용은 일본의 여관에서의 접객 원칙과 비슷한 것이다." (다마루

이사). 거기에다가 사람들간의 만남이나 세심한 배려 등 일본에서 오래 전부터 전해져 내려오고 있는 '고요키키(御用聞き; 단골집의 주문을 받으러 돌아다니는 것, 필요한 것이나 불편한 점은 없는지를 직접 찾아 나선다는 의미)' 적인 어프로치를 훌륭하게 조화시킨 점에 오리엔탈랜드의 고객만족 경영의 진면목이 있다.

'시설사찰(Walking Through)' 을 실시하는 가가미 사장은 캐스트들의 인사에 반드시 웃는 얼굴로 "안녕하세요?" 라는 인사로 답한다. 그는 어트랙션 앞에 길게 늘어선 행렬을 볼 때마다 걸음을 멈추고 담당 캐스트에게 "대기시간은 어느 정도입니까?" 하며 공손하게 묻는다. '당연한 것을 당연히 한다는 것의 중요성' 그리고, 하드(hard)는 비록 외국에서 건너온 것이지만 여기에는 일본의 서비스업이 망각할 뻔한 또 다른 모습의 일본이 있다(일본 東洋經濟, 2002).

10 서비스실패와 회복

서비스의 특수성과 서비스 전달과정에 있어 다양한 고객의 기대와 인간적인 감정 등이 개입되는 복잡한 상황에서 서비스실패는 피할 수 없는 현실이다. 이러한 서비스실패는 다양하게 나타나므로 서비스실패에 대한 적용기술도 그에 걸맞게 발전되고 적용되어야 할 것이고, 서비스실패를 경험한 고객들의 처리에 대한 기술과 영향은 기업의 사활을 좌우하게 된다.

제 1 절 서비스실패(service failure)와 사례

1. 서비스실패의 정의

(1) 서비스실패의 심각성

기업들은 종전보다 더욱 더 심한 고객의 서비스 압력에 직면하고 있다. 즉 제조부문의 품질에서 차별화가 되지 않고 경쟁이 심화된 현재의 시장상황에서 신규고객을 창출하는 것보다 기존의 고객을 만족시킴으로써 지속적인 관계를 유지(retention)하고, 나아가 고정(단골)고객을 만들어 그 고객들로 하여금 더 자주 그리고 더 많은 서비스를 구매(related sales)하게 함으로써 수익을 증대시키는 것이 성공적인 기업을 만드는 지름길이라고 할 수 있기 때문이다. 또한 만족한 고객들의 호평을 잠재고객에게 널리 전파(referral)함으로써 큰 수익을 창출하고자 한다(김준호, 2002).

그렇지만 서비스의 특수성과 서비스 전달과정에 있어 다양한 고객의 기대와 인간적인 감정 등이 개입되는 복잡한 상황에서 서비스실패는 피할 수 없는 현실이다. 그리하여 오늘날 기업들은 품질관리이론을 적용하여 '처음부터 일을 제대로 하라(Do it right the first time)', '6시그마의 경영목표' 등을 내세워 서비스 개선에 최선을 다하고 있다. 생산된 제품이나 제 1접점에서의 서비스 수행 후에 고객의 기대를 초월하여 제공되는 서비스가 더 높은 만족을 나타낸다. 문제는 이 두 번째 서비스를 올바르게 수행할 기회가 주어졌을 때 이 기회를 잃어버리는 데 있다.

몇 가지 통계자료를 보면 전형적인 마케팅 활동에서 4명중 1명은 불만족하고, 평균적으로 불만족한 고객은 그 기업의 빈약한 서비스를 12명에게 전한다고 한다. 또 한 가지 서비스실패에 대한 고객의 부정적인 시각을 극복하기 위해서는 평균 12가지 긍정적인 경험을 필요로 한다.

서비스실패가 불가피하고 고객의 기억 속에 오래 남으며 고객이탈

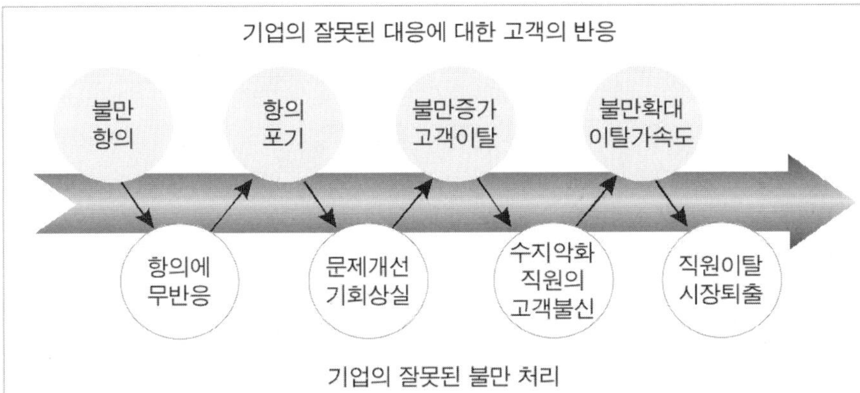

고객의 불만을 효과적으로 처리하지 못하면 고객과 기업간에 부정적인 연쇄작용이 일어난다. 결국 기업은 많은 고객을 잃게 되고 시장에서 퇴출 당한다.

그림 10-1
고객불만처리 잘못으로 인한 악순환의 고리 (김준호, 2002)

(customer defection)을 가속화시킨다면, 이 실패로부터 기회를 제공받고 긍정적인 서비스 경험을 제공하는 것이 기업의 두 번째 기회이다.

서비스실패에 대한 회복은 서비스 기업의 노력여하에 따라 기업과 고객간의 관계를 더욱 돈독히 하기도 하고, 기존의 서비스 문제를 더욱 악화시키기도 한다. 또한 서비스회복이 효과적으로 사용되지 못하면 이미 서비스실패에 대하여 불만족한 고객을 다시 한번 실망시키는 부정적인 결과를 가져오기도 한다.

이와 같이 서비스회복은 서비스품질과 고객충성도를 결정하는 중요한 요인 중의 하나이며, 기업의 수익률에 직접적인 영향을 미치고 있음에도 불구하고, 많은 기업의 경영자들은 서비스회복에 대하여 거의 관심을 두지 않거나 완전히 무시하고 있는 실정이다.

(2) 서비스실패의 정의

서비스실패에 대한 정의를 내리고자 할 때 서비스실패의 원인이 모두 서비스 제공자에게 있느냐 하는 문제가 대두되기도 하여 정확한 정의를 내리기 어려운 실정이다. 그러나 존스톤(Johnston, 1995)은 '책임소재와 관계없이 서비스 과정이나 결과에서 무엇인가가 잘못된 것(some-

〈표 10-1〉 서비스실패의 정의와 책임소재

연 구 자	정 의	책임소재
존스톤 (Johnston, 1995)	서비스 과정이나 결과에 있어서 무엇인가 잘못된 것	책임소재와 무관하게 서비스 제공자의 책임
제이트멀 등 (Zeithaml et al., 1993)	고객이 인지된 허용영역(zone of tolerance) 이하로 떨어지는 것	
베리 등 (Berry et al., 1991)	책임이 분명한 대상의 과실로 인하여 초래된 서비스 과정이나 결과에 대한 과실	천재지변과 같은 불가항력적인 문제는 서비스 제공자의 과실이 아니기 때문에 서비스실패로 볼 수 없음.
헤즈케이트, 사저, 하트 (Heskette, Sasser & Hart, 1990)	서비스 과정이나 결과에 대해 서비스를 경험한 고객이 좋지 못한 감정을 갖는 것	문제 원인이 무엇이든 간에 서비스 제공자가 서비스실패에 대하여 회복해야 함.
벨과 젬크 (Bell & Zemke, 1987)	고객의 기대 이하로 심각하게 떨어지는 서비스 결과를 경험하는 것	

자료: 김준호, 고객만족향상을 위한 서비스회복전략, 2002.

thing wrong)' 을 서비스실패라고 정의하고 있다. 이와는 반대로 베리(Berry, 1991)는 '근본적으로 책임소재가 있는 대상으로부터의 서비스 과정이나 결과에 대한 과실' 이라고 정의하고 있다(〈표 10-1〉 참조).

그러므로 서비스 책임소재에 따라서 서비스 과정이나 결과의 문제가 서비스실패일 수도 있고 그렇지 않을 수도 있다는 것을 의미한다. 즉 책임소재가 분명한 대상으로부터 기인한 서비스 문제가 실패라면, 천재지변이나 외부적인 압력에 의한 서비스 문제는 서비스 제공자의 책임이 아니므로 서비스실패라고 볼 수 없다는 입장이다.

파라슈라만 등(Parasurman et al., 1993)은 불일치 이론을 이용하여 서비스실패란 '서비스성과(service performance)가 고객의 인지된 허용영역(zone of tolerance) 이하로 떨어진 상태' 라 정의하였다. 벨과 젬크(Bell and Zemke, 1987) 역시 서비스실패를 '고객의 기대정도 이하로 심각하게 떨어진 상태' 라 정의하였다. 즉 서비스실패는 '서비스 접점과 지원활동을 포함하여 고객의 불만족을 초래하는 유쾌하지 못한 경험' 으로 정의할 수 있다. 그러나 이 서비스실패는 개인에 따라서 그리고 상황에 따라서 많은 차이를 보이며 그에 따른 서비스회복전략도 차이가 날 수 밖에 없다.

2. 서비스실패의 사례

(1) 서비스실패 사례연구의 필요성

어떠한 형태의 서비스 업종이든 서비스실패(service failure) 사례는 있게 마련이다. 이러한 실패가 발생하지 않도록 관리자들은 열심히 노력하는데도 최악의 경우 고객이 다시는 찾아오지 않아 업소의 문을 닫아야 할 경우가 생긴다.

관리자는 음식 자체에 맛이 없다던가 무슨 흠결이 없나 점검해야 하지만 또한 서비스 과정, 즉 식사 테이블 예약에서부터 시작하여 식사를 마치고 계산서 지불이 완료되어 밖으로 나갈 때까지 무슨 잘못이 없나도 계속 관찰해야 한다.

자기가 근무하는 레스토랑의 내부에서 발생하는 서비스실패 유형을 면밀하게 분석·시정하는 것은, 잠재고객을 고정고객으로 만드는 결정적인 요인이다. 영업 순수익을 올리기 위해 고정고객 확보가 중요함은 이미 업계에 널리 알려진 사실이다.

서비스실패 사례를 추적하고 분석한 자료는 업소를 담당하는 책임자에게 매우 유용한 경영도구로 활용될 수 있을 것이다. 고객불평 사례를 체계적으로 분류함으로써 고객 입장에서 생각하는 고품위서비스 개념이 무엇인가 밝히는 새로운 준거(criteria)를 개발할 수 있기 때문이다. 업소측에서 제공하는 서비스에 대하여 현실적으로 고객들이 어떻게 받아들이는가의 문제 또한 중요하다. 고객들이 생각하는 흠결있는 서비스가 무엇인가를 파악함으로써, 서비스 접객종사원들에 대한 인력관리(선발, 교육훈련, 근무평정, 포상 등) 및 영업운영·조정이 가능하여 고객불만을 최소화할 수 있다.

(2) 서비스실패 사례

충과 호프만(B.G. Chung and K.B. Hoffman)은 여러 분야에서 사용해 온 기법을 활용하여 서비스실패를 연구하는 작업에 착수했다. 레스토랑의 서비스실패 사례를 분석하기 위해 이들이 수집한 373건의 서비스실패 사례는 응답자들이 레스토랑에 실제로 근무하면서 체험한 것이다.

레스토랑 유형은 간이 레스토랑(전체 373건의 20.6%)과 기타 레스토랑(79.4%)으로 구분하였다. 설문조사에서 응답자들에게 각 개별 건수마다 다음의 사항들을 답변하도록 요청했다.

① 서비스실패 사례에 대한 간략한 요약
② 1~10까지의 눈금을 만들어, 가장 중요하고 심각한 서비스실패 사례는 10점, 가장 경미한 사례는 1점을 배정
③ 사례 발생 후 지금까지 경과한 시일
④ 문제의 사례발생으로 인한 고객의 재방문률
⑤ 응답자들에 대한 신상조사(성별, 교육, 연령 등)

(3) 서비스실패 사례 3가지 범주

상황에 따라 내용을 분석하고 여기에 근거하여 서비스실패 사례를 다음과 같이 3가지 범주로 분류했다.

① 음식배달 서비스 체제상의 결함
② 고객의 요구(명시적·암시적)에 응대하지 못해 생기는 욕구불만
③ 고객을 맞아들이는 방법을 모르는 접객종사원들의 어색한 행동 및 태도

연구진은 위의 3가지를 다시 11개의 항목으로 다음과 같이 세분하였다.

1) 그룹 1: 음식 배달 서비스 체제상의 결함

① **상품의 물적 하자**(product defects)

예) 서브된 음식이 너무 식었다. 고기요리가 너무 설익었다. 빵이 덜 구워졌다. 머리카락이 음식에 떨어져 있다.

② **서비스가 신속하지 못하고 필요할 때 서비스 제공을 해 주지 못함**(slow or unavailable service)

예) 음식을 주문해도 배달되는 시간이 너무 늦고 지연된다.

③ **시설설비 관련 문제**(facility problems)

예) 전반적으로 시설이 청결하지 못하다. 식기류가 불결하다. 곤충·쥐 등이 가끔 한번씩 출현한다.

④ **명료하지 못한 영업방침**(unclear policy)

예) 고객이 내놓은 수표·신용카드를 지불 결재시 받아주지 않는다.

⑤ **재고부족**(out-of-stock)

예) 메뉴에 나와 있는 품목을 고객이 주문했는데도 매진되었다는 이유로 고객의 요구(욕구)를 들어주지 않았다.

2) 그룹 2: 고객의 명시적·암시적 요구에 응대하지 못해 실망시키는 서비스 결함

레스토랑 운영상의 결함 또는 접객종사원의 개인적인 무능력 때문에 고객의 개인적인 요구(욕구)를 충족시켜주지 못한 경우

⑥ **주문보다 설익은 요리**(not cooked to order)

예) 고객이 미디움 레어(medium rare)로 스테이크를 주문했는데 레어(rare)로 조리하여 가져왔다. 요리에 딸려 나오는 소스를 주문했는데도 임의로 생략하고 가져오지 않는다.

⑦ **좌석 안내 실수**(seating problems)

예) 흡연고객을 비흡연 좌석에 잘못 안내하였다. 예약된 고객을 지정 테이블에 안내하지 못하고 일반 테이블 좌석에 안내하였다.

3) 그룹 3: 접객종사원들의 고객응대 태도가 어색하여 고객을 따뜻한 마음으로 환영하는 표정이 아님

⑧ 종사원들의 서비스 행동(employee behavior)이 어색하고 불친절

예) 무례하거나 어색한 태도를 보였다.

⑨ 주문을 잘못 받거나 엉뚱한 요리를 갖다 드림(wrong order)

예) 주문받은 요리를 잘못 갖다 주었다.

⑩ 주문을 받았지만 실종상태(lost order)

예) 주문을 받고도 잊어버려 끝없이 고객을 기다리게 만들었다.

⑪ 계산서 계산착오(mischarged)

예) 고객이 주문하지도 않았는데 바가지요금을 부과하였다. 고객에게 거스름돈을 잘못 계산하여 적게 주었다.

이상에서 살펴본 바와 같이 고객들이 지적한 서비스실패 사례는 상당히 중요한 의미를 지니고 있음을 알 수 있다. 실패 서비스의 심각성을 묻는 질문에 대한 응답자들의 반응은 모든 실패사례마다 중간 수치(5)를 상회하여, 중간보다 심각하다고 느끼고 있었다.

그룹 1은 그룹 2보다 그리고 그룹 3보다 더욱 심각한 서비스실패라고 응답하였다. 고객들은 잘못된 테이블 안내, 재고매진 메뉴 그리고 청결과 관련된 시설·설비 위생문제를 제일 심각하다고 지적하였다. 가장 빈번하게 지적된 고객불만사항은 그룹 1의 서비스 배달관련 문제였으며, 가장 일반적으로 자주 발생하는 서비스 실수는 상품의 물적 결함(product defects), 즉 조리과정에서 잘못된 요리이며 또한 음식에 이물질이 들어간 경우였다. 한편 빈도수가 가장 낮게 지적된 불만사항은 메뉴판에 나타난 품목의 재고가 매진되어(out-of-stock) 고객의 요구에 응할 수 없는 경우였다.

서비스 실수의 심각성(failure rating)과 발생빈도(incident rate)를 대조해 본 결과, 심각성이 높다해서 빈도수가 높은 것도 아니고 빈도수가 높다해서 반드시 심각성이 높은 것도 아니었다. 고객들은 보통 자주 일어

날 수 있는 실수들은 보다 관대하게 용서해 주면서도, 별로 발생하지 않는 실수에 대해서는 심각하게 생각한다는 사실을 알아낼 수 있었다.

주문한 주요리(entrees)가 제대로 조리되지 않은 채 제공되었을 때 고객들은 별로 심하게 불평하지 않고 되돌려 보내며 다시 조리하기를 부탁하지만, 예약한 테이블 좌석에 안내받지 못하거나 흡연자 고객들의 테이블 좌석에 잘못 안내를 받으면 크게 화를 내고 불평한다. 또 자기가 주문한 음식이 다른 고객들에게 잘못 배달되었을 때도 마찬가지로 화를 낸다. 특히 주목되는 것은 시설의 청결상태가 좋지 않아 고약한 냄새가 나거나 불결하고 비위생적인 상황을 고객들은 제일 싫어한다는 것이다. 그런가 하면 잘못 계산된 계산서에 대하여 고객들은 별다른 애로사항으로 생각하지 않은 것으로 나타났다.

(4) 가장 심각하게 지적된 서비스실패 사례

서비스실패와 관련하여 고객들이 가장 심각하게 지적한 사항 3개를 열거하면 다음과 같다.

1) 좌석 안내 실수(seating problems)

- 흡연고객을 비흡연 구역에 안내
- 고객이 앉고자 원하는 좌석을 특별히 요청하였음에도 불구하고 거절
- 테이블 예약을 했음에도 실종상태 또는 예약접수만 해놓고 무시
- 좌석 문제와 관련하여 고객이 무법자처럼 제멋대로 행동하거나 고집을 부려 참을 수밖에 없는 경우
- 예약된 고객을 지정 테이블에 안내하지 못하고 엉뚱한 일반 좌석에 안내

관리자는 고객이 특정 테이블 좌석을 요구할 때는 가능한 한 충족시켜주는 방향으로 영업방침을 확실하게 설정해둘 필요가 있다. 또한 무법자처럼 제멋대로 행동하는 고객들을 안전하게 처리하는 절차도 마련해야할 것이다.

2) 재고부족(out-of-stock items)

메뉴판을 보고 고객이 주문을 했는데도 해당품목이 매진되어 고객의 욕구를 충족시켜주지 못함은 매우 심각한 문제이다. 근본적인 원인을 규명함과 동시에 전체적인 업무개혁이 요망된다. 메뉴품목의 수요·공급 예측이 잘못되었고 재고관리도 철저하게 추적하지 못한 탓이다.

3) 시설설비관련 문제(facility problems)

시설관련 문제는 지속적으로 감독하고 추적하여 문제점들을 알아내고 즉각 시정·조치해야 한다. 레스토랑의 요리, 고객 계층, 서비스 수준 등 여하를 막론하고 시설관련 문제는 당해 레스토랑의 실내·외 분위기 창출에 절대적인 의미를 지니고 있기 때문에 더욱 중요시된다. 고객들은 음식의 맛보다는 시설문제와 관련된 위생(sanitation), 주변환경의 청결에 집중하였다.

청결문제는 좀더 넓은 의미로 고약한 냄새, 은기류 및 테이블의 청결부족, 음식물에 떨어진 이물질, 파리 등 살아있는 곤충이 테이블 주변을 맴돌며 날아다니는 사례 등을 포함한다.

시설관련 문제는 응답고객들이 가장 심각하게 평가한 서비스실패 사례로, 고객들에게 가장 오래 기억되며 또한 단골고객 확보율을 떨어지게 만드는 요인이었다.

(5) 제일 빈번하게 발생하는 서비스실패 사례

응답고객들은 제품하자에 대해서는 시설관련 문제보다 좀 더 관대한 태도를 보여주었지만, 고객이 원한 것과는 다르게 잘못 조리된 요리를 고객에게 내놓은 사례가 가장 빈번하게 발생하는 실수였다. 이러한 일은 단순하게 생각할 문제가 결코 아니다. 고객에게 실망을 안겨다줄 뿐만 아니라 또 기다리게 만들어, 다른 먹을 것이 없는 상태에서는 짜증날 수 밖에 없을 것이다.

더구나 일행이 맛있게 음식을 즐기는 상황이라면 더더욱 그렇다. 그러므로 담당 관리자는 평소에 간단한 음식을 준비해 두었다가 이런 사례가 발생하면 서비스하는 것도 고객불만을 완화시키는 한 가지 방법이 될 수 있다.

제공한 음식에 대해 고객이 불평할 때 접객종사원의 반응 내지 태도가 매우 중요하다. 아무리 사소한 결점이나 실수도 접객종사원의 태도가 불손하면 고객의 불평은 더욱 커지고 사태는 악화된다. 더구나 고객의 자존심에 손상을 입히거나 정의심을 잘못 건드리면 안 된다.

(6) 업체의 서비스실패 사례 확인

지금까지 기술한 서비스실패 유형은 호텔 관리자들을 위한 일반지침에 불과 하므로, 자신이 경영하는 레스토랑에서 발생하는 서비스실패 사례들을 확인하고 고객들이 가장 심각하게 생각하는 것들, 그리고 자주 발생한다고 생각한 것들을 선정하고 여기에 초점을 맞추어 문제를 해결하도록 노력을 집중해야할 것이다. 그리고 이러한 문제들을 해결하는 비법은 고객위주로 생각하는 것이다. 고객이 무슨 이유로 자기 레스토랑에 다시는 오지 않는지, 왜 경쟁업소로 옮겼는지 이유를 알아내고 또 어떤 고객들인지도 명단을 파악해야 한다. 예약명단을 지속적으로 추적하면 이런 상황들을 발견해 낼 수 있다.

위와 같은 맥락에서 어느 레스토랑의 경영자는 애용을 중단한 고객이 있을 경우 그 고객과 가장 가까운 친구에게 전화를 하여 알아본다. 이것은 당해 고객이 경험한 서비스실패 사례를 논의할 수 있는 좋은 기회가 된다. 이러한 전화를 자신이 직접 함으로써 당해 레스토랑의 경영자가 얼마나 해당고객에게 관심을 갖고 있는지를 보여줄 수 있고, 또한 서비스를 회복할 수 있는 관련정보를 수집할 수 있다.

제안하고 싶은 다른 한 가지는 고객들에게 제안카드를 제시하여 그들의 평가를 지속적으로 구하고, 가능한 범위 내에서 고객회원제를 실시하는 것이다. 그래서 고객들의 주문습관, 방문빈도, 주문품목, 그리고 평균 소비액 등에 관한 정보와 신상카드에 기재된 고객정보를 이용하여,

고객들이 보다 애착을 가지고 애용할 수 있는 여건을 마련하는데 자료로 활용한다. 양질의 서비스는 양질의 정보에서 얻어낼 수 있다(Beth G. Chung and K. Douglas Hoffman).

제 2 절 서비스회복(service recovery)

1. 서비스회복의 중요성

(1) 서비스회복의 정의

랜덤 하우스 사전(Random House Dictionary)에서 회복(recovery)이란 '잃어버렸거나 빼앗긴 것을 다시 찾을 가능성; 이전의 상태나 조건으로 또는 이전보다 좋은 상태나 조건으로 복원하는 것' 이라고 정의하고 있다.

그뢴루스(Grönroos, 1988)와 켈리 및 데이비스(Kelly and Davis, 1994)는 서비스회복을 '서비스실패에 대하여 서비스 제공자가 취하는 일련의 행동' 이라고 정의하며, 파라슈라만 등(Parasurman et al., 1993)은 '고객이 처음 제공된 서비스가 고객의 허용영역 이하로 떨어지는 것을 인지하는 결과로써 취하는 제 행동' 이라고 정의한다. 젬크와 벨(Zemke and Bell, 1990)의 정의는 '우수한 서비스회복은 항상 불만족한 고객을 만족한 상태로 되돌릴 수 있다' 라는 의미를 가지고 있기도 하다.

그래서 서비스회복은 '기업이 서비스실패로 인하여 잃어버린 고객의 신뢰를 최소한 서비스실패가 일어나기 이전의 상태 또는 그 이상으로 복원하고자 하는 노력' 이라고 정의할 수 있다.

실제로는 효과적인 서비스회복으로도 불만족한 고객을 만족한 수준으로 돌려놓지 못하는 경우가 많다. 미국 거대기업 시어즈 로벅(Sears Roebuck)의 한 임원은 고객의 불만에 대한 조치가 취해진 뒤에 고객이

<표 10-2> 서비스회복의 정의

연구자	정 의
제이트멀 등 (Zeithaml et al., 1993)	제공된 서비스가 고객의 인지된 영역 이하로 떨어진 것에 대하여 서비스 제공자가 취하는 행위
젬크와 벨 (Zemke & Bell, 1990)	제품이나 서비스가 고객의 기대에 부응하지 못하여 기업에 대해 불만족하는 고객들을 만족한 상태로 되돌리는 일련의 과정
그뢴루스 (Grönroos, 1988)	서비스실패를 수정하기 위하여 서비스 제공자가 취하는 일련의 행동

자료: 김준호, 고객만족향상을 위한 서비스회복전략, 2002.

느끼는 감정을 분석한 연구에서 이렇게 말했다. "고객의 불만이 해결되었더라도 대부분의 고객은 되돌아오지 않는다." 즉 서비스실패로 인해 고객이 치명적인 손해를 보았다면 훌륭한 서비스회복을 받았다 할지라도 만족하지 않는다는 뜻이다.

그래도 희망은 있다. 불만족 고객의 54~75%는 불만이 완전히 해결되었을 경우에 다시 그 기업과 거래를 하며, 불만이 신속하게 해결되었다고 느끼는 경우에는 그 비율이 95%까지 올라간다. 또 만족할 만큼 해결되면 자기가 받은 대접에 대해 5~10명에게 이야기한다.

(2) 서비스회복의 성과

미국 TARP(Technical Assistance Research Program)의 연구조사를 보면 기업이 서비스실패에 대응하여 다시 성실한 자세로 불만을 해소해 주기만 한다면 82~95% 고객은 마음을 돌린다는 사실을 보여주고 있다.

여러 상황에서 불만족한 고객의 재구매 의도를 조사한 결과〈그림 10-2〉, 불만이 있지만 전혀 불만을 표시하지 않는 고객의 경우 9%, 불만을 표시했으나 문제가 해결되지 않은 고객의 경우에 19%, 문제가 해결된 고객의 경우에 54%, 문제가 즉석에서 해결된 고객의 경우에는 82%로 증가한다는 사실을 발견했다.

그림 10-2

불만족한 고객의 재구매 의도

(김준호, 2002)

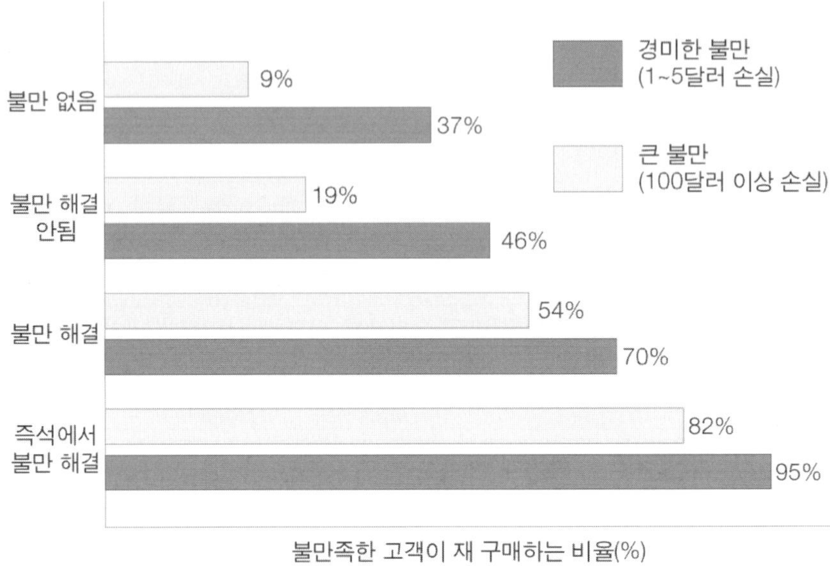

또 효과적인 서비스회복으로 나타난 호의적인 구전까지 계산한 평생 고객가치는 불만처리 비용과 효과적인 서비스회복을 위해 제공하는 비용의 몇 배가 된다.

효과적인 서비스회복을 통하여 만족을 경험한 고객들은 처음부터 서비스실패를 경험하지 않은 고객들보다 오히려 해당 기업의 서비스에 대하여 더 높게 평가한다. 그러므로 효과적인 서비스회복을 위해서는 미리 준비된 회복 프로그램이 필요하며, 서비스실패에 대하여 부정적이고 수동적인 자세로 대처하기보다는 긍정적이고 능동적인 서비스회복 노력을 강구해야 된다.

이러한 효과적인 서비스회복전략을 통하여 서비스실패 초기에 고객이 가질 수 있는 기업에 대한 부정적인 이미지를 감소시키고, 잠재고객에게 기업에 대한 긍정적인 구전을 전달하여, 최소한 부정적인 구전을 전하는 것을 방지하여야 한다. 즉 고객불만을 효과적으로 처리하지 못하면 고객과 기업간에 부정적인 연쇄반응을 일으키고, 결국 기업은 고객을 잃게 되므로 시장에서 퇴출당하고 마는 것이다. 한 마디로 황금알을 낳는 거위를 죽여 버린 꼴이 된다.

효과적인 서비스실패 관리는 올바른 태도와 서비스 전략 프로그램의 조화인 것이다. 서비스회복이 항상 쉬운 것은 아니지만 고객불만을 성공적으로 관리하는 것이야말로 기업의 보고가 된다는 사실을 새롭게 깨닫게 한다.

2. 서비스회복이론

효과적인 고객불만 처리는 고객과 기업간의 단단한 유대로 이어져 단골(고정)고객으로 가는 지름길을 제공하고 만족한 고객의 구전효과로 인하여 매출액을 증가시킬 수 있으며, 기업의 측면에서 볼 때 사전에 고객들이 불만을 느끼지 않도록 하는 것이 최선이지만, 기업에 적극적으로 항의하도록 권장하고 이를 근거로 문제개선의 기회로 활용하여야 한다.

따라서 서비스회복전략을 위한 서비스회복에 관련된 이론적 연구들을 살펴보자.

(1) 자원교환이론(theory of resources exchange)

고객과 서비스 제공자 사이의 관계를 자원의 교환(exchange) 당사자로 파악하여 서로 만족할 수 있는 수준에서 교환이 이루어졌을 때, 지속적인 교환의 관계를 유지할 수 있다고 본다. 그래서 서비스 교환과정이 만족할 만한 수준으로 이루어지지 않음으로써 교환의 관계를 맺는 틀 속에서 이탈하려 하고, 이를 다시 환원시켜 관계를 유지하려는 노력이 서비스회복전략이다.

자원(resources)은 한 사람으로부터 다른 사람에게 이전될 수 있는 가치있는 것(anything of value)이라 할 수 있다. 그러므로 자원이라는 것은 돈, 제품과 같이 유형적일 수도 있고, 사랑, 정보와 같이 무형적일 수도 있다. 포아(E.B. Foa)의 연구에서는 자원을 크게 두 가지 범주로 나누고 있다.

그림 10-3
포아(E.B. Foa)의 자원분류체계

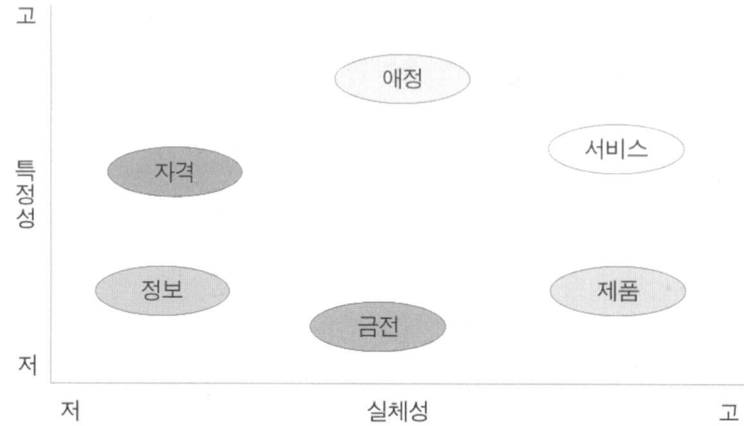

첫째, 자원의 특성이 유형적인가 혹은 추상적인가에 따라 실체적(concreteness)인 차원과 상징적(symbolism)인 차원으로 분류한다.

둘째, 자원의 가치를 판단하는데 있어 자원을 누가 제공하느냐에 따라 특정적(particularism)인 차원과 공통적(universalism)인 차원으로 분류하고 있다.

포아(E.B. Foa)의 자원분류체계〈그림 10-3〉에서 보듯이 서비스는 제품보다 제공하는 사람에 의해 더 많은 영향을 받기 때문에 제품보다는 더 특정적이라 할 수 있으며, 서비스 제공자의 역할이 중요하다. 예를 들어 애정과 같은 자원은 애정을 주는 사람(제공자)에 의해 영향을 많이 받으므로 특정적이라 할 수 있는 반면, 금전과 같은 자원은 제공하는 사람이 중요한 것이 아니라 받았는가와 금액이 중요한 것이다.

또한 교환과정에서 교환하는 자원이 이질성을 가지고 있을 때보다 유사성의 특성을 가지고 있을 때 더 크게 만족한다. 즉 서비스와의 교환조건에서 제품보다는 애정을 더 선호하고, 애정의 교환조건으로 금전이나 제품이 제공된다면 불만족하게 된다.

포아(E. B. Foa)의 연구에서 알 수 있는 것은 기업이 서비스실패에 대한 회복 노력의 일환으로 적절한 보상이 이루어질 때, 유사한 범주 내의 자원으로 보상을 해 주어야만 만족이 더 커진다는 것을 의미한다.

(2) 기대불일치 모델(expectancy disconfirmation model)

고객들은 제품 성과에 대한 기대와 비교하여 제품에 대한 만족결정을 내린다. 여기서 기대는 예측되는 제품성과에 대한 고객들의 전망을 의미하며 성과가 어떠할 것이라는 예측을 반영한다. 따라서 고객들은 제품이나 서비스를 구매한 뒤에, 구매하기 전 자신들이 갖고 있던 기대와 실제 구매 후의 성과 간 비교를 통하여 성과(performance)가 기대보다 큰 것으로 인지될 때 긍정적 불일치(positive disconfirmation)로, 성과가 기대보다 작을 때 부정적 불일치(negative disconfirmation)로 인지된다.

만족은 고객이 긍정적 불일치를 인지할 때 발생하는 결과라고 할 수 있다. 고객들은 그들의 기대 수준보다 낮은 수준의 보상을 받을 때 불만족하며, 기대수준 이상으로 보상을 받을 때 만족한다. 그래서 기업은 서비스실패에 대하여 고객들이 기대하는 것 이상의 노력을 보여줄 때만 고객을 만족시킬 수 있다.

특히 중요한 요소에 대해서는 기대수준이 높고 덜 중요한 요소에 대해서는 기대수준이 상대적으로 낮다. 또한 최초 서비스 보다 서비스실패 후에 동반하는 서비스회복에 대한 기대가 상대적으로 높게 나타난다.

그림 10-4
기대서비스의 허용구간

(3) 공정성이론(equity theory)

공정성이론은 어떤 목적을 위하여 투자 또는 희생한 것과 산출 또는 보상받은 것에 대한 가중치를 비교하는 인지적 과정(cognitive process)에 초점을 두며, 자신의 투자와 산출의 비율을 동일한 조건 하에 있는 준거대상과 비교를 통하여 이루어진다. 이 이론은 교환이 일어나는 모든 곳에 적용할 수 있다.

공정성의 유형을 살펴보면

첫째, 과정의 공정성으로 결과를 얻기 위하여 이용한 방법이 공정했는가를 의미하며, 최종결과에 도달하기 위하여 사용되는 과정의 평가라고 할 수 있다. 서비스회복과정에서 기업에서 사용되어지는 규정이나 시스템에 대하여 고객이 평가하는 정도를 말한다.

특히 서비스는 과정에서 일어나는 모든 것이 상품의 전부라 해도 과언은 아니다. 고객접점에서 발생하는 모든 일(종사원의 미소, 행동, 관심 등)이 서비스로서 고객에게 평가되는 것이기 때문에 서비스실패 후 기업의 적극적인 회복과정의 자세는 고객만족으로 다가간다.

둘째, 결과에 대한 공정성으로 고객자신이 구매한 제품이나 서비스를 동일 또는 유사한 제품이나 서비스를 구매한 다른 구매자들과 비교하여 느끼는 최종적인 결과로, 기업의 서비스회복 노력에 대한 고객의 평가로 귀결된다.

예를 들어 세탁소의 실수로 옷감이 상하게 된 경우 변상을 해 주는 것은 서비스실패에 대한 유형적인 보상이며, 이에 대하여 고객이 자신이 겪은 손해와 불편 등을 비교하여 공정하다고 느끼는 경우 결과의 공정성이 이루어 졌다고 할 수 있다. 서비스실패 후 기업에서는 유형적인 보상이나 무형적인 보상을 부가적으로 많이 제공해 주어야 할 것이다.

셋째, 커뮤니케이션의 공정성으로 서비스 제공자인 기업과 고객사이의 인간적인 상호관계에 대한 것이다. 서비스품질을 결정하는 5가지 요소(유형성, 신뢰성, 응답성, 확신성, 공감성) 가운데 응답성, 확신성, 공감성 등은 기업과 고객간의 끊임없는 커뮤니케이션 속에서 결정된다. 그래서 서비스 제공자인 기업은 고객에게 믿음과 사랑으로 고객들을 돌보고 관심을 가져야 한다.

특히 서비스실패 후에는 고객의 불만사항을 경청하여 신속하게 서비스를 회복하여야 한다. 그러나 대부분의 고객들은 불만사항을 말하지 않는데 그 이유는 서비스의 특성과 밀접한 관계가 있다. 즉 서비스의 무형성으로 인해 불량서비스의 증거를 대기가 어렵다. 또한 불쾌한 경험을 말하면 더 불쾌해지므로 말하기 싫고 다른 업체로 가면 된다는 식의 생각을 하게 된다.

반면 항의하는 고객의 심리를 알고 고객의 항의를 기회로 받아들이면 더욱 큰 발전을 하게 된다. 대부분 항의하는 고객의 심리는 선의적 입장인 경우가 많다.

고객 항의는 기업이 서비스나 제품의 문제점을 해결하여 계속적으로 발전할 수 있는 기회를 부여하는 것이다. '불평하는 고객이 초일류를 만든다' 의 저자 자넬 발로는 "일부러 시간을 내어 항의하는 고객은 여전히 그 기업에 믿음을 가지고 있다. 그렇기 때문에 항의하는 고객도 여전히 고객인 것이다. 대부분의 경우 고객들은 다른 업체로 가는 것이 편하다고 생각해 버린다. 그런 점을 고려한다면, 항의하는 고객들은 기업에 가장 충성스러운 고객인 것이다" 라고 말한다.

불만을 가진 고객은 거래를 중단하는 것뿐만 아니라 언제나 보복할 기회를 노리고 있다는 사실을 알아야 한다. 그래서 고객 항의를 선물로 받아들이려는 기업의 적극적인 자세가 필요한 것이다.

〈그림 10-5〉는 고객이 항의하는 이유와 기업이 고객의 항의를 선물로 받아들이면 어떤 결과가 나타나는지를 보여준다.

부로지트 등(Blodgett et al., 1995)의 연구에 따르면 서비스회복에 대해 고객들이 인지하는 결과의 공정성과 과정의 공정성이 고객들의 구전의도에 영향을 미치며, 이는 다시 해당 서비스 기업의 서비스 구매의도에 영향을 미친다고 한다.

그림 10-5 고객항의를 선물로 받아들인 결과

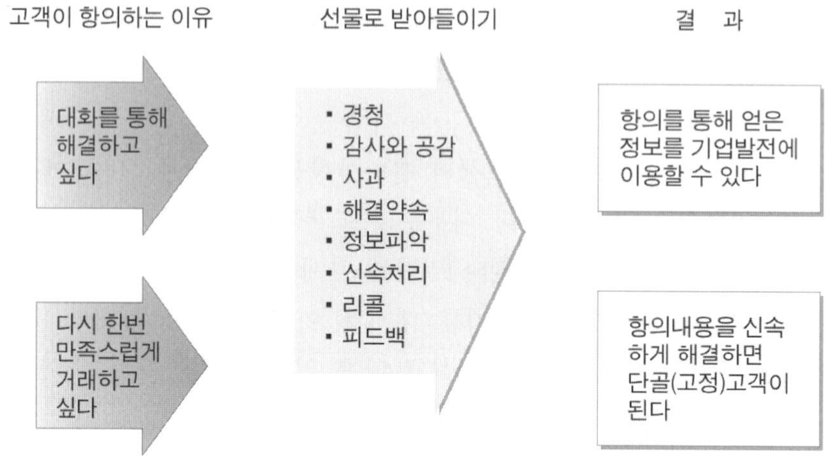

뿐만 아니라 구매행동에 있어서 커뮤니케이션에 의한 상호관계의 공정성이 결과의 공정성보다 더 큰 영향력이 있다고 한다. 이는 불만족한 고객들은 공정한 회복을 원할 뿐만 아니라 정중하고 예의바른 회복을 원하는 것을 의미한다.

이상으로 서비스회복과 관련된 이론들을 살펴보았다. 서비스회복에 관련된 이론들을 살펴봄으로써 서비스 전달과정에서 발생하는 서비스실패에 대한 회복전략을 모색해 볼 수 있다. 서비스회복의 중요한 열쇠는 정당한 보상으로써 심리적인 면과 유형적인 면이 조화가 되어야 하는 것이며 좋은 서비스를 제공하는데 제 1의 조건은 고객의 기대를 이해하는 것이다.

고객의 기대를 정확하게 이해한다면 다음으로 고객의 기대에 부합되도록 서비스를 설계해야 하며, 종사원과 시스템을 통해 이를 고객에게 기대 이상의 놀라움과 기쁨을 제공해야 한다. 서비스 초우량기업의 공통적인 특징은 고객을 '기쁘게, 놀라게, 즐겁게' 하려고 노력한다는 사실임을 명심해야 할 것이다.

제 3 절 서비스회복전략

1. 서비스 전달과정에 따른 서비스회복전략

(1) 단골(고정)고객이 주는 의미

자주 이용하는 식당이 있었다. 그곳에서 거의 매일 식사를 하는 편이었는데 하루는 전화로 음식을 주문하게 되었다. 음식을 먹으려고 하니 수저가 없어 식당으로 전화를 걸었다. 주인아저씨가 죄송하다며 금방 갖다 주겠다고 말했으나 20분이 지나도 수저를 가져오지 않았다. 다행히 비치해놓은 수저가 있어 그것으로 식사를 해결했지만 그 후로 그곳을 이용하지 않게 되었다. 그 식당은 한 순간의 실수로 단골(고정)고객을 잃어버린 것이다.

서비스활동은 고객의 다양한 기대와 높은 수준의 인간적 관여로 인하여 서비스 전달과정이 복잡하다.

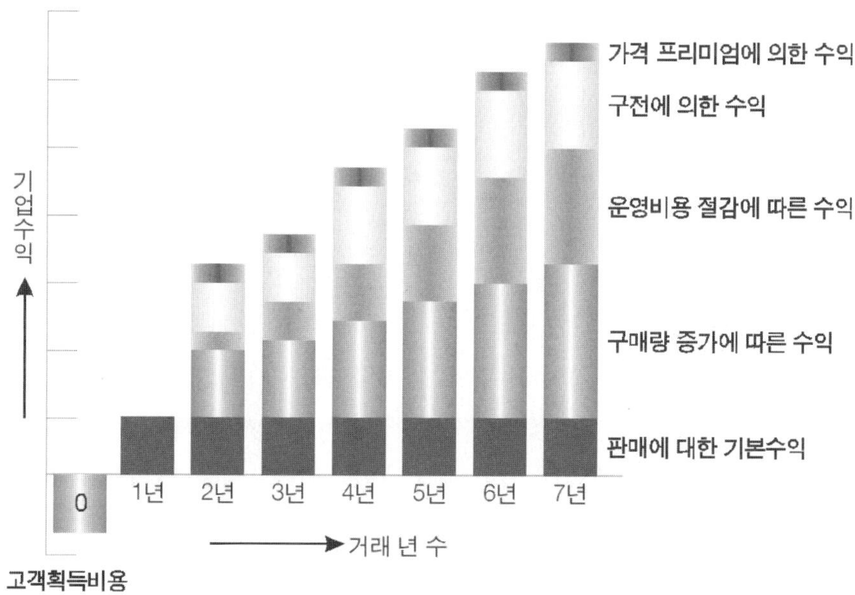

그림 10-6
단골(고정)고객이 주는 수익의 원천
(김준호, 2002)

또한 서비스를 생산하고 전달하는 자와 서비스를 받는 소비자 모두 인간이기 때문에 서비스실패는 피할 수 없는 현실이지만, 서비스실패를 즉각적으로 회복단계로 연결시킨다면 더욱 돈독한 고객관계가 성립될 것이다.

단골(고정)고객은 판매에 의한 기본 수익, 구매량 증가에 따른 수익, 운영비용 절감에 따른 수익, 구전에 의한 수익 및 가격 프리미엄에 의한 수익 등 여러 측면에서 수익의 원천이 되는데(〈그림 10-6〉 참조), 한 순간의 실수로 단골고객이란 보배를 잃어버릴 수 있다.

(2) 일류 서비스는 '이심전심을 통한 마음의 경호'

일반적으로 많은 제조 기업이나 서비스 기업이 제공시점 서비스(on service)만을 중시하는 경향이 있다. 그러나 고객이 객장에 나타나기까지 거치는 사전서비스(before service)와 구매 후 부조화를 적절히 관리하는 사후서비스(after service)에도 주목해야 한다.

고객이 객장의 담당자 앞에 나타나기 전에 거치는 사전서비스는 서비스품질에 상당한 영향을 미친다. 예를 들어 잘못된 안내로 인한 구비서류 미비, 근접성이 좋지 못한 매장, 불충분한 안내 표지 등의 사전서비스 단계에서부터 서비스품질을 고려해야 하는 것이다.

기업은 제품을 판매하기 전부터 제품불량이나 서비스실패의 원인이 될 수 있는 모든 것을 발견하여 고객이 서비스실패를 경험하지 못하도록 조치를 취해야 하고, 사전 테스트한 제품을 최적의 상태에서 동작되도록 꾸준히 확인 및 점검 활동을 해야 한다. 또한 고객과의 커뮤니케이션을 통해 고객관계 수립 및 고객의 욕구 파악에 관심을 가져야 한다. 이러한 사전 및 사후서비스는 기업 내부의 품질경영활동이라고 볼 수 있다.

제공시점 서비스에서는 접점에서의 서비스 제공자 역할이 가장 중요한데, 서비스 제공자의 행동에 따라서 고객이 느끼는 체감 서비스품질이 매우 달라지기 때문이다. 일반적으로 기업에서는 자사의 특수성에 입각하여 업무 매뉴얼을 작성, 접점의 종사원들에게 반복적인 교육과 실천을 통해

서비스 체득을 생활화시키고 있다. 그러나 제공시점에 있어 '일류 서비스'라는 것은 고객이 가장 편안하게 느낄 수 있는 분위기를 만들어 주는 것이다. 마치 이심전심을 통한 마음의 경호인 것이다. 매뉴얼에 의존하는 기계적인 서비스나 표피적인 친절은 오히려 고객에 대한 실례이자 불친절이다. 차가운 매뉴얼을 따스한 감성으로 다스려야 하는 것이다.

리츠칼튼호텔에서는 모든 종사원들 — 프론트데스크 종사원에서부터 시설과 객실청소담당자에 이르기까지 — 에게 고객과 대화하는 법 및 고객의 불만사항을 즉시 처리하는 방법에 대해 훈련시킨다. 또한 고객과 대화하고 관찰하여 얻은 고객의 기호사항을 기록할 수 있도록 '고객기호패드'를 나누어주고, 기록한 사항을 매일 네트워크를 통해 데이터베이스에 입력시킨다. 그러므로 전 세계에 걸쳐 있는 리츠칼튼호텔의 모든 종사원들은 네트워크를 통해 고객의 프로필을 미리 알 수 있는 것이다.

가령 당신이 멕시코 칸쿤(Cancun)에 있는 리츠칼튼호텔에 머물면서 룸서비스로 백포도주에 얼음조각을 넣어 달라고 주문했다면 몇 달 후 플로리다 네플리스(Naples)에 있는 리츠칼튼호텔에서도 룸서비스 시 당신에게 백포도주에 얼음조각을 넣을 것인지를 물을 것이다.

이렇듯 제공시점 서비스는 변화하는 고객의 욕구를 파악하고 고객정보를 얻을 수 있는 기회가 된다. 이러한 정보는 서비스실패 후 서비스회복의 중요한 자료로써 이용되는 것이다.

사후서비스(after service)란 제품이나 서비스에 대해 고객이 받은 불평·불만을 해결해 주는 행위로써, 고객에게 만족감을 주고 재구매 동기를 부여한다. 하지만 고객 자신이 기대했던 서비스가 이행되지 않을 경우 고객은 배신감을 느끼고 거래를 중단하게 된다.

서비스는 before-on-after의 3단계로 나누어지며, 서비스 전달과정에 있어 서비스실패를 방지하려면 처음부터 철저한 준비로써 서비스에 임해야 한다. 그러나 3단계에 걸친 서비스 전달과정에서 실패를 맛본 고객이 있다면 가능한 빠르게 서비스회복을 수행해야 한다. 그렇다면 서비스회복의 구성요인에는 어떠한 것이 있을까.

2. 서비스회복의 구성요인

(1) 서비스회복의 구성요인

서비스회복의 구성요인으로는 i) 서비스회복을 성공하기 위한 공약, ii) 서비스회복단계, iii) 서비스회복 행동의 유형, iv) 서비스회복의 전달 과정, v) 고객만족과 고객유지에 관계된 성과 측정으로 구성될 수 있다.

1) 서비스회복을 성공하기 위한 공약

서비스실패가 발생하더라도 사전에 고객에게 고객 서비스 헌장을 제시한다면 자연스러운 서비스회복을 기대할 수 있다. 이 때 서비스실패의 정도, 서비스품질, 기업에 대한 고객의 충성도, 그리고 기업의 고객에 대한 보증 제시에 따라 서비스회복 속도가 좌우된다.

① 서비스실패의 중요성

고객이 가혹하다고 느끼는 서비스실패에 대해서는 사소한 서비스 실패 때보다 많은 비용이 요구된다. 또한 서비스실패의 피해가 높을수록 고객은 서비스회복을 더욱 기대하게 된다.

즉 인내할 수 있는 서비스실패는 간과할 수 있지만 피해 정도가

그림 10-7

서비스회복의 구조 (김준호, 2002)

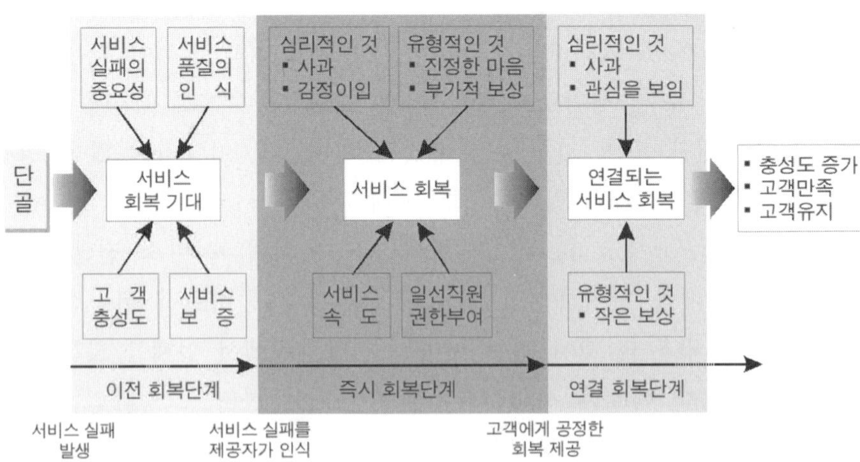

크면 기업에게 보상을 요구하는 것은 당연하다고 생각하여 기업의 비용 부담을 발생시킨다. 기업 매출의 80%는 20%의 고객이 창출한다는 80:20법칙이 통용되지만 비용에 있어서는 90:10의 법칙, 즉 10%의 불만고객이 비용의 90%를 차지한다는 것이다.

② 서비스품질의 인식

고객은 자신이 거래하는 기업의 서비스품질을 높게 인식할수록 서비스회복의 기대도 높아지므로 충성고객으로 활동할 가능성이 있다. 따라서 기업은 서비스품질을 향상시키기 위해 다양한 서비스 제공 방법과 사업성을 제공하도록 준비해야 한다.

③ 고객 충성도

서비스를 제공하는 기업과 거래하는 고객들의 조직적인 참여는 서비스회복을 빠르게 향상시킬 수 있다. 반면 고객의 충성도가 클수록 서비스실패로부터 서비스회복까지 더 큰 어려움이 존재할 수도 있다.

기업에 충성도가 없는 대부분의 고객들은 서비스실패시 회복을 기대하지 않거나 아무 말 없이 떠나버리고 결코 돌아오지 않는다. 반면 충성고객들은 기업이 서비스를 회복할 수 있도록 사업기회를 제공한다. 전술한 바와 같이 고객의 불만사항을 경청하고 만족스럽게 처리하면 불만고객의 90%는 단골(고정)고객이 되며 불만사항을 사업의 적극적인 기회로 활용할 수 있다.

일반적으로 고객은 좀처럼 불만을 말하지 않는데, 첫 번째 이유는 서비스의 무형성으로 인하여 불량의 증거를 제시하기 어렵고 접점의 종사원들은 형식적인 사과만을 할 것이라고 생각하기 때문이다. 또한 고객들은 불만 경험을 말할수록 자신만 더 불쾌해지며 '서비스업체도 많은데 다른 곳으로 가면 되지' 라고 생각하여 불만을 말하지 않는다. 마지막으로 서비스실패는 제품과는 달리 특정인에게 불만을 항의해야 하는데 그렇게 되면 '항의하는 본인의 성격과 교양만 손상될 뿐' 이라고 생각하기 때문이다.

④ 서비스 보증

고객들은 서비스실패 발생 시 수반되는 과정에서 기업이 명시적으로 보증해주기를 바란다. 즉 보증을 해줌으로써 서비스회복의 기대감을 불러일으키는 것이다.

2) 서비스회복단계

서비스회복노력은 3가지 접점에서 발생한다. 서비스실패가 일어나기 전(사전서비스), 서비스실패가 발생하는 바로 그 때(제공시점 서비스), 서비스실패 발생 후(사후서비스)에 발생한다.

① 사전서비스시의 회복단계

서비스실패와 관련되어 시작되고 서비스 제공자가 실패를 인식할 때까지 지속된다. 이 시기는 매우 짧거나(몇 초) 장기적(몇 주, 몇 달)으로 지속될 수 있다. 고객들은 이 단계에서 서비스회복에 대한 기대를 공식화한다. 서비스 제공자의 입장에서 보면 이 단계에서의 회복전략은 비용뿐만 아니라 성과측면에서도 가장 효과적인 전략을 전개할 수 있다.

② 제공시점 서비스시의 회복단계

서비스 제공자가 실패를 인지하고 고객에게 구체적인 서비스회복 행동을 실행하는 단계이지만 가장 이상적인 것은 가능한 빨리 시작하고 빨리 결론지어야 하는 것이다. 불평·불만고객에 대한 반응을 느리게 한다면 고객 충성도와 고객 만족도는 감소하는 경향이 있다. 이 단계에서의 서비스회복 노력은 즉각적인 서비스 제공과 고객에 대한 정당한 보상에 초점을 맞추고 있다.

③ 사후서비스시의 회복단계

고객에게 구체적이고 정당한 서비스회복 노력이 수행된 후 부족한 부분이 있다면 추가적으로 심리적·유형적 보상을 이루는 시기로, 서비스 제공자 측면에서 볼 때 서비스실패 후의 치료를 성공적으로 끝내야 한다.

3) 서비스회복행동의 유형

① 심리적인 것

서비스 접객종사원은 고객의 니즈에 대한 관심을 보이면서 감정이입(empathizing)과 사과(apologizing)의 심리적인 기법을 가지고 서비스회복을 위해 노력해야 한다. 이 기법은 정직함이 최고의 기법이며 서비스 제공자 측면에서는 금전적 보상이 수반되지 않기 때문에 비용대비 품질이 좋은 서비스회복이 가능한 것이다. 그러나 의례적으로 '죄송합니다' 한마디로 인사하는 것은 고객으로 하여금 배신감과 부정적인 경험만을 증가시키게 한다.

고객을 화나게 하는 서비스 접객종사원의 행동 유형에는 무관심, 무시, 냉담, 어린애 취급, 로보트화, 규정제일, 발뺌과 같은 7가지인데, 서비스 접점에서 중점 관리되어야 할 서비스실패 요인들이다(〈표 10-3〉 참조).

<표 10-3> 서비스실패 요인의 내용

죄악	내	용	진단
무관심	나와는 상관없다는 태도	소속감이 없고 불만 많은 종사원	당신에게 해당사항이 있다면 빨리 탈출하십시오.
무시	고객의 요구를 무시하거나 회피	자기 합리화에 빠져 경청하는 습관이 없음	
냉담	차갑고 퉁명스러운 태도	고객은 귀찮고 성가신 존재로 생각하고 대우	
어린애 취급	고객을 어린애같이 다루는 태도	의사와 같은 전문직에서 많이 나타남	
로보트화	인사나 응대가 완전 기계적	반복적으로 고객을 맞이하는 직원의 습관화	
규정제일	규정만을 따짐	서비스의 경직화	
발뺌	자신의 업무영역, 책임 한계만을 주장	서로 업무를 떠넘김	

② 유형적인 것

서비스실패로 인하여 발생한 고객의 불편함과 비용에 대하여 적절하고 정당한 보상을 제공하는 것으로 적당하게 보상받은 고객의 대부분은 서비스 제공자에게 지속적인 충성도를 보이는 경향이 있다.

4) 서비스회복의 전달과정

서비스회복의 전달과정에서 중요한 요인으로는 서비스회복의 속도와 일선 창구 직원에 대한 권한부여 정도로 구분된다.

① 서비스회복의 속도

서비스에 대한 문제가 즉각적으로 해결되면 서비스실패는 서비스품질을 좀 더 향상시킬 수 있는 기회가 되며, 고객이 서비스실패를 인지하기 전에 문제를 규정, 해결한다면 이상적인 서비스회복 조건이 될 수 있다.

② 일선 창구종사원에 대한 권한부여 정도

일선 창구종사원에게 서비스실패로 인한 불만고객을 보상하기 위해 체계적인 지식과 권한이 주어져 있다면, 서비스회복 전달과정에서 보다 큰 효과를 얻을 수 있고 불만고객을 만족고객으로 유인할 수 있어 고객강화의 중요한 요인이 될 수 있다. 따라서 고객의 입장에서 문제를 바라보고 일선 창구종사원에게 권한을 부여하는 체계적인 시스템이 필요한데, 리츠칼튼(Ritz Carton)호텔과 노드스트롬(Nordstrom)백화점이 좋은 사례가 된다.

5) 고객만족과 고객유지에 관계된 성과 측정

서비스 제공자 측면에서는 고객의 가치를 창출하고 자사의 서비스 성과를 정기·정량적으로 측정, 주체적인 판단 및 실행이 가능한 최일선의 종사원을 지원하여 경영층과 피드백 되도록 해야 한다. 마찬가지로 서비스회복의 성과를 측정하여 서비스 수행 능력을 점검하고 개선 방향을 수립해야 한다.

서비스회복의 성과지표로 고객만족, 고객애호도 및 고객유지가 있는데 고객만족은 통상적이고 장·단기적인 측정지표로 사용된다. 그리고 고객애호도 및 고객유지는 서비스 제공기업의 최고경영자가 장기적인 목표로 삼는 것으로 서비스회복의 중요한 요인이 되는 것이다.

(2) 조직이라는 이름의 적

칼 알브레츠(Karl Albrecht)는 서비스 경영의 필요성을 역설하며 『서비스 경영혁명』에서 다음과 같이 언급하고 있다.

"설령 자신의 직무가 직접적으로 고객에게 서비스를 제공하지 않더라도, 직접 고객에게 서비스하고 있는 사람을 통하여 간접적으로 서비스를 제공하고 있는 셈이다."

우수한 서비스 수준을 실현하고 이를 유지하는 일은 경쟁우위를 다지는 데 있어 결정적인 역할을 하는데, 이것은 먼저 고객과의 접점을 이해하고 관리하는 것으로부터 시작된다는 것과 실패 후의 서비스 속도에 따라 서비스회복이 좌우된다는 것은 주지의 사실이다. 그리고 모든 서비스(서비스회복에 관련된 서비스 포함)는 '결정적 순간' 에서 서비스의 품질이 결정된다.

즉 고객이 서비스를 직접 체험하는 그 순간에 서비스에 대한 평가가 이루어지는 것이다. 그러므로 '결정적 순간' 에 고객에게 좋은 인상을 심어주고 서비스 이미지를 높이기 위해서는 고객과의 접점뿐만 아니라 모든 조직 수준을 정상으로 끌어올려야 한다.

최일선에 일하는 종사원이 고객이 지불하는 대가보다 상회하는 서비스를 제공한다거나 서비스실패 후에 즉각적으로 유·무형의 부가서비스를 제공한다고 해서 고객의 서비스에 대한 이미지가 좋아지는 것은 아니다.

즉 한 사람의 노력만으로는 실현 불가능하다는 뜻이다. 이를 실현하기 위해서는 종사원의 지원부문, 팀장이나 관리자, 직무의 흐름을 총괄하는 총괄부문, 그리고 기업 전체를 책임지는 최고 경영자에 이르기까지 전사적인 '서비스 지향을 위한 연계' 가 구성되어야 한다. 기업을 오케스트라에 비유한다면 경영자는 지휘자, 사업계획 등은 악보에 해당한다.

대부분의 서비스 기업에서는 규모가 클수록 이러한 경향이 농후하며, 현재의 서비스 기업은 종전에 비해 서비스품질이 현저히 향상되었음을 알 수 있다. 그러나 몇몇 기업을 제외하고는 '고객지향' 이라는 말은 단지 명목상일 뿐이며 심할 경우에는 언급조차 되지 않는다.

우리는 '진실의 순간' 을 '결정적인 순간' 이라고도 부른다. 이 '결정적 순간' 이라는 말은 스페인의 투우 용어로, 투우사와 소가 1:1로 대결하는 최후의 순간을 말한다. 이것은 매우 결정적인 순간으로 그 직후에는 반드시 결론이 난다.

SAS의 얀 칼슨은 "우리는 매일 5만회의 결정적 순간에 직면한다" 고 말한다. 그러나 이 말의 실질적인 창시자는 칼슨의 시장전략 구축에 있어 중요한 역할을 완수한 매니지먼트 컨설턴트인 리처드 노르만이다. '결정적 순간' 에 최선을 다하기 위해서 기업내의 모든 사람, 지원, 기구를 고객으로 하여금 '결정적 순간' 을 최고로 여기도록 체제를 구축하려고 노력한다는 것이다. 그러나 현실은 어떠한가?

표면상으로는 누구나 고객에 대한 서비스의 중요성을 인식하고 있지만 실제로는 고객으로부터 무엇인가를 가로채려고만 한다. 그리고 서비스 기업에서 경험이나 능력이 부족한 종사원을 고객과 직접 접촉하는 부서에 배치하고 있다는 사실도 납득하기 어렵다.

최일선에 일하는 종사원은 대개 신입사원이므로 경험과 지식, 훈련 등이 부족하고 급여도 적은 편인데, 이들을 최일선에 내세워 '결정적 순간' 을 담당하게 하는 것은 모순이 아닐 수 없다. 그들 자신도 자신들의 업무가 최저 수준이라고 생각하면서 하루빨리 그 곳에서 벗어나려고만 한다.

이와 같은 서비스 구성체계는 '결정적 순간' 을 잘못 이해하고 있기 때문이다. 대개의 기업들이 '결정적 순간' 이란 고객과 접촉하는 최일선에만 국한된 것으로 간주하는데 이것은 커다란 오해이다. 결정적 순간은 '고객이 조직의 한 면과 접촉하여 서비스품질에 대해 어떤 인상을 받는 모든 일' 이라고 정의할 수 있다.

서비스실패를 방지하고 빠른 속도로 서비스회복을 기대한다면 조직이라는 이름의 적을 없애야 한다. 서비스 기업의 대부분이 고객에게 일상적으로 '고객서비스 대죄' 를 범하고 있는 것과 마찬가지로 조직 내의 내부서비스 부문에서도 내부고객, 즉 최일선의 종사원들에게 똑같은 죄를 범하고 있다. 최초의 고객인 내부고객에게 범하기 쉬운 '내부서비스 7가지 대죄' 에 대해 살펴보자.

1) 블랙홀

뭐든지 흡수해 버리는 반면에 아무것도 배출해내지 않는 블랙홀과 비슷한 상황이 조직 내에서도 발생한다. 정보나 조언을 희망하는 소리, 특별한 도움을 요청하는 소리, 신속한 처리를 바라는 소리 등을 외면해 버린다. 내부서비스 부문은 자기 부문의 우선과제만을 중요시하여 상부의 경영진이나 그들의 활동에 관심을 가지고 있는 사람들의 요청에는 재빨리 대응하지만, 타 부문의 요청에는 적극적으로 대응하지 않는다.

2) 거절

내부서비스 부문은 현장에서 신청하는 서비스에 관한 의뢰를 모조리 거절하는 데 재미를 느끼는 기질이 있다. 현장에서 신청하는 것은 요리조리 핑계를 대며 거절한다. 현장에서 의뢰한 신청서에 빠져있는 부문의 정보를 제공해 주기보다는 마치 천하가 제 손안에 있는 것처럼 요청을 거절하고 요청한 부문을 되찌르는 난폭한 행위를 일삼고 있다.

3) 선언

내부서비스 부문 중에는 미래의 사업계획이나 실천계획 등을 '선언' 의 형식으로 일방적으로 알리는 것을 즐겨하는 경우가 있다. 예를 들면 '효과적인 운영을 도모하기 위해서 해당 부서에서 해당 부서 팀장의 서명이 찍힌 신청사유증명서를 첨부하지 않은 한 예산처리 요청에 일체응하지 않는다' 는 것 등이다.

이러한 선언은 '이것은 이렇게 결정했다. 그 밖의 사항에 대해서는 당신 마음대로 해!' 라는 식으로 매우 일방적이다.

4) 내부감찰

내부서비스 부서 중에는 타 부서를 조사하는 역할을 담당하는 부서가 있다. 주로 이런 부서에서는 시간이 흐르면 흐를수록 점점 감찰적인 색채를 띄게 된다. 그들은 과오를 범하거나 규칙을 어기는 사람들을 책망하는 등 가학적인 재미를 즐긴다. 내부감사 부서나 최고경영자 직속 부서들의 사람들은 역할의 왜곡이나 비판론적인 정신구조에 빠지기 쉽다.

5) 노(no)주의

내부서비스 부서를 '예스' 부서와 '노' 부서로 크게 나눌 수 있다. '노' 부서에서는 거부권 행사를 즐기는 경향이 있다. 이 부서에 속해 있는 사람들이 '예스' 보다는 '노' 를 선호하는데 여기에는 특별한 이유가 없다. '안 된다' , '할 수 없다' 라는 부정적인 사고방식이 지배적이며, '할 수 있다' 라는 긍정적인 자세는 갖추고 있지 못하다. 그들은 제안받은 요청에 응하려고 하지 않고 왜 할 수 없는지만 되풀이하여 얘기한다.

6) 서류만능

이는 새로운 일을 추진할 때마다 막대한 서류작성을 요구하는 것을 일컫는 말이다. 그들은 어떤 경우라도 반드시 서류를 준비해두고, 또 반드시 특수한 요구를 해온다. 전화로 문제를 상담한다든가 즉석에서 대응책을 강구하려는 열의는 이미 오래 전에 사라진 것으로 보인다. 일찍이 그들이 정한 서식, 즉 복사용지에 몇 개의 날인이 찍힌 몇 장의 서류에 빈칸을 채우지 않고서는 지원부서의 응답을 받을 수 없다.

7) 세력다툼

'세력다툼주의' 란 타 부서에 대해 불신감을 가지면서도 그 성과를 얻기 위하여 상식과 양보를 전혀 고려하지 않는 배타적인 의식구조를 말한다. '세력다툼주의자' 가 속해 있는 부서에서는 세력다툼 과정에서 누군가가 독창적인 아이디어를 제시하거나 독자적인 행동을 취하려고 하면 그 즉시 공격할 기회만을 노린다.

어느 부서나 활동방침을 꼼꼼히 관리해야 하는 것은 당연한 일이지만 세력다툼주의자가 종사원의 요구를 이해하는 경우는 드물며, 자신의 주도 하에 일을 진척시키는 경우도 거의 없다. 고객과의 접점에서 최선을 다하는 일도 중요하지만 조직 내의 내부서비스에서도 내부고객들에게 대한 서비스실패로 조직 충성도를 해치지 말아야 할 것이다. 내부고객이 볼 때 죄를 범하고 있는 부서는 어느 부서일까? 피신 방법에는 어떤 것이 있을까? 내부고객에게 가치를 제공하기 위해서는 어떻게 해야 하나? 이런 점들을 생각해 볼 필요가 있는 것이다.

즉 조직 전체의 차원에서 서비스의 마음을 항상 간직하고 업무를 수행해야 한다. 그리고 '서비스 트라이앵글' 인 i) 서비스에 관한 비전·전략, ii) 고객지향의 최일선에 있는 종사원, iii) 고객지향 시스템의 세 가지 요소가 상호 관련되어 작용하도록 해야 한다.

(3) 고객은 항상 항의할 권리가 있음을 기억하라

고객들은 대부분 어느 정도 합리적인 근거를 가지고 불만을 표시한다. 이들이 불만사항을 이야기할 때 무시하거나 외면하지 말고 이를 적극적으로 수용한다면 대부분의 고객불만은 좋은 결과로 이어지게 된다.

고객은 자신이 원하는 것을, 원하는 시간에, 원하는 방식대로 받게 되기를 바라지만 때때로 주변상황 때문에 어쩔 수 없이 '아니오' 라고 대답하는 경우가 생길 수 있다. 예를 들어 제반법률, 회사방침, 회사규정이나 재고 바닥으로 인하여 고객의 요구를 수용하기 어려운 경우가 있을 수도 있다. 무리한 약속은 약속 불이행, 진실 왜곡, 고객불만이나 거래중단의 부작용을 낳게 한다. 그러면 어떻게 해야 할까?

고객이 원하는 것을 제공하지 못할 때에는?

• 다른 요구사항을 가능한 한 많이 들어 주어라.

•먼저 사과함으로써 고객의 실망에 공감을 표시한다.
•대안을 제시하여 고객이 선택할 수 있는 기회를 제공한다.
•눈에 보이지 않는 고객의 요구사항을 만족시키도록 노력한다.
•고객이 원하는 것은 무엇인가? 그리고 내 능력이 닿는 데까지 최선을 다해 제공할 수 있는 것과 방법은 무엇인가?
•고객으로 하여금 자신이 원하는 것을 얻지 못할 수는 있지만 정말로 좋은 고객 서비스를 받았다는 느낌을 가질 수 있도록 한다.
•어떤 공감이나 도와주고 싶다는 의사표시도 없이 냉담하게 '아니오'라고 말하지 마라.

(4) 서비스회복은 모든 조직의 핵심과정이다

서비스회복에 있어 전략적으로 우선시 되어야 할 것은 서비스 전달속도이다. 이와 더불어 고객에 대한 공정한 해결이 가장 효과적인 서비스회복의 변수인 것이다.

서비스실패에 대한 치료는 다차원적이며, 서비스회복의 효과적인 변수로는 i) 공정한 해결, ii) 부가적인 유형적 서비스, iii) 감정이입된 사과, iv) 이전의 서비스실패를 경험했던 고객의 애호도, v) 서비스회복시간, vi) 제 1접점자의 회복의도, vii) 제 1접점자의 권한 등을 추출할 수 있다.

서비스실패는 다양하게 나타나므로, 서비스실패에 대한 적용기술도 그에 걸맞게 발전되고 적용되어야 할 것이고, 서비스실패를 경험한 고객들의 처리에 대한 기술과 영향은 기업의 사활을 좌우하게 된다.

고객만족 향상을 위한 서비스회복전략에 있어 중요한 몇 가지 안을 제시하면 다음과 같다.

첫째, 고객 비판수용으로 이것은 서비스품질에 있어 Gap을 규명하고 서비스 시스템을 개선시키는 중요한 도구로 사용되어질 수 있다. 그러나 불행하게도 불평·불만을 토로하는 고객들은 소수이기 때문에 적극적인 경청자세가 필요하다.

둘째, 종사원의 권한위임으로 총체적인 서비스품질 관리는 고객에게 가장 가까이 있는 종사원들로 하여금 서비스실패를 발견하도록 하여 치료하는 것이 가장 효과적이다. 일선 창구에서 종사원들은 서비스실패를 발견하고 조정할 수 있도록 교육이 되어져야 하며, 서비스실패의 상황이 발생할 때 이를 해결할 종사원들에게 권한이 부여되어야 한다.

셋째, 서비스회복의 효과성을 증대시키기 위해서는 기업의 서비스 정보를 제공하여 고객 스스로가 문제를 발견하여 기업에게 건의할 수 있는 시스템을 구축하여야 한다. 그렇지만 가장 이상적인 상황은 고객들이 문제를 인식하기 전에 기업이 먼저 발견하고 해결하는 것이다.

11 고객감동

오늘날 기업들이 고객만족에서 한 차원 더 높은 고객감동을 주창하는 가장 큰 이유는 살아남기 위한 경쟁이라고 할 만큼 최근의 시장경쟁이 과거와는 비교할 수 없을 정도로 치열해졌으며, 게다가 소비자들의 구매패턴이 단순한 가격이나 품질에 대한 만족뿐만 아니라 마음속으로부터 우러나는 진정한 감동을 제품이나 서비스에서 원하기 때문이다.

제1절 고객감동이란

1. 고객만족에서 고객감동경영으로

(1) 고객감동, 왜 필요한가?

얼마전 IMF 관리시대라는 어려운 경제환경에 처하자 이것을 극복하기 위해 지금까지의 고객만족경영을 보다 강화하여 고객감동경영을 해야 한다는 이야기가 많이 나왔다. 그러나 IMF에서 벗어난 지금도 고객감동경영 또는 고객감동마케팅에 대해서 아직 체계적으로 개념정립이 되지 않고 있다.

오늘날 기업들이 고객만족에서 한 차원 더 높은 고객감동을 주창하는 가장 큰 이유는 살아남기 위한 경쟁이라고 할 만큼 최근의 시장경쟁이 과거와는 비교할 수 없을 정도로 치열해졌으며, 게다가 소비자들의 구매패턴이 단순한 가격이나 품질에 대한 만족뿐만 아니라 마음속에서 우러나오는 진정한 감동을 제품이나 서비스에서 원하기 때문이다.

최근 소비자들의 구매패턴은 단순한 비교구매에서 한 단계 더 나아가 제품에 대한 모든 것, 제품의 이성적인 측면뿐만 아니라 감성적 측면 즉 상표 이미지와 제품서비스까지도 같이 평가하여 구매하는 경향이 강해지고 있다. 특히 젊은 소비자의 경우 제품의 이성적 측면보다 감성적 측면에 보다 강하게 반응하는 경향이 크다. 그 결과 단순히 제품의 품질이나 가격으로 소비자를 평생고객으로 만들기는 거의 불가능해지고 있다.

왜냐하면 경쟁기업이 쉽사리 모방하여 우리보다 더 좋은 제품과 가격을 제공하기 때문에 고객들은 쉽게 경쟁제품으로 구매 전환을 할 수 있다. 따라서 고객의 충성도를 장기적으로 유지하여 고객을 단순한 소비자에서 벗어나서 우리 제품 또는 서비스의 평생고객으로 만들기 위해서는, 지금까지의 고객만족에서 한 단계 더 나아가 고객의 마음을 감동시키는 고객감동이 필요하게 되었다.

이러한 시장환경의 변화에 발맞춰 최근 몇몇 성공적인 기업은 고객만족경영의 목표를, 고객을 단순히 만족시키는 것에서 고객을 감동시키는 것으로 한 단계 더 높게 설정하고 있다. 단순히 만족한 고객은 감동을 받은 고객보다 경쟁자로부터 더 좋은 조건의 제의를 받았을 때 보다 쉽게 구매선을 전환한다.

한 조사에 따르면, 단순히 만족한다고 답한 고객의 44%가 다른 브랜드로 구매선을 바꾸는데 비해, 매우 만족했다고 답한 고객의 경우에는 이러한 구매선 전환 비율이 훨씬 낮았다고 한다. 또한 일본의 세계적인 자동차 회사인 도요다의 경우 매우 만족했다고 답한 고객 중 불과 25%만이 타 브랜드로 전환하고 75%는 재구매를 했다고 한다. 즉 제품이나 서비스의 수준을 고객기대를 초과하여 이루어지게 함으로써 고객을 감동시키고, 이러한 고객의 감동은 그 브랜드에 대한 감정적인 유대감을 낳고, 궁극적으로 높은 고객충성도를 끌어낸다.

(2) 고객감동, 무엇이 다른가?

최근 기업의 전사적 활동이 고객감동을 목표로 하고 있지만 아직은 고객감동의 개념이 학문적으로 구체화되어 있지 않다고 앞서 밝힌바 있다. 따라서 고객감동경영을 이해하고 실천에 옮기기 위해서는 먼저 고객감동의 개념부터 정립되어야만 한다.

고객감동은 기대하지 않았던 어떤 놀라움을 대했을 때 나오게 되는 '열광(delight)' 으로 표현할 수 있을 것이다. 즉 고객감동경영은 소비자에게 전혀 예상치 못했던 제품 또는 서비스를 제공함으로써, 소비자를 열광시키는 것으로 표현할 수 있다. 지금까지의 논의를 정리하여 고객감동경영을 학문적으로 정의하면, 고객이 전혀 인식하지 못했던 욕구 또는 필요를 찾아 그것을 만족시켜주는 제품과 서비스를 제공함으로써 고객을 열광시키는 것 즉 마음속으로 감동시키는 것을 의미한다. 그 결과 고객은 제품과 서비스에 대한 충성도가 높아져 평생고객으로 만드는 것이 고객감동경영의 목표라고 할 수 있다.

지금까지의 고객만족경영은 수면 위에 떠오른 고객의 욕구를 찾아내어 그것을 충족시키는 것에 그치는 수준이었다. 그러나 새로운 추세는 지금까지의 정적이고 평범한 고객만족에서 탈피해 고객의 마음을 움직이는 고객감동을 지향하고 있다.

그렇다면 감동과 만족의 차이는 무엇인가? 고객만족을 정적이고 일시적인 개념이라고 본다면 고객감동은 보다 강도가 높은 개념으로서, 감성적으로 고객의 충성도를 제고시켜 궁극적으로는 고객이 제품 또는 서비스의 후원자가 되도록 하는 과정이라고 정의할 수 있다.

구체적으로 고객만족은 제품의 이성적 측면, 예를 들어 가격이나 품질 등에 대해 고객의 불만을 해소시켜 고객만족을 유도하는 반면 고객감동은 제품의 이성적 측면뿐만 아니라 감성적 측면, 즉 서비스, 고객관계 및 제품이미지에 이르기까지 모든 측면에서 고객을 열광시켜 장기적이고 지속적인 감동을 유도하는 것을 의미한다.

(3) 고객감동경영

이러한 고객감동은 고객이 예상하지 못했던, 고객이 미처 인식하지 못했던 욕구 또는 필요를 찾아내어 이를 새로운 제품이나 고객서비스를 통하여 높은 수준의 만족을 제공함으로써, 고객을 감동시켜 궁극적으로는 평생고객으로 만드는 것이다. 고객감동은 소비자의 라이프 스타일을 조사하여 소비자가 미처 인식하지 못했던 잠재된 소비자의 욕구를 찾아내어 신기술 또는 혁신을 통해 이를 만족시키는 제품 또는 서비스를 제공함으로써 소비자를 열광시키는 것이다.

이는 빙산의 일각에 불과한 겉으로 드러난 소비자 욕구 이면에 존재하는 잠재적 욕구를 치밀한 소비자 조사를 통해 발굴해야함을 의미한다. 일본 기업이 세계시장에서 신제품 개발에 성공하여 소비자들을 열광시킨 것이 좋은 예가 될 수 있다. 예를 들어 소비자의 생활양식을 바꾸어 버린 소니(Sony)의 워크맨(Walkman), 8㎜ 비디오카메라, 샤프(Sharp)사의 전자수첩 오거나이저(Organizer), 노트북 컴퓨터 등이 이에 해당된다고 하겠다.

우리나라의 경우 모 가전회사에서 개발한 물걸레질 진공청소기를 고객감동마케팅의 예로 들 수 있다. 일반적으로 가전제품의 발상지는 미국으로서, 그 기본적 원리는 미국의 생활양식에 의거하여 제작되었다. 따라서 미국 가정의 카페트를 청소하는 용도의 진공청소기는 물걸레질이 필요한 온돌방 위주인 국내 거주환경에는 잘 맞지 않았다. 국내 모 가전업체는 이러한 상황을 먼저 인식하고 소비자의 불만을 해소하기 위하여 물걸레가 가능한 진공청소기를 개발하여 저렴한 가격으로 판매하였다. 이것은 소비자가 미처 깨닫지 못했던 욕구를 찾아내어 이를 만족시켜주는 제품개발로 고객을 열광시킨 대표적인 예이다. 고객이 막연히 원하고는 있었지만 미처 생각하지 못했던 사실을 기업이 찾아내어 이를 만족시켜준 고객감동 서비스인 것이다.

고객관리를 통해 고객을 감동시키는 사례들도 있다. 예를 들어 현대자동차 G 영업소에는 B 부장이라는 '자동차 판매왕' 이 있는데, 이 사람은 자신과 한번이라도 접촉한 고객에 대해서는 모두 데이터베이스화 하였다.

고객의 취미활동 및 가족 관련사항들에 대한 모든 정보를 수집하여, 취미활동을 같이 한다거나 결혼기념일 또는 생일 등에 축전을 보내는 자료로 활용함으로써 고객을 감동시켰고, 결과적으로 엄청난 자동차 판매량을 올릴 수 있었던 것이다. 이렇듯 고객과의 관계를 잘 유지하면 제품은 저절로 잘 팔릴 수 있다는 것이 관계마케팅의 본질이라고 할 수 있다.

보험의 경우도 마찬가지이다. 보험세일즈 실적 등을 볼 때 대개의 보험세일즈맨이 시장개척에 많은 노력을 기울임에 비해 성과는 그리 크지 못하다. 대개의 보험세일즈맨은 기존고객을 관리하는 것이 아니라 계속적으로 새로운 사람을 만나서 보험세일즈를 하고 있는데, 이는 매우 어렵고 시간도 많이 소요되는 일이다. 이런 유형을 '고지 정복식 세일즈' 라고 한다.

마치 어렵게 산을 올라 일단 고지를 정복하고 나면 그 산에 대한 매력을 잃어버리고 다시 새로운 산을 좇아가듯이, 일단 계약을 체결하면 나면 그 고객에 대해 더 이상 관심을 두지 않고 다른 고객을 찾아나서는 영업방식을 말하는 것으로, 이렇게 할 경우 당연히 고객감동은 기대할 수도 없다.

고객은 계약체결 후에야 세일즈맨에 대한 관심이 커지게 되고, 앞으로 그 제품에 대한 모든 것을 그 세일즈맨에게 의존하게 된다. 이런 상황에서 세일즈맨이 고객의 관심과 의존에 계속적으로 호응하지 않을 경우, 고객은 감동하기는커녕 다른 고객에 접근할 기회조차 빼앗아 버린다. 결과적으로 어렵게 개척한 고객으로부터 무언가를 재창출할 수 있는 기회를 잃어버리게 되는 것이다. 보험해약율이 높은 것도 이와 같은 세일즈방식으로 인해 고객감동이 이루어지지 못하고 있기 때문이다.

최근 보험산업의 일부 전문 생활설계사(life planner)는 1억 이상의 연간소득을 올리고 있다. 그 이유는 이들 생활설계사들이 고객을 가족과 같이 대하여 단순히 보험판매에만 그치지 않고, 고객의 모든 문제점을 같이 상의하고 해결책을 찾아 나서는 등 고객과의 관계를 긴밀히 유지하는 감동마케팅을 하고 있기 때문이다.

이와 같은 생활설계사와 일단 관계를 맺은 고객은 이에 감동하여 자연스럽게 다른 고객을 소개하는 방법을 통해 계속적인 고객의 확대재생산을 가능케 함으로써, 이들 생활설계사들은 상대적으로 적은 노력으로도 높은 소득을 올릴 수가 있게 되는 것이다.

이러한 고객감동을 위해서는 소비자에 대한 끊임없는 조사가 선행되어야 한다. 일례로 일본의 도시바 같은 회사는 전 세계 소비자의 라이프스타일에 대한 조사를 수행하기 위해, 세계 주요지역에 라이프 스타일 조사센터를 설치하여 신제품 개발의 아이디어 원천으로 삼고 있다. 이처럼 고객감동경영에 의해 혁신적인 제품과 고객서비스를 제공해 고객을 열광시키고 심지어 고객의 라이프 스타일까지도 변화시킬 수 있다.

2. 고객감동 6단계

(1) 고객지향의 단계

생산지향에서 고객지향으로 고객의 존재가 중요하다고 처음으로 인지하는 단계이다.

(2) 고객초점의 단계

조직이 고객을 대할 때 마음과 감정은 개입되지 않고 머리 중심으로만 대하는 단계이다.

(3) 고객기쁨의 단계

고객에게 즐거움과 기쁨을 주는 방향으로 나아가기 위해 여러 가지 방안을 마련하고 실천해 보는 단계이다.

(4) 고객만족의 단계

조직의 대부분이 고객만족을 주창하면서도 실제로는 고객의 불만족 제거 내지는 축소하는데 역점을 두는 단계이다.

(5) 고객감동의 단계

예전과는 다른 차원으로 고객의 욕구 및 기대 이상을 고객에게 제공하며 고객의 마음을 사로잡는 단계로, 고객은 제품의 질과 서비스의 질을 온 몸으로 느끼는 단계이다.

(6) 고객감격의 단계

조직이 지향하는 최고의 단계로 조직이 사회와 국가에의 광범위한 의미의 목적에 다다르는 단계이다.

3. 고객감동에서 고객충성으로

고객이 기업을 판단할 때 이모저모 따져보니 괜찮고, 가보니 서비스도 좋다고 해서 무조건 그 기업의 고정고객이 되는 것은 아닐 것이다. 더구나 선택이 포기를 동반하는 상황이라면 더욱 그럴 것이다. 뭔가 정말 결정적인 것이 있어야 잊지 못해 다시 찾을 것이고 오지말라 해도 스스로 올 것이다. 게다가 다른 사람들에게 입에 침이 마르게 칭찬하며 심지어 다른 이의 손목을 끌고 그 기업으로 데려갈 것이다.

그래서 요즘 기업들은 그 뭔가를 알고자 얼마나 고심하는지 아는가?

기업에서 개인고객화(personalization) 또는 고객관계관리(customer relation management: CRM)를 하고자 하는 이유 역시 바로 그 무언가를 알고자 하는 것과 관계가 깊다. 만약 제대로 고객관계관리를 할 수 있다면, 반복구매를 하며 관련된 상품도 구매(related sales)하고 다른 이에게 권유(referral)를 서슴지 않으며, 스스로 단골이 되어 다시 찾는(retention) 고정고객을 확보할 수 있다.

이른바 3R이 기업의 새로운 화두로 자리잡게 되는 것이다.

이것이 중요한 이유는 고객감동(만족)과 수익 사이에 하나의 징검다리 역할을 하는 것이 고객충성(royalty)이기 때문이다. 대부분의 기업에서 수년간 고객만족경영활동을 추진하면서 늘 고민했던 부분이 고객만족도를 1점 올리면 기업의 수익이 얼마나 늘어날 것인가를 설명하는 것이었다.

그런데 고객만족과 수익 사이에 고객충성이란 개념을 집어넣으면 그런 설명이 보다 명확해진다는 사실이 여러 연구에서 밝혀지고 있다. 가장 대표적인 연구는 하버드경영대학원의 서비스 분야 여러 교수들이 함께 연구하여 발표한 서비스수익모델(service profit chain)이다.

수익의 원천은 고객충성도이며, 고객충성도의 원천은 고객만족도이고, 고객만족도의 원천은 서비스가 제공하는 가치에 있으며, 그 서비스의 가치는 기업 내부의 경영전략과 서비스전달시스템에 의해 결정된다.

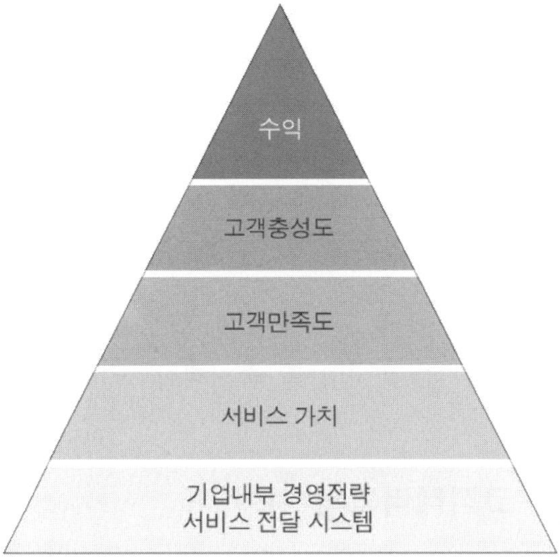

그림 11-1
서비스 수익모델 (service profit chain)

따라서 진정으로 기업이 수익을 내고 앞으로도 더 많은 수익을 지속시키고 싶으면 고객만족이나 고객감동의 느낌(feel) 차원에서 고객충성이라는 행동(action) 차원으로 경영의 초점을 상향조정하여야 할 것이다.

사랑하지만 결혼하지 않겠다는 말보다는 사랑해서 결혼했다는 말이 보다 결과지향적인 것과 마찬가지로, 고객이 감동을 받았다는 말보다는 고객이 충성도가 높아져서 그로 인해 기업이 수익을 낼 수 있었다는 말이 의미가 더 크다. 그런 의미에서 고객감동이 단막극이라면 고객충성은 일정 기간 방영되는 연속극이다. 또 고객감동이 단 한 곡의 히트곡을 낸 가수라면 고객충성은 히트곡을 연속으로 내는 가수와 같다.

시간이 흘러도 흔들이지 않는 주가를 유지하는 기업들의 특성 중 하나가 연속적인 혁신(successive innovation)을 하는 기업들이라고 한다. 즉 고객감동을 넘어 고객충성으로 이끌기 위해서는 기업이 고객에게 끊임없이 어떤 신호를 보내야하는데, 그 신호는 다섯 가지로 구성된다.

첫째, 고객님 당신이 누구신지 우리는 잘 알고 있습니다(identification).

둘째, 그동안 잘 계셨습니까? 이런 것을 좋아하셨지요(interaction)?

셋째, 다른 곳과 차별되게 우리는 고객님을 살펴드립니다(differentiation).

넷째, 고객님이 어디로 가시는지 잘 알고 있습니다(tracking).

다섯째, 고객님이 찾고 계신 것이 바로 이것이죠(customization)?

이런 과정을 지나게 되면 고객은 그 기업을 떠나지 않으며 그야말로 절대적인 신뢰를 보내는 충성고객이 된다. 앞으로 기업 최고의 자랑거리는 충성고객의 양과 질이 될 것임을 숙지해야 한다(김연성).

4. 고객감동과 고객테러와의 차이

그는 평범한 회사원이었다. 자신의 자동차에 불을 지르고 그 불이 자동차 대리점에 옮겨 붙어 방화범으로 구속영장을 발부받기 전까지는…. 그가 자동차에 불을 지르게 된 사연은 이렇다.

얼마 전 그는 기대에 부풀어 국내 모 자동차회사의 날렵한 신형차를 구입했다. 그런데 그 차가 구입한지 한 달도 못돼 고장을 일으키기 시작했다. 그는 차를 구입한 자동차 대리점에 교환을 요구했으나 대리점은 차체에는 별 문제가 없다며 그의 요구를 거절했다.

할 수 없이 그가 대충 수리해 사용했으나 이후에도 고장은 끊이지 않았다. 나중엔 차 생각만 하면 머리가 지끈지끈 아파 올 정도였다. 그는 새차로 교환해 줄 것을 집요하게 요구했지만 돌아오는 대답은 언제나 "노"였다. 화를 못 참은 그가 끝내 자동차 대리점 앞에서 자신이 산 자동차에 불을 질렀던 것이다.

위 얘기는 얼마 전 신문 사회면의 한 귀퉁이를 차지했던 사건인데 우리나라 기업의 서비스수준을 단편적으로 보여주는 예이다. 우리나라 기업들이 고객지향에서 시작해서 고객중심, 고객제일, 고객만족, 심지어 고객감동을 외치고 있으나 고객을 대하는 현장에서는 고객테러를 하고 있다는 생각이 들 때가 많다.

이제 구호에서 끝날 것이 아니라 현장중심으로 서비스개념을 바꾸어야 할 때다. 실제 현장에서 고객을 위한 아무런 준비 없이 구호만 앞세우는 것은 차라리 고객기만에 가깝다.

미국의 어느 회사는 다음과 같은 고객룰(customer rules)을 갖고 있다고 한다. "제 1법칙, 고객은 항상 옳다. 제 2법칙, 그렇지 않다고 생각되면 제 1법칙을 다시 보라."

제 2 절 고객감동 사례

1. 도요토미 히데요시와 차(茶)

전쟁을 치르는 도중, 도요토미 히데요시는 잠시 절에 들러 차를 달라고 했다. 그 절의 스님이었던 이시다 미쓰나리는, 처음에는 미지근한 차를 찻잔에 가득 담아 내주었다. 두 번째 잔은 조금 따뜻한 차를 찻잔의 절반 정도 따라 주었다. 그리고 마지막 한 잔은 뜨거운 차를 조금 담아 대접하였다.

땀을 많이 흘린 다음에는 목이 마르다.

그런 연유에서 이시다는 갈증이 난 도요토미에게 첫 번째는 미지근한 차를 대접했다. 두 번째는 차의 맛을 즐길 수 있도록, 마지막에는 느긋하게 향기를 음미할 수 있도록, 차를 마시는 사람의 마음을 헤아려 대접한 것이다.

이러한 정성이 사람의 마음을 움직인다.

고객의 입장에서 고객에게 무엇이 가장 절실하게 필요한 것인가를 파악하고 제공하는 서비스는 고객의 감동을 이끌어 낼 수 있는 진정한 서비스일 것이다. 그리고 고객이 원하는 것 이상의 것을 제공할 때 고객은 기대 이상의 고품위서비스에 기쁨을 감추지 못할 것이다.

2. 일본 어느 작은 식당

일본의 이찌가와라는 시(市)에서의 일이다. 일본에서는 음식점 바깥에 음식모형을 만들어서 전시해 놓은 곳이 많다. 저녁시간이 되어서 식사를 하려고 모형을 보다가 아주 먹음직한 음식이 있어서 어느 식당에 들어가 주문을 했는데, 막상 나온 음식냄새와 맛이 한국사람에게는 정말 이상한 그런 종류였다.

'이걸 어떻게 먹냐?' 라는 표정으로 주저하고 있는데, 그 곳의 지배인이 음식에 뭔 잘못이 있느냐고 물었다. 난 그런 것이 아니라 한국사람이어서 바깥 모형을 보고 음식을 시켰는데 입맛에 맞지 않아 그렇다고 설명했다. 그러자 그 지배인은 다른 음식을 추천해 주었다. 지배인이 추천한 음식을 맛있게 먹고 계산을 하려는데, 그 지배인은 손님 입맛에 맞는 음식이 없어 죄송하다고 하면서 뒤에 먹은 음식값만 받겠다는 것이었다.

외국인에게 보이는 친절이 진심이었던 장사속이었던지 간에 외국인에게 이런 친절을 보여준다는 것이 정말 감동적이었다. 우리나라에서는 과연 이런 친절을 보이는 곳이 얼마나 있을까(김성환)?

3. 차 정비공장의 기름장갑

승용차 정비를 위해 카센터에 들르면 대부분의 정비공들은 기름때가 잔뜩 묻은 옷을 입은 채 운전석에 앉아 시운전하는 경우를 자주 목격할 수 있다. 그런데 며칠 전 동네 카센터에서 신선한 충격을 받았다.

운전자에 대한 사소한 배려인 것 같지만 그렇게 믿음직할 수가 없었다. 정비공들은 수리가 끝난 차를 빼내기 위해 자신이 끼고 있던 장갑을 벗더니 새 장갑으로 갈아 끼고 깨끗한 천으로 시트를 덮고 그 위에서 시동을 걸어 차를 움직였다. 정비기술에 대한 과시에 앞서 운전자의 쾌적하고 아늑한 공간을 훼손하지 않으려는 조그만 마음 씀씀이가 아름다웠다(김희택).

4. 여행사 사장님의 사과편지

지난해 미국 출장 길에 여행사 직원의 착오로 예약 날짜에 비행기를 타지 못해 낭패를 본 적이 있다. 직원은 미안하다며 다음날 비행기를 주선해 주었으나 성수기라서 항공료가 10만원이 더 비쌌다. 억울해서 '출장 다녀오면 두고 보자' 라고 생각했으나 시간이 지나고 마음도 가라앉고 바쁘기도 해서 그냥 넘어갔다. 얼마 전 금강산 여행객 틈에 끼여있는 그 여행사의 사장을 신문에서 보게 되는 순간, 1년 전 겪었던 일이 불현듯 생각나 당시 겪었던 일을 적어 편지를 보냈다.

그런데 뜻밖에도 그 사장님의 친필 사과편지와 당시 담당종사원의 사과편지도 동봉하여 보내 주었으며, 내가 손해 본 10만원도 함께 보내왔다. 그 여행사는 규모가 큰 여행사로 무시할 수도 있었는데 그 사장님은 내 충고를 무척이나 고마워했다. 출장 다녀오는 길에 다시는 이용하지 않겠다고 생각했지만, 지금은 그 여행사의 평생고객이 되겠다고 생각하고 있다(나현옥).

5. 경품보다 더 큰 선물

며칠 전 아내와 함께 L 백화점에 쇼핑하러 갔다. 4층에서 쇼핑 도중 아내가 현기증으로 쓰러지려고 하였다. 부축하여 휴게실 소파에 앉혀 놓았으나 이내 드러누워 버렸다. 그때 지나가던 백화점 종사원이 "어디 편찮으십니까?" 하고 공손하게 묻고는 괜찮다고 하자 "지하 1층에 의무실이 있다" 면서 동료종사원과 함께 엘리베이터로 우리를 안내했다.

그들은 아내를 옮기는 도중에도 걱정스레 우리를 보며 초조해 하는 빛이 역력하였다. 잠시 후 의무실로 인도되었고 의무실 담당자는 안정을 취할 수 있도록 아내를 따뜻하게 돌봐 주었으며, 귀가 후 주의할 점까지 자세하게 일러주었다. 검은 정장차림의 백화점 종사원들은 상품 도난방지 감시역할만 한다는 편견을 가지고 있었던 우리에게 이러한 배려는 뜻밖이었다. 고객이 얻는 값진 선물이란 경품으로 내놓은 화려한 물건보다 고객에 대한 따뜻한 관심과 배려가 아닌가 생각된다(허양일).

6. 일본 택시회사의 국제소포

10년 전 일이다. 일본 출장 후 귀국 길에 일본 본사에서 중요한 서류를 중역에게 직접 전달해 달라는 부탁을 받았다. 나리타공항까지 택시를 이용하였다. 그런데 택시를 내리면서 중요하다는 서류를 뒷좌석에 놓고 가방만 가지고 내린 것이다. 눈앞이 캄캄하였다. 평소 잘 챙기던 택시 영수증조차 받아두지 않은데다 비행기 탑승시간이 30분밖에 남지 않았으니 당황할 수밖에 없었다. 하는 수 없이 공항 분실물센터에 연락처와 주소를 남기고 서울행 KAL에 몸을 실었으나 좌불안석일 수밖에 없었다. 더구나 일본주재 경험까지 있는 나로서는 서울의 중역에게 서류를 분실했다는 말을 못한 채 애태우기를 일주일…. 그런데 일주일 지난 아침 출근해보니 '서류 재중'이라는 국제소포가 와있지 않은가! 과연 일본이구나 하는 생각이 다시 한 번 들었다.

일본은 친절이나 에티켓 면에서 세계에서 가장 앞서 있으면서도 친절이란 말을 별로 쓰지 않는다. 역사적으로 에도 시대부터 발달한 상업을 하면서 철저한 경쟁의식과 신용이 없으면 생존이 어렵고 가업을 이어갈 수 없기 때문에 자연히 기본을 중시하며 남한테 친절을 베풀 수밖에 없었던 게 아닌가 생각된다. 글로벌 에티켓은 인사를 잘하고 상냥하게 대하는 격식도 우선 갖춰야할 전제이나 믿음을 갖기 위해서는 기본에 충실하고 남을 배려하는 마음이 무엇보다도 중요하다고 생각된다(가재산).

7. 독일 전자제품 상점의 서비스

유럽여행 중 고등학교에 다니는 딸아이에게 '워크맨' 을 사주려고 물건값이 싸다는 독일(뮌헨)의 어느 전자제품 상점에 들러 워크맨을 살펴보았다. 우리 가족은 시간을 아끼려고 빨리 물건을 구입해서 떠나려고 했으나 매장 주인은 그 물건의 기능을 꼼꼼하게 점검하기 시작했다.

그러더니 뜻밖에도 "이 물건은 팔 수 없다" 는 것이 아닌가! 이유는 '제품 상태가 좋지 않아서' 였다. 때마침 같은 모델의 재고도 없었다. 주인은 "보아하니 여행객 같은데 이 제품을 판매한 후 제품에 하자가 생겨도 반품하기 어렵지 않겠느냐" 는 것이다.

매장 주인은 우리가 선택한 그 제품의 원초적 약점을 설명하는 것도 잊지 않았다. 결국 철저한 기능 점검을 끝낸 뒤 다른 모델을 구입했다. 관광지 인근의 상점에서 '이제 보면 언제 또 볼 거야' 라며 목전의 이익만 챙기는 얄팍한 상술이 아니라 '다시 보기 힘드니 완전한 제품을 제공해야 한다' 는 철저한 고객위주 서비스 정신이었다(최종수).

8. 일본 세일매장에서 1년만에 찾은 그릇

일본의 세일매장에서 그릇을 택배 신청했으나 받고 보니 5개 한 세트 중 1개가 깨져 있었다. 전화를 했더니 가지고 오면 비슷한 종류로 교환해 준다고 하였으나 차일피일 미루다가 1년 후 그 매장을 갈 기회가 생겨 혹시나 싶어 "1년 전 일을 기억하느냐?" 고 물어 보았더니 반갑게 맞이하면서 창고에서 빛 바랜 메모지가 붙어있는 같은 종류의 그릇 1세트를 꺼내왔다.

메모지에는 내 이름이 적혀 있었다. 안 올지도 모르는 고객을 위해 1년 동안 창고에 보관해 두었던 것이다. 나는 너무 감격해서 '교환할 그릇은 이미 사용해 가져올 수 없었지만 고맙다' 고 인사하자 '다시 찾아준 것만도 고맙다. 배달이 잘못되어 죄송하다' 는 말과 함께 선물로 그냥 주겠다고 했다.

귀국 후 국내에서도 비슷한 일이 벌어졌으나 매장에서는 '분명히 확인해서 잘 포장해서 보냈으니 택배회사 실수' 라고 했다. 그러나 택배회사 측에서는 '매장이 책임져야 한다' 고 하니 어찌할 방법이 없었다(이지원).

9. 공원 주차장의 안내간판

지난 4월 아파트 주차장에서 초등학교 학생들이 풍선놀이와 롤러스케이팅을 타고 있었다. 나는 차를 멈추고 '주차장은 아이들이 노는 곳이 아니니 학교 운동장에서 놀아라' 고 말하였더니 아이들 기분이 좋지 않은 기색이었다. 문득 일본 나고야의 가시야마 공원 주차장의 안내간판이 생각났다.

> 훌륭한 아이는 이런 곳에서 놀지 않는다.
> – 주차장 관리인 –

이 간단한 안내문 하나가 얼마나 아이들에게 감동을 주는 교육적인 말인가 생각된다. 우리들 주변에 있는 공원이나 주차장 등의 안내판에는 대부분 천편일률적으로 '출입금지', '접근금지', '진입금지' 등 하지 말라는 명령조의 강압적인 표현들이다. 우리도 공공장소나 주차장 등 아이들이 놀기 부적합한 곳에는 읽고 느낌을 받을 수 있는 긍정적이고 아름다운 말들로 안내문을 만들어 달았으면 좋겠다(장병선).

10. 지구상에서 가장 큰 선택(Earth's Biggest Selection), 아마존

성공엔 이유가 있다. 특히 모방이 쉬운 인터넷 비즈니스에서의 '성공' 이란 흉내낼 수 없는 그들만의 '무엇' 속에서 피어난다. 아마존도 예외는 아니다. 이들이 고객에게 얼마나 정성을 쏟고 있는지를 알게 된다면 '나는 어떻게 해야 하는가?' 를 다시금 생각해보게 될 것이다.

한국에 사는 P씨는 아마존 닷컴(Amazon.com)을 통해 몇 가지 책과 음반CD를 주문했다. 아마존이 전자우편으로 재차 확인한 도착시일이 지났건만 물건은 감감 무소식이었다. 애가 탄 그는 주문한 물건이 아직까지 도착하지 않았다는 전자우편을 급히 아마존 측에 보냈다.

아마존은 국제우편의 경우 고객이 주문한 물건을 컴퓨터로 정확하게 추적할 수 있는 시스템이 갖추어지지 않았음을 죄송하게 생각한다며, 그 다음날로 전세계 네트워크망을 보유한 페덱스(FedEx)를 통해 주문한 물건을 다시 보내주었다. 고객 P씨의 주장을 전적으로 신뢰했음은 물론 한 푼의 추가요금도 받지 않고, 다음과 같은 내용의 전자우편을 보냈다.

> 만약 첫 번째 발송한 물건이 도착했다면 아마존의 너그러운 선물이라 생각하시고 그냥 받아 주십시오. 혹시 그 책이 필요 없으시다면 주변에 유익하게 사용할 수 있는 사람에게 전해 주십시오.

전문직에 종사하고 있는 K씨는 요즘 전자우편을 받아보는 재미에 하루 하루가 즐겁다. 아마존의 고객맞춤 전자우편 서비스인 아마존 닷컴 딜리벌스(Amazon.com Delivers)로부터 K씨가 미리 지정한 관심분야에 대한 정보를 수시로 받을 수 있기 때문이다. 아마존에서 보내주는 내용 속에는 책제목뿐만 아니라 책에 대한 상세한 설명과 함께 마우스를 클릭하면 해당되는 책의 서평에 바로 접할 수 있고, 필요한 경우 한번에 주문이 가능한 원스톱 서비스를 통해 심층적이고 종합적인 정보를 정기적으로 받아볼 수 있다. 이 서비스를 통해 그는 전문분야의 최신 정보를 습득할 수 있게 되었고, 해당 분야로 들어가 그 책과 관련돼 있는 서적과 다른 저자에 대한 정보도 종합적으로 점검할 수 있게 됐다.

K씨는 수시로 쏟아져 나오는 자신의 전문분야에 대한 정보를 신속하

고 체계적으로 맞춤화해 활용할 수 있어, 어느 누구보다도 발빠른 전문인이 될 수 있다는 자부심을 갖게 되었다.

앞에서 말한 두 가지 사례는 '지구상에서 가장 큰 선택(Earth's Biggest Selection)'이라는 슬로건을 내걸고 인터넷 비즈니스 세계에서 공격적인 판매활동을 펼치고 있는 아마존의 실제 고객감동 서비스를 소개한 것이다.

불과 몇년전 미국 시애틀 근교의 허름한 차고에서 사업을 시작한 이후, 아마존은 그야말로 폭발적인 성장을 거듭해왔다. 1999년 아마존 1/4분기 보고서에 따르면 아마존의 네트워크 매출은 2억 9,360억 달러로 원화로 환산하면 3개월 동안 네트워크 매출이 3,670억원에 이른다.

또한 전 세계 160개국에 걸쳐 840만명에 달하는 고객을 확보하고, 그 가운데 아마존을 통해 지속적으로 서적을 주문하는 사람이 전체의 절반을 넘는 66%에 달하고 있다. 무엇이 아마존을 이렇게 만들었는가? 물론 다른 요소도 존재하지만 아마존을 지금까지 버티게 하고 있는 힘은 고객서비스 정확히 말해 고객감동 서비스이다.

아마존을 설립한 제프 베조스(Jeff Bezos)는 각 언론매체에서 경쟁적으로 다루는 바람에 너무나 유명한 인물이 되었다. 쿠바 난민의 아들로 태어나 프린스턴 대학에서 전기공학과 컴퓨터사이언스를 최우등으로 졸업한 그는 월 스트리트에서 펀드매니저로 근무하였다. 어느 날 우연히 인터넷 사용자가 연간 2,300%씩 증가하고 있다는 놀라운 정보를 접하고 과감히 직장을 정리해 인터넷 사업에 뛰어들었다.

아마존의 원래 이름은 마법주문인 '애브러커대브러(abracadabra)' 에서 따온 cadabra.com이었다. 그러나 사람들은 이를 커대버(cadaver, 시체)라고 잘못 알아듣는 일이 빈번히 발생하자, 세계에서 가장 크고 긴 강 중 하나인 아마존으로 회사 이름을 바꿔버렸다.

아마존이 첫 번째 사업품목으로 책을 선택한 이유는 책이라는 물품 자체가 다른 품목과 달리 수많은 카테고리를 가진다는 특성에 힌트를 얻었고, 이 카테고리 속에서 전 세계적으로 300만종 이상의 각종 서적들이 발간되고 있다는 점 때문이다. 헤아릴 수 없을 정도로 종류가 많은 품목에만 집중해 사업을 벌이는 점, 바로 이것이 아마존의 전략이다.

아마존이 보유한 서적 데이터베이스를 현실세계의 책방에 진열한다고 가정한다면 적어도 여의도의 10배에 달하는 공간이 필요하다. 서적을 필두로 음반, 비디오, 장난감, 전자제품, 의약품, 애완동물 코너에 이어 최근에는 경매분야까지, 아마존이 확장하고 있는 사업영역을 자세히 들여다보면 현실세계에서 쉽게 구할 수는 있지만 품목이 헤아릴 수 없을 만큼 많은 일반소비재에 초점이 맞춰져 있다.

물론 아마존이 자체적으로 보유한 데이터베이스 관리능력이 이를 뒷받침하며, 근본적으로 고객이 아마존을 찾는 이유는 그들의 경험을 중요시하는 아마존 경영의 기본철학 때문이다. 고객이 맨 처음 아마존에서 원하는 물품을 찾아 구매절차를 밟고 안전한 포장을 통해 확실하게 원하는 물건을 받기까지의 일련의 모든 과정은 고객편의성에 초점이 맞춰져 있다. 고객의 불편은 곧바로 전자우편을 통해서 접수되고 바로 개선된다.

한 예로 몇 년 전까지 아마존의 책 포장방식은 현재와 같이 마분지를 사용하지 않고 물건의 파손을 고려해 매우 단단히 포장되었다. 이는 물건이 파손되지 않는다는 점을 만족시키긴 했지만 너무 단단히 포장돼 있어 바로 뜯지 못하고 가위나 칼 등 도구를 이용해 내용물을 확인해야 하는, 고객 입장에서는 다소 귀찮은 일이었다.

어느 날 한 할머니가 '당신 회사 서비스는 나무랄 데 없는데, 포장이 너무 단단해 아들이 귀가할 때까지 우편물을 뜯지 못한다' 고 하소연하였다. 이를 계기로 아마존은 포장방법을 지금 형태처럼 개선하였다. 아마존 고객이 아마존 서비스를 이용하면서 서비스 자체를 개선시키는 것, 즉 아마존 고객서비스는 아마존 종사원이 머리를 맞대고 장시간의 전략회의를 통해 개선되는 것이 아니라, 고객 자신이 아마존에서 겪은 경험, 바로 축적된 고객경험에 의해 이루어진다.

아마존이 줄기차게 추구하고 앞으로도 추구할 고객서비스의 핵심내용은 고객의 커뮤니케이션 욕구를 재빨리 파악하고 충족시키는 전략이다. 디지털 경제시대의 성공전략은 경제주체가 대단위 기업에서 개인으로 이동하고 있다는 환경요소의 변화를 가장 빨리 파악하는 것이다.

바로 아마존은 가격의 결정방법과 제품개발을 비롯해 판매과정도 크게 달라질 수밖에 없으며, 유통구조 역시 기존의 가치사슬과는 전혀 다른 방향 즉, 고객중심으로 옮겨질 수밖에 없다는 사실을 다른 어떤 기업보다도 빨리 눈치챘다. 여기에 재빠르고 차별화된 마케팅 전략, 즉 아마존 닷컴 딜리벌스(Amazon.com Delivers), 고객선물 매처(Customer Gift Matcher), 샵더웹(Shop the Web)같은 고객 개개인을 대상으로 한 맞춤판매 전략과 부단한 상호 커뮤니케이션 전략이 지금의 아마존을 있게 한 원동력이다.

12 고객창출기법과 소비자 주권

고객은 여러 가지 이유로 자연 감소되기 때문에 1년에 20%이상을 신규개척하지 않으면 현상유지나 판매신장을 할 수가 없다. 그러기 위해서는 적극적이고 정기적인 방문활동을 통하여 가망고객을 발견하고 양성하여 판매에 연결시키는 꾸준한 신규개척이 요구된다.

제1절 단골(고정)고객 창출기법

1. 고객개척

(1) 가망고객 발굴의 필요성

고객은 여러 가지 이유로 자연 감소되기 때문에 1년에 20%이상을 신규개척하지 않으면 현상유지나 판매신장을 할 수가 없다. 그러기 위해서는 적극적이고 정기적인 방문활동을 통해 가망고객을 발견하고 양성하여 판매에 연결시키는 꾸준한 신규개척이 요구된다.

(2) 고객의 종류

① **잠재고객**: 현재는 우리 상품을 쓰고 있지 않지만 앞으로 사용할 가능성이 있는 모든 사람으로서 판매의 가능성은 있으나 판매가 불확실한 모든 사람을 말한다.

② **가망고객**: 잠재고객 가운데서 판매노력 여하에 따라 우리 상품을 살 가능성이 큰 사람으로 영업의 주 활동 표적이 되는 사람들이다.

③ **현재고객**: 현재 우리 상품을 구매하고 있는 고객이나 상황의 변화에 따라 변할 가능성이 있는 고객층이다.

④ **단골(고정)고객**: 항상 우리 상품만을 구매하는 고객을 말하며 우리 상품의 안정적 수요층이 된다.

(3) 고정고객과 일반고객의 차이

단골(고정)고객과 일반고객을 구분하면 〈표 12-1〉과 같다.

<표 12-1> 단골(고정)고객과 일반고객의 차이

구분	단골(고정)고객	일반고객
구입량	•대량 구입 •계속 구입	•구입량이 일정하지 않음 •계속성이 없음
구입처	•우리 회사(업장)만 이용	•여러 회사(업장)를 이용
정보 제공	•고객으로서의 희망·의견을 솔직하게 표현 •우리 회사(업장)에 없는 상품에 대해 취급 권장 •타 회사(업장)의 동향, 신상품 정보 등을 제공	•자진해서 정보 제공하지 않음 •없는 상품이 있으면 마음속으로 불평
소개	•자진해서 친척, 친구에게 소개 •타인에게 PR	•소개나 PR을 하지 않음
구입 태도	•우리 회사(업장) 상품이라면 틀림없다고 믿음 •타 회사(업장)와 비교하지 않음 •필요하면 무조건 구입 •사는 고객이나 판매자가 서로 편함	•믿지 못함 •품질, 기능, 서비스를 타사와 비교 •조건을 비교하고 구매하지 않을 수도 있음 •서로 신경을 쓰고 정신을 차려야 함.
기간	•장기간 계속적으로 구입	•장기간 관계를 갖지 않음
신뢰 관계	•우리 회사(업장)의 경영방침, 사원의 근무태도에 대한 감탄, 감사, 감동을 함.	•상품을 구입할 뿐 마음이 통하지 않음
지불	•회사(업장)의 조건대로 지불	•지불 조건을 따짐

2. 단골(고정)고객 만들기 10가지 방법

1) 이름이나 직함 등을 기억하여 불러주고, 기호, 습관 등을 기억한다

2) 전에 방문했던 것을 기억하고 화재로 삼는다

- 따님이랑 같이 오셨더니 오늘은 혼자 오셨네요.

- 결혼식장은 가신다고 하더니 잘 치루셨나요?
- 바캉스 잘 다녀오셨나요?
- 지난번에 사 가신 것 잘 사용하십니까?
- 지난번에 청바지를 사셨는데, 이번에는 이 빨간 T-셔츠를 받쳐서 입으면 잘 어울릴텐데요.

3) 집으로 전화한다

① 불평(complain) 전화

- 새로 바꿔가신 것 마음에 드세요?
- 오늘 오셨을 때 친절히 해드리지 못해서 죄송했습니다.
- 지난번에 교환하신 것 잘 사용하셨습니까? 또 다른 불편은 없으시고요?

② 구매한 다음 날 전화한다.

- 잘 사용하는지 묻는다.
- 사용방법, 보관법 등을 알려준다.

4) 고객카드를 작성하고 연락한다(연락하지 않는 카드는 죽은 카드이다)

① 엽서를 보낸다.

② 안부전화를 한다.

③ 문화행사, 전시회 등을 알려준다.

④ 바겐세일, 단골고객 우대판매 등이나 휴일 전, 폐점 전 특별히 싸게 파는 상품(예, 생선 등)이 있을 때 전화한다.

⑤ 신상품을 알려준다.

⑥ 사보, 정보지 등을 보내준다.

⑦ DM(direct mail)의 공란에 친필 안부를 기록하여 우송한다.

⑧ 편지를 보낸다. 이때 간단한 삽화나 형광펜류로 색칠을 가볍게 해 주의를 환기시킨다.

⑨ 카드를 보낸다. 생일축하, 결혼기념일 카드 등

5) 구매액의 일정율(예, 10%)의 금액을 고객 명의로 적립금을 만들어 준다

6) 보너스제를 한다
- 몇 회 이상 오면 어떤 혜택이 있다.
- 얼마 이상의 금액이면 어떠한 혜택이 주어진다.

7) 자사 크레디트 카드를 만들어 준다

8) 고객클럽을 만들어 각종 행사를 개최한다

9) 신규고객을 소개하면 혜택을 준다

10) 동류의식(예, 고향, 출신이 같다)을 조성한다
- 관리된 고객(키운 고객)만이 구매한다.
- 고정고객이 많은 판매사원이 최종 승자가 된다.
- 내 고객만이 구매한다.

3. 사후서비스(after sales service)만 잘 해도 단골(고정) 고객을 만들 수 있다

사후서비스는 귀찮은 일이 생긴 것이다. 그래서 얼마나 말썽 없이 잘 따돌리느냐 하는 것이 능력이고 수단일까?

아니다. 사후서비스는 고객과 다시 한 번 진지하게 얘기 할 수 있는 역전의 기회이다. 판매할 때는 얘기를 믿으려고 하지 않던 고객도 사후서비스때는 귀담아 듣는다. 판매원의 성실함을 보여 줄 수 있는 절호의 기회인 것이다. 다시 말하면 사후서비스는 단골(고정)고객을 만들 수 있는 축복의 기회이다.

✔ **평생 고객을 만드는 법- 고품위서비스의 철학**
(How to win customers and keep them for life)

내게 옷을 팔려고 하지 마세요.
대신 날카로운 인상, 멋진 스타일, 그리고 매혹적인 외모를 팔아주세요.

내게 보험상품을 팔려고 하지 말아요.
대신 마음의 평화와 내 가족과 나를 위한, 위대한 미래를 팔아주세요.

내게 집을 팔 생각은 말아요.
대신 안락함과 만족, 그리고 되팔때의 이익과 소유함으로써 얻을 수 있는 자부심을 팔아주세요.

내게 책을 팔려고요?
아니에요, 대신 즐거운 시간과 유익한 지식을 팔아주세요.

내게 장난감을 팔려고 하지 말아요.
그 대신 내 아이들에게 즐거운 순간을 팔아주세요.

내게 컴퓨터를 팔 생각은 하지 말아요.
대신 기적같은 기술이 줄 수 있는 즐거움과 이익을 팔아주세요.

내게 타이어를 팔려고 하지 마세요.
대신 기름 덜 들이고 걱정으로부터 쉽게 벗어날 수 있는 자유를 팔아주세요.

내게 비행기 티켓을 팔려고 하지 마세요.
대신 내 목적지에 빠르고 안전하게, 그리고 정시에 도착할 수 있는 약속을 팔아주세요.

내게 물건을 팔려고 하지 말아요.
대신 꿈과 느낌과 자부심과 일상생활의 행복을 팔아주세요.
제발 내게 물건을 팔려고 하지 마세요.

마이클 르뵈프(Michael LeBoeuf)

(1) 사후서비스(after sales service)로 성공한 사례

H자동차와 D자동차는 80년대 후반까지만 해도 앞서거니 뒤서거니 하며 우리나라 자동차업계의 쌍두 마차였다. 그런데 언제부터 격차가 벌어졌을까? H자동차가 사후서비스전을 선수친 것이 전기가 됐다. 'H자동차 이동 서비스센터' 현수막을 달고 아파트마다 찾아다니고, 명절 때는 고속도로 휴게소로, 바캉스 때는 해변가로 찾아가는 적극적인 사후서비스로 자동차업계의 판도가 달라졌다.

업계 5위였던 H 주방가구는 역시 사후서비스 전략으로 시장의 대반란에 성공한 회사이다. 지금은 1위를 달리고 있고 2위 경쟁사와의 격차는 배가 된다. "주방가구는 메이커를 불문하고 사후서비스해 드립니다"라는 모토의 서비스가 바로 경쟁력이었다.

고 정주영 회장이 현대건설 초창기에 다리 건설공사를 했는데 A/S가 발생했다. 그렇지만 이익의 몇 배가 넘을 뿐만 아니라 회사 존립자체가 위험할 정도의 큰돈을 투입해서 완벽하게 사후서비스를 해 낸 결과, 현대건설을 발전시킬 수 있었던 것이다.

(2) 사후서비스로 회사를 망친 사례

K씨는 카메라에 이상이 생겨서 사후서비스를 맡겼다. 무엇이 잘못된 것인지, 수리비가 얼마인지를 1주일 뒤에 알려주겠다는 말을 듣고 기다렸으나 연락이 없었다. 할 수 없이 10일을 기다리다가 전화를 했더니 다시 연락해 주겠다고 하였다.

그 후 며칠 뒤 전화가 왔는데, 수리비는 150,000원으로 고치겠느냐는 것이었고 수리는 1주일 정도 걸리며 택배로 배달해 주겠다고 했다.

K씨는 고쳐달라고 대답했다. 그 후 2주일이 더 지나도 연락이 없어 전화를 했더니 내일 되니까 택배로 보내겠다고 했는데 역시 도착하지를 않았다. 그 다음 약속한 날 직접 근처까지 가서 전화를 하니까 또 내일 된다는 대답이어서, 들리지도 않고 그냥 돌아왔다. 그 다음날도 근처까

지 가서 왔다고 하니까 30분만 뒤에 오라고해서 30분 뒤에 갔다.

대금이 160,000원이라고 해서 아무 소리 않고 지불하면서 사후서비스한 내용을 기록해 영수증을 발행해 달라고 했더니 귀찮다는 듯 "셔터 이상 수리" "줌 이상 수리" 라고만 써 주고는 얼렁뚱땅 얼버무리며 셔터 시범만 보여주었다.

3일 뒤 카메라를 사용하려고 하니 셔터가 작동이 되지 않아서 전화를 했더니 다시 갖고 나와 달라고 했다.

이 사례에서 사후서비스의 일반적인 사항에서 어긋난 것은 무엇일까?

① 약속일자를 지키지 않은 점.
  • 수리가 되는지, 수리비가 얼마인지 연락 주겠다던 1주일의 약속 기한을 어김, 1주일이면 수리된다던 약속 어김, 내일 된다던 약속 어김.

② 약속을 여러 번 어기면서도 한 번도 먼저 전화하지 않은 무성의함.

③ 영수증에 i) 교환한 부품명과 부품값 ii) 부품교환은 없었지만 정비(수리)기술료 iii) 인건비 등으로 구분하여 표시하지 않은 점

④ 고장내용, 수리내용, 앞으로의 예상, 주의사항 등의 예후설명이 없음 .

⑤ 금액이 150,000에서 160,000으로 둔갑한 점.

⑥ 작동되지 않아 사용하지 못한다고 하는데도 책임감을 느끼지 않는 말씨.

이런 정도의 업체라면 미래를 기대할 수 있을까?

단골(고정)고객은 왕중왕이다. 그런데 단골(고정)고객은 어떤 한순간에 왕창 얻어지는 것이 아니며, 하늘에서 뚝 떨어지듯이 생기는 것도 아니다.

한사람 한사람의 고객에게 정직하고, 성실하게 벽돌 한장 한장을 쌓는 자세로 꾸준히 노력할 때 단골(고정)고객도 한사람 한사람 늘어가고, 그 결과로 사업 기반이 굳건히 잡히고 번창하게 된다. 사후서비스고객은

한마디 합시다!!

- *판매할 때는 이야기를 들으려고 하지 않던 고객도 사후서비스할 때는 귀담아 듣는다.*
- *사후서비스는 단골(고정)고객을 만들 수 있는 축복의 기회이다.*

단골로 만드는 절호의 기회다.

4. 단골(고정)고객 우대 마케팅

단골(고정)고객에게 더 공을 들여라. 뜨내기 손님과 단골(고정)고객을 다르게 대우하는 차별화 마케팅이 급속도로 확산되고 있다. 일명 '단골 우대 마케팅' 으로 불리는 이 전략은 신규고객을 확보하는 것보다 기존 우수고객들에게 더 많은 혜택을 줌으로써 재구매 비율을 높이는 것이 효과적이라는 판단에 따른 것이다. 이 전략은 최근 유통업계는 물론 보험, 전자, 자동차, 선박업계에까지 퍼지고 있다.

최근 유통업계에 따르면 롯데, 신세계, 삼성테스코 등 백화점 및 할인점들이 기존 단골(고정)고객에 더욱 공을 들인 결과, 톡톡히 재미를 보고 있다. 신세계 백화점은 이용고객 중 10%에 해당하는 단골(고정)고객들을 대상으로 각 매장에 이들만이 사용할 수 있는 전용 'VIP룸' 을 마련하였다. 영등포미아강남점에선 단골(고정)고객들에게 3시간 무료주차, VIP주차장 이용, 발레파킹(주차대행) 서비스를 받을 수 있는 자동차 스티커를 제공하고 있다.

롯데 백화점도 MVG(most valuable guests)제도를 도입, 단골 우량고객들에게 다양한 특전을 주고 있다. 전용 주차장 및 발레파킹 서비스는 물론 각종 기념일에 케이크, 와인 등의 선물을 보내 단골(고정)고객들의 발길을 잡고 있다.

인터파크, 삼성몰, 한솔CS클럽 등 인터넷 쇼핑몰 업체들도 단골(고정)고객 우대 서비스를 제공하여 효과를 보고 있다. 인터파크의 경우 우수고객 관리프로그램을 실시해 두 달만에 해당 고객의 매출이 40%나 늘어나는 효과를 보았다.

TGI프라이데이스(TGIF)는 단골고객들에게 'FRIDAY'S 케이준 클럽' 카드를 발급한다. 최근 6개월간 7회 이상 매장을 방문한 고객들이 대상이며 3개월마다 e메일로 통보된다. 케이준 클럽회원이 되면 '잭다니엘

스테이크' 등 10개 메뉴를 20% 싸게 먹을 수 있는 등 다양한 혜택을 받을 수 있다.

자동차 업계에서도 단골(고정)고객은 융숭한 대접을 받는다. BMW코리아나 벤츠를 수입 판매하는 한성자동차, 볼보코리아 등 수입차 업체들은 단골(고정)고객에게 무료 골프 라운딩, 콘서트·패션쇼 관람, 무료 시승행사 등을 제공, 고객 스스로 감동을 받아 자사 차량을 선전하는 첨병역할을 하도록 하고 있다. 현대·대우자동차 등 국내 자동차 업계도 고객관계마케팅(CRM)를 통해 기존고객 우대정책을 펴고 있다.

보험업계에서도 단골(고정)고객이 '왕' 대접을 받는다. 현대해상은 자동차 보험 10년 및 7년 무사고 고객을 대상으로 월드컵 입장권(2매, 100명) 등을 지급하는 우수고객 마케팅을 전개 하였다.

한마디 합시다!!

- *신규고객을 확보하는 것보다 기존 우수고객들에게 더 많은 혜택을 줌으로써, 재구매 비율을 높이는 것이 효과적이다.*
- *이는 판매자와 소비자 모두에게 이익을 가져다주는 승승(win-win)전략이다.*

에레바탄 사라이(지하 저수지)
동로마제국 532년 유스티아누스황제 시대에 만들어졌다.

제 2 절　소비자 주권시대

1. 소비자 주권시대가 열렸다

21세기 디지털 경제가 소비자 주권시대를 열고 있다. 20세기 소비자들은 제품에 대한 정보도 상대적으로 모자랐고 불만을 호소할 통로나 제도적 장치도 미흡했지만, 인터넷과 정보통신이 급속히 발전한 요즘 우리 주변에선 힘의 우위가 공급자에게서 소비자에게로 이전하는 현상이 뚜렷이 나타나고 있다.

(1) 소비자의 정보력 향상

무엇보다 정보화의 진전이 소비자들에게 큰 힘이 되고 있다. 제품의 품질이나 가격에 대한 정보를 얻을 수 있는 통로가 점점 다양해지면서 소비자들의 정보력은 획기적으로 향상되고 있다. 일반 가정에까지 초고속 인터넷이 대중화되면서 기업들은 훨씬 강력한 가격할인 압력에 직면해있다. 어수룩한 소비자를 상대로 품질을 왜곡하거나 다른 매장보다 비싼 가격으로 판매하는 행위도 힘들어지게 되었다.

(2) 소비자에게 유리해지는 제도

소비자들을 부당한 피해로부터 보호하는 제도적 장치도 강화되고 있다. 특히 제조물책임(products liability: PL)법 제정은 소비자 주권시대를 선언하는 분수령으로 평가된다. 최종 판매자가 가격을 정하는 오픈 프라이스(open price) 제도 역시 소비자 파워를 높이는 데 일조할 것으로 보인다. 특히 제조업체들이 값을 필요 이상으로 높게 표시한 뒤 이를 할인해주는 방식으로 가격정보를 왜곡시켰던 점을 감안하면, 오픈 프라이스제가 확대 시행됨으로써 소비자들에게 득이 될 전망이다.

(3) 소비자 운동의 활성화

최근 사이버상에는 소비자단체뿐만 아니라 상업성을 띤 소비자 사이트들도 잇따라 생겨나고 있다. 활동도 단순히 소비자의 불만을 접수하고 해결해 주는 차원에서 벗어나, 제품 가격이나 품질에 대한 체계적인 감시와 개선을 요구하는 적극적인 방식으로 바뀌고 있다.

(4) 유통시장의 경쟁 격화

90년대 초반만 해도 유통시장은 백화점과 슈퍼마켓, 재래시장으로 나눠져 취급 품목이나 이용 계층이 확연히 구분돼 있었기 때문에 경쟁구도가 형성되기 어려웠다. 그러나 90년대 중반 이후 할인점 등 새로운 업태의 등장과 인터넷 쇼핑몰의 등장으로 이런 구분조차 무의미해질 정도로 경쟁이 일반화됐다. 이런 경쟁은 소비자들에게 선택의 다양성을 넓혀주고 가격파괴 현상을 더욱 가속화시킬 것이다.

(5) 소비의 글로벌화

개방화도 소비자에게는 유리한 환경으로 작용하고 있다. 개방이 가속화되면서 수입소비재의 비중은 점점 늘어날 것이다. 수입품 공세 속에 그동안 독점적 지위를 누려왔던 국내기업들의 시장지배력은 점차 무너질 것이고 이에 반해 소비자들이 상품을 선택할 수 있는 범위는 한층 늘어나게 될 것이다.

이제는 소비자를 경시하는 기업은 생존하기 어렵게 됐다. 항상 소비자의 입장에서 생각하고 기업과 소비자간의 원활한 피드백을 통해 소비자의 의견을 반영하는 기업만 생존할 수 있는 시대가 성큼 다가오고 있는 것이다.

2. 기업의 과제인 제조물책임(product liability: PL)법

제품의 안전성 결여로 소비자가 피해를 입은 경우, 제조자가 손해를 배상하는 제조물책임(product liability: PL)법이 2000년 1월 제정돼 2년 반의 유예기간을 거쳐 2002년 7월부터 시행되고 있다. 생산자에게 고객 제일주의, 제품의 불량 제로·고장 제로·사고 제로를 지향하는 경영혁신을 요구해, 소비자들은 더 좋은 제품을 제공받고 제조물 결함으로 인한 피해를 보다 쉽게 배상받을 수 있는 '소비자 주권시대'가 열린 것이다. 이 같은 PL법은 기업 경영환경과 산업문화에 혁명적인 변화를 예고하고 있다.

PL법은 국경없는 글로벌 경쟁시대에 우리 기업과 제품이 살아남기 위해 반드시 해내야 할 과제이자 소비자의 요구이기도 하다. PL법 시행에 따라 기업들은 새롭게 안게 될 부담과 위험이 무엇인지를 정확히 인식해, 제조물 결함을 최소화하는 경영시스템 구축과 기술확보 노력에 박차를 가해야 한다.

세계 선도기업들의 핵심전략 중 하나가 기업경영의 모든 프로세스에서 위험을 최소화하는 '전사적 리스크 경영체계' 구축임을 인식하고 있다. 결함있는 제품을 생산 판매할 때 기업이 부담하게 될 위험과 비용의 크기는 쉽게 예측하기 어려울 정도여서, 과거와 달리 제조물 결함으로 인해 도산할 위험이 크게 높아졌다.

PL법 시행과 관련해 기업들이 효과적 대책 및 새로 파생될 과제들에 대해 제대로 인식하고 있는지 우려를 떨치기 어렵다. 대기업의 경우는 그나마 전담팀을 두어 나름대로 대응하고 있지만, 중소기업은 대부분 관심이 소홀한 것이 현실이다.

PL법은 안전하고, 고장나지 않고, 고객이 만족하는 좋은 제품을 경제적으로 제때 생산하게 하는 경영혁신 방향과 일치한다. '불량품을 만들지 않고, 출하 후에도 고장나지 않고, 잘못 사용하거나 고장나도 안전상에 문제가 발생하지 않는 제품을 만들라'는 것은 소비자들의 당연한 요구이다. 이들 요구의 특성은 제품의 안전성, 신뢰성, 적합성 등 고객만족도와 관련성이 매우 높다.

3. PL법의 개념과 기존 소비자 보호제도와의 차이

(1) 제조물 책임 개념

제조물 책임법이란 상품의 생산·유통·판매라고 하는 일련의 과정에 있어 제품을 만든 자가 그 물건의 결함에 의하여 야기되는 생명·신체·재산권 및 기타의 권리에 대한 침해로부터 생긴 손해를 최종 소비자나 이용자 혹은 제3자에 대하여 배상할 의무를 부담하는 것을 말한다.

그러므로 일반적으로 제조물 책임이라고 할 때는 제조물의 사용자나 소비자의 생명·신체 및 재산에 대하여 침해를 가한 결함있는 제조물의 제조자와 공급자가 그 사용자 및 소비자에 대하여 부담하게 되는 손해배상책임을 지칭하는 넓은 의미로 사용된다.

(2) 발생 배경

산업혁명 이후 과학기술문명의 급속한 발달로 말미암아 현대사회는 대량생산, 복잡한 유통과정, 대량 소비사회로 변화하였다. 이러한 사회변화는 대중의 생활을 편리하고 보다 풍족하게 해 주었지만, 불량식품, 유해약품, 결함기기 등 만연하는 결함상품에 의한 위험의 증가라는 폐해도 동시에 초래하였다.

따라서 만연하는 결함상품의 위험으로부터 소비자를 보호하기 위하여 등장한 것이 '제조물 책임법' 이다. 특히 현대와 같은 생산경제체제 하에서는 생산자에게 아무런 과실이 없는 경우가 있는데, 이런 경우에 과실책임의 법리에 의해서는 구제가 곤란하거나 불가능하게 되기 때문에 제조물 책임관리가 발생하게 되었다.

(3) 도입의 필요성

1) 현행법상 피해구제의 어려움

소비자나 이용자가 피해제품으로 인하여 피해를 입었을 경우, 우리나라 현행법으로는 민사책임제도에 의하여 피해제품의 제조자는 불법행위 책임과 계약자 책임을 지게 되며, 피해 소비자는 이에 근거해 제조자를 추궁하게 된다.

결국 제품에 대한 전문적 지식이 없는 소비자는 정확한 결함에 의한 원인규명을 한다는 것이 사실상 불가능하며, 결함제조자를 상대로 직접 청구가 어렵기 때문에 현행제조상 피해에 대해 구제받기란 매우 어렵다.

이러한 이유로 인하여 제품에 결함을 제조자가 직접 규명하고, 직접적 결함관계 없이도 결함제품의 제조자가 이로 인한 피해 발생시에는 손해배상책임을 지게되는 '제조물 책임법' 의 도입이 소비자 피해 보호를 위해 절실히 요구되었다.

2) 개방화·국제화 시대의 요청

현재 미국, 유럽 및 일본 등 선진국은 물론 개발도상 국가들까지도 소비자 보호를 위해 제조물 책임법을 도입하였고 또 입법화하고 있는 추세이다. 오늘날 국제화·개방화 시대에 소비자의 권익을 최대한 보호하여 기업에 엄격한 책임을 지게 하는 것이 대세인데, 이에 대해 빨리 적응해야 국제무역시장에서 우리나라 기업들이 도태되지 않고 경쟁력을 확보할 수 있다.

실제로 우리 기업의 수출제품들은 이미 세계 여러 나라의 제조물 책임법의 적용을 받고 있다. 이런 이유로 인하여 제조물 책임법은 국제화·개방화 시대인 오늘날에 있어 반드시 필요하다.

(4) 기존 소비자 보호제도와의 차이점

1) 사후서비스(after sales service)

가장 보편화되어 있는 소비자 보호제도인 사후서비스는 상품에 하자가 발생되어 소비자의 불만이나 시정요구가 있는 경우 수리 또는 교환해 주는 소극적 의미의 소비자 보호제도이다.

2) 리콜(recall)제도

개정된 소비자 보호법에 의거 1996년 4월 1일부터 전 공산품에 대해 실시하고 있는 리콜제도는 소비자의 안전에 피해를 주거나, 줄 우려가 있는 제품을 기업(제조자, 수입자, 유통자 등)이 공개적으로 회수해서 수리·교환·환불해 줌으로써 소비자의 피해를 사전에 예방하는 직접적인 안전확보 제도이다. 사후서비스가 소비자의 시정요구가 있는 경우 해당 상품에 대하여 필요조치를 취하는 것인 반면 리콜제도는 일단 출하된 제품이 안전규격에 미달되거나 안전문제가 예상될 경우 소비자의 요구와 관계없이 문제품목 전체를 대상으로 공개적으로 예방차원의 필요한 조치를 치하는 것이다.

리콜제도는 정부가 결함상품에 대하여 시정조치를 내리기에 앞서 기업이 결함상품을 자발적으로 시장에서 회수하여 위험을 제거한 것에서 출발하였다. 현재는 사업자가 자발적으로 결함상품을 리콜하지 않는 경우 정부가 강제적으로 리콜명령을 할 수 있는데, 전자를 '목적적 리콜' 후자를 '강제적 리콜'이라고 한다.

13 불만고객 응대기법과 고객불만 사례

연구에 의하면 불만을 토로하는 고객들은 불만을 어느 정도 해결하면 54%는 다시 돌아온다고 한다. 그것을 외면했을 경우 재거래율은 9%이고, 불만에 대한 해결은 못했어도 귀담아 듣는 모습을 보인 경우 19%의 재거래율을 보인다고 한다. 중요한 것은 우리가 해결하지 못한 문제라도 고객으로부터 귀담아들어야 한다는 것이다.

제 1 절 불만고객 응대기법

1. 잠재불만고객을 잡아라

연구에 의하면 불만을 토로하는 고객들은 불만을 어느 정도 해결하면 54%는 다시 돌아온다고 한다. 그것을 외면했을 경우 재거래율은 9%이고, 불만에 대한 해결은 못했어도 귀담아 듣는 모습을 보인 경우 19%의 재거래율을 보인다고 한다. 중요한 것은 우리가 해결하지 못한 문제라도 고객으로부터 귀담아들어야 한다는 것이다.

고객이 만족했을 경우 좋은 소문으로 인한 구전으로 평균 7명의 신규고객이 창출되고, 불만족했을 경우에는 나쁜 소문으로 인하여 잠재고객 약 25%를 상실하게 된다고 한다. 이는 나타나지 않는 불만에 대한 관리가 얼마나 중요한지를 단적으로 보이는 수치이며, 그들 마음 속 깊은 곳을 헤아려서 미리 알아채고 해결해야 한다는 의미이다.

실제로 고객들의 불만사항을 헤아려 생산된 제품으로는 커피와 설탕량을 조절할 수 있는 커피믹스, 낙서가 잘 지워지는 장판, 쉽게 들고 다닐 수 있도록 개발된 워크맨 등 실로 엄청나게 많다.

서비스도 이와 같다. 고객접점에 있는 종사원들의 고객불만처리 방법에 따라 고객의 수가 달라진다. 더 나아가 종사원 자신의 인사고과 문제뿐만 아니라 회사의 잠재적 고객상실로 이어지게 되므로 서비스 종사원은 자신의 행동이 회사를 대표한다는 철학으로 매사에 조심해야 한다.

그림 13-1
불만고객 재거래율

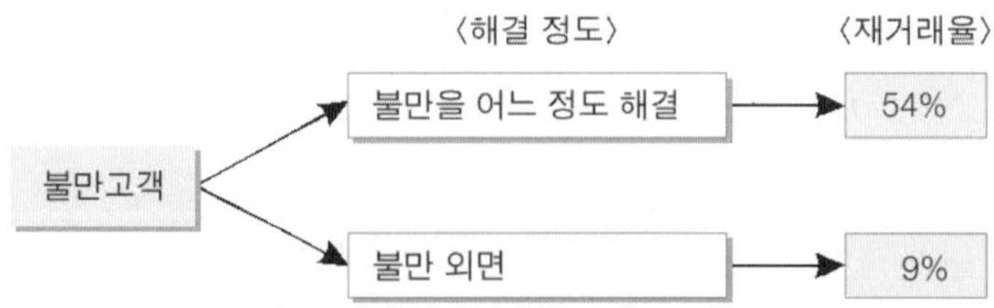

2. 불만고객을 단골(고정)고객으로 만드는 기법

서비스품질 측정은 고객이 기대했던 수준과 실제로 인식한 서비스 수준의 차이를 규명함으로써, 서비스 수준의 높고 낮음을 측정하는 것이다. 이 때 고객의 기대수준에 영향을 주는 요소로는

① 고객 자신의 개인적인 욕구

② 고객 자신의 과거 경험

③ 먼저 사용해 본 다른 고객으로부터 구전으로 전해들은 것

④ 기업의 광고나 홍보자료 또는 그 회사의 종사원이나 판매원이 전달하는 설명이나 약속

⑤ 서비스의 물리적 환경 등을 들 수 있다. 특히 서비스 물리적 환경의 주된 역할은 고객들에게 서비스품질이나 상품구색에 대한 정보적 단서를 제공해 준다는 것이다.

고객이 경험하는 서비스나 품질의 만족에는 '곱셈의 법칙' 이 적용된다. 따라서 다양한 고객접점(MOT) 중 어느 한 곳의 서비스가 '0' 이면 전체 서비스 만족도 역시 '0' 이 된다. 여러 고객접점 중 한 곳의 서비스라도 불량하면 한 순간에 고객을 잃을 수 있으며, 특히 고객접점의 최일선에 근무하는 현장서비스 종사원의 응대태도가 매우 중요함을 알 수 있다.

"당신은 친절하십니까?" 라는 질문을 받는다면 거침없이 선뜻 대답하기가 쉽지 않을 것이다. 그러면 "당신은 친절한 사람을 좋아하십니까?" 라는 질문엔 즉시 "당연하죠. 네" 라고 대답할 것이다.

이렇듯 우리는 내가 친절한 것보다 타인이 나에게 친절해 주기 바라는 마음이 더 크다. 그래서 고객은 늘 언제 어디서나 즐겁고 기분좋은 서비스를 기대한다. 또 그만큼 서비스 현장에서 기분상하는 일과 마주쳤을 때 평상시 느끼는 불평이나 불만보다도 더 민감하게 반응하게 된다. 기대가 컸기 때문에 실망도 큰 것이다.

고객불만이 발생하는 유형을 분석해 보면 다음과 같다.

① 고객의 기대에 못 미치는 서비스
② 지연서비스
③ 종사원의 실수와 무례함
④ 약속 미이행
⑤ 단정적 거절
⑥ 책임전가 등

서비스와 관련된 부분이 대부분이다.

그 외에도 자연의 힘에 의에 발생하는 문제나 시스템의 원인 등의 외부요인이 있지만, 우리의 실수이건 다른 요인이건 고객의 불만에 정면으로 대처하고 해결을 강구하여 고객만족을 이끌어 내는 것은 현장에 있는 종사원들의 몫이다.

서비스에 만족한 고객은 8명의 다른 고객에게 만족을 전파하지만, 서비스에 불만을 가진 고객은 25명의 다른 고객에게 그 불만을 전파한다고 한다. 따라서 불만을 나타내는 고객은 우리에겐 소중한 보석 같은 존재라고 할 수 있다.

고객이 나타내 주는 불만은 우리와 우리가 속한 회사가 반드시 해결해야 하는 과제이다. 불만을 나타내는 고객은 해결을 원하는 것이고, 만족한 해결이 이루어졌을 때 오히려 단골(고정)고객이 되는 예가 많다는 사실을 늘 기억해야 한다.

그러면 불만고객이 발생했을 때 어떻게 행동해야 가장 현명한 태도일까? 불만고객을 단골(고정)고객으로 만드는 기법은 다음과 같다.

그림 13-2
만족고객과 불만고객의 구전효과

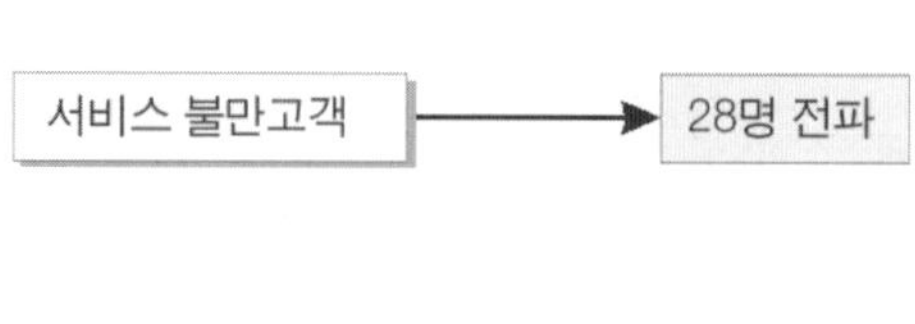

(1) 먼저 사과한다

문제가 무엇이든 일단 사과해라. "죄송합니다." 이 한마디는 불만고객 응대의 가장 중요한 핵심이다. "미안합니다" 보다 한 단계 높은 사과의 표현인 "죄송합니다"로 어서 빨리 유감의 뜻을 표현한다. 회사나 동료 또는 고객을 비난하면서 책임을 전가시키지 말고 무엇인가 잘못되었다는 것을 바로 인정하고 고객이 당장 바라는 것이 무엇인가를 빨리 찾아내야 한다.

"죄송합니다" 라고 응대한다고 해서 고객과 말하고 있는 서비스 종사원에게 모든 잘못에 대한 책임이 전가되는 것은 아니다. 사과한다는 것은 고객의 입장에서 볼 때 '잘못된 일들을 해결하려는 마음의 자세가 되어 있구나' 라고 생각하면서 마음놓고 문제를 제기할 수 있는 실마리가 된다. 프로다운 자세로 시의적절하게 진심에서 우러나오는 사과는 고객이 법적 싸움도 불사하겠다는 생각을 했더라도 포기하게 만들 수 있다.

사과는 책임을 인정하는 것도 책임을 전가하는 것도 고객을 비난하는 기회가 되어서도 안 된다. 눈은 싸늘하면서도 입으로만 사과의 말은 전하는 것 역시 진정한 사과가 아니다. 고객이 업무의 궁극적 목적임을, 나 또한 업무시간을 벗어나면 고객의 한 사람임을 깨닫는다면, 진정으로 사과할 수 있을 것이다. 단지 한 사람의 고객이 아닌 고객의 평생가치를 늘 염두에 두어야 한다.

(2) 열심히 고객의 불만을 듣는다

고객이 항의하는 말을 중간에 자르지 말고 끝까지 경청하라. 일반적으로 고객접점의 서비스 제공자는 자신이 해당업무의 베테랑이기 때문에 고객의 요구를 고객 이상으로 잘 알고 있다고 착각하고 자기 생각위주로 고객을 응대하는 매너리즘에 빠지기 쉽다. 고객의 말을 다 듣지 않고 중간에 형식적으로 사과하는 것은 오히려 고객의 감정을 악화시킬 뿐이다.

고객의 말을 끊지 않도록 주의하며 잘 듣고 불만의 문제를 파악하며 숨은 요인을 찾아내어야 한다. 또한 고객의 불만을 이해하고 함께 어려움을 걱정하고 있다는 인상을 심어주도록 한다.

(3) 변명을 하지 않는다

고객은 항상 옳다. 그리고 고객은 틀리는 법이 없다. 그러므로 설령 고객이 잘못 알고 있거나 우리가 정당하다 할지라도 규정 등을 내세우며 변명하여 고객의 노여움을 사지 않도록 한다. 아무리 화가 나더라도 고객의 체면을 손상시키는 말을 하거나 고객의 외형을 기준으로 선입관을 가지고 말해서도 안 된다. 고객과 똑같이 감정적이 되어서도 안되며 불만이나 힐책을 받았을 때 억지로 웃음을 지어서도 안 된다. 화가 난 고객에게 이러한 행동은 더욱 더 고객의 불만을 증폭시킬 뿐이다.

(4) 감사와 고객관점의 어휘 사용으로 공감대를 형성한다

경청 후 일부러 시간을 내어서 문제해결의 기회를 제공해 준 것에 대해 감사를 표하고 또한 고객불만에 공감대를 형성한다. 그러면 고객은 최소한 담당자의 정성에 호감을 갖게 된다. 현실에서는 서비스 제공자의 생각과 고객의 생각이 일치하지 않는 경우가 많다. 따라서 접객종사원들은 항상 고객의 목소리에 귀를 기울이고 고객의 관점에서 생각하고 서비스해야 한다.

"저희에게 솔직하게 말씀해 주셔서 감사합니다.", "상황에 대해 말씀해 주신 덕분에 저희가 필요한 조치를 할 수 있었습니다. 감사합니다.", "많이 속상하시겠습니다. 죄송합니다." 등의 말로 고객의 입장에서 서 있음을 느끼도록 한다.

(5) 어깨를 나란히 마주하는 자세를 취한다

화가 난 고객과 정면으로 대하게 되면 도전적인 인상을 줄 수 있다.

나란히 서서 자연스럽게 고객의 편에서 상황을 보겠다는 마음을 고객에게 심어준다.

(6) 천천히 침착한 목소리로 이야기한다

톤을 낮춘 목소리는 침착한 분위기를 만들어 고객의 마음을 누그러뜨린다. 천천히 이야기하는 것은 신중하게 단어를 선택함으로 실수를 적게 하게 하며 성실히 응대하는 이미지를 심어준다.

(7) 약속해결과 문제가 어려울 경우 관리자가 해결을 돕도록 한다

"책임자 불러와" "지배인 바꿔" 등의 말을 들어본 경험이 있는지? 원칙적으로 문제는 당사자가 해결해야 하는 것이나, 이런 경우에는 고객이 상사에게 불만사항을 두 번 반복하지 않도록 상사에게 고객의 불만내용을 과감하게 객관적으로 전달해 문제해결을 돕도록 한다.

그리하여 문제의 해결을 명확하게 약속하라. 제품이 고장난 경우라면 어느 부위를 수리하겠다든지 무상서비스와 유상서비스를 정확하게 고지한다든지, 예약 잘못으로 룸서비스가 불가능하다면 다른 객실을 알아보겠다든지, 정확하게 문제를 해결하도록 노력하라. 만일 근무하는 호텔에 더 이상의 일반객실은 없지만 특별객실이 남아 있다면, 특별객실으로라도 모실 전사적인 서비스 마인드가 있어야만 진정한 서비스라 할 수 있지 않을까?

(8) 장소를 바꾼다

긴 시간이 요구된다는 판단이 서거나 다른 고객의 시선을 많이 집중시킬 때가 있다. 그럴 땐 정중히 "죄송하지만, 상담실에서 가셔서 말씀해 주시겠습니까?" 등의 응대로 자연스럽게 고객을 다른 장소로 모신다. 장소를 옮기고, 책임자의 사과를 받고, 차 한잔 마시는 시간을 가지는 과정에서 고객의 화는 가라앉게 되고 해결의 실마리는 찾게 될 것이다.

(9) 대안을 강구해 준다

먼저 고객에게 대안을 제시할 수 있도록 한다. 고객의 요구를 다 받들지 못할 경우, 실현 가능한 최선의 대안을 제시해 준다. 이 경우에도 다시 한 번 고객에게 사과의 말을 한 후 고객과 적절한 합의를 도출한다.

(10) 세부정보를 정확하게 파악한다

고객의 정보를 정확하게 파악하라. 제품의 수리가 종료되었음에도 고객의 정보 파악의 미숙으로 제때 연락주지 못한다면 이는 커다란 서비스 실수로 이어진다.

(11) 신속히 처리한다

약속한 대로 신속하게 처리하라. 일반적으로 서비스에서조차 '코리안 타임'이 아직도 많다. 고객으로 하여금 '몇 일 몇 시'라고 해 놓고는 종일 기다리게 하는 경우가 허다하다.

(12) 성실하게 불만처리를 하고 결과를 확인한다

고객과의 약속은 성실히 이행한 후 불만처리 과정과 고객이 만족했는지에 대해 꼭 확인하고 다시금 사과하라. 전화를 드려서 확인하고 사과하는 작은 정성에서 고객은 감동한다.

(13) 피드백 시킨다

고객의 불만내용을 회사에 피드백시켜 동일한 불만이 재발하지 않도록 한다. 또한 동일한 불만이 제기되었을 때 어떻게 처리할 것인가에 대한 매뉴얼 개발도 필요하다 하겠다.

(14) 고객불만일지를 작성한다

① 고객불만을 상사에게 보고 후 모든 사항을 육하 원칙에 준해서

기록한다.

- Who(누가): 주체적 인물
- When(언제): 시간
- Where(어디서): 장소
- What(무엇을): 내용
- Why(왜): 발생이유
- How(어떻게): 처리방법

② 작성 이유

- 같은 종류의 실수 및 성격이 다른 기타 불만의 원인을 미연에 방지할 수 있다.
- 종사원의 교육자료로 활용한다.
- 고객의 기호파악을 용이하게 해주는 자료가 된다.
- 기업의 발전을 뒷받침하는 귀중한 자료로서 활용한다.

이상의 고객불만처리 방법은 고객불만을 효과적으로 처리할 수 있는 요령일 뿐 이것이 전부는 아니다. 고객들은 대부분 어느 정도의 합리적 근거를 가지고 불만을 표시한다. 고객들은 항상 항의할 권리가 있으며, 이들의 불만사항을 외면하지 말고 알맞게 응대한다면 오히려 단골(고정) 고객 확보로 이어짐을 늘 유념해야 한다.

이제는 서비스가 경쟁의 원천인 시대가 되었다. 과거의 경영지표가 생산성이나 품질 향상이었다면 미래는 고객만족도임을 잊어서는 안 된다.

<표 13-1> 경영지표의 변화

과 거	미 래
•생 산 성 •품질향상	•고객만족도

3. 고객응대 서비스 — 고객 반대(거절)극복 단계

(1) 신념(확신)을 불러일으키는 9가지 방법

① 열성있게 하라.
② 힘차게 하라.
③ 주된 판매 핵심을 되풀이하라.
④ 낮추어서 이야기하고, 말한 것 이상을 증명해 주라.
⑤ 판매 속에 우정을 깃들이라.
⑥ 말하는 것이 무엇인지를 알아라.
⑦ 당신의 주장을 뒷받침해줄 증명이나 증거를 준비하라.
⑧ 회사의 명성을 강조하라.
⑨ 판매관련 대화는 간단 명료하고, 이해하기 쉽게 하라.

(2) 고객이 거절하는 이유 10가지

① 종사원이 말하고 있는 것의 전부, 혹은 일부를 이해하지 못할 때
② 종사원이 말한 사항들을 믿지 못할 때
③ 종사원의 태도나 성품이 화나게 만들 때
④ 종사원의 판매동기가 의심스러울 때
⑤ 종사원의 설명을 이해하기에는 상품에 대한 기초적인 지식이 불충분할 때
⑥ 상품에 대한 잘못된 지식을 갖고 있을 때
⑦ 상품의 필요성을 인식하지 못할 때
⑧ 상품의 값이 너무 비싸다고 느낄 때
⑨ 종사원의 방법에 의해서 고객의 선택자유가 제한된다고 느낄 때
⑩ 아직 확실한 신념이 서지 않으며 보다 많은 물적증거를 원할 때

(3) 반대(거절)와 핑계

① 반대(거절): 종사원과 고객과의 사이에 있는 분명한 차이점

② 핑계: 무조건 종사원의 설명을 회피하려고 연막전술을 펴는 것

(4) 거절에 대답하는 5단계 절차

① 반대이유를 들어라.
② 반대를 다시 나열하라.
③ 대답하기 전에 그 점을 인정하라.
④ 간단명료히 대답하라.
⑤ 다른 대안을 물어보라.

제 2 절 고객불만 사례와 분석

1. 불만 많은 고객이 우수고객

회사원인 L씨(27)는 올해 초 패밀리 레스토랑인 스카이락의 한 지점을 찾았다. 다양한 메뉴와 저렴한 가격이 마음에 들었지만 몇 가지 문제점이 눈에 띄었다.

'음료수가 다 떨어지면 다시 종사원을 불러서 리필을 요구하는 게 불편하네. 1/3 정도 남으면 알아서 리필을 해줬으면 좋겠는데….'

'종사원들의 얼굴에 웃음이 없고 "실례합니다" 라는 상투적인 말을 너무 자주 써. 좀 더 다양한 표현방법이 있을텐데….'

'어? 창가 쪽 벽이나 창틀에 먼지가 좀 있군. 잘 보이는 곳만 청소를 깨끗이 하고 이곳은 좀 소홀히 한 것 같아.'

스카이락을 찾을 때마다 속으로만 생각하던 문제점을 L씨는 스카이락 홈페이지에 조목조목 지적하는 글을 올렸다. 세세한 지적이어서 생각하기에 따라서는 트집잡기로 보일 수도 있었다.

그러나 L씨는 뜻밖에도 스카이락으로부터 '고객이 바라본 스카이락'이라는 제목으로 종사원들을 상대로 강의를 해달라는 요청을 받았다. 스카이락은 L씨의 생생한 불만을 종사원들에게 전달해 고객이 정말 원하는 것이 무엇인지를 피부에 와 닿게 알려주고 싶었기 때문이다. 물론 L씨가 제기한 불만은 최대한 수용해서 문제점을 고쳤다.

스테이크 전문 레스토랑인 빕스의 고객 P씨(23)도 비슷한 경우다. 홈페이지에 빕스의 문제점을 지적하는 장문의 글을 올린 뒤 역시 강사로 초빙돼 종사원들을 상대로 서비스에 대해 강의를 했다. 그는 이제 빕스의 각 매장을 돌아다니며 서비스 실태를 살펴보고 회사 쪽에 개선점을 제안하는 열성고객이 됐다.

이처럼 '불만 많은 고객'을 바라보는 기업의 시각이 달라지고 있다. '귀찮은 존재'에서 '우수고객'으로 바뀌는 것이다. 이는 불평을 터뜨리는 고객들이 근본적으로는 자사에 대한 친근감이나 애정이 있다는 전제 하에서 출발한다. 등잔 밑이 어둡다는 속담처럼 종사원이나 회사측은 자신의 잘못을 깨닫지 못하는 경우가 많다. 이런 점에서 불만을 가진 고객들의 예리한 지적은 경영에 상당한 도움이 된다.

소비자들도 적극적인 태도를 가질 필요가 있다. 어떤 기업이나 제품에 불만이 있다면 "다시는 쳐다보지도 않는다"며 돌아서기보다는 타당성 있는 따끔한 질책을 하는 게 좋다. 그런 고객의 중요성을 알고 있는 기업이라면 무시하지 않는다. 올바른 의견을 내면 상금이나 사은품을 받고 회사측으로부터 감사편지를 받을 수 있다.

(1) 지적많은 고객, 공장 초대 — 패밀리 레스토랑 스카이락과 엘지생활건강

1) 패밀리 레스토랑인 스카이락의 메뉴평가단

스카이락에 평소 불만을 제기했던 고객 등이 포함된 메뉴 평가단은 고객의 입장에서 스카이락 메뉴의 맛과 질 등에 대한 평가를 해주는 구실을 한다.

2) 엘지생활건강

해마다 두 차례씩 불만이 많은 고객을 불러 사업장을 견학시켜 준다. 올해도 지난 6월 엘지생활건강에 대해 불만을 많이 한 고객 가운데 40여명을 선발하여, 대전 기술연구원과 청주 공장을 보여 주었다. 단지 '우리가 이렇게 열심히 하고 있다' 고 설득하는 것만이 목적이 아니라, 혹시 최종 생산품에서 고객의 불만으로 이어질 요인이 없는지 소비자의 눈으로 연구 및 생산과정을 미리 살펴보도록 하자는 취지도 있다고 하였다.

고객들은 제품의 결함을 발견했을 때보다도 자신의 불평을 기업들이 무시하거나 푸대접할 때 더욱 분노한다. 엘지생활건강은 이런 정서를 적극 경영에 반영한 것이다. 불평을 터뜨렸는데 뜻밖에도 회사측으로부터 융숭한 대접을 받게 된 고객들이 해당회사에 호의적으로 변하는 것은 물론이다.

(2) 하루(24시간) 내 조치 — 현대백화점

현대백화점은 '고객의 의견 데이터베이스' 를 구축하였다. 이 시스템은 각 매장, 고객상담실, 안내데스크, 소리함 등 각종 접객창구에 접수되는 각종 불평·불만사항과 현대인터넷쇼핑몰 등에 올려진 의견 등 고객들의 모든 의견을 통합해 데이터베이스화한 것이다.

매장 담당자들은 데이터베이스를 통해 고객의 불평 및 의견을 실시간으로 파악해 늦어도 하루 안에 조처를 취할 수 있다. 무엇보다 불만 해결방법을 데이터베이스화해 전 종사원이 공유하고 숙지한 결과, 비슷한 불만사례가 40% 정도 줄었다. 고객 각자의 불만 건수, 주요 불만사항, 상품 구매성향 등에 관한 사항까지도 한 눈에 파악할 수 있어, 불만고객에 대한 1:1 맞춤서비스가 가능해졌다고 백화점 측은 설명했다.

(3) 매월 하루 '클레임 반성회' — 신원

ShinWon
http://www.sw.co.kr

"기본형 재킷이 얼마 입지도 않았는데 어깨솔 아래 박음선이 뜯어졌다는 불만이 있다.", "소재가 약한 재킷인 때문이므로 전량 회수해서 강한 소재로 보완해서 다시 내놓는 것이 좋겠다.”, “고급 스웨터가 보풀이 잘 일어난다는 항의가 들어왔다.”, “직물이 성기게 짜져서 문제가 발생했다. 앞으로 직물의 급수를 높여 옷감을 더 촘촘히 짜면 해결할 수 있다.”

베스띠벨리, 씨, 비키, 아이엔비유 등의 브랜드를 보유하고 있는 신원은 매달 마지막주 목요일 ‘클레임 반성회’를 열어 고객들의 불평이 나온 제품을 모아놓고 꼼꼼히 원인과 이유를 분석한다. 이 제도는 지난 1998년부터 시작됐다. 그 결과 98년 3월 420건이었던 클레임 발생건수가 시행 4년째인 2001년엔 품목에 따라 10건 안팎으로 줄어들었다.

(4) 기다리기 넘어 찾아다니기 — 국민은행

국민은행은 아예 고객들의 불만을 찾아다닌다. 행원 가운데 컴퓨터와 인터넷에 능숙한 30명을 뽑아 만든 ‘사이버 인스펙터’가 대표적인 사례이다. 이들은 국민은행 홈페이지뿐만 아니라, 각종 인터넷 사이트의 게시판 등을 뒤져 국민은행과 관련된 고객들의 불만이 없는지를 매일 검색한다.

고객이 터뜨리는 불만은 바로 해당 부서나 지점에 통보해 처리한다. 번뜩이는 고객들의 아이디어는 신상품 및 서비스 개발 등에 반영한다. 이 정도면 고객들의 불만을 찾아다니는 셈이다.

국민은행은 고객을 대상으로 상품관련 아이디어나 은행경영 전반에 대하여 고객의 의견을 받는 ‘고객제안제도’를 운영중인데, 지난해에는 모두 30건을 채택해 우수 제안상 1편에 상금 50만원, 장려상 2편에 30만원씩의 상금을 지급했다.

2. 고객불만 사례와 분석

(1) 불만고객을 평생고객으로

몇 년 전부터 등산에 취미를 붙인 회사원 J씨(36)는 큰 맘 먹고 158,000원을 들여 고급 등산화를 샀다. 의기양양하게 북한산에 몇 차례 올랐는데 걷기도 힘들만큼 왼쪽 복사뼈에 통증이 왔다. 한 차례 수선까지 했지만 마찬가지였다.

"그냥 버리기는 너무 아깝고, 다른 등산화로 바꿔 달라고 할까? 벌써 대여섯 번이나 신었는데 교환해 줄까? 등산화에 하자가 있는 게 아니라 혹시 내 발에 문제가 있을지도 모르는데…"

몇 번이나 망설이다 최근 물건을 구입한 일산의 L백화점 내 스포츠 용품점을 찾아갔다. 조심스럽게 사정을 이야기하자 점장이 의외의 반응으로 응대했다.

"당연히 바꿔 드려야죠. 같은 모델로 하시겠습니까?"

"아뇨, 그 모델은 좀 불안해서…"

다른 모델의 조금 싼 등산화를 골랐다.

"손님, 가격차가 12,000원입니다."

"됐습니다."

"그럼 손님, 이 등산양말이라도…"

점장은 등산양말을 집어준 뒤 90도로 깍듯이 인사까지 했다. 등산양말에는 정확히 12,000원이라는 가격표가 붙어 있었다. J씨는 '두 번' 감격했다.

고객은 제품을 구입하기 위한 상황에서의 친절함보다 환불이나 불만처리를 잘 해줄 때 더 감동받고 만족해한다. 고객들도 환불이나 불만처리 시에는 미안한 감정을 조금은 가지고 있다. 그럴 때 아무 문제없이 오히려 더 친절하게 대해 준다면 고객은 그 기업의 평생고객이 될 것이다.

사례분석

- **불만상황**: 고급 등산화를 산 J씨, 왼쪽 복사뼈에 통증이 있어 한 차례 수선하였으나 그래도 마찬가지여서 교환하러 감.
- **응대 서비스**: 당연히 바꿔주면서 제품의 가격차이만큼 환불을 해 줌. 고객이 너무 미안하여 거절하자 그 가격에 상당하는 등산양말을 제공
- **서비스 결과**: 고객감동, 단골(고정)고객 확보로 이어짐.

(2) 규정제일주의

오리건 애슐랜드(Oregon Ashland)의 어느 대형 약국에서 있었던 일이다. 초로의 한 여성이 약 24개의 코카콜라 캔을 환불(개당 5센트) 받으려고 줄을 서 있었다. 출납원이 그 여성에게 말했다.

"(캔을) 그냥 가져가세요. 코카콜라와 거래를 끊었습니다."

"하지만 여기에서 샀는걸요" . 초로의 여성이 당황한 얼굴로 반박했다.

"코카콜라 판매를 중단했다니까요."

"하지만 2주일 전에 여기에서 샀어요."

"여기 방침상 코카콜라 캔은 회수하지 않기로 했어요."

결국 그 여성은 빈 캔이 담긴 소형 손수레를 끌고 가게를 떠났다. 약국이 위치한 쇼핑센터의 슈퍼마켓에서는 코카콜라를 판매했다. 만약 약국 출납원이 조금만 상식을 발휘했더라면 고객의 편의를 도모하는 차원에서 대신 환불해 주고, 당일 늦게라도 그 캔을 슈퍼마켓으로 가져갔어야 한다. 겨우 1달러 20센트 때문에 고객 한 명을 영원히 잃어버린 것이다.

사례분석

- **불만상황**: 오리건 애슐랜드의 어느 대형약국에 초로의 한 고객이 2주전 구입한 코카콜라 빈캔을 환불받으러 옴.
- **응대 서비스**: 코카콜라와 거래를 끊은 관계로 규정을 내세워 약국 출납원이 환불 거절
- **서비스 결과**: 고객불만, 겨우 1달러 20센트로 인해 고객 한 명을 영원히 잃음.
- **고품위 서비스**: 대신 환불해주고 시간이 나면 바로 옆에 있는 슈퍼마켓에서 환불받음.

(3) 미국 Shilo 호텔의 고객불만 서비스

나는 3주 전 친구들과 솔트레이크 시(Salt Lake City)로 5일간의 스키 여행을 떠났다. 한 친구가 미국 실로(Shilo)라는 처음 들어보는 호텔에 예약을 했다. 스키여행을 끝내고 호텔을 떠나던 날, 호텔에서 체크아웃을 하고 차로 가는 중 허리벨트에 있던 휴대폰이 빠져나와 없어져 버렸다. 떠나기 전까지 계속해서 이곳 저곳을 찾아보았지만 찾을 수가 없었다. 내 자신에게 실망스러웠고 화가 났다. 미네아폴리스(Minneapolis)로 돌아와 묵었던 호텔로 전화를 걸어, 혹시라도 휴대폰이 발견되면 전화해 달라고 부탁하고는 집과 회사 전화번호를 남겨놓았다.

토요일, 혹시나 하는 마음에 실로(Shilo) 호텔로 다시 전화를 걸었다. 다행스럽게도 휴대폰이 발견되어 분실물 보관함에 있다고 하면서 담당 종사원이 다음날 휴대폰을 보내주겠다고 했다. 며칠을 기다렸는데도 휴대폰을 받지 못해 다시 호텔로 세 번이나 전화를 했다. 교환원은 하우스키핑(house keeping) 부서로 내 전화를 연결해 주었고, 그 쪽에서 하는 말이 아직까지 휴대폰을 보내지 못했고 지금 UPS편으로 보내겠다고 하였다.

그러나 화요일이 되어서도 여전히 휴대폰을 받지 못해 다시 호텔로 전화를 걸었다. 그러자 호텔 종사원이 휴대폰을 금요일에야 보냈다는 말을 했다. 화가 머리끝까지 났다. 휴대폰을 잃어버린 건 내 실수이지만, 덕분에 그들은 훌륭한 서비스를 제공할 수 있는 기회를 갖게 되었다. 하지만 그런 기회를 놓치다니 얼마나 어리석고 한심스러운가?

만약 여러분이 어떠한 물건을 받기로 4번이나 약속을 받았는데도 계속해서 확인 전화를 해야하는 상황이라면 어떻겠는가?

호텔 종사원은 즉시 휴대폰을 보내주겠다는 말을 했고, 나는 호텔 종사원들이 매우 충직하고 훌륭하다고 몇 번이나 칭찬을 했는데 그들은 4번이나 약속을 어겼다.

물론 여러분(경영자)들은 유능한 당신 종사원들에게서는 그러한 일이 결코 일어나지 않을 거라고 장담하지만 실제로 그런 일이 일어나지 않았는가? 서비스산업 종사자는 친절하고 예의바르며, 긍정적이고 사려 깊은 사람이어야 한다. 나는 그러한 사람들이 호텔산업에 종사하는 사람들인지 의심하지 않을 수 없었다.

실로(Shilo) 호텔 방은 잘 정리되어 있었고, 이제까지 먹어보지 못했던 뛰어난 맛의 초콜렛칩 쿠키를 비롯해 매일 갓 구워 낸 쿠키를 여러 번에 걸쳐 제공해 주었다. 그러나, 투숙한 이틀간은 많은 양의 쿠키를 주었지만 그 다음날부터는 밀가루 반죽을 망쳐서 쿠키를 굽지 못했다는 등 매일 매일 다른 핑계를 대면서 쿠키를 주지 않았다. 그 외에도 우리 일행중 한 명이 우리가 쓸 방을 30~60일전에 커넥션 룸(connection room)으로 예약했는데도 막상 우리가 도착했을 때는 커넥션 룸이 하나도 남아있지 않았다.

여러분들 중에는 다음과 같은 생각을 할 수도 있다.

"당신은 싸구려 호텔에 묵었으니 그런 대접을 받는 것이 당연한거요. 그 가격에 맞는 서비스를 받는 것이 당연한 것 아니겠소?" 라고 말이다. 하지만 앞의 실로(Shilo) 호텔과는 달리 솔트레이크시 시내에 있는 호텔들의 경쟁은 치열하다. 시내 호텔들은 합리적인 가격을 제시할 뿐만 아니라 직원들은 친절하고 약속을 잘 지키며 직접 행동으로 보여준다. 밤과 낮이 확연히 다르듯이 서비스도 그에 맞게 제공한다면 얼마나 멋있겠는가? '아마도 천국이 이곳이구나' 라고 느낄 것이다(미 SQI 사장).

저가격으로 경쟁력을 갖춘 회사들은 만약 그들이 뛰어난 서비스를 제공만 하면 시장에서 독점적인 위치를 차지할 수 있다. 아마존(서적류 유통업)과 월마트(생활용품 할인점)가 좋은 예이다. 두 회사는 고객만족 서비스에 중점을 두었고 각자의 산업분야에서 전 세계적으로 상당한 영향력을 행사하고 있다. 아마존과 월마트의 경쟁회사들은 두 회사가 얼마나 고객만족 서비스에 중점을 두고 있는지를 깨닫고 모두가 서비스를 전면에 내세우고 있다. 이제는 서비스를 제공하느냐의 문제가 아니라 남들과 차별화되는 서비스를 제공하는 것이 중요한 시대가 되었다.

사례분석

- **불만상황**: 미국 솔트레이크시 실로(Shilo)호텔에서의 휴대폰 분실 및 발송 지연
- **응대 서비스**: 계속 휴대폰을 보내주겠다고 약속하면서 4번이나 약속을 어김.
- **서비스 결과**: 고객불만, 구전을 통한 호텔 신용도 추락

(4) 백화점에 보낸 불만고객의 편지

클레임이란 누구를 막론하고 싫어한다.

고객의 입장에서도 이것은 싫은 것이다. 따라서 클레임이 발생했다 하면 어떤 방법으로든지 즉시 해결해야 한다는 인식은 이제 기업뿐 아니라 일반 소비자에게도 상식이 되었다.

그러나 문제는 클레임 해결방법에 있다. 해결한다는 인식의 범위가 클레임으로 나타난 표면적 현상만을 해소하는데 그치고, 그 문제의 원인을 규명하는 데까지는 미치지 못하고 있다는 데 문제가 있는 것이다. 이와 같은 클레임 해결방법은 결국 같은 클레임의 문제를 계속 반복할 수밖에 없다.

우리 주변에는 발생된 클레임을 그 현상만 해소하고 이것으로 문제를 모두 해결한 것처럼 생각하는 사례들이 너무 많다.

클레임이란 그 발생원인을 근원적으로 제거해야 계속 되풀이되는 동일한 클레임을 방지할 수 있다. 클레임이 반복된다는 것은 결국 우리 모두가 클레임에 대한 인식이 부족하고 클레임이 기업 이미지에 미치는 영향력이 얼마나 큰 것인지를 인식하지 못하지 때문이라고 할 수 있다.

클레임이 어떤 이유에서 이처럼 기업에 있어 중요한 것인가에 대해 한 사례를 통해 알아보자.

이것은 미국에서 있었던 일이고, 한 고객이 백화점에 보낸 편지이다.

매니저 귀하

본인은 자신을 귀사와 같은 백화점에서는 가장 다루기 쉬운 고객의 한 사람이라고 생각하고 있습니다. 나는 사실 어떤 불쾌한 응대를 받았다 하더라도 쉽게 불만스런 말 한마디 하지 않는 사람입니다. 레스토랑에 가면 자리에 앉아 웨이터가 와 주기만을 잠자코 기다리는 스타일의 사람입니다.

중략--

그런데 며칠 전 귀 백화점에서 헤어드라이어 하나를 샀습니다. 2주일 정도 사용했는데 유감스럽게도 고장이 나고 말았습니다. 이것을 들고 백화점 그 코너를 찾아간다는 것이 마음에 내키지 않는 일이었지만, 한편 '매장은 이것을 메이커의 사후서비스센터에 보내 주기만 하면 되고, 나는 당연히 수리비용을 부담하면 될 것이다.' 라고 생각하고는 그 매장으로 갔습니다.

그런데 유감스럽게도 매장 종사원은 나의 이러한 선량한 마음을 완전히 짓밟아버렸습니다. 종사원은 내 말을 끝까지 들어 보지도 않고 "사용방법을 잘 읽어 보시고 사용하셨어야죠. 그랬으면 이렇게 될 리가 없지요" 하고는 더 이상 나의 설명을 들으려 하지도 않았으며 더 이상 나에게 시간도 주지 않았습니다.

나는 그 장소에 머물러 있을 이유가 없었습니다. 나는 웃는 낯으로 인사를 하고 그 곳을 떠나왔습니다.

나에게는 일반 고객이 갖고 있지 않는 독특한 고집이 있습니다. 나는 이와 같은 불친절한 경우를 당하게 되면 바로 '다시는 이 백화점에 오지 않겠다' 라고 결심해버리는 고집이 있습니다. 나는 이 고집을 그 매장에 대한 대가라고 생각하고 있습니다. 다시 가지 않겠다고 결심한 이상 비록 백화점이 특별서비스 행사를 실시한다 할지라도 나는 추호도 관심을 기울이지 않습니다. 물론 이런 결심은 많은 갈등을 수반하게 됩니다. 그러나 그 매장으로 하여금 응분의 대가를 치르도록 한다는 결심과는 결코 비교할 수 없는 사소한 것에 불과하다는 생각으로, 차라리 나는 이 정도의 갈등은 감수하기로 한 것입니다.

이와 같은 생각을 갖고 있는 고객은 결코 나 한 사람만이 아닐 것입니다. 만일 귀 백화점 고객으로서 백화점에 대한 인식이 점차 나와 같은 경향으로 확대되어 간다고 하면 백화점은 자신도 느끼지 못하는 사이에 고객감소라는 비극적인 현실을 피할 수 없게 될지도 모릅니다. 고객 가운데서 나와 같은 생각을 가진 사람이 의외로 많다는 것을 인식하시기 바랍니다.

주변에 막대한 비용으로 고객에게 최선의 서비스를 약속하고 있는 많은 경영자를 봅니다. 나는 그들에게 무언의 충고를 합니다. "이 친구들아, 무엇보다도 먼저 내가 고장난 드라이어를 들고 갔을 때, 그 짧은 순간 차라리 억지로라도 좋으니 웃는 모습으로 친절하게 안내해 주기만 했더라면…. 나는 백화점을 다시 찾아가는 고객이 되었을텐데 말이야…."

당신이 고객의 입장이 되어 이 편지를 읽었다면 당신은 이 편지를 보낸 고객의 기분을 충분히 공감할 수 있을 것이며, 만일 당신이 기업측 입장에서 이 편지를 읽었다면 당신은 재삼 클레임에 대한 인식을 새롭게 할 수 있었을 것으로 믿는다.

우리는 흔히 "클레임 어떻게 됐어?" 하고 질문하면, "예, 바로 처리했습니다." 아니면 "별 문제가 아니었습니다."라고 가볍게 대답하고 있는 예를 자주 접하게 된다.

우리 주변에서 이와 같은 클레임 처리 인식이 계속 반복되고 있으며 우리는 이것을 일반적인 클레임 처리 방법으로 잘못 인식하고 있다는 뜻이다. 무엇보다도 클레임이 완전하게 해결 되었느냐의 여부는 그 클레임을 제기해 준 고객이 판단하는 것이다.

따라서 기업이 클레임의 처리 결과를 놓고 내부적으로 '별 문제가 없는 것이었다.' 또는 '바로 처리했다.' 등 가볍게 넘겨 버리는 것은 결코 바람직하지 못하다. 그것은 어디까지나 기업의 입장일 뿐이다.

다시 말해서 클레임의 처리 결과에 대한 판단은 고객이 하는 것이지 기업이 판단할 몫이 아니다. 만일 기업이 판단하려 한다면 진정으로 클레임을 해결하려고 노력하는 자세라 할 수 없다.

효용이란 고객으로부터의 반응에 의해서 그 가치가 판단되어지는 것이라는 것을 다시 한 번 되새겨야 할 것이다.

토론의 장

고객으로부터 온 한 통의 편지 내용에서 느낀 점과 우리나라 클레임에 대한 해결방법에 대해 각자가 실제로 경험한 사례를 발표하고, 문제의 원인까지 해결하려면 어떤 식으로 처리해야 할지 경영자 입장에서 토론해 보자.

(5) 일본 도시바회사에 대한 고객불만

1999년 9월 도시바의 신형 VTR을 구입한 한 고객이 전화로 A/S를 요청하였으나, 이 전화를 받은 종사원은 상담과정에서 고객에게 폭언을 하는 사례가 발생했다. 이 고객은 제품의 결함으로 제품을 사용할 수 없게 되자, 도시바 홍보부에 전화를 걸어 제품의 교환이나 수리를 요청하였다.

이에 고객의 불만전화를 받은 그 종사원은 고객 자신이 제품을 부주의하게 취급해 놓고서는 부당하게 사후서비스를 요청한다고 욕설에 가까운 폭언을 한 것이다. 고객은 더 이상 도시바 측에 요구해도 자신의 요구가 받아들여지지 않을 것으로 판단하고, 도시바 측 종사원과의 대화내용, 특히 고객에 대해 폭언을 하는 통화내용을 음성파일로 만들어서 자신의 인터넷 홈페이지에 게재하였다.

도시바는 이 불만고객의 행동을 한 개인의 튀는 행동 정도로만 생각하고 대수롭지 않게 생각하며 불만고객에게 소극적으로 대응하는 사이에, 고객 자신의 홈페이지에 올린 글을 읽고 폭언을 하는 종사원의 통화내용이 담긴 파일을 들은 네티즌이 급속히 증가하였다(하루 10만건이 넘게 접속되어 2개월만에 총 800만건 기록). 전 세계 네티즌이 그 고객의 홈페이지에 도시바의 처사를 비난하는 글을 수없이 게재하기에 이르렀고, 도시바 제품의 불매운동 전개로 이어졌다.

사례분석

- **불만상황**: 신형 VTR을 구입한 고객이 사후서비스를 요청하면서 홍보부 직원과 언쟁
- **응대 서비스**: 고객이 제품을 부주의하게 사용하였다며 사후서비스를 부당하다고 하였을 뿐만 아니라, 그 과정에서 욕설에 가까운 폭언
- **고객대응**: 직원과의 대화 내용을 음성파일로 만들어 자신의 홈페이지에 게재하여 억울함을 호소
- **서비스 결과**: 고객불만, 전 세계 네티즌들의 도시바 제품 불매운동 전개

(6) 실수가 만든 고정고객

직장 동료들과 함께 점심을 먹었다. 즐겁게 얘기하며 식사하는데 음식 소스에서 가느다란 실같은 것이 나왔다. 우리는 종사원을 불러 그것이 무엇인지를 물어봤다.

음식에서 꺼낸 이물질을 본 종사원은 "주방에 확인해 보겠습니다"라고 차분히 대답했다. 확인 결과 음식에 소스를 바를 때 사용하는 솔이 한 올 빠졌던 것이었다. 종사원은 위생상 문제는 없을 것이라면서도 계속 '죄송하다'며 진심어린 사과를 했다. 음식을 새로 만들어 주겠다고 했다. 우린 이미 많이 먹었고 또 몸에 나쁜 것이 들어간 것도 아니니 괜찮다고 했다. 종사원은 이해해 줘서 고맙다며 인사했다.

음식에서 이상한 것이 나온 것에 대해 사실 많이 불쾌해야 할 일이다. 그러나 종사원의 진심어린 사과에 우리는 오히려 기분이 좋아졌다. 그래서 음식점에 비치된 고객카드에 친절한 사원으로 그 종사원의 이름을 적어놓고 나왔다.

그 인연으로 우리는 그 음식점을 더욱 자주 찾게 되었고, 그 종사원 역시 우리를 기억하는지 찾아갈 때마다 항상 앞에서 웃는 얼굴로 맞아주었다. 어쩌면 나쁜 기억으로 남을 음식점이었지만 오히려 단골손님으로 남을 수 있게 만든 것은 고객에 대한 진심어린 사과 그리고 친절이라는 이름의 힘이 아니었나 생각한다(신지아).

사례분석

- **불만상황**: 식사중 음식에서 이물질 발견
- **응대 서비스**: 이물질에 대한 진심어린 사과와 차분하고 공손한 처리로 신뢰감 회복
- **서비스 결과**: 고객만족, 진심어린 사과에 오히려 좋은 기분으로 비치된 고객카드에 친절한 사원으로 그 종사원의 이름을 적어 넣음. 고정고객 확보로 이어짐.

(7) 맥도날드의 고객불만 내부 보고서

패스트푸드 체인인 맥도날드가 종사원들의 불친절, 서비스 정신 부족 등으로 매년 수억 달러의 매출 차질을 빚고 있다고 자체 분석보고서가 밝혔다.

내부 보고서에 따르면 맥도날드를 찾은 고객의 약 11%는 항상 이 식당이 주문을 잘못 받거나 주문받은 음식을 늦게 전달하는 한편, 식당이 불결하다는 등의 불편사항을 털어놓았다. 고객이 항상 웃을 수 있도록 서비스하겠다는 맥도날드의 슬로건이 무색할 정도라는 것이다. 그나마 11%는 단골고객으로서 자신들의 불만사항을 얘기해 개선이 이뤄지도록 하지만 대부분의 고객들은 한 번 불쾌한 일을 당하면 맥도날드를 다시 찾지 않게 되고 그로 인해 매년 엄청난 매출차질이 빚어진다는 것이다. 그런데 정작 심각한 문제는 그 다음이다.

자체 보고서에 따르면 불만사항을 맥도날드 측에 전달한 고객의 70%가 이것을 시정하는 식당측 태도에 다시 실망하고 불쾌감을 느낀다는 것이다.

토론의 장

맥도날드의 내부 보고서에 대해 토론해 보고, 각자가 맥도날드 매장에서 겪었던 경험을 이야기해 봅시다.

(8) 미국 존슨 & 존슨사의 타이레놀 사건

1982년 9월말 미국 시카고에서 존슨 & 존슨사의 타이레놀을 복용한 환자 7명이 사망하는 사고가 발생하자 언론은 역사상 가장 대대적인 보도를 하였고, 사건발표 다음날부터 뉴욕 증권시장에서 존슨&존슨사의 주가는 7포인트 이상 하락하고 37% 이상 되던 시장점유율도 사건 발생 1주일만에 6%대로 하락하였다.

존슨 & 존슨사는 사고 발생 직후 회사가 알고 있는 모든 정보를 언론에 개방하고 기존의 광고를 전면 중단하였다. 또한 모든 약국에서 타이레놀을 전량 수거 폐기하고 소비자들에게도 사건이 명백히 밝혀질 때까지 제품을 복용하지 말도록 경고하였다. 언론과 소비자들로부터 오는 문의전화에 응답하기 위하여 직통전화를 가설하고 2개월 여 동안 총 3만건이 넘는 문의전화를 처리하였다. 최고경영자가 직접 TV에 출연하여 사과와 함께 회사가 취한 조치를 설명하였다.

경찰 수사 결과 타이레놀 제품의 제조과정에는 아무런 이상이 없었으며, 소매상 유통과정에서 발생한 범죄사실이라는 점이 밝혀졌다.

이후 존슨 & 존슨사는 이물질을 투입할 수 없도록 포장방법을 개선하였고, 사건의 전모를 알리고 시민들의 협조를 당부하는 내용의 편지와 회사의 조치내용을 소개하는 비디오테이프를 제작하여 직원들에게 배포하였다. 나아가 전국의 의사들에게는 관련 자료를 우송하였고, 회사의 홍보관계자들은 국회 등을 방문하여 입장을 표명하였다.

이 사례에서 우리가 알 수 있는 것은 1억 달러가 넘는 엄청난 손실을 감수하면서도 생명존중이라는 명분 하나로 자사의 모든 것을 공개하는 투명성과 신뢰성이, 소비자들로 하여금 '영원히 믿을 수 있는 든든한 회사'라는 이미지로 정착되었다는 것이다. 누가 보아도 치명적이었던 스캔들을 겪은 후 타이레놀은 오히려 전 세계 진통제 시장에서 25% 이상의 시장점유율을 보이며 업계에서 가장 신뢰받는 브랜드로서의 독보적인 명성을 누리게 되었다.

최근의 기업경영 모토가 '윤리'이다. 입으로만 외치는 '윤리경영'을 20년 전에 이미 실천한 존슨 & 존슨사는 오늘도 모든 마케팅의 기본사례로 빛나고 있다.

토론의 장

미국 존슨 & 존슨사의 타이레놀 사건 대처 사례에 대해 느낀점을 발표하고, 기업이 영원히 발전하기 위한 가장 기본이 되는 경영철학이 무엇이 되어야 하는지 각자가 경영자 입장에서 토론하여 봅시다.

(9) 불평하는 고객 만들기 - 솔렉트론(Solectron)사

"우리는 별 반응없이 그저 수월하게 넘어가는 고객을 경계해야 한다. 왜냐하면 이들이야말로 우리 기업이 실제로 잘못하고 있는 것들을 그냥 지나치게 하는 주범들이기 때문이다." 미국 최고의 품질상인 말콤 볼드리지 상을 받은 솔렉트론(Solectron)사의 고객만족 보고서에 적힌 내용이다.

일반적으로 불만이 있는 고객들 중 4% 정도만이 불만사항을 표현하고 나머지는 묵묵부답으로 그냥 떠나 버린다고 한다. 그리고 일단 떠나 버린 고객들의 91%는 다시 되돌아오지 않는다는 것이다. 하지만 대부분의 관리자들은 이런 것을 간과하기가 쉬우며 설사 이런 사실을 안다고 하더라도 어떻게 대처해야 할지 모르고 있다.

많은 기업들이 고객설문을 실시하지만 과연 불만이 가득한 고객들이 설문지를 작성하는데 얼마나 정성을 기울이겠는가? 즉 결정적인 고객의 불만족 사항들은 그대로 사장돼 버릴 가능성이 높은 것이다.

이 같은 문제를 해결하기 위한 방안으로 오늘날 미국에서 가장 큰 컴퓨터 보드 생산업체로 성장한 솔렉트론사는 매우 기발한 고객만족 측정기법을 사용하고 있다.

이 회사의 설문은 언뜻 보기에 일반적인 설문과 별 다를 것이 없다. 품질, 납품, 커뮤니케이션, 서비스 그리고 기타사항으로 나누어 놓고, 고객들에게 자사의 점수를 A부터 D등급까지 매기도록 하고 있다. 각 항목 끝에는 '비고' 난과 설문지 맨 밑쪽에는 B등급 이하일 경우에 특기사항을 기재하도록 설계돼 있다.

솔렉트론은 이런 설문을 일년에 한두 번 정도 하는 것이 아니라 매주 실시하도록 돼 있다. 물론 이것이 가능한 이유는 실지로 솔렉트론사의 고객은 백명 정도에 불과하기 때문이다. 고객의 수가 적기 때문에 고객의 만족 정도는 이 회사에서는 결정적인 요소다. 특기할만한 사항은 일반적인 설문응답률이 20% 정도인 것에 비해 솔렉트론사의 설문응답률은 96% 정도로 매우 높다.

그렇다면 어떤 노력을 기울이기에 이렇게 높은 응답률을 보이는가?

우선 고객이 제품을 최초로 구입할 시점에서 고객설문 작성이 얼마나 중요한 일인가를 확실히 주지시키고 동의를 얻는다. 그리고 정해진 일정에 따라 어김없이 설문을 고객에게 보낸다. 설문은 매주 보내므로 각 업체마다 일년에 50번 정도의 설문 작성을 하는 것이다.

일년 중 설문을 보내지 않는 주는 미국의 가장 큰 휴일인 추수감사절과 크리스마스 단 2주뿐이다. 특히 설문에 별로 신경을 쓰지 않는 고객들로부터 설문 수거를 위해 지위 고하를 막론하고 전 임직원들이 최선을 다한다.

실제로 한 사업부문에서 생산과 판매부서가 별도의 고객에게 설문을 의뢰하지만 응답된 설문을 수거하는데는 부서 구분없이 누구든 방문하는 사람이 설문지를 수거해 온다. 또한 이 회사는 고위 관리자들이 매달 고객과 만나는 정규적인 일정을 가지고 있으며 심지어는 최고 경영자도 직접 고객 설문을 챙기기도 한다.

일단 설문이 수거되면 다음 단계로 넘어간다.

A, B, C 문자로 받은 등급을 문자 아래 있는 숫자로 환산하여 평균점수를 각 사업부문 그리고 부서별로 통보해 준다. 하지만 환산하는 방법이 독특하다. A는 100, B는 80, B^-는 75를 주지만 B^- 미만으로는 아주 낮은 점수를 주게 된다. C의 경우는 0점이고 D는 마이너스 100점을 부과하게 된다. 이렇게 함으로써 종사원들에게 C나 D를 받지 않으려는 강한 동기를 부여하게 된다.

어떻게 보면 좀 가혹할 정도의 이런 고객만족 평가기준으로 이 회사 모든 사업부문의 평균점수가 92점을 기록하고 있다.

이렇게 집계된 각각의 평가는 매주 목요일 오전 전체회의에서 논의되기 때문에 고객의 피드백을 정리한 내용은 늦어도 수요일 오후까지는 만들어진다. 어느 누구도 이 자료를 검토하기 전에는 귀가하지 못한다.

만약 내용 중 문제가 있는 것으로 나타나면 그 다음날 아침의 전체

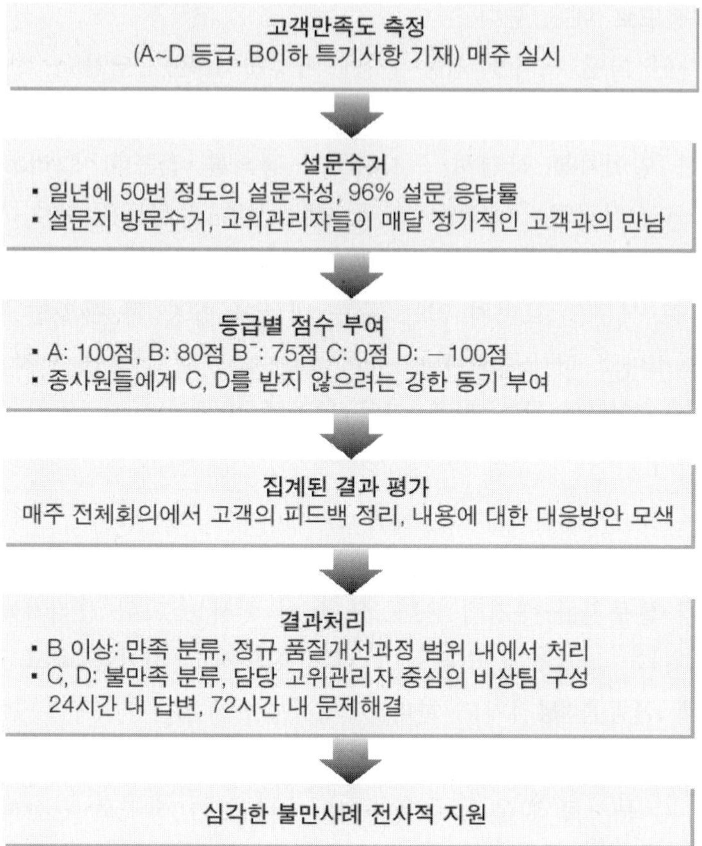

그림 13-3
솔렉트론(Solectoron) 사의 고객불만 처리과정

회의에서 대응 방안을 마련해야 하므로 밤새워 일하기 일쑤다. 솔렉트론은 고객의 불만이 발생하게 되면 두 가지 방법으로 해결한다.

B⁻ 이상이면 비교적 '만족'으로 분류해 정규 품질개선과정 범위 내에서 처리한다. 그러나 C나 D를 받아 '불만족'의 결과가 나오면 담당 고위관리자들 중심으로 비상팀이 구성돼 24시간 내에 문제에 대해서 답변을 내놓아야 하고 72시간 내에 문제를 해결해야 한다.

심각한 불만사례에 대해서는 목요일 아침 전체회의에서 최우선 의제로 취급하고 72시간 내에 해결될 수 있도록 전사적인 지원을 한다.

결론적으로 솔렉트론사는 이러한 고객불만처리 프로세스로 지난

1990년 당시 고객들로부터 1,375개의 B^- 이하 점수를 받았으나 1995년에는 사업이 크게 확장되었음에도 불구하고 460개 이하로 줄었고 현재는 150개 정도라 한다.

2020년에 뜰 직업과 사라질 직업

참 고 문 헌

Albrecht, Karl and Ron Zemke(1985), Service American Doing Business in the Service Economy, Homewood, IL: Dow Jones-Irwin.

Anderson, Eugene W. and Claes Fornell(1994), "A Customer Satisfaction Research Propectus" in Service Quality: New Direction in Theory and Practice, R. T. Rust and R.L. Oliver, eds. Thousand Oaks, CA: Sage Publications, Inc., 241~268.

Anderson, Eugene W. and Mary W. Sulivan(1993), "The Antecedents and Consequences of Customer Satisfaction for Firms," Marketing Science, 12(Spr.) 125~143.

Anderson, Eugene W., Claes Fornell and Donald R. Lehmann(1994), "Customer Satisfaction Market Share, and Profitability: Findings From Sweden." Journal of Marketing, 58(Jul.), 53~66.

Anderson, J. F. and M. Kraus(1981), "Quality of Service and the Demand for Air Travel," Review of Economics and Statistics, 63(Nov.), 534~540.

Babakus, Emin and W. Glynn Mangold(1989), "Adapting the SERVQUAL Scale to Health Care Environment: An Empirical Assessment." in Enhancing Knowledge Development in Marketing, Paul Bloom(eds.), 195, Chicago: AMA.

Babin, Barry J., Mitch Griffin(1998), "The Nature of Satisfaction: An Updated Examination and Analysis," Journal of Business Research, 41, 127~136.

Becker, H. S.(1960), "Notes on the Concept-of-Commitment," American Journal of Sociology, 66, 32~42.

Behrman, Douglas N. and William D .Perreault, Jr. (1984), "A Role Stress Model of the Performance and Satisfaction of Industrial Salespersons," Journal of Marketing, 48(Fal.), 9~21.

Bernard H. Booms and Lois A. Brown, Steven P. and Robert A. Peterson(1994), "The Effect of Effort on Sales Performance and Job-Satisfaction," Journal of Marketing, 58(Apr.).

Berry, Leonard L., Valarie A. Zeithaml and A. Parasuraman (1994), "The

Imperative for Improving Service Quality," Sloan Management Review, 35(Sum.), 25~48.

Binter, Mary Jo, Bernard H. Booms and Lois A. Brown, Steven P. and Robert A. Peterson(1994), "The Effect of Effort on Sales Performance and Job-Satisfaction," Journal of Marketing, 58(Apr.), 70~80.

Bitner, Mary J. and Amy R. Hubbert(1994), "Encounter Satisfaction Versus Overall Satisfaction Versus Quality: The Customer's Voice," in Service Quality, Ronald T. Rust and Richard L. Oliver(eds.), 72~94, Sage Publication Inc.

Bitner, Mary J.(1990), "Evaluating Service Encounters: The Effect of Physical Surroundings and Employee Responses," Journal of Marketing, 54(Apr.), 69~82.

Bitner, Mary Jo (1992), "Services Capes: The Impact of Physical Surroundings on Customers and Employees," Journal of Marketing, 56(Apr.), 57~71.

Bolton, Ruth N. and James H. Drew(1991), "A Multistage Model of Customers'Assessments of Service Quality and Value," Journal of Consumer Research (Mar.), 375~384.

Bowen, David E., Richard B. Chase, Thomas G. Cummings, and Associates (1990), Service Management Effectiveness: Balaning Strategy, Organization and Human Resouroes, Operations, and Marketing, San Francisco : Jossey-Bass Publishers.

Bowen, John(1990), "Development of a Taxonomy of Services to Gain Strategic MarketingInsights," Journal of the Academy of Marketing Science, 18(1), 43~49.

Brown, Tom J., Gilbert A. Churchill and J. Paul Peter(1993), "Improving the Measurement of Service Quality," Journal of Retailing, 6(Spr.), 127~139.

Buttle, Francis(1996), "Review, Critique, Research Agenda". European Journal of Marketing, 30(1), 8~32.

Carmen, James M.(1990), "Consumer Perceptions of Service Quality: An Assessment of the SERVQUAL Dimension," Journal of Retailing, 66(Spr.), 33~55.

Carsky, Mary L. and Margery S. Steinberg(1993), "Customer Satisfaction - Where Are We Going? Where Have We Been?," AMA Educator's Proceedings, (Win.), 362~369.

Chase, Richard B. and David E. Bowen(1991), "Service Quality and the Service Delivery System: A Diagonostic Framework," in Service Quality: Multidisciplinary and Multinational Perspectives, Canada : Lexington Books.

Collier, David A.(1994), The Service/Quality Solution- Using Service Management to Gain Competitive Advantage, Richard D. Irwin Inc.

Cronin, J Joseph, Jr. and Steven A. Taylor(1992), "Measuring Service Quality: AReexamination and Extension," Journal of Marketing, 56(Jul.), 55~68.

Cronin, J. Joseph, Jr., Michael K. Brady, Richard R. Brand, Roscoe Hightower Jr., and Donald J. Shemwell(1997), "A Cross-Sectional Test of the Effect and Conceptualization of Service Value," The Journal of Services Marketing 11(6), 375~391.

Crosby, Lawrence, K, R. Evans, D. Cowles(1990), "Relationship Quality in Service Selling: An Interpersonal Influence Perspective," Journal of Marketing, 54(Jul.), 68~81.

Czepiel, John A. and Larry J. Rosenberg(1976), "Consumer Satisfaction : Toward an Integrative Framework," Proceedings of the Southern Marketing Association, 169~171.

Dabholkar, Pratibha A., Dayle I. Thorpe and Joseph O. Rentz(1996), "A Measure of Service Quality for Retail Stores: Scale Development and Validation," Journal of the Academy of Marketing Science, 24(Win.), 3~16.

Day, George, and Robin Wensley(1988), "Assessing Advantage: A Framework forDiagnosing Competitive Superiority," Journal of Marketing, 52(Apr), 1~20.

Deshpande, Robit, Jhon U. Farley, and Frederick E. Webster, Jr.(1993), "Corporate Culture, Customer Orientation, and Innovativeness in Japanese Firm: A Quardrad Analysis," Journal of Marketing, 57(Jan), 6~21.

Engel, James F. and Roger D. Blackwell(1982), Consumer Behavior. New York, Holt, Rinehart, and Winston.

Etzioni, A(1988). The Moral Dirnension: Toward a New Economics, The Free Pres.

Finn, David W. and Charles W. Lamb(1991), "An Evaluation of the SERVQUAL Scales in a Retailing Setting," in Advances in Consumer Research, R. Solomon and M. R. Solomon(eds.), 483~490. Provo. UT: Association for Consumer Research.

Fishbein, M. and I. Ajzen(1975), Belief, Attitude, Intension and Behavior: An Introduction to Theory and Research. Reading, MA: Addison-Wesley Publishing Company.

Fornell, Claes and Birger Wernerfelt(1987), "Defensive Marketing Strategy by Customer Complaint Management: A Theoretical Analysis," Journal of Marketing Research 24(Nov), 337~346.

Gagliano, K. B. and Jan Hathcote(1994), "Customer Expectations and Perceptions of Service Quality in Retail Apparel Speciality Stores," Journal of Services Marketing, 8(1), 60~69.

George, William. R. (1990), "Internal Marketing & Organization Behavior: A Partnership in Developing Customer-Conscious Employees at Every Level," Journalof Business Research, (Mar.), 23~54.

Gravin, David A.(1983), "Quality on the Line". Harvard Business Review, 61 (Sep.-Oct.), 65~73.

Gremler, Dwayne David(1995), "The Effect of Satisfaction, Switching Costs, and Interpersonal Bonds on Service Loyalty," Unpublished Dissertation, Arizona State University.

Grönroos, Christian(1988), "Internal Marketing Theory & Practice," In American Marketing Association Services Marketing Conferences Proceedings, 41~47.

Grönroos, Christian(1984), "A Service Quality Model and Its Marketing Implication". European Journal of Marketing, 18(4), 36~44.

Grönroos, Christian(1990), Service Management and Marketing: Managing the Moments of Truth in Service Competition (Canada: Lexington Books).

Grönroos, Christian(1994), "From Scientific Management to Service Management," International Journal of Service Industry Management, 5(1), 5~20.

Grönroos, Christian(1998), "Internal Marketing Theory & Practice," In American Marketing Association Services Marketing Conferences Proceedings.

Guiltinan, Joseph P.(1989), "A Classification of Switching Costs with Implications for Relationship Marketing," in 1989 AMA Winter Educators` Conference:American Marketing Association, 216~220.

Guiry, Michael, Wes Hutchinson and Barton A. Weith(1992), "Customers' Evaluation of Retail Store Service Quality and Its Influence on Store Choice". Working Paper, University of Florida.

Hallen, L. J. Johanson, and N. Seyed-Mohamed(1991), "Interfirm Adaptation in Business Relationships," Journal of Marketing, 55, 29~37.

Hartline, Michael D. and O. C. Ferrell (1996), "The Management of Customer Contact Service Employees: An Empirical Investigation," Journal of Marketing, 60(Oct.), 52~70.

Heskett, James L., Thomas O. Jones, Gary W. Loveman, W. Earl Sasser, Jr. andLeonard A. Schlesinger (1994), "Putting the Service-Profit Chain to Work," Harvard Business Review, 72(Mar.-Apr.), 164~174.

Holbrook, Morris B. and Kim P. Corfman(1985), "Quality and Value in the Consumption Experience: Phaedrus Rides Again," in Perceived Quality, J.

Jacoby and J. Olson(eds.), 31~57, Lexington, MA: Lexington.

Howard, John A. and J. N. Sheth(1969), The Theory of Buyer Behavior. New York, John Wiley & Sons.

Hunt, H. Keith(1977), "CS/D-Overview and Future Research Direction". in Conceptualization and Measurement of Consumer Satisfaction and Dissatisfaction, H. Keith Hunt(ed.), Cambridge, MA: Marketing Science Institute.

Jaworski, Bernaed J. and Ajay K. Kohli (1993), "Market Orientation: Antecedents and Consequences," Journal of Marketing, 57(Jul.), 52~70.

Jones, Thomas O. and W. Earl Sasser, Jr(1995), "Why Satisfied Customers Defect," Harvard Business Review, (Nov.-Dec.), 88~99.

Klein, Rovert(1997), "Nabisco Sales Soer After Sales Training," Marketing Mews, (Jan.6), 23.

Kohli Ajay K. and Bernard J. Jawerski(1990), "Market Orientation: The Construct, Research Propositions, and Managerial Implications," Journal of Marketing, 54(Apr.), 1~18.

Lee, Yongki, Daehwan Park, and Dongkeun Yoo(1999), "The Structural RelationshipsBetween Service Orientation, Mediators, and Business Performance in Korea Hotel Firms," Asia Pacific Journal of Tourism Research, 4(1), 59~70.

Lee. Moonkyu and Francis M. Ulgado(1997), "Consumer Evaluation of Fast-food Services: A Cross-national Comparison," The Journal of Services Marketing, 11(1), 39~52.

Lytle, Richard Schilling, Hom, Pter W., and Michael P. Mokwa(1998), "SERV*OR: AManagerial Measure of Organization Service-Orientation," Journal of Retailing, 74(4), 455~489.

Monbebello, Anthony R. and Maureen Haga(1994), "To Justify Training, Test, Test,Again," Personnel Journal(Jan.), 83~87.

Narver, Jhon C. and Stanley F. Slater (1990), "The Effect of Interpersonal Equity and Satisfaction in Transactions: A Field Survey Approach," Journal of Marketing, 53(Apr.), 21~53.

Oliver, Richard L.(1980), "A Cognitive Model of the Antecedents and Consequence of Satisfaction Decisions," Journal of Marketing Research, (Nov.), 460~469.

Oliver, Richard L.(1981), "Measurement and Evaluation of Satisfaction Processes in Retail Settings," Journal of Retailing, 57(Fal.), 25~48.

Oliver, Richard L.(1993), "A Conceptual Model of Service Quality and Service

Satisfaction," in Advances in Services Marketing and Management, Teresa A. Swarts, Davis E. Bowen, and Stephen W. Brown, eds., Greenwich, CT: JAI Press, 65~86.

Oliver, Richard L.(1997), Satisfaction: A Behavioral Perspective on the Consumer. McGraw-Hill International Editions.

Parasuraman, A., Leonard L. Berry, Valerie A. Zeithaml(1994), "Reassessment of Expectation as a Comparison Standard in Measuring Service Quality: Implications for Further Research," Journal of Marketing, 58(Jan.), 111~124.

Parasuraman, A., Leonard L. Berry and Valarie A. Zeithaml(1991), "Refinement and Re-assessment of the SERVQUAL Scale". Journal of Retailing, 67(Win.), 20~450.

Parasuraman, A., Valarie A. Zeithaml and Leonard L. Berry (1988), "SERVQUAL: AMultiple-Item Scale for Measuring Consumer Perceptions of Service Quality," Journal of Retailing, 64(Spr.), 12~40.

Parasuraman, A., Valarie A. Zeithaml and Leonard L. Berry(1985), "A Conceptual Model of Service Quality and Its Implication for Future Research," Journal of Marketing, 49(Fal.), 41~50.

Parasuraman, A., Valarie A. Zeithaml and Leonard L. Berry(1988), "SERVQUAL: A Multiple Item Scale for Measuring Consumer Perceptions of Service Quality," Journal of Retailing, 64(Spr.), 12~40.

PATA 특별보고서 ＃21, 1999. 4

Rafig, Mohammed and Pervaiz K. Ahmed(2000), "Advances in the Internal Marketing Concept: Definition, Synthesis and Extension," Journal of Services Marketing, 14(6), 449~462.

Reichheld, Frederick F. and W. Earl Sasser Jr(1990), "Zero Defections: Quality Comes to Service," Harvard Business Review, 68(Sep.-Oct.), 105~111.

Reidenbach, Eric and Beverly Sandifer-Smallwood(1990), "Exploring Perceptions of Hospital Operations by a Modified SERVQUAL Approach," Journal of Health Care Marketing, 10(Dec), 47~55.

Richard, Machael D. and Arthur W. Allaway(1993), "Service Quality Attributes and Choice Behavior," Journal of Services Marketing, 7(1), 59~68.

Roach, Stephen S.(1991), "Services Under Siege -The Restructuring Imperative," Harvard Business Review, (Sep.-Oct.).

Rogenberg, Larry J. and John A. Czepiel(1984), "A Marketing Approach for Customer Retention," Journal of Marketing.

Rusbult, Carly E. and Dan Farrell(1983), "A Longitudinal Test of the Investment Model: The Impact on Job Satisfaction, Job Commitment, and Turnover of

Variation in Rewards, Costs, Alternatives, and Investment," Journal ofApplied Psychology, 68(Aug.), 429~438.

Rust, Roland T., and Anthony J. Zahorik(1993), "Customer Satisfaction, CustomerRetention and Market Share," Journal of Retailing, 69(2), 198~215.

Rust, Ronald T. and Richard L. Oliver(1994), "Service Quality: Insights and Managerial Implications from the Frontier," in Service Quality, Ronald T. Rust and Richard L. Oliver(eds.), 72~94, Sage Publications Inc.

Schlesinger, Leonard A. and James L. Heskett(1991), "Breaking the Cycle of Failure in Services," Sloan Management Review, 32(Spr.), 17~28.

Schlesinger, Leonard A. and James L. Heskett(1991), "The Service-Driven Service Company," Harvard Business Review, (Sep.-Oct.), 71~81.

Scott W. Kelly,James H. Donnelly,Jr. and Steven J. Skinner(1990), A Service Classification Scheme : Customization and the Nature of Service Act.

Singh, Jagdip, Willem Verbeke and Gray L. Rhoads (1996), "Do Organizational PracticesMatter in Role Stress Processes? A Study of Direct and Moderating Effect for Marketing Oriented Boundary Spanners," Journal of Marketing, 60(Jul.), 69~86.

Singh, Jagdip,(1993), "Boundary Role Ambiguity: Facets, Determinants, and Impacts," Journal of Marketing, 57(Apr.), 11~31.

Spreng, Richard A. and Robert D. Mackoy(1996), "An Empirical Examination of a Model of Perceived Service Quality and Satisfaction," Journal of Retailing, 72(2), 201~214

Teas, Kenneth R.(1993), "Expectations, Performance Evaluation, and Consumers Perceptions of Quality," Journal of Marketing, (Oct.), 18~34.

Thibaut. John W. and Harold Kelley(1959), The Social Psychology of Groups. New York:John Wiley & Sons. Inc.

Vandamme R. and J. Leunis(1993), "Development of a Multiple Item Scale for Measuring Hospital Service Quality," International Journal of Service Industry Management, 4(3), 30~49.

Walker, O. C. (1988), "Motivation & Performance in Industrial-Selling," Journal of Marketing Research, 25(2), 168~182.

Westbrook, Robert A.(1981), "Sources of Consumer Satisfaction with Retail Outlets," Journal of Retailing, 57(Fal.), 68~85.

Westbrook, Robert A.(1987), "Product/Consumption-Based Affective Responses and Postpurchase Processes". Journal of Marketing Research, 14(Aug.), 258~270.

Woodside, Arch G., Lisa L. Frey, and Robert Timothy Daly(1989), "Linking

ServiceQuality, Customer Satisfaction, and behavioral Intention, " Journal of Health Care Marketing, 9(Dec), 5~17.

www.beautyforever.co.kr

www.best.co.kr 2000. 9. 25 김성환

www.brandstock.co.kr

www.crmpark.com/intro2.htm

www.csjournal.or.kr/main.html

www.dailysports.co.kr

www.kcsma.or.kr/KCSMA/bbs-3html

www.news.lycos.co.kr 김연성

www.niceshot.co.kr

www.ns.kftc.or.kr/staff/1999sum/samain.htm

www.service-korea.com

www.softnsoft.co.kr/database/mkt4.html

www.xtel.com/~ssoftn/database

www.xtel.com/~ssoftn/database/mkt3.html

Zahorik, Anthony J. and Roland T. Rust(1992), "Modeling the Impact of Service Quality on Profitability: A Review: in Advances in Services Marketing and Management, 1. Teresa A. Swartz, David E. Bowen, and Stephen W. Brown, eds., Greewich, CT: JAI Press, 247~276.

Zeithaml V. A. Bernard H. Booms and Lois A. Brown, Steven P. and Robert A. Peterson(1994), "The Effect of Effort on Sales Performance and Job-Satisfaction," Journal of Marketing, 58(Apr.),70~80.

Zeithaml, V. A.(1988), "Consumer Perceptions of Price, Quality and Value: A Means~End Model and Synthesis of Evidence," Journal of Marketing, 52(Jul.), 2~22.

「고객만족경영」, CS경영연구소

「고객만족경영전략 101」, 계몽사

「고객서비스의 신화」, 미래미디어

「고객의 불평이 고맙다」, 일터와 사람들

김건우(1999), "고객만족과 기업성과와의 관계" 「한국고객만족 경영학회지」 제1권 제1호.

김민수, 임정소(1999), "서비스 생산성 향상을 위한 연구: '96~' 98 Mystery Shopping 자료 중심으로" , 제 1권 제1호.

김상현, 오상현(2001), "고객만족과 재구매의도간 관계에서 전환장벽의 조절효과" 「고객만족경영연구」 제3권 제2호, 47~72.

김연성(2001), "서비스 품질의 측정과 개선에 관한 소고" , 「경영논집」 서울대학교

경영연구소.
김영선(1998), “서비스 종업원의 역할모호성에 관한 연구: 조직적 영향요인과 그 결과를 중심으로.” 서울대학교 대학원 석사학위 논문.
김인호(1999), “고객만족경영의 이론화 시도: 사업패러다임적합성의 정의” 제1권 제1호.
김준호, “고객만족향상을 위한 서비스회복전략”, csjournal.or.kr/2002. 3. 18.
대한매일 2001. 2. 3, 2001. 6. 25 윤미경, 2002. 2. 28, 12.28. 장충식
데이비드댈러샌드로,「브랜드전쟁」, 청림출판.
동아일보 1998. 2. 9 이상철, 2001. 10. 17, 2001. 10. 18, 2001. 4. 23, 2002. 4. 8 성낙양.
매일경제 1999. 10. 9, 2000. 7. 15, 2000. 8. 25, 2001. 3. 7.
박명호, 조형지(1999), “고객만족 개념의 재정립” 「한국마케팅저널」, 제1권 제4호, 126~151.
박영택, “MOT의 대명사 스칸디아비아 항공,” 「품질경영」, 1999. 11.
박인출,「환자도 고객이다」, 창현출판사.
박정은, 이성호, 채서일(1998) “서비스 제공자와 소비자간의 관계의 질이 만족과 재구매 의도 관계에 미치는 조정역할에 관한 탐색적 연구,” 「마케팅 연구」, 13(2), 119~139.
백기복(1994),「조직행동연구」, 서울: 법문사.
백상민(2001), “내부마케팅 관점에서 종업원의 역할스트레스가 내·외부 고객만족에 미치는 영향에 관한 연구” 「고객만족경영연구」 제3권 제1호, 107~136.
병원을 경영하라, 몸과 마음.
삼성인력개발원 국제경영연구소.
「서비스기업의 운영전략」, 삼성경제연구소.
서비스매너연구소.
서비스월드.
「성공하는 고객만족 40」, 책과 길.
「성공하는 영업사원의 말하는 기술」, 무당미디어.
「손님은 가게에서 감동을 받고 싶어 한다」, 일본경제신문사.
신강균,「성공하는 광고의 숨은 심리」, 컴온프레스.
신경영패러다임연구소,「품질경영」, 1999. 11.
신완선,「품질경영」, 1999.
신재영, 송성인(1996),「최신호텔경영론」, 백산출판사.
아시아나 서비스 컨설팅.
아시아나서비스, 최봉욱.
안미현,「고객의 영혼을 사로잡는 50가지 서비스기법」, 기획출판 거름.
안성묵 등,「서비스 이만큼만 해라」, 삶과 꿈.

「알기 쉬운 CS, 하기 쉬운 CS」, 21세기북스.
「에버랜드 서비스 리더십」, 21세기북스.
예라고.
예절문화교육원.
오정환(1994), 「서비스산업론」, 기문사.
위정주(1995), 「호텔경영신론」, 백산출판사.
유동근, 강성단, 이용기(1998) "서비스기업의 시장지향성과 성과: 벤치마킹, 서비스 품질, 고객만족의 인과적 역할," 「마케팅 연구」, 제13권 제1호(6월), 1~26.
윤치영, 「나를 가장 잘 표현하는 사람이 성공한다」, 책이 있는 마을.
이규호, 「에세이 명심보감」, 장원출판사.
이명호, 박소현(2001), "e-Business. 환경 하에서의 고객만족영향" 「고객만족경영연구」 제3권 제2호, 179~198.
이문규(1999), "서비스 충성도의 결정요인에 관한 연구," 「마케팅 연구」, 14(1), 21~45.
이용기, 박대환, 박영균(1997), "호텔기업의 서비스접점요원의 지각된 서비스 지향성: 조직가치와 종업원태도 변수의 구조적 관계", 「대한경영학회지」, 제16호(12월), 693~721.
이용기, 유동근, 이학식 (1996) "시장지향성 : 선행요인, 매개요인, 그리고 성과간의 구조적 관계", 「한국마케팅연구」, 11권 2호(12월), 161~181.
이용기, 이영재, 김장하 (2001) "서비스훈련/ 기술이 서비스 품질, 서비스 가치와 고객만족에 미치는 영향", 「고객만족경영연구」, 제3권 제1호, 1~16.
이유재(1995), 「서비스 마케팅」, 학현사.
이유재, 한국서비스품질지수, http://www.servqual.or.kr
이인구, 김종배, 이문규(2000), "지각된 서비스 품질, 소비자 태도, 재이용 의도 사이의 인과관계 모형", 「한국마케팅저널」, 제2권 제3호, 44~63.
이철, 「고객의 눈으로 보면 모든 것이 새롭다」, 학현사, 1999.
이학식, 김영(1999) "서비스품질과 서비스가치", 「한국마케팅 저널」, 제1권 제2호(3월), 77~100.
이학식, 김영, 이용기(1998), "시장지향성과 성과: 사원만족, 고객만족 및 기업이미지의 매개적 역할", 한국경영학회, 「경영학연구」, 27권 1호(2월), 157~184.
이학식, 장경란, 이용기(1999), "호텔기업의 시장지향성과 사업성과의 관계성, 그리고 매개변수에 관한 연구", 「경영학연구」, 제28권 제1호(2월), 75~102.
日本東洋經濟(2002).
전경배(1991), 경쟁시대 고객만족의 요구 : CVA, 통신시장, 1999. 1~2.(통권 제22호), 11~16.
전인수, 한재용(1994), "시장지향성이 사업성과에 미치는 영향에 관한 연구," 한국마케팅학회, 「마케팅연구」, 9권 1호, 74~91.

정연아, 「성공의 법칙/이미지를 경영하라」, 넥서스.
정영혜, 심각형, 김보리 조선일보 1999. 4
정준(2000. 3), 「품질경영」.
조경래(1993), "판매원의 역할정확성과 참여가 성과와 만족에 미치는 영향에 관한 연구" 서울대 석사학위 논문.
조관일, 「서비스에 승부를 걸어라」, 도서출판 다움.
조선일보 1998. 12. 14 조영호, 1999. 1. 19, 1999. 1. 19 성균모, 1999. 1. 27 강현숙, 1999. 1. 6 김태정, 1999. 1. 8 유종인, 1999. 11. 22 버나드 브렌더, 1999. 12. 8, 1999. 2. 13 전희훈, 1999. 2. 2 이주영, 1999. 2. 22 전준수, 1999. 3. 16, 1999. 4. 16, 1999. 4. 9, 1999. 5. 20 이선주, 1999. 8. 20 이한우, 2000. 1. 10 순길정, 2000. 1. 13 노재전, 2000. 1. 14, 2000. 1. 21, 2000. 1. 28, 2000. 1. 4 이지현, 2000. 1. 9 문원태, 2000. 10. 27 정호식, 2000. 11. 27 강영주, 2000. 11. 30 강위동, 2000. 11. 9 강윤주, 2000. 12. 8 신용한, 2000. 2. 1, 2000. 2. 11, 2000. 2. 18, 2000. 2. 22 이영자, 2000. 2. 3 정옥택, 2000. 2. 7 이동신, 2000. 3. 14 한미란, 2000. 3. 21 고석훈, 2000. 3. 24, 2000. 4. 17 백승익, 2000. 4. 21, 2000. 4. 24 정영모, 2000. 4. 30 신지아, 2000. 5. 10 김연희, 2000. 5. 15 이우정, 2000. 5. 22 조연백, 2000. 5. 28 정연자, 2000. 6. 7 이순주, 2000. 7. 28 정영인, 2000. 8. 21 김혜경, 2000.12.8 신용한, ,2001. 1. 10 김용모, 2001. 1. 15 정영혜, 2001. 1. 20 김병수, 2001. 1. 3, 2001. 1. 5 김영진, 2001. 11. 11 강정수, 2001. 11. 16 강경미, 2001. 12. 25이광길, 2001. 12. 27 한승아, 2001. 2. 19 김동희, 2001. 3. 12 이미화, 2001. 3. 16 박병채, 2001. 4. 22 문철용, 2001. 4. 4 김영숙, 2001. 5. 30 김양신, 2001. 6. 10 정유진, 2001. 6. 11 김보리, 2001. 6. 18 이창송, 2001. 6. 25 박세근, 2001. 6. 6 황규한, 2001. 7. 9 송영만, 2001. 8. 19 이길성, 2001.1.10 김용모, 2002. 1. 20 조성우, 2002. 2. 1 장병선, 2002. 2. 28 2002. 3. 17 백지영, 2002. 3. 2, 2002. 3. 25 신정규, 2002. 3. 27 노정한, 2002. 3. 6 Jonathan Suh, 2002. 3. 6 이건실, 2002. 4. 1 이유종, 2002. 4.,최진민, 2002. 4. 16 김혜정, 2002. 4. 17 국영애, 2002. 4. 19 이두남, 2002. 4. 3, 2002. 4. 3 박삼선, 2002. 4. 9 박승원,(Jonathan Suh, 최경숙), 1999. 10. 2001.
조영대, 하영습, 최승호(2003), 「글로벌 에티켓과 매너」, 백산출판사.
조영대외(2004), 「관광과 서비스」, 현학사.
조영대(2006), 「디지털시대의 고품위 서비스 실무」, 도서출판 갈채.
「좋은 생각」, 좋은 생각사.
주간동아.
중앙일보 2002. 3. 6.
채서묵 1995.

캠브리지 멤버스.
파이낸셜 2002. 3. 25.
품질경영, 1998, 1998. 6, 1999.
한국장애인연합회.
한국경제신문 2001. 12. 18, 2002. 1. 14 박광태, 2002. 2. 18 김연성, 2002. 2. 26, 2002. 2. 4 최병돈, 2002. 3. 11, 2002. 3. 11 김영수, 2002. 3. 19, 2002. 3. 27, 2002. 4. 16, 2002. 4. 17, 2002. 4. 25, 2002. 4. 6 서천범, 2002. 4. 9, 2002. 1. 21 강병서, 2002. 1. 28 유영목, 2002. 2. 18 임호순.
한국산업교육학회.
한국서비스품질지수 http://www.servqual.or.kr.
한국일보 2002. 3. 11, 2002. 3. 12.
한국프로토콜.
한국훈련개발원(www.eduman.com/way-board).
한화 Education Mall.

찾아보기

(M)

(S)

(ㄱ)

(ㄴ)

(ㄷ)

(ㄹ)

(ㅁ)

(ㅂ)

(ㅅ)

(ㅇ)

(ㅈ)

(ㅊ)

(ㅋ)

(ㅌ)

(ㅍ)

(ㅎ)

❑ 조영대

미국 Marshall Univ.에서 객원교수로 연구했으며, 대구대학교 대학원에서 경영학 박사학위를 취득하였다. KOLON 그룹 산하의 (주)KOLON F&T에서 근무하였으며, 1984년 KOLON 그룹 최우수 사원상을 수상했다.

(주)두리비즈니스컨설팅에서 컨설턴트로, (주)대한비즈니스컨설팅에서는 자문위원과 호텔·외식산업 & 관광개발연구소장을 지냈다.

현재는 포항대학 관광호텔 마린비즈 계열교수로 강의와 연구 컨설팅을 수행 하고 있다. 대한관광경영학회 부회장, 한국이벤트학회 부회장, 한국바&레스토랑마스터협회장, (사)한국이벤트프로모션협회 부회장을 맡고 있다.

주요저서로는 적정수준의 갈등관리(이재규·조영대, 서울, 한국능률협회, 1994), 최신 경영·관광관련 용어사전(조영대 외, 서울, 백산출판사, 1997), 글로벌 에티켓과 매너(조영대 외, 서울, 백산출판사, 2003), 관광과 서비스(조영대 외, 서울, 현학사, 2004), 비즈니스 컨설팅 서비스(조영대, 서울, 남두도서, 2005), 디지털시대의 고품위서비스(조영대, 서울, 도서출판갈채, 2006), 직무적합성이 갈등관리방법과 직무만족에 미치는 영향(조영대·이재규, 한국경영학회, 1994), 호텔종사원의 직장몰입에 관한 연구(대한관광경영학회, 1996), 호텔종사원의 노조몰입에 관한 실증적 연구(대한관광경영학회, 1999) 등 8권의 저서와 60여편의 논문을 발표하였다.

URL : www.tourebiz.com　　e-mail : cho555@pohang.ac.kr

서비스학개론

지 은 이 / 조 영 대
기　　획 / 김 형 주
편　　집 / 이 소 희

정가　20,000원

2007년 2월 25일 초판 인쇄
2009년 2월 25일 초판 2쇄
펴 낸 이 / 홍정표 · 김형주
펴낸곳 / 세 림 출 판
등　록 / 제6-792호
주　소 / 서울시 강동구 길동 349-6 정일빌딩 401호
전　화 / 02) 488-3280
F A X / 02) 488-3281
ISBN / 978-89-958189-6-1 93320
E-mail / tohong@paran.com